而达

企业精神

- 中国十大最具影响力企业
- 中国十大慈善企业
- 中国500强企业
- 上海民营企业100强

中国华信执行董事、上海华信国际集团有限公司总经理李勇参加中捷经贸合作圆桌会代表中国华信与捷克ZDAS特种钢公司签订合作协议

海南洋浦储备库

上海华信国际集团有限公司

:、储备、生产和相关技术与金融服务。集团成立于
强第1名,先后被评为“中国最具影响力企业”、“中

终端资源并获取上游资源，集中以哈萨克斯坦为代
欧洲多个国家石油公司建立战略合作。2016年3月30
控股权，这是首例控股欧洲银行的中国企业。双方
欧投资基金，与平安银行共同开展投行业务，服务
国华信与恒丰银行共同注资80亿元人民币设立恒丰-
司具有50年的发展历史，是欧洲一流的炼铁及相关
汽车装备、飞机制造等产业。中国华信代表团参加
电、风电及航空、汽车等。
山、环渤海地区建立大型油储基地，与中石油、中

构，通过投资与投行整合集团资源、提高核心竞争
量投资。

行总经理负责制度，用三种关系商人经济、儒家主
规范地发展。公司继承和发扬中华传统文化，奉行
，不断推进公司人才专业化、业务专注化、管理精

，加强政治建设的组织基础，把党建工作融入企业
业内在凝聚力。纪委加强了干部监督制约机制，形

企业核心价值:

先成就别人 再成就自己

2016

上海商贸年鉴

SHANGHAI BUSINESS YEARBOOK

《上海商贸年鉴》编纂委员会 编

上海锦绣文章出版社

2015年3月27日，“一带一路”贸易商企业联盟成立大会召开

2015年10月22日上午，由市政府主办，市商务委、市经信委共同承办的第十三届上海软件贸易发展论坛在上海锦江小礼堂开幕

2015年 9月16日，第二十五批跨国公司地区总部颁证仪式在市政府举行，上海市副市长周波出席仪式并为企业颁奖

2015年3月4日上午，第25届华交会创新奖颁奖仪式在新国际博览中心南入口大厅举行

2015年4月23日，第三届中国（上海）国际技术进出口交易会在上海世博展览馆开幕

2015年9月21日，第十四届中国（上海）国际跨国采购大会开幕

2015年5月29日，本市首个由商业存量资源打造的新服务业创客空间——飞马旅“飞马新立方”5i Center正式开园

2015年6月21日，亚太示范电子口岸网络公私对话会暨揭牌仪式在沪举行

2015年7月23日，上海市首批智慧商圈创建试点正式启动

2015年11月22日，市人大常委会主任殷一璀带队视察上海商业转型升级工作

2015年12月2日，“一带一路·新贸易·新商机”国际高峰论坛在上海成功召开

2015年第三届中国跨境电商峰会开幕式

东方国际集团党委书记、董事长吕勇明接受新华社上海分社等全媒体采访

上海市人大常委会副主任钟燕群在察看光明食品有限公司"光明森源"食用菌品质

百联集团旗下上海市第一百货商店

上海长江联合金属交易中心大厅

上汽大众汽车有限公司外景

中国华信国际集团与中石化管道储运公司签署战略合作协议

捷普科技上海（有限）公司在追求自身不断发展的同时，积极承担公司社会责任。公司于2015年12月启动了1.681MWp分布式光伏发电项目，此项目可以每年可以减排1286934 千克CO2，一年生态补偿703棵树，同时为公司每年发电190万kWh，可以在一定程度上替代公司原有的电网供电

金佰利（中国）有限公司品牌产品之一

2015年 7月29日，中科建设开发总公司总经理顾玮国参加上海市委副书记、市长杨雄率领的上海市代表团赴辽宁省学习考察，出席辽宁·上海经济合作项目签约仪式

上海密特印制有限公司外景

嫵WOO品牌于2002年在上海诞生，上海兆妩品牌管理有限公司创始人孙青锋将围巾作为艺术的载体把“静止的美”转化成“流动的美”

上海丝绸集团有限公司展示的女装品牌

上海外高桥国际贸易营运中心有限公司展品部

东方国际集团上海利泰进出口有限公司展品查询部

东方集团上海纺织品进出口有限公司参加在纽约举办的中国纺织品服装贸易展览会

上海市对外服务有限公司门诊部

中国建工集团股份有限公司承建两栋双子塔楼

东方国际物流(集团)有限公司

中国（上海）自贸试验区二号门文化墙

上海外高桥保税区

上海浦东机场综合保税区

上海洋山港保税区

上海闵行经济技术开发区

上海嘉定工业区

上海莘庄工业区

中国上海化工工业区

浦东新区陆家嘴迪士尼旗舰店广场钟楼新年落成，成为陆家嘴金融城又一个新地标

长宁区虹桥南丰城“蓝精灵反斗南丰城”

闸北大悦城内景

黄浦VOGUE摩登不夜城@新天地南里

嘉定区疁城新天地

青浦奥特莱斯

徐汇区凌云壹街坊

杨浦时尚中心巧克力馆

崇明县玫瑰节活动晚会

《上海商贸年鉴》理事会

会长单位

东方国际（集团）有限公司

副会长单位

上海市国际贸易促进会

中国（上海）自由贸易试验区管理委员会保税区管理局

百联集团

上海华信国际集团有限公司

上海长江联合金属交易中心有限公司

常务理事单位

（排名不分先后）

东方国际集团上海纺织品进出口公司

上海市对外服务有限公司

上海漕河泾新兴技术开发区发展总公司

上海化学工业区管理委员会

上海丝绸集团股份有限公司

东方国际集团上海市利泰公司进出口有限公司

上海市莘庄工业区管理委员会

上汽大众汽车有限公司

恩智浦（中国）管理有限公司

◆◆◆《上海商贸年鉴》理事会◆◆◆

理事单位

（排名不分先后）

上海现代国际展览有限公司　普陀区商务委员会
上海市国际展览有限公司　宝山区商务委员会
上海新国际博览中心有限公司　闵行区经济委员会
历峰商业（上海）有限公司　嘉定区经济委员会
浦东新区商务委员会　金山区经济委员会
黄浦区商务委员会　松江区经济委员会
静安区商务委员会　青浦区经济委员会
长宁区商务委员会　奉贤区经济委员会
徐汇区商务委员会　崇明县经济委员会
杨浦区商务委员会

◆◆◆《上海商贸年鉴》编辑部◆◆◆

主　任　王垂芳（兼主编）

编　辑　吴　钟　陈家祥　庞经成　俞　瑾　丁东妹

◆◆◆《上海商贸年鉴》特约撰稿人◆◆◆

（按姓氏笔画排序）

丁映红　王　永　王　颖　王　慷　王　静　王　静
凤　奕　冯　斐　孙汝涛　任　朕　朱　平　朱学文
李　琳　汤　超　宋　佳　沈骏鸣　吴培民　陈齐中
陈　彪　何　娜　金国忠　禹　忠　张　英　张玉肖
张亦易　苏亚楠　信晓丹　胡雯君　周利韬　高　翔
查昱华　唐晓琳　倪卫榕　徐　斌　顾长炜　顾超亚
顾　莉　徐　婷　蒋安达　谢新超　蔚树峰　蔡英智
缪　栋　戴　霞

编辑说明

一、《上海商贸年鉴》（以下简称《年鉴》）是一部大型的上海商贸专业工具书，由《上海商贸年鉴》编纂委员会负责组织编纂。其主要任务是全面收集上海每一年的商贸发展情况及资料信息，并编辑整理，汇集成册。

二、《年鉴》的前身为《上海对外经济贸易年鉴》，创刊于1995年，每年编纂出版1卷，已出版21卷，其中包含《上海商务年鉴》7卷。由于机构调整，内外贸合一，政企分开的需要，2016年起更名为《上海商贸年鉴》。2016版《年鉴》是其第22卷，主要记载2015年上海内贸，外贸，利用外资，对外经济合作，服务贸易，技术贸易，商贸体制改革等方面的发展情况，重点反映上海商贸企业改革及经营情况。

三、《年鉴》主要采用记叙文体及图表并茂形式，全面记述和真实反映上海商贸情况。其编纂体例在突出上海商贸地方特色的前提下，力求同国家商务部主办的商贸类年鉴相衔接，与海内外编辑的经济类年鉴接轨。

四、《年鉴》设置的编目，随着上海每一年商贸的发展有增有减。本卷年鉴设总述、互联网＋商贸、企业、自贸试验区与开发区、企业与优秀企业家专栏、专集、区县商贸、统计和商贸便览9大编。《年鉴》与去年相比，增加了互联网＋商贸板块，删去了大事记栏目。互联网＋商贸是本卷《年鉴》的一个亮点，反映传统商贸企业结合互联网技术，整合电子支付手段，建立线上线下联动，实现商贸企业战略转型的新业态。中国（上海）自由贸易试验区重点介绍中国（上海）自由贸易试验区和外高桥保税区、洋山保税港区、浦东机场综合保税区的运转情况。“专集”板块继续保留“国内外有影响的展览会”、“企业与优秀企业家”和电子商务企业（选介），增加最新商贸法律法规内容。本卷年鉴充分反映上海商业新的特色以及商贸系统在“创新驱动、转型发展”中出现的新成果和新经验。全书约100万字，收集图照200余幅。

（一）总述。总体介绍2015年上海商贸发展情况。

（二）互联网＋商贸。介绍商贸企业转型发展的情况，共9篇。

（三）企业。收录上海内外贸集团、公司发展情况，共25篇。

1. 内贸企业。介绍上海一些代表性内贸企业的机制转换及贸易发展情况，共3篇。

2. 外贸企业。介绍上海市对外贸易有影响的外贸企业，共7篇。

3. 合资、外经企业。介绍上海市知名的合资、外经企业，各1篇。

4. 展览企业。介绍对上海展览行业有贡献的企业。共4篇。

5. 物流企业、民营企业。介绍上海有影响的物流企业和上海民营企业排行榜名列前茅的企业各 1 篇。

6. 贸促会及企事业。介绍上海有代表性的贸促会与企事业单位 7 家。

（四）自贸试验区与开发区。其中介绍自贸试验区、上海地区的国家级和市级开发区经营发展情况共 8 篇。

（五）企业与优秀企业家。介绍为上海经济发展做出贡献的知名企业和自强创新的优秀企业家，共 2 篇。

（六）专集。电子商务企业（选介），交易会、展览会，特色街区与节日市场，商贸法律法规和“老字号”与知名企业共 5 个专栏。

1. 电子商务企业（选介）。重点介绍 9 家电子商务企业。

2. 交易会、展览会。介绍内外贸最具规模，且有重大影响的交易会和展览会，共 10 篇。

3. 特色街区与节日市场。介绍上海大悦城等 5 个项目。

4. 商贸法律法规。收录国家及上海市商贸法律和法规文件名录。

5. “老字号”与知名企业。介绍“老字号”、知名企业等内外贸企业，共 70 余家。

（七）区县商贸。介绍上海市 17 个区县的商贸发展情况。

（八）统计。

1. 对外贸易往来国家（地区）贸易情况分析。共 16 类。

2. 内外贸统计表。收录上海市 2015 年度国内贸易、对外贸易、利用外资、对外经济合作、技术贸易等主要统计资料，共 20 类。

（九）商贸便览。收录上海与全国有关商贸数据比较资料，共 12 类。

五、本卷年鉴有关编目中的数据，由于统计口径不同、方法不一，如有差异，均以统计编中的数据为准。另外有些资料及数据来自网上及相关报纸和杂志，仅供读者参考。

六、本卷年鉴在编纂过程中，得到各撰稿单位及有关人员的大力支持，在此谨表谢意，并请海内外读者对不足之处提出批评。联系地址：上海市四川中路 49 号 209 室，邮政编码：200002，电话（021）63218539，传真（021）63218539。

《上海商贸年鉴》编辑部
2016 年 5 月

上海商贸年鉴（2016）
总　目　录

分 编 目 录

第一编　总　述

第二编　互联网＋商贸

第三编　企　业

第四编　自贸试验区与开发区

第五编 企业与优秀企业家

第六编 专 集

第七编 区县商贸

第八编 统 计

第九编　商贸便览

第一编

总 述

2016

上海商贸年鉴

总　述

2015年，面对复杂严峻的外部经济环境和艰巨繁重的改革发展任务，全市商贸部门认真落实市委、市政府和商务部的决策部署，主动适应经济发展新常态，坚持稳中求进、改革创新，扎实推进稳增长、促改革、调结构、惠民生、防风险工作，全面完成了全年和“十二五”规划的目标任务，为全市社会经济发展作出了新的贡献。

市场流通规模稳步增大。2015年全市商品销售总额93407亿元，比上年增长6.4%。其中，电子商务交易额16452亿元，比上年增长21.4%，是2010年的3.9倍；平台经济交易额亦迈入万亿级时代，达16125亿元，比上年增长11.4%，平台企业辐射力不断增强，超过60%的买家和卖家为长三角区域企业。

消费拉动作用更加显现。2015年全市社会消费品零售总额（社零总额）10055.76亿元，比上年增长8.1%，迈入万亿级消费城市行列。其中，无店铺零售额1250.60亿元，比上年增长26.9%；网上商店零售额1091.35亿元，比上年增长31.6%，占全市社零总额的比重为10.9%，比上年增加1.5个百分点。反映了上海商业业态改革创新的迅速发展。全市商贸业增加值和税收分别达到4201亿元和1730亿元，分别占全市第三产业增加值和税收的24.84%和17.53%，消费对经济增长的贡献率进一步提升。

对外贸易份额持续上升。2015年全市货物贸易进出口总额28060.88亿元，比上年下降2.1%，降幅比全国小4.9个百分点，在全国的占比从上年的10.8%提高到11.4%，规模再次跃居全国各城市首位；全市服务贸易进出口总额（按国际收支口径）1966.72亿美元，比上年增长12.2%，占全国服务贸易进出口总额的27.58%，在全市对外贸易总额中的比重首次突破三成，达30.3%，比2010年提高8.3个百分点。

引进来、走出去增势良好。2015年全市新设外商直接投资项目6007个，比上年增长27.9%；合同利用外资589.43亿美元，比上年增长86.5%；实到外资184.59亿美元，比上年增长1.6%（连续16年实现增长）。备案和核准对外投资项目1338个，是上年的1.3倍；对外直接投资总额573亿美元（其中中方直接投资额398.97亿美元），是上年的3.7倍；规模均居全国之首，分别是2010年的3.8倍和23.7倍。新签对外承包工程合同额111.0亿美元，比上年增长1.9%，已连续8年超过百亿美元；实际完成营业额74.55亿美元，比上年增长0.7%。

自贸试验区实现扩区。2015年完成中国（上海）自由贸易试验区扩区，实施范围扩展至120.72平方公里。其中，外高桥保税区、外高桥保税物流园区、洋山保税港区、浦东机场综合保税区4个海关特殊监管区域28.78平方公里，陆家嘴金融片区34.26平方公里，金桥开发片区 20.48 平方公里，张江高科技片区 37.20 平方公里。并在新扩区域全面推行负面清单管理模式。全年区内新增注册企业 18269 户。其中，内资企业 14943 户，注册资本 9078 亿元；外商投资企业 3326 户，合同外资 396.26 亿美元，占全市的 67.23%。全年对外直接投资中方投资 229.10 亿美元，占全市的 57.4%。

展览业能级不断提升。2015 年全市举办各类展会 851 个，展出总面积达 1513 万平方米，比上年增长 22.0%，是 2010 年的 1.9 倍。其中国际展览项目 292 个，展览面积 1124 万平方米，比上年增长 24.8%，占全市的 74.3%，比 2010 年提高 5.5 个百分点。

2015 年，全市商务领域创新转型的积极成效进一步显现，初步形成了四个发展新格局。

一是形成以智慧商圈、社区精准营销、服务消费为转型动力的消费新格局

智慧商圈建设带动传统商圈转型。商圈在线化、数据化、透明化程度持续提高。南京西路、淮海中路等市中心商圈销售额明显回升，摆脱了连年负增长的困境，2015 年销售额增速比上年提高 2.8 个百分点。社区精准营销推动居民消费升级。社区商业持续向精细化、集成化、平台化发展，社区商业零售规模已占全市 50% 以上。大型电商企业纷纷下沉社区开设服务中心，并与实体商业门店联手推出“网订店取”、“网订店配”等业务。智慧微菜场快速发展，营业网点逾 500 个，满足了社区居民不断增长的消费需求。服务消费成为升级新动力。“互联网 +”以及 O2O 等新模式迅猛发展激发了新的消费需求，餐饮、旅游、文化、教育等生活服务领域涌现了一大批国内领先的 O2O 龙头企业，2015 年服务类网上交易额达到 1889 亿元，比上年大幅增长 51.2%。

二是形成以服务贸易、一般贸易、消费品进口为增长动力的对外贸易新格局

服务贸易成为新增长点。过去 5 年，服务进出口年均增速快于货物进出口 9.3 个百分点。2015 年技术进出口、离岸服务外包分别达到 113 亿美元和 60 亿美元，分别是 2010 年的 2.9 倍和 3.4 倍；金融、保险、文化、信息等新兴服务进出口年均也都实现了两位数增长。一般贸易推动贸易竞争力不断提升。2015 年一般贸易进出口在货物进出口中的占比达到 47.4%，比 2010 年提高了 7.2 个百分点；高新技术产品出口在货物出口中的占比达到 43.7%，比全国高出 14.9 个百分点，以技术、品牌、质量、服务为核心竞争力的贸易新优势正在加快形成。消费品进口规模全国领先。过去 5 年，消费品进口年均增长 20.8%,2015 年达到 424 亿美元，约占全国的 30%，成为国内最大的进口消费品集散地。跨境电子商务的快速发展进一步畅通了从进口到消费的渠道，不仅有效满足本地市场需求，还积极向长三角和全国市场辐射。

三是形成以服务经济、总部经济、研发经济为升级动力的利用外资新格局

服务业利用外资领先增长。过去 5 年，服务业合同外资、实到外资年均增速分别达到 34.4% 和 12.5%，比制造业分别快 41.7 个和 9.6 个百分点。服务业累计利用外资在合同外资、实到外资中的占比分别达 71.3% 和 69.6%，比 2010 年提高 17.4 个和 11.7 个百分点。电信、养老、医疗、文化、教育等领域利用外资取得突破，助推上海加快形成了以服务经济为主的产业结构。总部经济贡献度不断提高。5 年间新增跨国公司地区总部 230 家，是规划目标的 2.3 倍。截至 2015 年，跨国公司累计在上海设立地区总部 535 家，其中亚太区总部 41 家，是内地跨国公司地区总部最为集中的城市。占全市外商投资企业总数 1% 左右的跨国公司地区总部贡献了全市外商投资企业营业收入、利润总额的约 9% 和 15%，辐射带动效应明显。外资研发机构助力全球科创中心建设。5 年间新增外资研发中心 75 家，累计达 396 家，占全国总数的 1/4，其中世界 500 强企业研发机构120多家，占全国总数的1/3，为提升上海在高新技术领域的国际竞争力发挥了重要作用。

四是形成以产业链、创新链、价值链为扩张动力的对外投资合作新格局

全球产业布局步伐加快。各类企业积极落实跨国经营战略，通过投资并购海外品牌等渠道，大力发展上下游产业链，构筑起了辐射全球的供应链体系。如光明食品集团通过一系列境外收购活动，已逐步建成横跨多个大洲、国家和地区的产销网络，跨国经营指数已接近15%。更加注重获取创新要素。过去5年，上海企业在境外研发类投资259项，投资额近75亿美元。企业通过收购拥有国际先进核心技术的企业、设立海外研发中心、与国外企业合作开展协同创新等多渠道、多方式融入全球创新网络。对外投资已成为主动布局全球价值链的关键举措。企业走出去网络遍布全球，已涉及178个国家和地区。国际产能和装备制造合作取得积极进展，“一带一路”建设成为全球价值链合作热点。2015年，上海对沿线国家直接投资95亿美元、贸易额870亿美元、新签对外承包工程合同额54亿美元，分别占全市的23.7%、19.3%和48.2%，并从传统的商品和劳务输出为主发展到商品、服务、资本输出多头并进。

重点推进了六方面工作：

一是聚焦自贸试验区制度创新，贸易投资环境更加便利

深入实施负面清单管理摸式，在扩展区域对负面清单外领域的外商投资企业实施备案管理。54项开放措施成效明显，落地项目超过1300个。国际贸易“单一窗口”1.0版上线运行，货物状态分类监管试点进一步扩大，平行进口汽车试点稳步推进。链接市场“国际版”，发布《中国（上海）自由贸易试验区大宗商品现货市场交易管理规定》，有色金属、矿产、棉花等6家大宗商品国际交易中心通过验收上线运营。第三方仓单公示平台和第三方资金清算平台建立。深化反垄断“1+3”工作机制，在申报识别、审查配合、事后监管等方面形成完整链条。成立部市共建领导小组，在国内率先开展产业预警试点。积极打造国际化商事争议解决平台，香港国际仲裁中心在上海自贸区设立办事处，实现零的突破。加快改革措施向全市复制推广，在全市施行外资企业设立及变更审批“告知承诺+格式审批”的管理模式，省级境外投资备案权限下放浦东新区，融资租赁兼营商业保理、生产销售游艺机等开放措施在黄浦、徐汇、长宁、闸北等区落地。

二是聚焦内贸流通体制改革，现代市场体系建设日趋完善

国务院正式批准上海开展国内贸易流通体制改革发展综合试点。制订试点方案，聚焦流通发展、市场规则、治理体系三大领域，明确12项主要任务和6大重点工程。以物流标准化、农产品流通等专题工作为抓手，推进长三角区域市场一体化，标准化托盘循环共用体系基本形成。运用“互联网+”推动传统市场升级和新兴市场发展，推进浦东、宝山、长宁、普陀、虹口等区“平台经济发展示范区”建设，培育形成110多家产业链、服务链高度整合的平台型企业。在黄浦区、静安区着力打造“国际时尚之都示范区”。推动汽车流通业转型，开展本市报废机动车回收拆解行业改革试点。在浦东、长宁、松江等区启动再生资源回收和生活垃圾清运“两网协同”试点。开展公益性农产品批发市场建设试点，推进蔬菜等预包装食品追溯二维码、条形码等新技术应用，发展农超对接等直销配送模式，全年完成新建和改建标准化菜市场85个，在青浦、松江、黄浦、宝山新建成4个早餐工程中央厨房，全面完成市政府实事项目。营造公平竞争的市场环境，全年查处打击侵犯知识产权和制售假冒伪劣商品案件3161起，启动上海市商务诚信公众服务平台建设试点工作。

三是聚焦增强消费对经济增长的拉动

力，商业转型升级成效明显

建立会商旅文体联动合作机制，确定首批会商旅文体联动合作机制重点项目 22 个，年吸引客流 4000 万人次。创新 2015 上海购物节等营销促销活动，实现千个商圈、商场全城联动，400 项主题活动共有 2000 家企业的 20000 余个门店参与。在徐家汇、淮海中路等 7 个市级商圈开展智慧商圈创建试点。以闸北区“飞马新立方”（5iCenter）等为代表的一批存量商务资源成功转型为新服务业众创空间。在全国率先实施境外旅客购物离境退税政策。大力推进电子商务发展，认定 12 家企业为国家电子商务示范企业。建立健全线上线下消费信用评价机制，开出首份保险电子发票，增值税发票升级版系统电子发票全面推广，截至 2015 年底共开具 2900 万份。利用“互联网 +”推动传统生活服务业转型升级，有效提升了旅游、文化、健康、教育、家庭服务等行业的供给能力和水平，促进服务消费增长。

四是聚焦贸易规模和能级同步提升，贸易结构持续优化

推动成立“一带一路”贸易商联盟，与新加坡、捷克、阿联酋等沿线国家经贸部门或节点城市签署经贸合作备忘录，在贸易、金融、能源、装备制造等领域落实一批重大项目。出台外贸稳增长、促转型 22 条政策措施，协调各监管部门推出便利化举措近百项。加强平台载体建设，新增上海化工产品出口基地，新设墨西哥、智利等一批国别商品中心和台湾商品馆，宝玉石交易平台上线运营。制订促进跨境电子商务发展意见，出台跨境电商示范园区认定办法，跨境电子商务公共服务平台建设获得突破，成功获批国家级跨境电子商务综合试验区。出台服务贸易发展三年行动计划，推进服务贸易、服务外包示范基地、示范项目建设，形成文化、中医药等新增长点。建立主宾国机制，成功举办第三届中国（上海）国际技术进出口交易会。国家会展中心（上海）投入运营，全年举办各类展会面积 390 万平方米，占全市 1/4 以上。亚太示范电子口岸网络运营中心成功落户，上海代表中方成为联合运营委员会主席。

五是聚焦引进来和走出去，双向投资质量水平稳步提高

深化总部经济发展，加大准总部政策的宣传和实施力度，建立跨国公司地区总部综合服务平台，举办“创新与发展：跨国企业在上海”最佳创新实践案例评选活动。制订鼓励外资研发中心发展的若干意见，建立有利于人才、资金、技术、研发设备样品等跨境流动的政策支持体系。启动 10 项投资促进计划，出台促进国家级经济技术开发区转型升级创新发展的实施意见。加大公共服务供给，编制 16 个国别投资指南、4 个重点行业投资指南，为企业提供 4700 余人次培训，基本形成国际化、市场化、专业化、全方位的走出去服务体系。鼓励企业以投资、收购、承包工程等方式加快海外布局，支持私募资本与产业资本联手参与境外高新技术投资合作。制定装备走出去发展规划，上海首个装备走出去和国际产能合作示范基地在临港地区挂牌。

六是聚焦加快政府职能转变，商务部门自身建设进一步加强

巩固群众路线教育实践活动成果，按照“三严三实”要求，以完善“四清单”工作机制为抓手，加强干部思想作风建设。坚持问题导向，形成“问题清单”共 246 项，解决 196 项，解决率 80%；坚持项目推进，形成“项目清单”共 169 项，完成 87 项，涉及总投资 610 亿元，完成率较上年同期提高 10%；坚持改革引领，形成“改革清单”共 13 项，出台一批促进内贸流通、开放型经济发展等政策文件，“支持各类研发创新机构发展”等写入市委市政府加快建设科技创新中心 22 条意见；坚持廉洁自律，形成“廉政风险清单”共 98 项，为党员干部划出不可突破的红线。严格执行中央八项规定，商务部门机关“三公”经费下降37%。深入推进“三服务”工作，与普陀区、徐汇区、虹桥商务区签署合作协议，与浦东、青浦、奉贤、松江等区共同开展海外招商，帮助杨浦区获批商业保理试点，为崇明等郊区县优质农产品拓宽销售渠道，协调对68家重点企业实施出口退税准一类企业管理，对500家企业给予海关通关18个方面的重点支持。创新政府服务方式，“上海商务”、“走出去服务港”、“投资上海”等一批微信公众号受到各方欢迎。商务部门干部队伍的精神面貌和工作状态发生了明显转变，正气占上风，正能量占主流，大家上下一心，聚焦一个“准”字、突出一个“干”字、牢记一个“责”字、筑牢一个“廉”字、形成一个“合”字，营造了良好的工作氛围，突出表现在“拼命三郎”多了、跷“二郎腿”的少了、“忙人”多了、“闲人”少了。

商贸发展中还面临一些问题和短板，突出表现在创新引领支撑发展的新动力新增长点还不强，推动改革创新的配套措施有些还不到位，体现国际贸易中心功能的载体建设还不够，与法治化、国际化、便利化的营商环境尚有差距等。这些需要在新的一年中着力改进和完善。

第二编

互联网＋商贸

2016

上海商贸年鉴

互联网 + 商贸

互联网 + 实体店与电商

实体店、零售商等为传统的销售模式，而通过网购平台，与快递配合完成销售的就是电商。从其发展的历史看，实体店和电商都是零售商在历史演变过程中一个阶段性的产物，具有明显的阶段性特征。从乡村小杂货店、百货商店、连锁商店、超级市场、大卖场到电商，都是不同零售业态适应当时生产、消费、科技等因素的变化而产生、发展的，同时它们又推动了一定的生产力发展。

今天，实体店与电商从销售情况看，如双十一的销售大战，上海第一八佰伴早在11月7日就开始率先奏响狂欢序曲，通过低至3折的“线下抢宝限时购”，你游戏、我让利，你购物、我包邮等活动，全力把真品真价和线下体验进行到底。尽管如此，客流并没有让实体店感到安慰。南京东路上的东方商厦和置地广场，顾客寥寥，生意冷淡，与天猫在开抢38分钟，销售额就破了100亿元相比，颇显实体店与电商竞争时的一种“以卵击石”的无奈感。十月份刚落幕的上海购物节，为期一个月，全市所有商业网点的营收总额共300亿元。一位从事百货近20年百货业负责人说，即使是拥有多个店面的大型百货店，在“双十一”期间大搞促销，也很难从电商手中抢来更多的市场份额。

从经营销售方式看，实体店经常面临的难题是供需信息流不畅，产品积压此起彼伏。而电商，譬如当当网，经营上万种商品，积压和断货现象却很少，就在于电商可以建立模型，通过对大数据的处理，准确预测销售走势。当你在购物车上放了一本书之后，当当网便根据你曾经搜索的历史立即告诉你，你可能还会喜欢什么书，什么商品。当你将推荐的书和商品放入购物车后，当当网会继续判断和推荐相关的新商品，往往又是你喜欢的。这种判断和推荐是以大数据为基础，靠高速云计算，人的脑袋无法企及，因此，实体店是无法做到的。由于这种推荐的购物行为，使顾客在当当网上一次购买几百元甚至上千元的图书和其他日用品消费品是很平常的事。当当网领导人介绍说，有一位顾客本来只是想在当当网购买一本研究茶叶的书，结果由于当当网的推荐，最终买了上千元的书，因为他觉得当当网推荐的那些书都是他想要的。

当然，当一种创新业态成为主流业态后，传统业态也不会消亡。正如百货商店是第一次零售革命产物，经过多次零售革命的冲击，虽然已从顶峰跌下来，但各大城市百货商店仍然顽强地存在。同理，在电商的冲击下，实体店只要认真调整经营战略，还是有出路的。尤其在经济不景气时期，这一规律表现得更为明显。

互联网 + 商贸区

作为上海第七大 CBD、同时也是传统商业重要载体的上海中环商贸区，近年来不断探索传统商贸与互联网的结合，试图以创新的互联网思维激发出传统商贸业更大的活力。这些年的尝试与积累，已逐渐形成互联网和传统商贸有机结合、良性互动的中环商贸发展生态。

走进上海中环商贸区，百联中环购物广场、友谊商店、东方商厦、巴黎春天、麦德龙、农工商 118 广场、红星美凯龙、梅川路商业休闲街等，多元化、多层次的商贸格局满足了不同层次消费者的需求；丰富多彩的节庆活动、形式多样的消费体验更是不断刷新零售纪录。

在其背后，我们看到的是一座拥抱着互联网前行在创新转型大潮中的中环商贸区。近年来，上海中环商贸区主动融入转型发展大局，围绕上海西部新兴商贸科技区建设目标，聚焦“四新经济”和科技创新中心建设，以创新驱动为动力、以深化电子商务与传统商贸有机融合为重点，全面拓展电子商务在各领域的应用，提高中环商贸区电子商务发展水平，促进传统商贸转型升级和经济发展方式转变。

以百联中环购物广场为例，商场内不但引进了游戏互动屏、导购屏、广告屏等，增强消费者体验与互动，2014 年 5 月，百联中环花费巨资与第三方安达通公司共同合作开发的LOCAS（本地化服务）系统正式上线，标志着其正式迈向“O2O”。它以“数据挖掘，精准营销；现场触发，高效传化”为核心，致力于提供给消费者更便捷、更实用的本地化服务应用。通过 HTML5 开发，消费者无需下载，在登陆 WIFI 后即能享受商场所提供的线上服务。而消费者在使用这些服务的同时会产生很多有效的互动，可以让经

百联中环购物广场外景

中环农工商 118 广场外景

营者 360 度了解消费者的需求。

除了百联中环这样大型的购物广场，与柴米油盐息息相关的社区店同样与互联网紧密携手，如总部设在中环商贸区的农工商超市(集团)有限公司旗下拥有包括卖场、超市、便利店在内的 3000 多家门店，集团发起设立了“城市共同配送平台”，以此打通电子商务、末端连锁商业网点和城市共同配送平台的信息链，淘宝、天猫、亚马逊、京东等电商均利用该平台网络开展“网订店取”业务，即消费者在各大电商平台购物后可以选择就近的社区门店取货。农工商还计划在城市共同配送平台上增加到店支付、到店转送等功能，真正成为一个资源整合的 O2O 服务共享平台。

如今，在中环商贸区，“互联网 +”的新型业态成为零售的新的增长点。并逐渐成为一种“新常态”，以此为基础，中环商贸区创建国家电子商务示范基地的步伐也不断加快，这也将会是中环商贸区实现二次飞跃的重要引擎。

互联网＋菜篮子

从马路菜场入室，到室内菜场启动标准化改造试点，再到标准化菜场基本实现全覆盖，上海用了 10 年时间，完成与老百姓生活密切相关的小菜场建设“三级跳”，并呈现“互联网＋菜篮子”复合型流通新格局。2014 年全市共新建标准化菜场 11 家，改造和二次改造标准化菜场 73 家。2015 年全市又新建标准化菜场 7 家，完成改造和二次改造标准化菜场 78 家。目前，全市共有标准化菜场 850 家。

标准化菜场，外表是“菜”，内核是“市”，它对标现代超市管理模式，配备现代化硬件设施，并引进信息化管理系统，实现商场化购物环境。传统菜场还加快 O2O 转型步伐，形成“互联网＋菜篮子”全新经营模式。普陀区的永昌高陵菜市场率先入驻阿里巴巴“淘点点”平台，提供半径 2.5 公里范围内的主副食品配送服务；永昌真金菜市场则开

普陀区明亮干净的标准化菜市场

辟“真金市场微店”和“口碑外卖店”两个线上平台，只需扫描二维码下单，菜场承诺2小时内送菜上门。此外，本市近一两年还涌现出349家社区“智慧微菜场”，这些自动售菜机和生鲜自助提货柜，瞄准距离菜场较远地区居民买菜难的“痛点”，堪称标准化菜场体系延伸到社区的“微循环系统”。本市各大标准化菜场，通过引入近郊自产自销、企业专营、农民直销等方式，不断完善绿叶菜产销直供。各大标准化菜场采用减免或取消菜场行政性收费，春淡、冬淡适时实施摊位费减免等措施，在副食品价格异常波动时，发挥主副食品保供稳价专项资金平抑物价作用。

互联网 + 生活服务业

近年来“互联网 + 生活服务业”领域的不断扩大，主要聚焦餐饮、旅游、文化、健康、教育、家庭服务等行业，显著提升了全市生活服务业的供给能力和水平。2015年1—8月，全市共实现电子商务交易额9439亿元，比上年同期增长18.1%。其中，“互联网 +”餐饮、旅游、文化、健康、教育、家政等服务类电子商务交易额为1169亿元，比上年猛增53.4%，成为新的商业增长点。

家政服务业。“云家政”是行业排名第一的家政O2O平台，目前已覆盖京沪穗深，合作门店超过2200家；沪上知名母婴护理连锁品牌“喜喜月子会所”在已有京、沪、深、浙、皖等地共10家实体门店的基础上，率先建立“扫e嫂”、“互联网 + 月嫂”服务平台，将月子会所专业护理流程送到在家“坐月子”的产妇处，成立不到几个月，已有500名月嫂上线。

健康服务、养老服务业。2010年成立的“1药网”已成为全国最大的手机药店之一；2010年成立的友康科技，专为老年人及失智人群提供“互联网 + 为老服务”，年累计提供服务总量超过60万单。

旅游、文化服务业。创立于1999年的携程，近期联合香港“草莓网”，开设“全球购 - 随行购”频道，开启电商新网购模式；

2008年创立的“驴妈妈”，解决旅游者实地景点购票难的问题；创立于2008年的“格瓦拉”，与全国2000多家电影院实现线上在线购票合作，已覆盖200多个城市、1000多个闹市商圈的影院。

此外，拍卖行业有“公拍网”，美发美容行业有“波波网”，会务、办公领域有“31会议网”、“酒店哥哥”，还有人才招聘行业的“若邻网”、“人人猎头”，宠物行业中的“狗管家”、“波奇网”等。

互联网 + 易物

2015年5月19日，易东东全球易物平台在上海虹桥商务区管委会举办了隆重的上线仪式。

据国家统计局数据显示，1988年，中国库存积压物资为2000亿元，到2000年已达3万亿元。时至今日，受国际金融危机深层次影响，国内需求增速趋缓，中国部分产业供过于求矛盾依然突出，部分行业企业产能过剩，产品库存积压严重，库存积压物资已远超3万亿元。原有的库存未处理完，新增的库存又进仓，造成了资源的巨大浪费，已成为国民经济运行的沉重包袱。

易东东全球易物平台CEO在接受记者采访时表示，在产能过剩行业的调控中，“走出去”成为中国政府鼓励、引导的方向之一，为此，易东东积极实施“走出去”战略，搭乘“一带一路”顺风车，打造国际化的易物平台，为中国易物行业占领国际易物行业话语权和主导权奠定基础。

有专家指出，习近平主席在“一带一路”战略中指出的基础设施的联通，按照陆上、海上的贸易通道布局，在和沿线国家设施联通的过程中，基础设施的投资力度会加大，在投资过程中对钢铁、水泥等原材料的需求也会增大，而中国国内这些产业刚好是产能过剩，库存积压，这会给易物行业带来非常广阔的空间。

易东东全球易物平台是一家专业“以物易物”的全球性易物平台，由易东东集团投资运营，平台基于现代易物概念建立，拥有

2015年5月19日，易东东全球易物平台在上线

自主知识产权，该平台依托物联网，积极开展跨境易物，为企业提供易物信息发布、查询，易物交易结算等专业化服务，帮助企业开展多边易物交易，实现以物易物、以物抵债、以物换股、盘活资产等功能。

平台通过线上的电子商务平台和线下的企业家沙龙，帮助企业解决资金短缺、产能过剩、销售不畅、积压库存、三角债等难题，促进企业产品流通和社会经济的发展。

互联网＋外贸

国务院常务会议指出，促进跨境电子商务健康快速发展，用“互联网＋外贸”实现优进优出，有利于扩大消费、推动开放型经济发展升级、打造新的经济增长点。

中国海关发布的数据显示，2015 年前 5 个月，中国进出口总值 9.47 万亿元人民币，与去年同比下降 7.8%，与第一大贸易伙伴欧盟的贸易总值 1.37 万亿元，下降 7.1%。在传统进出口下滑的情况下，跨境电商成为中国推进外贸发展的新渠道。

跨境电商相比传统贸易具有很多优势，一方面由于监管较为严格，产品的质量更有保证，其次，享受零关税等优惠政策，具有价格优势，同时电商接单后可以从国内仓库调货，收发货速度更快。

目前跨境电商主要采取保税进口模式，企业将大批货物免税囤放到国内保税区，有用户购买再以个人物品清关，这些商品可以以个人带入或邮寄物品的名义，仅交纳行邮税。

2013 年底，中国政府开展跨境贸易电子商务服务试点工作。作为首批试点城市之一，宁波跨境试点进口发展迅猛，自 2013 年底正式上线以来，截至 5 月底交易额达到 10.03 亿元。据商务部预测，2016 年中国跨境电商进出口额将增长至 6.5 万亿元，年增速超 30%。

发展跨境电商是一个外贸发展的新突破口，外国企业目前比较关注这一领域，通过电子商务，他们可以更快更便捷地将自己的商品销售给中国的消费者，而不需要走传统的外贸方式，同时电子商务也是非常好的品牌推广渠道。如跨境电商平台——贸趣（MORE TRADE）上线，意在以“互联网＋”为核心，打造跨境电商服务平台。贸趣是深圳市永安物联有限公司花费两年时间，耗资近千万打造的跨境电商服务平台。贸趣跨境电商服务平台突破了原有的传统外贸交易模式，运用互联网思维将上海贸易企业进行整合，为上海创建跨境电商发展提供了良好的平台体系，包括物流、支付、报单等，这将有利于扩大对外贸易规模，并带动一大批企业进入跨境电商产业。

业内人士指出，虽然全球进出口市场是一大片蓝海，但跨境电商的发展仍然面临着人才、资金、资源、物流、政策完善和落实等诸多问题需要解决。

互联网＋零售业

当当网（www.dangdang.com）是全球知名的综合性网上购物商城，由国内著名出版机构科文公司、美国老虎基金、美国 IDG 集团、卢森堡剑桥集团、亚洲创业投资基金（原名软银中国创业基金）共同投资成立。

从 1999 年 11 月当当网正式开通至今，

当当已从早期的网上卖书拓展到网上卖各品类百货，包括图书音像、美妆、家居、母婴、服装和3C数码等几十个大类，其中在库图书、音像商品超过80万种，百货50余万种；目前当当网的注册用户遍及全国32个省、市、自治区和直辖市，每天有450万独立UV（访客），每天要发出20多万个包裹；物流方面，当当在全国11个城市设有21个仓库，共37万多平方米，并在21个城市提供当日达服务，在158个城市提供次日达服务， 在11个城市提供夜间递服务。

除图书以外，母婴、美妆、服装、家居家纺是当当着力发展的四大目标品类，其中当当婴童已经是中国最大线上商店，美妆则是中国排名前五的线上店。当当还在大力发展自有品牌当当优品。在业态从网上百货商场拓展到网上购物中心的同时，当当也在大力开放平台，目前当当平台平台商店数量已超过1.4万家，2012年第三季度并新增2000家入驻商家，同时当当还积极地走出去，在腾讯、天猫等平台开设旗舰店。

当当网于美国时间2010年12月8日在纽约证券交易所正式挂牌上市，成为中国第一家完全基于线上业务、在美国上市的B2C网上商城。自路演阶段，当当网就以广阔的发展前景而受到大批基金和股票投资人的追捧，上市当天股价即上涨86%，并以103倍的高PE（市盈率）和3亿1千3百万美金的IPO（新股上市）融资额，连创中国公司境外上市市盈率和亚太区2010年高科技公司融资额度两项历史新高。

当当网使命：让全球使用中文上网的人们享受网上购物带来的乐趣——丰富的种类、7×24购物的自由、优惠的价格、架起无界限沟通的桥梁。

当当网的优点：（1）商品种类最多。当当网经营超过百万种图书音像、美妆、家居、母婴、服装和3C数码等商品，是中国经营商品种类最多的网上零售店；（2）购物最方便。当当网参照国际先进经验独创的商品分类、智能查询、直观的网站导航和简洁的购物流程等，还有基于云计算的个性化导购以及基于人群分组的社交化商务平台“当当分享”，为消费者提供了愉悦的购物环境；（3）顾客最多。当当网目前无论从网站访问量还是从每日定单数量来讲，都是中国顾客最多的网上零售店；（4）核心管理层包括图书业、零售业、投资业和IT业

当当网实体书店

的资深人士；（5）顾客覆盖海峡两岸暨中国香港、澳门及欧美、东南亚的消费者。

当当网成立以来一直坚持文明办网的原则，杜绝盗版和假冒伪劣产品，在国内广大网民心目中树立了健康向上的品牌形象。当当网坚持“诚信为本”的经营理念，率先提出“上门退货、当面退款”以及“正规渠道、正品保证”的诺言，用自己的成功实践经验为国内电子商务企业树立了的“诚信经营，健康发展”的榜样。

当当网的经营模式：互联网提供了可以无限伸展的展示空间，可以容纳无限的商品或图样以及内容。在当当网，消费者无论是购物还是查询，都不受时间和地域的任何限制。在消费者享受“鼠标轻轻一点，精品尽在眼前”的背后，是当当网耗时 11 年修建的“水泥支持”——庞大的物流体系，位于六个城市的十大物流中心，全国库房面积达到 18 万平方米，成为国内库房面积最大的电子商务企业，提供货到付款服务的城市超过 750 个，并为联营商户开通货到付款服务。

当当网也推动了银行网上支付服务、邮政、速递等服务行业的迅速发展。以图书为例，在为消费者服务的同时，当当网还帮助出版社提高了单本书的销量、并有效地延长了出版物的寿命。当当网不受上架周期的和顾客地域性偏好的限制，为出版社尤其是专业、学术出版社提供了窗口支持和读者，使知识的传播变得更加有效。

当当网历年获得机械工业、中信、中国青年、中国财政经济、上海声像等著名图书出版、音像发行机构最佳经销商荣誉称号。

当当网得到《人民日报》、《光明日报》、《中国青年报》、各地都市报纸等国内媒体广泛的报道，在顾客的赞誉和建议中，当当网还在不断完善服务。

当当网被《纽约时报》、《华尔街日报》、《华盛顿邮报》、《经济学家杂志》、CNN、BBC、路透社、美联社等大量报道，借助国际主流媒体提升当当网和中国企业的国际影响力。当当联合总裁俞渝是“达沃思世界经济论坛”数年演讲嘉宾，并曾应邀在 2005 全球 CEO 论坛中演讲“网络时代中国企业家的创新精神”。

互联网 + 旅游

携程酒店预订、机票预订、旅游度假一站式解决，酒店、机票、景点门票低至 2 折还返现。官网预订有保障，部分热门航线享免费接送机服务，热线全天候为您服务。

携程是一个在线票务服务公司，创立于 1999 年，总部设在中国上海。携程旅行网拥有国内外 60 万余家会员酒店可供预订，是中国领先的酒店预订服务中心。携程旅行网已在北京、广州、深圳、成都、杭州、厦门、青岛、沈阳、南京、武汉、南通、三亚等 17 个城市设立分公司，员工超过 25000 人。2003 年 12 月，携程旅行网在美国纳斯达克成功上市。

携程旅行网成功整合了高科技产业与传统旅游行业，向超过 9000 万会员提供集酒店预订、机票预订、度假预订、商旅管理、特惠商户及旅游资讯在内的全方位旅行服务。携程旅行网除了在自身网站上提供丰富的旅游资讯外，还委托出版旅游丛书《携程走中国》，并委托发行旅游月刊杂志《携程自由行》。

2015 年 10 月 26 日携程网和去哪儿宣布合并，百度将通过此交易完成前拥有的 178702519 股去哪儿网 A 类普通股和 11450000 股去哪儿 B 类普通股置换成 11488381 股携程增发的普通股。

携程网运营原则：秉持“以客户为中心”的原则，以团队间紧密无缝的合作机制，以一丝不苟的敬业精神、真实诚信的合作理念，创造“多赢”伙伴式合作体系，从而共同创造最大价值。

携程网旅游度假产品：携程度假提供数百条度假产品线路，包括“三亚”、“云南”、“泰国”、“欧洲”、“名山”、“都市”、“自驾游”等20余个度假专卖店，每个“专卖店”内拥有不同产品组合线路多条。客人可选择由北京、上海、广州、深圳、杭州、成都、沈阳、南京、青岛、厦门、武汉11个城市出发。

携程网酒店预订服务：携程旅行网拥有中国领先的酒店预订服务中心，为会员提供即时预订服务，合作酒店超过32000家，遍布全球138个国家和地区的5900余个城市，有2000余家酒店保留房。

携程网高铁代购服务：携程于2011年7月5日推出高铁频道，为消费者提供高铁和动车的预订服务，暂只提供上海市、江苏省、浙江省、安徽省配送服务。暂提供7天内的高铁及动车票的代购服务。

携程网信用卡服务：金穗携程旅行信用卡是中国农业银行股份有限公司（以下简称中国农业银行）与携程旅行网合作发行的金穗系列品牌贷记卡，该卡集金穗贷记卡金融功能以及携程VIP会员卡功能于一体，秉承中国农业银行与携程旅行网的优质服务。主要特点：（1）穗携程旅行信用卡，即是携程VIP会员卡，又是农行金穗贷记卡。在携程旅行网消费既可累积携程积分，同时还可以累积信用卡积分（其中携程积分为：电话或网上预订积分系数为1，无线预订积分系数为2）。（2）用金穗携程旅行信用卡，即可享有“金融账户＋银行积分＋携程积分＋旅行储备金”4个专享账户。（3）用金穗携程旅行信用卡，即可预订全球134个国家的28000余家2—5星级酒店。（4）用金穗携程旅行信用卡，即可实现国内、国际航线机票信息查询；异地出发，本地订票、取票。更可以享受携程独家推出的电子机票服务。（5）此卡即可享受携程VIP会员各种优惠礼遇，专享酒店折扣、机票折扣、度假折扣，其中包括千余条度假、旅游优惠线路以及全国3000余家特约商户专享餐饮娱乐高额消费折扣。

携程网荣誉：2008年08月携程入选

上海市副市长赵雯到携程旅行网调研

2008 胡润中国品牌榜 50 强。2008 年 11 月入选《数字商业时代》“2008 年中国科技百强”企业。2008 年 12 月获 2008 中国最佳呼叫中心“金耳唛大奖”。2008 年 12 月 CEO 范敏荣膺“2008 安永中国企业家奖”。2009 年 1 月获“上海名牌”称号。2010 年 3 月入选“2010 年最具创新力十大中国公司”。2010 年 7 月入选《福布斯》“2010 中国品牌价值排行榜”。2010 年 10 月第三次获得中国最佳呼叫中心“金耳唛大奖”。2010 年 10 月第二次荣获“中国最佳联络中心奖”。2010 年 11 月 入选“2010 亚洲最受尊敬企业榜”。2010 年 11 月 荣获“2010 中国优秀企业公民”奖。

互联网 + 拍卖

早在 2008 年，上海司法拍卖就率先“触网”，探索引进互联网技术开展网络拍卖，2010 年公拍网开始运行，至今已经走过了五个年头，在行业发展中、在法律法规不完善的情况下摸索前进，探索出了一条司法阳光拍卖之路。

公拍网是上海市拍卖行业协会建设的全市拍卖企业共同参与的网络信息发布和竞价公共平台。上海司法拍卖整合了“网络拍卖、行业管理、政府监督”三大体系。社会各界可以集中在此平台上查询信息，参与网络拍卖活动。

2016 年 3 月 1 日，新版公拍网正式上线，新版公拍网除了司法拍卖频道以外不仅引入了资产频道、民品艺术品频道、司法变卖频道，还引入第三方服务平台，与金融、银行等平台合作，拓展平台服务功能，充分整合优质资源。

新版公拍网有“网络与现场同步拍卖”、“纯在线拍卖”、“现场拍卖”、“72 小时在线拍 + 同步拍方式”可供选择。其中“72 小时在线拍 + 同步拍”是新版公拍网司法拍卖频道的一大亮点，即采用先“72 小时在线竞价 + 同步拍卖”的方式进行，先 72 小时竞价，竞买人在“在线竞价”阶段的出价转入“同步拍卖”阶段，后现场和网络同步竞价。不仅如此，新版公拍网司法拍卖频道还提供了帮助中心为客户咨询引导，进一步提升了服务能级，是真正着眼于为行业服务的平台，实现“网上报名、网上竞价、网上结算、竞买帮助、资金监管”，做到了在线一站式服务。

据悉，2015 年全年成交额 209 亿元，比 2014 年的成交额几乎增长了一倍；司法拍卖 2015 年是 126 亿元，比上年 91 亿增长了 38.5%，是 2011 年平台成立时候的 8 倍；由此可明显看到，公拍平台成立以来，拍卖平台的总量和效益都在大幅度的提升，在公拍网移动端的招商和信息发布，带来的效益是显而易见的。因此，要认识到今后的两个发展趋势，一是工作方向，司法拍卖在集中的平台上运行，以网上拍卖为主，这个趋势不可逆转。二是一种平台的工作机制，原来由 33 家拍卖机构承担的功能和相应的成本转移到了公拍平台，今后公拍平台将发挥越来越重要的作用。上海高院执行局多次提出，企业要做大做强的第一要素是平台要做大做强，平台强大了企业才跟着强大起来。

第三编

企　业

2016
上海商贸年鉴

一、内贸企业

百联集团

百联集团是中国上海市属大型国有重点企业，由原上海一百集团、华联集团、友谊集团、物资集团合并重组为大型国有商贸流通产业集团，挂牌成立于2003年4月。百联集团的重组是中共上海市委、市政府站在建设国际经济、金融、贸易、航运中心和现代化国际大都市国家战略的高度，应对我国全面开放零售业市场和服务贸易领域带来的严峻挑战，增强大型国有企业的活力、影响力和带动力，打造上海现代服务业新高地的重大举措。

百联集团注册资本10亿元，总资产800亿元。主要业务涵盖主题百货、购物中心、奥特莱斯，大型卖场、标准超市、便利

百联集团旗下上海世博源购物中心

百联集团旗下东方商厦

店、专业专卖等零售业态，经营有色金属、黑色金属、汽车、化轻、机电、木材、燃料等大宗物资贸易，涉及电子商务、仓储物流、消费服务、电子信息等领域。

百联集团旗下荟萃了上海第一百货商店、上海第一八佰伴、东方商厦（连锁）、永安百货、上海虹桥友谊商城、上海时装公司、上海华联商厦、上海妇女用品商店、百

百联集团旗下上海第一八佰伴

联上海南方购物中心、百联上海西郊购物中心、百联上海中环购物中心、百联上海又一城购物中心、百联上海世茂国际广场、百联上海东郊购物中心、百联上海金山购物中心、百联上海世博源购物中心、百联重庆购物中心、百联沈阳购物中心，百联上海奥特莱斯，百联杭州奥特莱斯、百联武汉奥特莱斯、百联无锡奥特莱斯、百联南京奥特莱斯，联华超市、华联超市、世纪联华、华联吉买盛、快客便利，上海旧机动车交易市场、上海有色金属交易中心，上海第一医药商店、亨得利亨达利钟表、茂昌吴良材眼镜、上海拍卖行、上海国际商品拍卖行、百联E城、百联物流、百联物业、百联电器、上海外供等一大批享誉沪上、闻名全国的商贸流通企业。

百联集团控股百联股份（A、B股）、联华超市（H股）、上海物贸（A、B股）、第一医药（A股）、复旦微电子（H股）、华岭股份等6家境内外上市公司。拥有以上海为中心、辐射长三角、连接全国20多个省、自治区、直辖市近6000家经营网点，从业员工近20万，是中国最大的国有商贸流通产业集团。

光明食品（集团）有限公司

一、概述

光明食品（集团）有限公司（简称光明食品集团）是一家以食品产业链为核心的综合性食品产业集团。2015 年，按照“改革转型、提质增效、管控协同、稳中有进”的工作主基调，主动适应经济发展新常态，全年经济运行总体平稳，稳中有进。全年实现营业总收入 1475 亿元（未经审计，下同），比上年增长 22%。年末，集团有员工 6.19 万人，从业人员 9.73 万人。

二、经营举措

（一）围绕战略目标，聚焦核心主业

光明食品集团围绕实现第三个三年（2013 — 2015 年）战略目标，聚焦核心主业发展，不断提升整体实力。乳业：莫斯利安酸奶全年销售收入 60 多亿元。成功实施集团内部牧业资源重组。糖业：营业收入比上年增长 13.02%，因糖价回升，糖业板块整体扭亏为盈。肉业：营业收入比上年增长 13.02%。成功实施集团内部肉业资产重组，肉业绩效指标有所提升。粮油：营业收入比上年增长 13.14%，全面完成粮食储备任务。蔬菜：营业收入比上年增长 24.02%。整体农产品批发量稳步增加，蔬菜成交量价齐升。现代农业：营业收入比上年增长 6.97%。种植业稳步发展，水产、畜牧等养殖业营收实现翻番，菌菇、禽蛋产业均实现扭亏为盈。品牌食品：营业收入比上年增长 9.75%。并购新增橄榄油等项目，对品牌食品业的营收增长贡献较大。分销零售：集团连锁商贸业门店数量继续萎缩，营业收入呈延续下降趋势。地产物流：营业收入比上年增长 8.82%。

2015 年中国上海国际食品博览会暨光明食品节

金融业：集团财务公司于2015年1月正式开业。

（二）举办展会展销活动，积极拓展市场

11月13－15日，光明食品集团成功举办2015中国·上海国际食品博览会暨光明食品节，并同步开展2015中国食品产业发展论坛、电商分论坛、2016中国食品产业发展趋势发布会等活动，全球500多家食品龙头企业参展，7万余人次现场参观、洽谈，实现现场销售3200多万元，订单2.1亿元。年内，集团先后组团参加米兰世博会、第十三届农交会、2015上交会、2015中华老字号博览会、波兰国际食品博览会等国内外大型展示展销活动，展示集团“从田头到餐桌”全产业链经营理念以及优质产品和服务，提升集团整体形象、行业竞争力和国际影响力。

（三）推进科技和品牌建设，持续深化转型

光明食品集团聚焦科技、品牌等要素，持续深化商业模式转型。推进新品研发和科创中心平台建设。启动益民食品一厂技术中心暨中试线建设项目，与上海市农科院达成科技创新战略联盟，共建上海都市现代农业科技创新中心，实现产学研、育繁推一体化。全年集团系统获得受理的专利共118项，其中发明专利109项；获得授权的专利共78项，其中发明专利76项。光明米业集团和思乐得不锈钢制品公司技术中心新获上海市级企业技术中心认定。品牌影响力不断提升。“光明地产”图形商标被认定为中国驰名商标，“雪雀”、“果立方”等商标首次获得上海市著名商标称号，“崇鳌”中华绒螯蟹、“九道菇”食用菌等产品首次获得上海名牌产品称号。截至2015年底，集团累计获得国家级品牌荣誉27项，省（市）级品牌荣誉92项。

（四）推进资产重组，深化国企改革

5月7日，光明食品集团与上海良友集团联合重组工作会议召开，拉开了光明食品集团与上海良友集团联合重组帷幕。重组后，集团顺应布局优化、结构调整，做强、做优、做大食用农产品企业的发展要求，对良友集团与光明米业集团进行联合重组，促进企业资源互补和健康发展。年内，集团继续推进产业整合、资产重组等国资国企改革工作，完成海博股份重大资产重组、资产交割及后续发行工作，重组后的海博股份更名为光明地产。按照专业化、证券化、全产业链的重组原则，完成集团肉业、牧业上市公司重组工作。推进企业改制，清理退出企业22家。

（五）推进投资并购管理，提升发展后劲

集团全年实际启动投资项目完成投资额比上年增长20.69%。扎实开展投资项目后评估工作，通过相关企业自评、典型项目现场评估、重大项目部门会审等流程，对投资项目作了后评估，良好率达到88.1%。年内，完成光明国际收购以色列特鲁瓦公司77%股权，糖酒集团收购西班牙米盖尔公司72%股权，澳大利亚玛纳森公司收购香港永兴太平洋贸易有限公司股权项目等。

（六）强化海外企业风险管控和业务协同

年内，集团先后出台海外企业投资、资产、财务、审计，以及业务协同等方面的规章制度和管理意见。11月11日，集团召开海外企业工作会议，围绕“协同融合与管理提升”的主题，就加强集团与海外企业之间沟通与对接，强化海外企业管理提出要求。推进集团国内外企业在业务、品牌、管理及技术等方面的协同，玛纳森公司利用中澳双方优势资源，完成450个货柜甜橙进口到中国市场，约占中国澳橙市场的40%。

（七）推进现代生态高效循环农业建设

集团全年粮食种植面积61.2万亩，其中麦子种植27.9万亩，水稻种植33.3万亩，稻麦合计单产1046公斤，再创历史新高。光明米业集团长江农业公司万亩麦子示范方获上海市万亩方一等奖。按照环保部、市环保局的要求，集团全面开展畜禽养殖场粪污综合治理专项整治工作，制定畜禽养殖综合

整治工作方案，并对区域内畜禽养殖场粪污治理开展多次专项督查，确保限期完成整改并达到农业排放环保要求。

（八）加强干部队伍和人力资源建设

年内，集团举办以“形势、任务、责任、操守、能力”为主题的领导干部学习班，学习贯彻习近平总书记系列讲话精神。举办中青年人才培训班，41 人参加培训。集团共完成 21 个培训项目，培训人次 3165 人。继续实施人力资源信息化二期项目，15 家单位已上线，录入了 590 个法人单位，5300 多个部门，18000 多个岗位，40000 多名员工，基本实现了全覆盖。

（九）强化内部管控体系建设

集团推进专项治理工作，1 月份开展“以案为鉴、强化内控、遵守准则、筑牢防线”为主题的管理警示教育月活动，4 月份开展以“风险、责任、诚信”为主题的食品安全警示教育月活动，强化领导干部的底线思维、责任意识、诚信意识和规范意识。全年共新制订 14 项制度，修订 5 项制度，废止 1 项制度。抓好内审工作，全年完成审计项目 1128 件。

（十）改善民生，构建和谐企业

推进农场职工旧住房综合改造工作。构建和谐劳动关系，落实企业员工收入和发展效益同步增长机制，全年集团全部从业人员报酬比上年增长超过 8%，全部在岗职工报酬比上年增长超过 9%。继续抓好信访稳定和安全生产工作，全年未发生重大的不稳定事件和安全生产事故。

三、经营实绩

集团系统经济发展总体平稳，营业总收入 1475.0 亿元，比上年增长 22%。其中，农业生产及销售健康发展，农业总产值 60.2 亿元，比上年增长 9.2%，种植业和养殖业的产值比达到 1∶1.66；食品加工业保持增长，工业总产值 341.2 亿元，比上年增长 16.9%，工业销售产值 339 亿元，比上年增长 16.7%，产品销售率 99.4%；商贸连锁业持续发展，批发零售业网点 4659 个，比上年下降 15.9%，营业收入 871.2 亿元，比上年增长 3%。

四、2016 年发展趋向

（一）总体思路

2016 年，集团以“夯实基础，稳中求进，聚焦重点，提质增效，放大优势，狠抓落实”为工作主基调，推进实施融合、品牌、渠道和平台等四大战略；推进食品产业和地产、金融的“一体两翼”产业布局和建设；推进以“环境优美、产业先进、生活优越”为标志的殷实农场建设；推进“盘土地、盘资源、盘人才、盘资金、盘规则”等重点工作；推进集团全面信息化体系和风险防范控制体系建设，努力使集团成为上海特大城市主副食品供应的底板，安全、优质、健康食品的标杆，世界有影响力的跨国食品企业集团。

（二）主要工作任务

扎实推进殷实农场建设；着力推进商业模式转型和创新工作；进一步强化投资并购和全过程评估工作；继续推进改革改制和清产核资工作；积极推进集团品牌一体化建设；不断加强人力资源和人才队伍建设；全面构建内部管控和风险防范体系；继续做好保障和改善民生工作。

上海国际汽车城（集团）有限公司

上海国际汽车城自2001年全面启动开发建设，规划面积已扩大到100平方公里，完成固定资产和各类项目建设投资超900亿元，正在成为国内一流的集汽车研发、制造、贸易、博览、运动、旅游等功能于一体的产业基地。作为上海市“十五”期间重点项目，本着“市区联手、以市为主”的开发模式，上海市政府指定上汽集团、百联集团、上海久事公司等市级重点单位，与代表嘉定区政府的上海嘉安投资发展有限责任公司，共同出资组建上海国际汽车城发展有限公司、上海国际汽车城新安亭联合发展有限公司、上海国际赛车场有限公司等主体开发公司，负责汽车城的开发建设工作。

2009年6月，为更好地推动汽车城功能整合和提升，强化汽车城开发统一性和完整性，搭建统一、权威、高效的决策管理平台，在市、区两级政府联手推进下，以嘉定区政府为主，对汽车城管理体制和开发机制进行了重大的调整和完善：成立嘉定区上海国际汽车城管委会及其办公室、变更上海嘉安投资发展有限责任公司为上海国际汽车城（集团）有限公司，统筹负责汽车城新一轮建设和发展。2009年12月14日，上海国际汽车城（集团）有限公司正式成立，公司与汽车城管委会两套班子在“市区联手，以区为主”的新格局下，以规划为引领，以市场为导向，不断创新区域开发机制和提升区域营运水平。

上海国际汽车城（集团）有限公司系国有独资有限责任公司，注册资本14亿元，经营范围包括实业投资、控股、参股、资产经营，资产管理，市政建设，物业管理，房地产开发与经营，建筑装饰，会展服务，酒店管理，广告设计、制作、代理等。

秉承以汽车城发展、繁荣为己任，汽车城（集团）公司致力于推进汽车城核心区25平方公里的城市化建设及汽车研发产业、新兴产业的新一轮集聚。重点推进电动汽车国际示范城市建设、产业高地的建设和城市化配套项目的建设。电动汽车国际示范区建设正式启动，全面推动电动汽车基础设施建设、私人购车及示范应用，智能网联汽车示范获批国家工信部“智能制造试点示范项目”，成为全国唯一的智能网联汽车试点示范区。电动汽车分时租赁商业模式启动，全市全覆盖，开始辐射江浙地区，分时租赁和公交电动大巴的运营尽管处于初创期，但

建设和发展中的上海国际汽车城

2015 年已实现主营业务收入 2815 万元。

产业高地建设不断推进，以新能源汽车及关键零部件产业基地建设提升汽车产业能级，以汽车创新港建设集聚汽车研发企业，以环同济知识经济圈建设探索产学研一体化。城市化配套项目不断推进，轨道交通 11 号线在汽车城核心区内 3 个站点的配套设施规划建设：曹安路下立交工程、嘉亭荟综合商业项目、三德商务广场、安亭文化体育活动中心相继启动；三之三双语幼儿园入驻、华师大附属双语学校和幼儿园顺利开学，同济大学附属实验中学和小学校舍主体建筑基本竣工，同济嘉定校区体育中心场馆主体建筑完工；颖奕皇冠高尔夫五星级酒店、绿化风貌及城市景观等项目相继建成；汽车创新港建成启用，同济科技园建设与招商同步推进。

2015 年，上海国际汽车城在区委、区政府的正确领导下，在国内经济下行压力持续加大的大环境下，整车产量和销售、零部件制造等基本维持去年水平；新能源汽车示范推广，特别是智能网联汽车示范和分时租赁的运营推广，成为其新的亮点。通过汽车城上下凝心聚力、攻坚克难，各项主要经济指标在全市开发区和列入统计的国内汽车城中名列前茅。

主要经济指标完成情况表

主要指标	单位	2015 年	比上年（±%）	全区占比（%）
增加值	亿元	668.4	0.3	42.3
其中：第二产业	亿元	592.3	-1.5	54.9
第三产业	亿元	75.9	16.2	15.2
规上工业产值	亿元	3037.1	-4.1	62
固定资产投资	亿元	88.6	-2.7	19.6
上缴税收	亿元	317.5	-6.1	41.5
合同外资	亿美元	5.2	147.7	33.6
其中：到位资金	亿美元	1.2	-39.8	19.7
外贸出口	亿美元	22.2	-0.2	23.4
商品房销售面积	万平方米	42.0	68.0	12.5
商品房销售额	亿元	70.1	121.1	13.5
社会消费品零售额	亿元	95.7	9.1	11

上海国际汽车城（集团）有限公司将在“产城融合发展”目标的指导下，争取经过 5—10 年的努力，将汽车城建成具有完整汽车产业链支撑、鲜明汽车文化特色、良好人居环境、城市化发展水平发达的新型城市化地区，也将是国内综合性最强、产业链最完整的汽车城。

二、外贸企业

东方国际（集团）有限公司

一、概述

公司董事长　吕勇明

2015年全球经济仍处于深度调整期，海外消费市场疲软，外需不振，部分主要地区汇率大幅贬值，使贸易机会减少、风险加剧；国内经济进入新常态，经济下行压力加大，成本优势减弱。面对复杂严峻的国际国内形势，集团立足当前、着眼长远，加快主营业务结构调整和动力转换，全力以赴做好新常态下的转型发展工作，圆满完成了年度主要经营目标，利润创历史新高，企业管理、风险防范得到进一步加强。

2015年，虽然外部经济形势的严峻程度远超年初预期，但由于集团及时采取多项积极措施，确保了业务经营的稳步发展，全年共实现营业收入216.73亿元，较上年208.5亿元增长7.9亿元，增幅3.93%。

2015年，集团共实现利润总额5.99亿元，较上年增加23.76%；实现净利润（归属于母公司）4.62亿元，较上年增加25.69%，当年实现的净利润达到了集团成立以来的最高值。

二、主要举措

（一）提质增效促转型

近年来，转型发展成为集团发展的主旋律，集团上下对此高度重视。年初集团成立了“综合贸易转型”推进工作小组，建立例会制度，持续不断推进综合贸易转型，内外贸融合发展、品牌战略实施、走出去与引进来相结合等等一系列项目的持续滚动推进，一些亮点逐渐显现。多家公司不断推进业务“四个调整”，密切跨界合作，加快平台建设，通过主营业务之间的联动与协同，最大限度地发挥综合集成优势与效应。

外贸公司积极对传统进出口业务进行创新转型，全球化采购铅笔原材料并投资产品设计，从而使其销量大增；深入切割线盘条的供应链管理，为客户提供增值服务，占据

广交朋友开展务实合作，中国驻意大利米兰总领事会见集团唐小杰总裁

了该产品进口市场的主要份额。创业公司已经形成以 KOOL 男装品牌为主，衣架女装品牌、朗绅男装品牌和 SUNFLOWER 童装协同的内贸服装品牌系列。2015 年，上述四大品牌的营销业务均在积极稳妥地推进中，销量较 2014 年增长 50% 以上，市场反应良好。纺织公司通过不断地适应市场需求而进行有效的品种结构调整工作，降低了品种单一可能出现的系统性风险。组织蓝蓝社参加米兰世博会，在世界面前成功展示了蓝印花布这一民族瑰宝的魅力和风采。东松公司在夯实传统医院业务的基础上，积极开发了民营医院大项目的代理进口业务。

（二）多措并举拓物流

集团以“坚持立足主业，谋求创新转型；深化物贸联动，建设电商平台；加强基础建设，拓展现代物流”为推进思路，确定了物流板块的四个方面九个重点项目，确保物流业务转型工作有重点、有抓手。

物流公司全力推进业务转型，加大经营创新力度。建立“快检通”物流服务平台，快捷便利的优势逐渐显现，业务量逐月增加。积极培育新客户，与上海回力鞋业集团达成了长期物流合作意向。积极参与中国外经集团非洲厄立特里亚冷库项目和电站项目。加快重庆和武汉等长江内陆网点建设步伐，培育长期赢利点。承接了加拿大卡瓦利亚（Cavalia）“梦幻舞马”项目，通过项目操作，建立了一支具有专业素质的团队，并打通了海关、商检一条线的环节，为今后承接类似的演出物流项目打下基础。航运方面将两条收回自营的船舶放到大西洋地区运营，获得了比租船更好的收益，提高了新海船队在大西洋市场的活跃度和知名度。

（三）突破发展推电商

“爱奢汇”跨境电商项目取得阶段性发展。领秀公司经过一年的努力，四大品类（时尚名品、母婴品类、食品保健、家居用品）共汇集近 130 个品牌，近 400 个 SKU（库存量），全年采购额达到 4100 万元。亮相米兰世博会提升了平台形象，以渠道为突破，运营销售方面也有所进展。9 月，爱奢汇第一家 O2O 线下体验中心正式投入运营。

（四）提质转制促服贸

人力资源服务方面，着力提升服务质量，获得“2014 年人才信息信得过企业”称号，

东方国际集团与意大利企业合作签约仪式在米兰举行，第一排中间为集团副总裁周峻

完成了“上海名牌”的申报工作；开展人力资源培训工作，为集团系统内有关单位提供培训服务。

会展业务方面，开拓了新的海外自办展。新开的“斯里兰卡中国商品博览会”项目收到较好的效果，越南展也完成了既定目标。

（五）聚散为整强资产

集团为推动资产板块的整体发展，于3月27日成立东方国际集团上海资产管理有限公司，将原丝绸集团、房产、资产三家公司整合进入新的资产平台，并于6月1日起正式实施合署办公，为加强组织融合、业务融合和文化融合打下坚实基础。

投资管理方面，成立东方国际集团上海投资有限公司，暂与集团投资发展部“两块牌子、一套班子”。投资公司担负着更好盘活金融资产、专业运作大健康基金、集中管理参股企业、积极寻找并购项目的重要使命，为集团进一步转型发展提供支撑和动力。投资公司的正式运营，标志着集团投资平台建设启动，集团贸易、物流、资产、投资四大板块基本成型。

（六）循序渐进抓海外

2015年利泰与荣恒公司合作投资的孟加拉国羊毛衫厂，经过一年多的筹备，已正式开张运营。荣恒孟加拉内衣厂已完成增资扩股，项目新增的两条生产线开工满负荷运行。创业公司柬埔寨祥和工厂二期工程已全部完工并投入正常使用。

积极推进孟加拉国服装产业园区项目。集团孟加拉园区推进工作小组联系合作方，建立项目每周例会制度，并组织多次赴孟加拉国进行调研和谈判。目前可研报告已完成，并获得专家评审会和孟方认可。

集团香港公司作为集团重要的经济窗口和平台，在业务对接、资金融通等方面发挥了积极作用，2015年与集团其他公司紧密协作，金贸联动，完成贸易业务额创新高。

（七）深入推进再融资

上市公司再融资工作开展以来，由于募集金额较大，募投项目涉及收购外贸公司股权、物流航运、电商、品牌发展等多个业务板块，特别是涉及到解决海成系债权历史遗留问题，使得再融资进度有所延长。集团有关公司与集团有关部门积极配合中介机构，完成了各募投项目的可行性报告、尽职调查以及各项工商、海关等政府部门的合规证明工作，并在圆满解决海成系债权问题过程中作出重大贡献。

（八）稳步拓展新投资

集团与上海交大产业集团建立了战略合作伙伴关系，共同研究培育发展健康医疗产业。集团成立培育发展集团健康产业专题调研小组，通过广泛深入调研，梳理分析集团在健康产业细分领域的现有基础，寻找集团可能争取到的外部优质合作资源，就健康产业能否成为集团新的经济增长点之一进行研究论证，形成了调研报告和相关工作方案。12 月 10 日，集团与资产管理公司组织举办了“高端医养产业研讨会”。

（九）齐抓共管优管理

集团总部各部室进一步强化大局意识、责任意识和服务意识，聚焦集团重点工作和重点项目，按照各自职能分工，注重相互协作和统筹协调，注重政策导向和业务指导，注重健全落实制度，努力为一线企业排忧解难，努力提升企业管理水平。

三、对外贸易

2015 年是我国外贸历史上极不寻常的一年，形势复杂严峻，下行压力加大，我国进出口增速出现“双降”；尤其受大宗商品价格下跌、国内需求走弱等因素影响，进口仍处在低位运行。

2015 年，集团进出口总额 316415 万美元，比上年的 360992 万美元下降 12.35%。其中：出口 221267 万美元，比上年下降 10.07%；进口 95148 万美元，比上年下降 17.23%。但转口贸易达到 5.53 亿元，比上年增加 4.64 亿元，增幅达 522.02%，这其中大宗商品占到 90% 以上。

四、服务贸易

全年海运进出口 435323 国际标准箱单位，比上年下降 17.79%，其中：海运出口 392934 国际标准箱单位，比上年下降 19.39%，海运进口 42389 国际标准箱单位，比上年增长 0.63%。空运进出口 161710 吨，比上年增长 23.12%，其中：空运出口 86093 吨，比上年增长 85.01%，空运进口 75617 吨，比上年下降 10.84%。

全年组织筹备国外展 32 个，营业额为 10004 万元，比上年增长 3.23%。旅游营业额为 35479 万元，比上年下降 32.55%，其中：

东方国际集团与上海交大产业集团签署战略合作协议，迈出现代服务企业集团转型发展新步伐

接待国内游客为27842人天数；接待国外游客为76435人天数。商务、外企服务等营业额为259万元，比上年下降30.38%。

五、发展趋向

2016年作为“十三五”规划开局之年，也是集团实现新一轮三年规划目标承上启下的关键之年。当前全球经济总体复苏乏力，外部需求依旧萎靡，国内经济面临下行压力，内需严重不足，集团主业发展依然面临严峻挑战。集团工作的总体思路是“稳增长、调结构、促改革、强党建”，这是“转型、发展、改革、提升”八字方针的深化，更加聚焦落实转型成果、加快发展步伐、释放改革动力。集团要顺势而为，趋利避害，保持战略的稳定性和连续性，根据集团发展新阶段“一体两翼三支撑”产业体系的战略布局，不断增强发展的整体性，力争早日使东方国际集团成为集综合贸易、现代物流、资产经营、投资发展于一体的综合型现代服务业企业集团。

2016年，集团在经营工作中将积极“稳增长、调结构、促转型、补短板”，突出发展，聚焦重点，统筹兼顾好贸易、物流、资产、投资四大板块，注重业务转型升级与提质增效相结合，注重调整结构与补齐短板相结合，注重创新突破与复制推广相结合，加快培育和提升核心竞争能力，确保完成全年经营预算目标，有力促进集团经济规模、质量、结构和效益实现全面、协调、可持续发展。

集团年度主要工作任务和措施：推进综合贸易板块的转型和提升；发挥生产基地作用，继续实施“走出去”的国际化战略；推进物流板块转型提升；加快推进电子商务新发展；加快推进品牌内外贸一体化建设；全面启动大健康产业；加强资产整合经营，打造集团资产管理平台；强化发展增量功能，扎实推进投资平台建设；进一步加强和优化集团总部行政管理工作，提高服务保障水平。

上海丝绸集团股份有限公司

一、概述

董事长　徐伟民

2015 年是公司“十二五”发展规划的收官之年。从外部环境看，世界经济复苏势头趋缓，全球贸易整体低迷。从内因看，外贸综合成本居高不下，传统竞争优势继续削弱，中国出口产品的竞争力相对下降。我国外贸发展遇到较大困难，出口下行压力增大。继 2009 年全球金融危机后，2015 年我国对外贸易进出口额再次出现双下降的局面。在此情况下，国内的服装零售市场同样不容乐观。销售低迷，传统零售渠道在电商的冲击下，增长乏力。

面对如此内外交困的严峻形势，公司上下齐心协力，紧密围绕加快转变贸易发展方式这条主线，把握稳中求进的工作总基调，大力推进“两个转变”，切实贯彻执行“创新、升级、效益”六字方针，努力实现了公司的平稳运行和发展。2015 年公司实现主营业务收入 434340 万元，归属于母公司净利润 10083 万元。

二、对外贸易

（一）出口贸易

2015 年，公司出口 45096 万美元，比上年减少 2059 万美元，降幅 4.37%。出口的产品主要有棉、麻、丝、毛、化纤等各类梭织、针织服装，以及丝绸、人棉、家纺等各类纺织品。主要销往北美、欧盟和日本等 80 多个国家和地区。

2015 年出口贸易方式情况表

贸易方式	出口额（万美元）		占比（%）		比上年（±%）
	2015 年	2014 年	2015 年	2014 年	
合　　计	45096	47155	100.00	100.00	-4.37
一般贸易	40405	40973	89.60	86.89	-1.39
来料加工	770	1657	1.71	3.51	-53.53
进料加工	3921	4525	8.69	9.60	-13.35

2015 年主要出口商品情况表

商品名称	出口额（万美元）		占比（%）		比上年（±%）
	2015 年	2014 年	2015 年	2014 年	
合　　计	45096	47155	100.00	100.00	-4.37
服装服饰	31468	34328	69.78	72.80	-8.33
纺 织 品	11324	11011	25.11	23.35	2.85
其　　他	2303	1816	5.11	3.85	26.84

上海市副市长周波调研公司下属品牌公司

2015 年公司出口商品主要输往地情况表

国别（地区）	出口额（万美元）	占比（%）	比上年（±%）
合　计	45096	100.00	-4.37
北　美	15293	33.91	0.72
欧　盟	9728	21.57	-11.03
中　东	4497	9.97	-9.46
日　本	3743	8.30	-23.69
中南美	3571	7.92	3.45
非　洲	3242	7.19	47.28
大洋洲	2808	6.23	5.73
东　盟	637	1.41	-14.99
俄罗斯	525	1.16	-34.59
港澳台	172	0.38	-30.16
其　他	880	1.95	-16.75%

（二）进口贸易

2015 年，公司进口规模达到 1629 万美元，比上年减少 10%。公司进口商品主要有服装面料、辅料、塑料制品等产品。公司进口商品主要来自中国台湾、日本、韩国等数十个国家和地区，比上年有所下降。

（三）货源基地

2015 年，公司向供应商采购金额达到 35.13 亿元，比上年增长 2.87%。合格供应商近 1000 家，构建了稳定庞大的供应商网络。公司自有生产基地在日益严峻的环境下，经营发展面临更多困难，根据自身资源条件积极调整思路，充分发挥和挖掘自身潜力，大力调整转型，努力克服不利影响，总体仍然保持了稳定的发展，为公司业务发展提供了有效的支持。

三、品牌运营

LILY围绕商务时装的定位，着力渠道、产品、管理等方面，积极推进品牌运营的各项工作，努力提升品牌竞争力，使LILY全年零售规模在激烈的市场竞争中仍然实现增长，达到15亿元。

1. 优化调整营销渠道。面对2015年严峻的零售环境，LILY对现有店铺进行优化调整，以增强实体店的盈利能力和抗风险能力。大力提升电商业绩，使之在总体销售中占比上升到12%—13%。在重要城市和代理商试点联营模式，提升代理业绩。着力打造全渠道销售平台，打通各种销售业务模式，使消费者能以最便捷的方式购买到LILY的商品，体验到LILY品牌力。

2. 继续品牌推广，强化商务时装定位。更加注重高效率的传播渠道，除了继续在人流量极高的地铁进行品牌传播，同时整合线上、线下资源，推出全新的会员制度，全渠道的进行会员营销推广，打造LILY的商务时装会员社区。

3. 丰富商务时装品类，提高品牌吸引力。始终把产品的丰富性放在第一位。通过增加系列来拓宽商品的丰富度和受众面，同时全面提升工艺，改进版型，做全做精商务时装的品类。

4. 拓展新的零售业务模式。为适应当前新的消费趋势，公司积极探索新的零售营销模式，打造WHOUS时尚生活馆，WHOUS与来自韩国等地的设计师品牌合作，提供的商品及服务涉及多个领域，为顾客带来了全新的商品和购物体验。WHOUS首家集合店自2015年10月开业以来，年内已在上海开了3家店，受到了广大年轻消费者的热情追捧。

四、2016年发展趋向

2016年是“十三五”规划的开局之年。我国仍面临诸多矛盾叠加、风险隐患增多的严峻挑战。外贸发展的外部环境依然复杂，内销零售市场的竞争依然激烈。审视当下，公司正处于发展的关键时期。随着经济新常态的到来，原先的发展方式难以为继，新的发展动力和竞争优势仍未形成。在国际竞争日趋激烈和我国发展动力转换的背景下，公司必须顺应时代变化，激发创新活力，把发展的基点放在培育发展新动力，打造竞争新优势上，推动业务模式创新，夯实持续发展基础。

面对2016年的新形势、新挑战，公司将牢固树立创新、协调、绿色、开放、共享的发展理念，在公司“十三五”发展规划指导下，以提高业务发展质量和效益为中心，坚持创新发展，加快转型升级，实现提质增效，争取有质量、有效益、可持续的增长，确保公司“十三五”规划良好开局。

上海市外高桥国际贸易营运中心有限公司

党委书记、总经理
蒋琪民

一、概述

2015年，上海市外高桥国际贸易营运中心有限公司以“国际化、市场化、智能化”为引领，在招商稳商、市场服务、贸易代理、仓储物流以及直销中心和汽车平行进口项目等方面，取得了长足的进步和显著成效。

2015年公司实现主营业务收入48.69亿元，净利润2.09亿元。在大力推进直销中心门店建设方面，累计已开业门店33家；进口商品国别交易中心建设方面，已建成澳大利亚、意大利、俄罗斯、智利及中国台湾商品中心等6个国家和地区馆。跨境通一体化销售供应链建设方面，已正式启用外高桥进口商品网FTZMALL，初步形成以跨境电商自贸模式为核心的，集商品展示、现场下单、配送到家为一体的跨境贸易物流供应链。

二、企业创新建设

（一）以需求为导向，联动协同，招商稳商工作呈现新局面

1. 以理念创新促进机制创新，通过联动协同，提升了公司整体招商能力。一是加强联动协同，成效明显。今年以来，在招商形势总体严峻的情况下，充分发挥营销龙头作用，加强了营销部与公司各板块之间以及部门内部各营销人员的有效联动与协同作战，通过加强协调、互通信息，进一步提高了公司资源的配置效率，实现了招商业务的流程化管理，取得了积极成果。全年共引进全程物流及进出口项目75个，其中大项目3个；引进咨询项目160个，其中高端咨询项目15个；引进融资租赁项目132个。二是争取资质、拓展渠道，丰富了营销资源。获得了“进口食品中文标签服务”和“因私出入境中介服务”资质，丰富了公司营销资源。除继续巩固现有中介资源外，积极拓展新的营销渠道，与勤理律所等六家中介签订了合作协议，并与德勤、毕马威、普华永道等建立了合作关系，为下一步的招商工作打下了基础。三是积极转型，高端咨询成果斐然。努力克服传统项目竞争日益激烈的困难，咨询业务向高附加值的高端咨询积极转型，全年完成了15项高端咨询项目的签约办理，引入了7家大客户。特别是上海永远幸妇科医院，成为区内首家外商独资医院。

2. 积极应对新形势、提升服务能级，实现了公司与客户的合作双赢。一是坚持多措并举，继续做好稳商服务。面对扩区新形势，进一步加大对客户的走访力度，及时了解潜在需求，协助解决实际经营问题；继续帮助客户做好营运中心、地区总部、外汇资金集中管理等资格的申请；针对自贸区的新政法规，积极组织各种类型的培训和政策宣讲会40余次，为客户答疑解难，惠及企业1000多家，有效提升了客户满意度。二是积极探索发展新思路，大力拓展延伸服务。以需求为导向，努力拓宽服务广度，增加服务项目，提升服务能级。同时加大对重点客户的服务力度，尽最大努力把服务做精做深，满足个性化需求，为客户排忧解难，获得了客户肯定。

（二）以国际化、智能化为引领，探索贸易物流发展新路子

进出口贸易大力推进创新转型，构筑商贸一体化供应服务链。一是以客户为导向，创新服务模式。根据客户需求，提供个性化的增值服务，积极运用信息化手段，有效提高了工作效率，获得客户的好评，提升了客户的满意度与依赖度。二是突破常规招商，保持收入稳定。积极开拓思路、整合业务团队，调整招商方向，重点引进日用消费品、食品生鲜、化妆品类客户，保证了整体收入的稳定。三是坚定转型理念，构筑商贸一体服务链。在明确转型方向的前提下，有针对性地为直销中心推荐了潜在的快速消费品供应商，引进了 14 家供应商，不仅为直销中心提供了丰富的商品资源，而且牢固了与客户的代理关系，构筑起完整的商贸一体化供应服务链。

仓储物流服务积极推进信息化建设，提高了核心竞争力。一是加大信息化建设力度，逐步向现代物流发展。通过多个项目，以点带面，逐步扩大信息化推进力度和范围。如利用蓝牙条码扫描技术和货架标签电子化，实现了收货、出货、库存管理的无纸化操作；通过公司仓储系统与客户 OA（办公自动化）系统的对接，使公司服务更深地切入客户价值链，增加了客户依赖度。二是增强服务意识，提升物流服务专业化。不断强化仓储服务意识和服务理念，针对不同的货物种类，结合不同需求，运用自贸区政策和信息化技术，推进仓储物流服务可视化，实现数据实时跟踪、监控，提高操作效率，实现专业化管理和规模化管理。三是强化商贸协作联动，打造国际贸易供应链。加强与营销、进出口贸易等部门间的业务配合，按照一体化运作要求落实招商和客户维护，吸引了几个大项目的成功落地。

（三）以创新转型为根本，一体“两翼”转型战略初显成效

2015 年以来，坚持把创新转型放在推动公司发展的重要位置，着力推进 D.I.G 进口商品直销中心、汽车平行进口和智能设备平台几个项目的建设，取得了很大的进展，特别是汽车平行进口项目突破了相关政策瓶颈，发展潜力巨大。

进口商品直销中心建设取得新进展。经过一年多的探索实践，直销中心建设的目标和路径更加清晰、成效更加明显。实体店方

汽车平行进口

面，在完成自贸区旗舰店扩建的基础上，基本实现对华东六省一市的战略布局，并向西部和西南地区迈进。线上销售方面，正式启用“上海外高桥进口商品网FTZMALL”，初步形成以跨境电商自贸模式为核心，集商品展示、现场下单、配送到家为一体的跨境物流供应链。为增加消费者线上线下互动体验，在有条件的门店逐步推广O2O线下体验店，目前已在D8、临港和遵义、汕头4家门店内开设O2O体验专区。物流配送中心方面，为提高对各门店商品的配送能力，近5万平方米的五角世贸配送中心投入使用，并配有自主研发的“影像叠加出库复核系统”，可以精确检索货物存储状态。同时，为完善全品种的商品配送体系，6月底近2万平方米的冷链配送中心也投入使用，为下一步的业务拓展和扩张夯实了基础。

平行进口汽车项目取得新突破。搭建公共服务平台方面，集车辆展示、售后服务、零部件供应以及社会化专业服务等为一体的公共服务体系初步形成。平行进口汽车多品牌维修中心成立，定损中心获得认定，提高了零部件采购能力。平行进口汽车追溯系统上线运营，平台供车和经销商管理系统（DMS）完成开发。创新完善汽车贸易相关功能，打通海外进口渠道，走通贸易流程，同时推动了汽车贸易与金融创新功能相结合，为经销企业及消费者提供金融配套服务。突破3C认证等政策瓶颈，实现了贸易便利。

国际机床中心通过深入研究进口机床贸易环节，基本实现主营业务从传统的物业租赁向贸易代理、展品物流、零部件分拨等高端服务的转型。零部件分拨服务新增4家客户，进口机床融资租赁服务与多家融资租赁公司、机构建立了合作关系。国际机床产业园二期6.5万平方米项目完成功能设计，7月份正式开始施工建设，预计2017年初投入使用。

医疗器械平台方面在建成专业仓库的基础上，完成医疗器械第三方存储管理体系的论证工作，完善了医疗设备物流服务链的相关环节。

三、展望

2016年，公司将按照“四位一体”的总体布局和“三个集散地”的战略目标，积极探索“大数据、大金融、大平台”的现实路径，以信息化建设为切入，以责权利相一致的考核激励机制为保障，加快构建以营销招商、企业服务、进出口贸易、仓储物流的高效联动为支撑，以直销中心、汽车市场的快速发展为突破，国际贸易与专业商品相结合的“一体两翼”大贸易服务产业链，不断开创公司经营发展的新局面。

（一）坚持“四位一体”、高效联动，着力打造国际贸易综合服务产业链

以推进综合市场向企业服务中心转型升级为切入点，强化业务板块间的互联互动，努力打造营销主导、服务为本、贸易联动、物流支撑“四位一体”的国际贸易综合服务产业链，进一步开创高效率的深度融合发展格局。

（二）坚持“三帆竞发”、转型升级，着力推进“三个集散地”建设

围绕公司集散地战略，进一步发挥上海自贸区区域优势和资源优势，全面推动直销中心、平行进口汽车“两翼齐飞”格局向纵深发展，积极打造机床中心向进口高端设备集散地转型升格新引擎，实现专业商品市场的集聚与发展。

（三）坚持多方联动、形成合力，着力构建与战略目标相适应的现代企业管理体系

以强化管理、提高效率为目标，以制度建设、机制创新为核心，以激发活力、服务凝聚为重点，建立一整套符合企业发展规律、适应公司发展战略的管理体系，为公司转型升级、持续发展提供可靠保障。

东方国际集团上海利泰进出口有限公司

总经理　蒋明明

一、概述

2015年是外贸形势异常复杂严峻的一年。在外部需求增长乏力，欧元、日元持续贬值，客户订单不断转移，国内经营成本持续上升，全国进出口贸易超预期下滑的情况下，公司各项经营实绩都出现了一定程度的下降。但公司仍采取多种措施积极应对，努力消化各种不利因素，尽可能减缓下滑趋势，坚持创新转型，为公司长远发展创造条件。

（一）采取多种措施力争减缓外贸主业下滑趋势

面对欧美日等主要出口市场复苏缓慢，从2014年底开始，公司外贸主业就出现了明显的疲态，在这种情况下，公司采取了以下几个措施以减缓外贸主业下滑趋势：加大力度鼓励和支持业务开拓，积极支持业务人员走出去，以承担部分费用的形式支持和鼓励业务人员参加各种展会开拓市场；出台业务鼓励措施，对完成目标的部门和实绩超过一定水平的业务人员给予奖励；根据公司实际，提出完善业务部门考核的新思路，继续尝试改进业务考核；完善原辅料小组的运作模式，进一步发挥原辅料供应商小组的作用。公司各部门针对越来越严峻的外部环境，想方设法加大业务开拓力度，努力在变化中及时发现和把握新的贸易机会，开拓生存空间，取得了一定的效果。

（二）稳步推动公司转型发展

为在持续高成本状况下改善供应商现状，公司的一些举措有了实质的进展。一是境外办厂工作有序推进，孟加拉毛衫厂(Orient Allure Knitwear Ltd.)正式开业运营，这标志着公司走出去，向境外延伸供应链，向跨国经营转变迈出了关键一步。二是“SUNFLOWER”品牌内贸公司开始运营，公司内贸转型取得新突破。公司与创业公司合作组建新的内贸品牌运作平台的设想在2015年上半年得到落实。三是组建进口部，加大进口业务开拓力度。四是研究调整下属富井、祥虹、众合等生产型企业功能定位，通过人员调整、协调业务部门与工厂关系、分类细化费用核算等方式，帮助工厂调整定位，加强业务开拓，减少亏损。五是尝试加强与其他供应商的合作，与匡威主要生产供应商宁波三华制衣有限公司签订战略合作意向书，探索与主要供应商合作新模式。

（三）继续加强风险控制，不断完善公司管理

2015年，公司不断提升公司的管控能力、风险防控能力、制度执行力、管理信息化水平，进一步梳理和完善各类业务和管理的操作程序和规范，切实防范经营风险。主要措施有以下几点：一是加强风险控制，严密防范经营风险，对于有疑问的业务，进行事前会诊，分析可能存在的问题，提出防范措施，充分发挥法律工作的作用，通过事前参与，事中跟踪，尽可能早发现和化解可能存在的问题；二是进一步完善经营管理制度，推动管理的精细化和动态化，认真梳理和查找管理中存在的问题，提出规范解决办法；三是坚持做好财务管理，降低各类费用，盈亏不合理的情况及时预警。

（四）继续坚持优化人员组合，不断改

2015 年上海利泰进出口有限公司在第 118 届秋季中国进出口商品交易会上展示公司品牌

进公司激励机制

2015 年公司继续根据外部环境的变化和业务发展的实际情况，不断优化人员组合，进一步加强团队建设和人力配备；严格听取职工群众的意见和认真考评，完成了新一届中层管理人员聘任，同时根据转型发展需要，成立了孟加拉事业部和进口部；民主推荐业务部门和部分职能部门中层管理人员后备人选，为公司后续发展做好人才储备；根据经营管理的实际情况，及时调整激励机制以适应变化的环境。

（五）坚持开展丰富多彩的活动，努力建设和谐企业

2015 年是新一轮文明单位的评比年，为此，公司认真开展新一轮的文明创建工作，并连续第十次获得上海市文明单位称号。继续以丰富多彩的各类活动活跃公司文化氛围，组织开展丰富多彩的各类活动，丰富职工文化生活。公司还坚持承担企业社会责任，开展社区帮困送温暖、助学和拥军优属等活动，努力为创建和谐社区作贡献。

从总体上看，外贸行业高成本低利润的现状仍在持续，公司的盈利空间进一步收窄。2015 年公司在出口规模、销售收入和经营利润均有一定程度的下滑，全年进出口贸易总额 2.8517 亿美元，比上年减少 18.57%。

二、对外贸易

（一）出口贸易

2015 年，公司出口总额 28012 万美元，比上年减少 18.12%。其中纺织类商品为公司的主营业务，占出口总额的 84.8%，非纺织类商品占出口总额的 15.2%。

2015 年主要商品出口情况表

商品名称	出口额（万美元）		占比（%）		比上年（±%）
	2015 年	2014 年	2015 年	2014 年	
年出口总额	28012	34210	100.00	100.00	-18.12
针织及钩编服装	17006	20209	60.71	59.07	-15.85
非针织及非钩编服装	2897	3537	10.34	10.34	-18.11
鞋　　帽	1481	1633	5.29	4.77	-9.32
化学纤维短纤	1031	1707	3.68	4.99	-39.58
机电设备	1417	1945	5.06	5.69	-27.17
棉　　花	760	711	2.71	2.08	6.93
化学纤维长丝	653	901	2.33	2.63	-27.60
其他纺织制品	710	899	2.53	2.63	-20.95
金属制品	505	512	1.80	1.50	-1.34
箱　　包	194	449	0.69	1.31	-56.68
特种机织物	224	241	0.80	0.70	-6.97
其　　他	1134	1644	4.06	4.29	-31.02

2015 年公司出口商品主要销往欧盟、美国、日本等 99 个国家或地区，比上年增加 1 个。

2015 年出口商品主要输往地情况表

国别（地区）	出口额（万美元）	占比（%）	比上年（±%）
年出口总额	28012	100.00	-18.12
欧　　盟	8253	29.46	-11.59
美　　国	6975	25.00	-12.18
日　　本	2408	8.63	-35.17
大 洋 洲	2479	8.89	-17.44
俄 罗 斯	759	2.72	-31.49
波　　兰	1071	3.84	-24.30
加 拿 大	1124	4.03	-6.17
非　　洲	1320	4.73	-18.55
拉丁美洲	882	3.16	-9.43
东　　盟	731	2.62	-45.60
中　　东	418	1.49	-33.86
挪　　威	423	1.52	-35.84
其　　他	1169	4.17	6.37

2015 年公司出口贸易方式以一般贸易为主，占出口总额的 98.29 %；来料和进料加工贸易为辅，占总额的 1.71 %。

（二）进口贸易

2015年，公司进口总额为505万美元，比上年减少37.74%。进口商品结构与去年相仿，主要为纺织原料及纺织制品、箱包、医疗设备等。

2014年主要进口商品情况表

商品名称	进口额（万美元）	占比（%）	比上年（±%）
年进口总额	505	100.00	-37.74
纺织原料及纺织制品	324	64.16	-49.07
箱　包	61	12.08	3898.43
医疗设备	52	10.30	-54.97
机电设备	11	2.18	-70.35
其　他	57	11.28	159.09

2015年公司进口商品主要来自欧盟、日本、韩国、拉丁美洲等16个国家或地区，比上年减少5个。

2015年进口商品主要来源地情况表

国别（地区）	进口额（万美元）	占比（%）	比上年（±%）
年进口总额	505	100.00	-37.74
日　本	78	15.45	-47.90
欧　盟	169	33.47	-41.68
拉丁美洲	68	13.47	-14.72
韩　国	36	7.13	44.90
东　盟	41	8.12	231.25
其　他	113	22.36	-55.33

（三）货源基地和国内营销

在持续高成本压力下，公司多方努力改善供应商现状。海外工厂已经正式开业运营，生产渐渐步入正轨。积极支持业务部门和业务人员加强与国内工厂的合作，降低成本，增加产能，增强竞争力。完善原辅料开发小组运作模式，进一步发挥原辅料供应商小组的作用，在小组机构设置、管理运作方式、人员配置等方面提出了下一步改进的办法，以便更好的为自营部门提供服务。

新的内贸品牌运作平台在2015年5月落实之后，新公司实现销售收入187万元，同比增长35.4%，按照股东及董事会的要求，力争在三年内实现1000万元的销售目标。富井、祥虹、众合等生产性企业在各类要素成本持续上升和订单不断转移的情况下，经营压力和困难日益凸显，共计完成产值5280万元，继续为公司提供出口货源和内贸转型做出了相应的贡献。

东方国际集团上海市纺织品进出口有限公司

总经理　龚培德

一、概述

东方国际集团上海市纺织品进出口有限公司成立于1955年7月，是上海解放后最早成立的专业外贸公司之一，现坐落于上海市虹口区四平路200号盛泰国际大厦。公司主要经营高、中、低档天然纤维和人造纤维织造的纱、坯布、漂布、色布、印染布、色织布；各类呢绒面料；多品种混纺织物；各类服装和纺织制成品以及其他非纺织商品的进出口贸易。自上世纪80年代以来，公司年进出口总额持续超过3亿美元，始终位于上海市最大出口企业排行榜的前列。

2015年公司面对国际传统市场需求继续萎靡，新兴市场受本国货币大幅贬值而导致购买力下降，结汇风险大幅上升等诸多挑战，坚持从公司自身特点出发，依靠主销品种的品牌和规模优势，顺应市场需求加快品种结构调整力度，大力倡导自营业务的发展，同时强化对代理业务的风险管控，努力寻找代理业务中的自营业务机会，打造积极健康的代理增值服务，顺利完成了新三年行动规划第一年的各项任务指标，也为今后几年的发展规划的实现打下了坚实的基础。2015年公司出口创汇实现32550万美元（海关统计数），完成预算指标的114%。

2015年，全面超额完成各项业务数据的预算指标，主要得益于以下七个方面的工作：1.确保主业健康发展，发挥规模化经营的优势；2.品种结构调整的成效逐步体现；3.工贸结合的步伐稳中有进；4.品牌培育和宣传工作得到加强；5.加强内控制度管理，有效防范各项经营风险；6.人力资源培养和使用的成效逐步体现；7.完善企业职工各项福利保障措施，营造和谐向上的企业文化。

二、对外贸易

（一）出口贸易

2015年公司出口总额32550万美元，比上年下降5%；出口收汇33457万美元，比上年下降2%。

主要出口商品有化纤布、非纺织类、服装和全棉布四大类。

2015年主要出口商品情况表

商品名称	出口额（万美元）		占比（%）		比上年（±%）
	2015年	2014年	2015年	2014年	
年出口总额	32550	34240	100.00	100.00	-4.94
化纤布	13898	12852	42.70	37.54	8.14
非纺织类	5946	5149	18.27	15.04	15.48
服装	5478	7861	16.83	22.96	-30.31
全棉布	4437	5663	13.63	16.54	-21.65

出口商品销往121个国家和地区，比上年减少1个。出口贸易的主要方式为自营出口、代理出口和来进料加工复出口等。

2015年出口商品主要输往地情况表

国别（地区）	出口额（万美元）	占比（%）	比上年（±%）
年出口总额	32550	100.00	-4.94
美　国	4690	14.41	-12.42
欧　洲	3396	10.43	-15.42
东　盟	3937	12.10	-8.51
日　本	2962	9.10	-3.71

（二）进口贸易

2015年，公司进口总额371万美元，比上年下降3.56%。进口商品主要有纺织品、磨具。公司进口商品来自7个国家和地区，与上年持平。

2015年主要进口商品情况表

商品名称	进口额（万美元）	占比（%）	比上年（±%）
年进口总额	371	100.00	-3.56
纺织品	198	53.37	-4.81
磨　具	134	36.12	-7.59

（三）货源基地

2015年，公司出口商品货源累计收购212233万元，比上年下降4%。其中上海市收购47038万元，比上年下降23%，占收购总额22%；向其他省市收购165195万元，比上年增长3%，占收购总额78%。

总经理龚培德陪同集团领导在中国进出口商品交易会视察公司展位

外贸公司的生存和发展，离不开强大的货源支持。2015 年，公司坚持做好两大块的货源基地培育和发展工作，并成功打造工贸双方合作共赢的货源基地，取得了显著成效。一是着重强调依靠绍兴海神厂的加工优势，提高自身品种档次，在公司的品种结构调整的同时，也提高了绍兴海神的生产加工能力，2015 年公司在绍兴海神厂加工额达到近 4000 万元，比上年增加 249%。实践证明，工贸联动不仅带来公司出口产品档次的提升和效益的实现，更带动和促进了绍兴厂塑造自身核心竞争力产品，该厂因此成功获得了美国沃尔玛公司的工厂认证，为下一步发展提供了帮助。二是公司利用规模化经营的优势，在棉涤纶布的收购过程中做好对货源工厂的控制和货源价格的牵制，从而促成了收购价格的相对平稳，这也是 2015 年公司利润水平大幅提高的一个重要原因。

三、企业建设

（一）经营管理

1. 经营方式。公司坚持两条腿走路方针，在紧抓自营业务的同时，鼓励拓展代理业务。转变以往只靠服务和融资来获取代理业务的简单操作方式，寻求代理业务链条中自营业务的机会，充分利用出口信保、融资、远期外汇、来进料加工贸易等工具为代理客户提供增值服务，进而充分利用公司在面料采购、议付等环节的综合优势，降低客户产品成本，从而扩大代理出口效益。

2. 经营区域。东南亚市场受服装产业转移的影响，给面料出口提供了更广阔的空间，公司抓住这一机遇，加大在东南亚市场的推销力度，从而使得该地区的出口额没有出现较明显的下降。

3. 经营渠道。2015 年公司对广交会摊位进行了重新部署和规划，对 INTEX 的展位也进行了扩充，并根据参展品种和效果调整了部分展区，为公司较好的完成各项任务打下了坚实的基础。

（二）体制改革

公司紧紧围绕人才战略规划，加强体制建设，人力资源的培养和使用成效逐步体现。第一，各经营单位加强了对人员的引进和培养工作，通过参加各种交易会，开展以老带新，团队合作的方式加快了新人培养的步伐。2015 年，公司历年引进的大学毕业生已占公司在职人员的 15%，其中经过培养，独立从事外销业务的多位同志出口额直线上升。这些新外销全年创造的出口额达 6600 万美元，占公司出口总额的 22%，难能可贵的是这些出口量基本都是增量，其中的几位佼佼者年出口创汇达 1500 万美元以上，在外销员出口排行榜上名列前茅。第二，2015 年公司加大了对员工福利的支出，实施了每年一次的职工体检计划，同时在政策允许的范围内，公司组织了两次疗休养活动。考虑到公司职工的日常收入水平，公司普加了工资。所有这些都是为了体现公司的发展要靠职工上下一心努力，公司成果要由全体职工共享的双赢宗旨。

（三）客户管理

公司继续积极做好客户的筛选培育工作，把客户选择与企业的长远发展方向结合起来，加大与目标市场有话语权客户的合作力度，为客户把好生产关、质量关，形成互惠互利的双赢局面。同时公司进一步加大了对各经营单位主要客户、大客户的保护力度，制定相关的政策保证客户和经营单位的

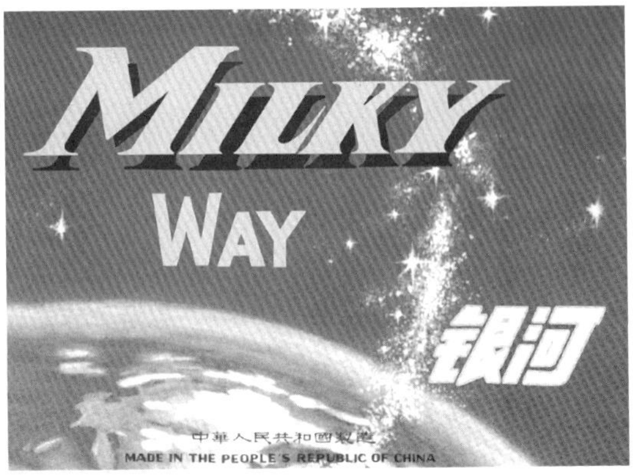

银河

利益。

（四）品牌建设

推进品牌发展及升级工作。首先继续做好自主品牌的宣传工作。对内，公司仍一如既往地在企业中，大力宣传品牌意识，使全体业务员都明白自己是品牌建设工作的主体，因为只有大家齐心协力，共同做好品牌商品的发展、维护和扩大，才能保证品牌的长远持久。对外，利用各种交易会的机会突出宣传企业自主品牌形象。第二继续做好各项品牌制度的贯彻执行。对品牌使用、标示管理严格按照企业制度落实执行。第三继续做好品牌维护和维权工作。公司与海关和商标注册机构多次协同探讨对近似商标的打假工作。第四继续做好品牌的升级工作。公司推出的“银河”商标升级版本“金边银河”，定位于比较高档的棉涤纶品种，2015 年“金边银河”的出口已经突破 500 万美元，公司严控使用金边银河品牌商品的质量，逐步形成自主品牌的梯次化发展格局。第五继续做好其他各类品牌的培育工作。公司在自主拥有的其他品牌中，筛选出发展势头良好，但出口量不及“银河”的品牌，极力在市场上培育其知名度，力求在不同的市场，不同的产品上都能发挥品牌的优势。

上海市对外服务有限公司

一、概述

上海市对外服务有限公司（以下简称“上海外服”）隶属于上海东浩兰生国际服务贸易(集团)有限公司,成立于1984年8月。是本土第一批人力资源服务企业之一，为在华外商代表机构、三资企业、国有和民营企业提供一站式人力资源管理综合解决方案。

通过本土智慧与全球视野的完美融合，依托遍布全国的服务网点、创新的 SaaS 服务平台和精益的管理流程，上海外服正在为30000余家企业的152万余名员工提供专业、高效的人力资源外包服务，在华世界500强企业中的85%选择了上海外服的服务，其服务规模在国内市场位居首位。

经过10余年的全国性拓展，上海外服实现了由“立足上海”到“辐射全国”的转型。在北京、沈阳、大连、天津、青岛、南京、无锡、苏州、昆山、杭州、宁波、厦门、广州、深圳、成都、西安、武汉、福州、重庆、合肥、郑州等21个城市设立了区域公司，全国直营服务机构达到112家，全国服务网点达402个。

二、主要工作

2015年，上海外服在东浩兰生集团的领导下，按照“敢攀新高、敢创新业、敢担新任”的要求，全力推进年度各项工作任务，经过全体员工的共同努力，年度各项重点工作均有效完成，成功实现了“两个两位数”的增长。与此同时，公司蝉联“全国文明单位”荣誉称号，入选“上海企业创新文化十佳品牌”，位居“2015上海市百强企业”第20位、“上海服务业企业50强”第10位，

2015年5月20日，上海外服与陕西西咸新区签署战略合作协议

两项排名均比上年提升一位，主要经营数据领先同行，继续领跑行业发展。

（一）圆满收官“十二五”，认真谋划“十三五”

2015 年是全面深化改革关键之年和“十二五”规划的收官之年。上海外服领导班子以精诚团结、奋发有为、昂扬向上的精神状态，带领全体干部员工承前启后、继往开来，认真落实集团人力资源板块战略和公司“十二五”规划，积极推动“产业化、信息化、品牌化”和“外服中国”战略实施，奋力推进公司产品创新、模式创新、技术创新和管理创新，持续加强党建工作，圆满完成了“十二五”规划确定的各项目标任务，实现了外服首个 30 年发展的完美收官。公司“十二五”规划的主要经济指标全面完成。5 年间，公司营收从 292 亿元增长到 825 亿元，增长 183%，复合增长率达到 21%；服务雇员数从 64 万人增长到 152 万人，成功翻番。公司的服务规模始终位居国内行业榜首，领先优势不断扩大。

2015 年，在东浩兰生集团领导下，公司完成了“十三五”规划编制工作，明确了未来 5 年的发展目标，并从提速“外服中国”战略、发展新业态、创新高附加值业务、实施集约化运营、推进“数字外服”、探索亚太区服务、优化人才机制等方面提出了实施路径，提出加快人事外包、薪酬福利、招聘与岗位外包、业务流程外包等四大核心主业发展，组建事业部，实施充分授权，架构“咨询、管理、服务”三层次体系，聚焦各细分主业，打造专业化的核心竞争力。

（二）推进“互联网 +”转型，发布人力资源云服务平台

上海外服在行业内独创了人力资源服务 3C 理念，即 Connection（连接）、Collaboration（协作）和 Care（关爱），并在此基础上，于 2015 年发布了行业内首个基于云技术的人力资源服务平台——“外服云”，“外服云”以技术创新、服务模式创新和商业模式创新为核心，致力于打造国内第一个完整的人力资源服务生态圈，该平台覆盖企业人力资源管理者、企业管理层和企业员工三个层面，是行业内第一个 B2B2C 模式的人力资源服务平台。

2015 年 8 月 6 日，上海外服发布行业首个人力资源云服务平台——外服云

“外服云”全面拥抱移动互联网和云计算，凭借用户体验至上和用户需求至上的理念大胆对传统的服务模式进行改造和创新，推出了“云健康”、“云工作”和“云关怀”等系列服务产品，真正做到让员工快乐工作，快乐生活，从而提升员工在企业里的幸福指数。而基于大数据服务的“企业档案”则会成为企业 HR 提升企业人才管理水平的利器，帮助他们在助力企业发展的过程中创造全新的价值。“外服云”为小微企业提供了从人才招聘入职、薪酬计算、请休假到离职的全流程解决方案，而软件即服务的 SaaS 模式则让中小微企业无需前期投入，按需使用，即用即付。

（三）加速“外服中国”战略，奋力拓展全国市场

2015 年，在市场环境挑战重重，行业竞争愈演愈烈的大环境下，上海外服积极把握新常态下的新机遇，加强业务联动和整合，通过开展竞争性营销、全国整合营销、产品整合营销、线上线下整合营销等不断扩大市场规模，提高市场份额，大客户综合竞标成功率达 83.3%。公司大力推进“外服中国 2.0”战略，深挖区域市场的发展潜能，有效支持重点区域市场，形成全国多点开花

的局面。公司于2015年成立中西部中心，成为继南方中心、北方中心之后的第三个大区中心，大区管理模式日臻完善。公司还制订《全国发展及管控架构方案》，提出建立“定位清晰、管控科学、资源协同”的“总部—大区—区域公司”三层发展及管控架构，实现“战略协同、资源共享、风险可控、业务本地”的良性全国业务发展模式。

全国服务质量一直是公司的重要优势，公司于2015版修订了《全国服务行为细则》，开展异地网点备案管理制度，加强转包管理和资金安全管理，完成区域公司拷盘收取。清理全国转包网点，核实转包网点71家，存量转包网点比去年底减少12家，均转为直属开户。完成133家分包商的对标和年度调研工作及对25家服务商的关键指标整改。实施全国基数调整优化方案，全国雇员工资性收入采集完成率比上年增长63%。全年新增服务网点15个，全国服务网点总数达到402个，全国服务能力迈上新的台阶。

（四）加强品牌建设推广，强化公司软实力建设

作为“上海知识分子联谊会外企分会”秘书长单位，上海外服积极参与市委课题，从人才高地建设的视角为上海科创中心建设提出建议，得到了市领导的批示。公司全年在媒体上发布品牌宣传报道40余篇，其中《上海白领健康指数白皮书》、《中国人力资源服务业蓝皮书2014》、首个云平台发布等专业报告和新闻事件更获得了新华社、中新社、东方广播电台、《解放日报》、《文汇报》等多家媒体报道，实现了公司品牌的集中曝光。

2015年，上海外服参加了由中共上海市委宣传部、上海市思想政治工作研究会、上海市企业文化促进会举办的“阿拉创新在行动”年度上海企业创新文化品牌展评发布活动，通过主题视频展示和演讲，专家评委从理念创新、手段创新、实践创新、展示创新等方面进行现场打分和提问，最终，上海外服以总分第二名（93.17分）的佳绩入选“上海企业创新文化十佳品牌”。

与此同时，上海外服持续推进与卓越职场、劳动报社、上海马拉松等机构的战略合作，借助高规格专业活动打造价值平台，先后合作举办了“大中华区最佳职场颁奖典礼”、“世界500强企业劳动论坛”等重要活动，继续赞助“上海马拉松”赛事，使之

2015年11月28日，上海外服组建行业首个企业大学——外服大学

成为客户公关和品牌宣传的有力抓手，让上海外服品牌“借船出海”，再上新台阶。

（五）持续党建主题活动，打造党建工作新亮点

2015年，在东浩兰生集团党委的正确领导下，上海外服党委紧紧围绕公司年度“两个确保”目标任务，聚焦改革、聚焦发展、聚焦党建，遵照“三严三实”的要求，坚持以服务企业改革发展、服务凝聚职工群众、加强企业基层服务型党组织建设为目标，以探索创新外企党建为关键，以切实加强党风廉政建设为保障，不断提升公司党建科学化水平，开创了党建工作的新局面。年内，公司党委深入开展“三严三实”专题学习，进一步加强企业党风廉政建设，扎实推进领导班子作风建设，持续完善党建工作责任制，全面加强党风廉政建设。积极开展企业党的建设和文化建设，实施党务工作者“新人计划”。与此同时，公司党委建立了外企党建沟通联建平台，电子台账在公司本部23个党支部和37个外企党支部试运行，外企党建信息化跨入2.0时代，提升了外企党建工作信息化水平，打造了外企党建的新亮点。

三、发展趋势

2016年是实施“十三五”规划的开局之年，也是加速“外服中国”战略、探索“外服亚太”战略的关键一年。公司将践行中央“创新、协调、绿色、开放、共享”的发展理念，贯彻集团“防风险、稳增长、强能力、增效益、挖潜力”的工作要求，坚持改革与创新协同并进，内涵发展与外延发展两翼齐飞，着力提升创新能力、平台能力和合作能力，切实增强活力、创造力和竞争力，努力建设成为全国布局、跨国经营、专业领先的综合性人力资源服务商，以新理念、新动力、新业绩开启“十三五”新征程！

上海市食品进出口有限公司

总经理　余国忠

一、概述

上海市食品进出口有限公司传承了新中国专业食品外贸公司60多年的荣誉创业历程。2015年，公司积极落实全年的经济工作主题，以“创新、转型”为工作重点，以“深度分析，积极探索，大胆尝试”为经营手段，坚持进出口并举，做大出口，做实进口。以盈利为中心，加强内控管理制度，提高运行质量，总体经济各类指标基本达到年初制定的预期发展水平，尤其是食品类商品的进口比上年有较大幅度增长。

公司现拥有“SF”、“长城”、“珍宝”、“梅林”等国内外知名的自主出口品牌，“乐口事”、“印萨”作为我司大力扶植的进口食品品牌也正被市场所认可。其中，“SF”商标连续多年被上海市外经贸委、进出口商会评为“上海出口名牌”，公司连续多年被授予“上海市外贸出口百强企业”称号。2015年，公司实现营业收入10.43亿元，完成进出口19130万美元，其中出口完成9627.06万美元，进口完成9502.99万美元。

二、对外贸易

（一）出口贸易

作为老牌的外贸企业，传统出口业务是公司经济发展的重要支撑，不断巩固发展外，仍需积极发掘新出口业务。公司在积极维护原有出口业务的同时，积极开拓新商品，

公司总经理金国忠视察第118届中国进出口商品交易会摊位

发展新客户。通过经营多种商品，开辟多个市场来分散风险，保持出口总量。2015 年，公司年出口总额 9672.06 万美元，与上年基本持平。

2015 年主要商品出口情况表

商品名称	出口额（万美元）		占比（%）	
	2015 年	2014 年	2015 年	2014 年
年出口总额	9627.06	9670.08	100.00	100.00
家　　具	2184.42	1095.82	22.69	11.33
活　　鳗	1618.14	1618.76	16.81	16.74
服　　装	1457.18	1553.64	15.14	16.07
日用五金	658.03	789.75	6.84	8.17
纺织、丝绸	563.29	848.30	5.86	8.77
罐　　头	460.65	496.25	4.78	5.13
各类机械	452.02	84.06	4.70	0.87
木　　材	394.16	386.37	4.09	4.00
家电设备	334.79	308.17	3.48	3.19
化工产品	277.72	315.41	2.88	3.26
其他商品	1226.66	2173.55	12.73	22.47

2015 年公司出口商品销往 35 个国家和地区，与上年相比，略有下降。

2015 年出口商品主要输往地情况表

国别（地区）	出口额（万美元）	占比（%）
日　　本	1984.01	20.61
美　　国	1773.11	18.42
澳大利亚	828.55	8.61
丹　　麦	546.12	5.67
德　　国	439.32	4.56
英　　国	353.09	3.67
韩　　国	331.93	3.45
巴　　西	256.35	2.66
以 色 列	254.29	2.64

（二）进口贸易

随着我国国民经济持续增长，人均收入不断增加，城市化进程加快，普通百姓越来越追求高品质的生活质量。人们的消费档次得到逐渐提高和升级，食品类商品已从过去的温饱型逐渐向营养型、健康型、休闲型、风味型和体验型转变。2015 年，公司以品牌、资金、资信授信等优势为依托，充分利用副食品、肉类、奶制品、油类等商品的公司进口资质和配额优势，坚持做大做强食品进口，努力提高公司的盈利能力。全年公司实现进口总额 9502.99 万美元，比上年略有下降。

2015 年主要进口商品情况表

商品名称	进口额（万美元）	占比（%）
冻牛肉	2668.58	28.08
冻猪肉	1680.48	17.68
木　材	1349.64	14.20
奶制品	1037.55	10.92
酒类制品	948.97	9.99
巧克力及饼干	413.97	4.36
箱　包	187.16	1.97

2015 年，进口商品来自 15 个国家和地区，与上年相比，略有下降。

2015 年进口商品主要来源地情况表

国别（地区）	进口额（万美元）	占比（%）
澳大利亚	1647.63	26.90
加拿大	1506.83	15.37
新西兰	1351.14	13.06
美　国	1330.96	12.36
智　利	910.20	5.84
德　国	795.39	4.08
英　国	579.47	3.79
比利时	503.64	3.63

党委副书记庞毅薇与公司总经理金国忠视察第 118 届中国进出口商品交易会食品摊位

（三）内销业务

2015年，通过继续在线下门店做试吃活动及在主要大型电商平台上每月坚持的买赠活动，使公司进口内销商品在一定程度上确立了知名度。销售渠道大致分为商超、电商、电视购物和团购四大营销渠道。2016年，公司将继续在进口商品上努力创新营销模式，拓展思路搭建公司营销新平台。

三、发展趋势

2016年，从国际国内大环境来看，国际市场的复苏还是比较缓慢，国内需求还是不够旺盛，面对机遇与挑战，公司全体员工将会携手共进，利用资源、挖掘潜力、开拓商机，为构建和谐企业而努力奋斗。

1. 培养发展，加强人才建设。继续加强对青年员工的业务培训；有针对性地开展各类经营风险管控的知识培训；邀请知名教授来公司讲学授课，促进公司专业技术人员及时更新自身技术知识，提高业务素质能力。

2. 利用优势，打造拳头商品。近年来，受国内饮食消费结构、市场供求变化等诸多因素聚合影响，我国已成为名副其实的世界肉类生产、进口和消费大国。至2015年12月，公司累计进口牛、羊肉1732.41吨，主要产地为澳大利亚及新西兰。2016年，公司将继续大力推进肉类产品的进口业务，使其成为公司的拳头商品。

3. 深化协作，共同经营发展。公司将充分利用60多年来从事外贸食品业务所积累的品牌商誉、专业服务经验及境外商标知名度等优势，无偿提供和开发业内单位在广交会食品展位的商品推广工作；通过协同企业的可出口商品，积极开发公司在国外已注册的各类商标的市场价值，并且由公司根据合作单位的需求提供全方位优质到位的服务产品；积极利用梅林股份的现有零售终端和通道，引进和开发国外投资合作者，共同打造梅林股份进口商品专柜。

三、合资企业

上汽大众汽车有限公司

上汽大众汽车有限公司(简称上汽大众)是一家中德合资企业，由上汽集团和大众汽车集团合资经营。公司于 1984 年 10 月签约奠基，是国内历史最悠久的汽车合资企业之一。公司总部位于上海安亭，并先后在南京、仪征、乌鲁木齐、宁波、长沙等地建立生产基地。

上汽大众目前拥有大众、斯柯达两大汽车品牌，产品覆盖 A0 级、A 级、B 级、C 级、SUV、MPV 等细分市场。其中，大众品牌车型有 Polo、Santana 桑塔纳、Lavida 家族、Lamando 凌渡、Passat 帕萨特、PHIDEON 辉昂、Tiguan 途观、Touran 途安，斯柯达品牌车型有 Fabia 晶锐、Rapid 家族、Octavia 明锐、Superb 速派、Yeti。同时，公司秉持以客户和市场为导向的经营理念，经过多年的发展和完善，建设了分布广密的销售与售后服务网络。

上汽大众多年以来，在自主研发、技术创新等方面开展大力探索和有益实践，并已初步具备内外造型，前期开发，车身开发，发动机、底盘和电器集成开发和认可的自主开发能力。同时，秉持对产品质量的严谨态度和精益求精的精神，公司建立了贯穿于整个产品生命周期的全过程质量管理体系。

上汽大众作为负责任的企业公民，秉持可持续发展的理念，坚持绿色生产，大力研发环保技术。同时，本着回报社会、造福社会的理念，公司广泛参与社会公益事业，在全国援建多所希望小学，支持贫困地区少年儿童教育发展。

伴随着中国汽车工业的发展，上汽大众将继续深入把握汽车工业技术的发展方向，坚持以创新驱动发展，以更加可靠的产品和贴心的服务，为消费者打造和谐美好的汽车生活！

坐拥舒适 PHIDEON辉昂以尊贵体验定义豪华

在众多消费者心中，C级车不仅是实力地位的象征，还是舒适高端座驾的代名词。作为上汽大众旗下首款C级豪华轿车，PHIDEON辉昂以豪华的车内空间与极致舒适的前后排座椅，营造出尊贵的乘坐体验。

PHIDEON辉昂与大众集团旗下奥迪A6L同平台打造，车身长度达到了5074mm，并拥有超越了辉腾的3009mm长轴距，尽显奢华气派，同时也保证了尊贵宽敞的驾乘空间。PHIDEON辉昂的车顶设计，在保证流畅协调车身线条优雅美感的同时，还充分拓展了车内乘客头部活动空间；其

1893mm 的车身宽度在同级别豪华车中少有车型能出其右，提供了领先同级别豪车的前后排肩部空间和肘部空间，最大程度保障了宽大的车内乘坐空间，更显舒适惬意。

同时，PHIDEON 辉昂的后排头等舱级尊贵奢华座椅为乘客带来极致舒适的享受。其坐垫腿托具备前后电动可调功能，能够给予腿部充分舒适的支撑；座椅靠背角度同样可以进行 23° ~32° 的调整，配合符合人体工程学的腰托设计，方便乘客找到最佳坐姿，减轻长时间行程带来的疲劳感。同时，PHIDEON 辉昂的后排豪华气动按摩座椅，配有 10 个可充气的气袋、拥有 3 种按摩模式和 3 种强度，能够放松肌肉、减轻疲劳，让精英人士在忙碌工作之余获得身心放松。

此外，PHIDEON 辉昂的座椅皆带有通风、加热功能，无论寒暑都可迅速为乘客提供适宜的乘坐条件。其中，座椅主动通风功能启用后，可透过打孔皮饰座套将空气吸入座椅内部，再将凉爽的气流平均送至座椅表面。即使在座椅被阳光暴晒的情况下仍能迅速将座椅表面温度降至适宜程度并祛除湿气，创造舒适清爽的乘坐感。

作为一款定位于主流 C 级车市场的德系行政级座驾，PHIDEON 辉昂为车主提供了豪华的后排空间与便捷的商务办公装备。进入座舱后，后排乘客可通过副驾驶座侧面的 Boss 按键调整其前后位置，使副驾驶侧的后排乘客获得更加充裕的腿部空间，不仅为后排乘客带来更多便利，更彰显其尊贵身份。此外，PHIDEON 辉昂配备了后排四挡可调小桌板、一个 USB 接口和一个 220V 插座，结合手机无线充电以及 LTE 4G 网络支持功能，满足移动办公的需要，令忙碌的精英人士随时随地皆可运筹决策。

作为上汽大众全新旗舰车型，PHIDEON 辉昂用舒适尊贵体验重新定义豪华，将驾乘舒适度提升到全新高度，致力为国内精英人士打造高端品质的 C 级豪华车生活。

四、外经企业

上海建工集团股份有限公司

上海建工2015年综合营业额和新签合同额均突破1600亿元，在全球250家最大承包商中名列第十二位。

一、对外工程承包

党委书记、董事长
徐　征

2015年，上海建工在境外共有32个在建项目，分布在亚(14)、非（10）、美（3）、大洋（4）、欧洲（1）五大洲共20个国家和地区，全年对外工程程承包完成营业额68021万美元，新签合同额70294万美元。

（一）有序推进项目　提升品牌形象

上海建工全年竣工项目包括援柬埔寨7号公路维修项目、塞内加尔黑人文明博物馆、特多儿童医院、特多体育中心、萨摩亚阿皮亚公园等。新开工项目有柬埔寨58号公路、金边二环线公路、加蓬奥耶姆体育场、肯尼亚中非联合研究中心、萨摩亚国际机场一期工程等。

特多儿童医院竣工是集团首个医院EPC项目，由国家主席习近平为项目开工揭幕。项目建设期间，调动了集团内各部门的骨干，集海外部、二建、安装、建工医院各专业单位所长，克服各种困难，确保项目扎实推进，于2015年8月顺利竣工。特多总理、中国驻特多大使等出席落成仪式。

上海外经聚焦电力产业，竞争优势初显。全年成功签署近5亿美元的变电站、电厂及配网等电力项目。在建的厄特电站扩建项目已完成桩基和主厂房基础结构的施工，主机本体制造基本完毕，计划2016年初进行出厂试验并交付。在继续巩固、深耕厄特“根据地”市场的同时，带动周边市场开发。以南苏丹成立办事处为契机，推进两个大项目的签约，累计签约额达7.2亿美元。

境外项目多次获得所在国国家元首的肯定，并多次在央视等主流媒体亮相。2015年4月，柬埔寨首相洪森出席9号公路通车剪彩仪式，中国驻柬大使布建国在接受媒体

2015 年 7 月 20 日，斐济总理姆拜尼·马拉马到访上海建工集团股份有限公司

采访时，评价上海建工“为柬埔寨的基础设施发展立下汗马功劳”。2015 年 11 月，肯尼亚中非联合研究中心项目通过中期验收，获得肯尼亚总统支持与肯定。央视《朝闻天下》、《华人世界》、东方卫视《七分之一》分别对塞内加尔黑人文明博物馆项目、加勒比公司、柬埔寨项目进行专题报道，进一步扩大了上海建工品牌知名度和美誉度。

几内亚项目部荣获“全国优秀项目管理成果二等奖”。

（二）对接国家战略　寻找发展新机

在继续做好援外项目投标、“两优”项目经营策划的基础上，上海建工加大了与国内银行、保险等金融机构的合作力度，拓宽项目的融资渠道。新签约的加蓬奥耶姆体育场项目是集团首次采用商业买方信贷方式承揽的项目，由中国工商银行提供商业贷款，项目贷款协议于 2015 年 12 月中非合作论坛约翰内斯堡峰会期间，在加蓬总统邦戈见证下签署。这座 2 万人座的体育场建成后，将用于 2017 年非洲杯赛事。

紧密对接国家政策，在“一带一路”战略引领下，积极参与中蒙俄、中国 - 中亚 - 西亚、中国 - 东盟、孟中印缅经济走廊沿线建设项目投标，重点关注相关国家在基础设施建设的市场需求。凭借现有的印尼、东帝汶、萨摩亚、瓦努阿图为支撑，进一步开拓南太与澳新市场，依托集团内部联动，整合集团房产、园林与海外实施主体的资源，推进该区域的开发。重点跟踪澳大利亚辛格尔顿市的矿坑修复项目，关注澳洲房产投资市场。

（三）应对境外突发事件　积极履行社会责任

2015 年 4 月 25 日尼泊尔发生 8.1 级特大地震，上海建工援尼泊尔加德满都内环道路改造项目部在确保项目现场人员均无伤亡的前提下，调派吊机、挖机、装载机等机械全力投入救援，在坍塌房屋的废墟中成功解救 4 名当地百姓。尼泊尔工程部部长秘书称赞“这支民间救援队伍表现出了专业的素质和崇高的品格”。

面对近年来西非地区发生的埃博拉疫情，上海建工几内亚联合项目部临危不惧，坚守一线。在疫情发生第一时间，项目部启动应急预案，投入专项资金，加强生活区域卫生防疫，并积极与中国医疗队、使馆经商处联系，保持了项目部人员队伍的稳定。在其他外资和中资企业陆续撤离的情况下，上海建工几内亚联合项目部全体人员没有一人提出回国。

员工蔡立志被国家七部委联合授予“埃博拉出血热疫情防控先进个人”荣誉称号。

坦桑尼亚项目部慰问当地官兵，感谢他们保障项目部成员的日常生活和人身安全。瓦努阿图码头项目部向当地捐赠屋顶金属板，便于当地居民收集雨水，解决当地因厄尔尼诺现象导致的严重缺水问题。萨摩亚阿皮亚项目在竣工移交后，积极协助外方维护设备运行，为第五届英联邦青年运动会顺利举办保驾护航。南苏丹办事处联合中国赴南维和警队向朱巴中国友谊学校捐赠物资。

集团荣获中国对外承包工程商会授予的社会责任“成长型企业”称号。

2015 年对外工程承包主要市场情况表

国别（地区）		新签合同额		完成营业额	
		金额（万美元）	占比 (%)	金额（万美元）	占比 (%)
合 计		70294	100.00	68021	100.00
亚 洲	柬埔寨	7282	10.36	15091	22.19
	中国香港	8267	11.76	3352	4.93
	伊 朗	—	—	2524	3.71
	中国澳门	18757	26.68	206	0.30
	尼泊尔	7	0.01	392	0.58
	印度尼西亚	1067	1.52	2617	3.85
非 洲	坦桑尼亚	932	1.33	10719	15.76
	多 哥	3289	4.68	—	—
	塞内加尔	39	0.06	1743	2.56
	加 蓬	7737	11.00	1024	1.51
	几内亚	128	0.18	248	0.36
	利比亚	1713	2.44	161	0.24
	肯尼亚	—	—	485	0.71
	厄立特里亚	9171	13.05	9177	13.49
北美洲	美 国	7176	10.21	2144	3.15
	加拿大	—	—	257	0.38
	特立尼达和多巴哥	4530	6.44	13780	20.26
大洋洲	汤 加	—	—	126	0.19
	瓦努阿图	—	—	2152	3.16
	东萨摩亚	199	0.28	1823	2.68

二、对外投资

由集团投资建设的厄特金矿项目建设已近结束，开始试运行。2015 年 11 月 15 日，厄特金矿合资公司正式与迪拜 Phoenix 公司签署黄金供销合同。11 月 30 日，项目正式产金，首批黄金 50 公斤完成销售。

三、对外劳务合作

外经商务公司围绕人才服务贸易、货物服务贸易和配套物流服务发展战略，为在建项目做好采购、物流、人力资源等配套服务的同时，向上海“走出去”投资、工程企业推广人力资源服务。继续加快日本技能实习生等传统劳务、贸易业务的转型升级步伐的同时，积极探索从柬埔寨等东南亚国家招工，实现第三国劳务派遣零的突破。中德厨师劳务合作项目年内全年共计派出 156 人。

五、展览企业

上海市国际展览有限公司（SIEC）

总裁　顾春霆

一、概述

上海市国际展览有限公司（SIEC）成立于1984年，是中国国际贸易促进委员会上海市分会的直属企业，是上海成立最早的国有专业从事国际展览的公司，也是上海首家成为国际展览业协会（UFI）的正式会员，其中模具、汽车、染料展是国内较早相继获得UFI认证的展览项目。2015年公司成功举办展览项目11个，展览总面积达77万平方米，比2013年增长11.5%；参展商6800多家，专业观众达近135万人；举办国际会议2个，会议代表600多人。公司各品牌项目保持持续增长，展览规模、经济效益和社会效益均再创新高。

二、主要业务

（一）第十六届上海国际汽车工业展览会（UFI认证展览项目）成功移师国家会展中心（上海），各项数据再创佳绩

以"创新•升级"为主题的第十六届上海国际汽车工业展览会于2015年4月20—29日在国家会展中心（上海）成功举行。为期10天的展会共吸引了18个国家和地区2000家中外汽车展商参展；展出总面积超过35万平方米；展出整车1343辆，其中全球首发车109辆，新能源车103辆，概念车47辆，亚洲首发车44辆。4月20日、21日两天媒体日，各大汽车厂商召开了104场新闻发布会。车展期间，来自44个国家和地区2150家中外媒体1万余名记者竞相报道了车展盛况。本届车展共吸引参观者92.8万人次。4月19日，"2015上海国际车展第四届高峰论坛"在上海威斯汀酒店举行。以"创新•融合——营造智能互联汽车产业新生态"为主题的本届论坛，聚焦当下"互联网+汽车"最热话题，吸引了行业领导、中外汽车高管、专家学者以及驻沪使领馆、商会等400余人出席。此外，在本届车展上

2015 第十六届上海国际汽车工业展览会

无人驾驶汽车、智能互联汽车频频高调亮相，百款新能源汽车也竞相争艳。

（二）春、秋两季中国·上海国际婚纱摄影器材展览会打造婚尚全产业链一站式平台

2015 年春、秋两季中国上海国际婚纱展展出总规模达 19.2 万平方米，继续位列全球规模第一。本届展会顺应市场需求，以全新形象精细化分展区，在原展会标题下设立 4 个主题子展，即“上海国际婚纱礼服及时尚配饰展览会”、“上海国际相册相框及耗材，后期制作展览会”、“上海国际主题婚纱摄影及样片展会”、“上海国际婚庆用品和旅游婚纱摄影展览会”。升级打造涵盖结婚产业相关的 11 大主题展品板块，并首次向公众开放婚纱礼服馆。共计接待来自 40 个国家和地区逾 25 万人次到场参观。

（三）中国国际染料工业及有机颜料、纺织化学品展览会（UFI 认证展览项目）新增数码印花及印染自动化技术展

作为全球规模第一的染化行业盛会，第十五届中国国际染料工业及有机颜料，纺织化学品展览会携“2015 上海国际数码印花及印染自动化技术展览会”在上海世博展览馆成功举行。展出总面积 40000 平方米，吸引了来自 16 个国家和地区的 620 家企业踊跃参展。展会参观总人数 18254 人，比上届增长 15.7%。值得一提的是，康平纳集团首次参展，其研制的筒子纱数字化自动染色成套技术与装备，在习总书记出席的 2014 年度国家科学技术奖励大会上获得了 2014 年国家科学技术进步奖一等奖荣誉。筒子纱数字化自动染色作为我国纺织印染行业数字化、智能化制造的重大突破，将成为纺织印染行业生产高档面料、提升产品功能和附加值的关键环节。

（四）DMC2015 中国国际制造技术、装备与模具展览会以“一体化、智能化、自动化”为亮点引领模具制造

“2015 中国国际制造技术、装备与模具展览会”于 2015 年 5 月 25—28 日在上海新国际博览中心举行。展出面积 60000 平方米，来自 15 个国家和地区的约 800 家展商亮相本届展会。新一届的展会积极顺应行业新常态新发展，将“一体化、智能化、自动化”作为亮点，体现以“工业 4.0”为发展方向的智能制造在模具及相关行业的技术应用。展会主题为“模具智能制造”和“机床、

DMC2015 中国国际制造技术、装备与模具展览会

成形工艺与模具一体化”，将“精密加工”、“模具智造”、“成形技术与设备”三大板块作为内涵延展，打造制造业与消费终端的产业上下游互动平台。4 天展期共吸引来自 48 个国家和地区 55118 人次的观众莅临参观洽谈。

（五）第十七届中国（上海）国际摄影器材和数码影像展览会

第十七届中国（上海）国际摄影器材和数码影像展览会于 2015 年 7 月 2—5 日在上海世博展览馆成功举行。本届展会以“影像缔造梦想”为主题，展出规模达 18000 平方米，汇集超过 200 家海内外知名品牌企业参展，其中佳能、索尼、尼康、富士、惠普、爱普生、东芝、乐凯、百诺、宝怡、金贝、聚福德、尊视、索普、利帅、童瑞、基石、

2015 第十七届中国（上海）国际摄影器材和数码影像展览会

大疆科技、德塔颜色等行业优质厂家悉数到场。4天展期共接待来自36个国家和地区的49783名、总计超过80000人次与会观众前来观摩洽谈。展会展品涵盖影像输入到输出全产业链，打造集新品体验、影友服务、产品展示、技术讲座，贸易配对于一体，成为摄影爱好者和发烧友感受模拟布景与新机试拍完美结合的绝佳体验平台。

（六）2015中国·上海国际儿童摄影展览会成功举办

由中国人像摄影学会与上海市贸易促进委员会联合主办，上海国际展览服务有限公司承办的首届“2015中国•上海国际儿童摄影展览会”于7月2—5日在上海世博展览馆成功举办，成为国内第一个以儿童摄影为主题的专业展。依托“中国•上海国际婚纱摄影器材展览会”以及“中国（上海）国际摄影器材和数码影像展览会”的重要平台，展会吸引了来自中国、美国、德国、新加坡、韩国、中国台湾、中国香港等国家和地区的参展企业180余家，展出面积15000平方米，专业观众来自23个国家和地区，达50000人次。展会同期，多家企业带来了丰富多彩的专场活动与技术讲座，包括“尼康杯”全国儿童摄影大赛优秀作品展、“星光贝贝——儿童影楼线上线下互动营销”等交流活动。展会现场人气火爆，合作、洽谈、采购、订单络绎不绝。

（七）第五届亚洲国际染料工业及有机颜料、纺织化学品展览会重返印度

“第五届亚洲国际染料工业及有机颜料、纺织化学品展览会（Interdye Asia）”于2015年12月3—5日在印度艾哈迈达巴德成功举办。展出总面积达5000平方米，汇聚了来自中、印、德、泰等多家优秀的染颜料及相关设备展商近110家知名企业参展。国内参展企业包括：龙盛、闰土、吉华、亚邦、捷虹、开达等染颜料企业；传化、德宝、天源等助剂企业；景津、儒特、奇彩、范群等环保设备企业。国外参展企业有约克夏、泰国现代染料、KIRI、RSVD、VAPCHEM、HINDPRAKASH、MEGHMANI、SARAFDYECHEM等，共计接待观众近3000人来到现场，展位上人头攒动，气氛火爆。展会期间，主办方还召开了中印行业发展、投资及产业政策论坛，并组织国内企业参观当地的印染工厂，增进了双方企业间的认识，从而继续推动中、印两国印染行业更进一步的合作。

（八）公司获得“五星级诚信创建企业”、“上海市平安示范单位”等荣誉

2015年，公司先后获得“上海市五星级诚信创建企业”以及“2015年度上海市平安示范单位”称号，在行业内继续起到了先锋模范作用。同时，公司总裁顾春霆获得“上海市劳动模范”荣誉称号。

三、展望

2016年是“十三五”开局之年，也是上海着力打造“国际会展之都”的开局之年。公司将积极适应经济新常态下的会展业变革，认清新形势，紧扣“项目为王”的主线，继续深化改革，鼓励和探索创新，力争在服务改革发展大局上有更大的作为。

上海市国际展览有限公司 2016 年在沪国际展览安排表

日期	展览会名称	地点	网站
2 月 23—26 日	第二十九届中国·上海国际婚纱摄影器材展览会（春季） 2016 上海国际婚纱礼服及时尚配饰展览会（春季） 2016 上海国际相册相框、耗材及后期制作展览会（春季） 2016 上海国际主题摄影及样片展览会（春季） 2016 上海国际婚庆用品和旅游婚纱摄影展览会（春季）	上海新国际博览中心	www.chinaweddingexpo.com.cn
	2016 上海国际儿童摄影展览会（春季）		www.babyphotoexpo.com
4 月 11—15 日	第九届中国数控机床展览会	上海新国际博览中心	www.ccmtshow.com
4 月 13—15 日	第十六届中国国际染料工业及有机颜料、纺织化学品展览会	上海世博展览馆	www.chinainterdye.com
	2016 上海国际数码印花及印染自动化技术展览会		www.chinatextileprinting.com
6 月 28—30 日	2016 上海国际汽车零部件及相关服务展览会暨上海国际汽车新能源及智能技术展览会	上海新国际博览中心	www.autopartschina.org
6 月 28 日—7 月 1 日	第十六届中国国际模具技术和设备展览会	上海新国际博览中心	www.dmcexpo.com www.diemouldchina.com
7 月 21—24 日	第三十届中国·上海国际婚纱摄影器材展览会（秋季） 2016 上海国际婚纱礼服及时尚配饰展览会（秋季） 2016 上海国际相册相框、耗材及后期制作展览会（秋季） 2016 上海国际主题摄影及样片展览会（秋季） 2016 上海国际婚庆用品和旅游婚纱摄影展览会（秋季）	上海新国际博览中心	www.chinaweddingexpo.com.cn
	2016 上海国际儿童摄影展览会（秋季）		www.babyphotoexpo.com
	第十八届上海国际摄影器材和数码影像展览会		www.interphoto.com.cn
8 月 25—27 日	2016 上海国际车联网与智慧交通展览会 & 第三届 APEC 车联网研讨会	上海新国际博览中心 香格里拉上海嘉里大酒店	www.mmcshanghai.org
11 月 10—12 日	2016 亚洲国际染料工业及有机颜料、纺织化学品展览会	土耳其伊斯坦布尔展览中心	www.interdyeasia.com
11 月 29 日—12 月 1 日	2016 上海国际商用及公务船舶展览会	上海世博展览馆 Center	www.seaworkasia.cn
以上计划仅供参考，信息截止到 2015 年 12 月，如有变动恕不另行通知。			

上海现代国际展览有限公司

总经理　张定国

上海现代国际展览有限公司成立于1993年，是上海东浩兰生国际服务贸易（集团）有限公司下属的一家专业展览企业，是全国首家通过ISO9000国际质量体系认证的展览主办企业，上海市会展行业协会副会长单位。公司拥有中国展览馆协会展示工程一级资质、上海市会展行业展示工程企业一级资质和上海市会展行业主（承）办机构一级资质，并于2004年加入UFI（国际展览业协会）成为其正式会员。

公司主营业务分为展览主办和展览展示两大板块。每年在上海主办十多场专业展会；为各级政府部门、社会组织主办的展览展示活动提供专业策划、设计和制作“一站式”服务。

2015年是“十二五”规划的收官之年，公司紧紧围绕“两个确保”的目标，聚焦改革，聚焦发展，在展览主承办和展示策划两个核心业务的推进中均取得了新发展，顺利完成了全年的经营指标。全年顺利举办10场自办展，成功开拓3个新展题，并首次在重庆举办绿色建博会；完成照明展项目改革，注册成立上海云智展览有限公司；圆满完成多个世博专题类、政府类和商业展示项目。2015年工作，主要有以下五个方面：

一、品牌展的新战略

全年共完成自办展项目10个，展出毛面积达341160平米，继续占领上海市组展单位自办展规模排名榜的前列。其中“广印展”、“绿色建博会”、“照明展”三个UFI认证品牌展会继续领跑，为“十二五”规划目标的顺利实现奠定了坚实基础。

（一）广印展迁移国家会展中心举行，首展取得成功

作为国家会展中心全面建成投入使用后的首个大型展会，2015年上海广印展启用了全部底层展馆，面积达到20万平方米，中外展商数超过2100家，专业观众超过145000人次，与上年基本持平，略有增长。

本届展会的亮点是由中、日、韩三国的广告设备协会共同发起的“亚洲广告联合会”在广印展现场举行成立仪式。这是以广印展为首的公司自办展业务推进改革，贯彻“一带一路”战略的重要举措。作为一个非盈利的民间团体，联合会的成立是为了强化广印展的核心竞争力，从而带领广大国内中小企业积极开拓海外市场，赢得国际发展机遇，最终将展会打造成为不可替代的国际化平台。

（二）产业互通，谋划布局，打造绿色

上海现代国际展览有限公司参与设计2015年度全国大众创业万众创新活动周上海分会场展示工作

建博会全产业链新标杆

公司另一品牌展会——建材展转型升级后精心打造的“绿色建博会”举办2年来，已发展成为上海乃至长三角地区规模最大的绿色节能建筑领域专业展会。本届展会贯通上下游产业链共同展出规模10多万平方米，有来自30多个国家的1000多家企业参展，其中不乏组团参展的国际展团。

展会继续紧扣“绿色”、“节能”的展示主题，深挖开拓，将建筑建材与广告喷印相结合，与新开拓的“上海国际广告四新展”同期举办，突出环保型技术应用这一亮点，吸引众多业内人士以及媒体的关注，取得良好的展出效果。展会组委会决定今后绿色建博会与广告四新展将保持同期举办的格局，通过产业互动，带动协调发展。

（三）照明展走出集团会展板块改革先行先试的第一步

2015年3月，公司与业内知名媒体——广州红蚂蚁文化发展有限公司合作举办照明展，利用双方优势资源，进一步做实照明展的宣传营销，深化品牌服务，为展会通过实施改革举措从而实现突破式发展增添了信心。

经过行业调研、可行性分析、集团审批等流程，公司与广州红蚂蚁文化发展有限公司共同合作，于8月注册成立上海云智展览有限公司，顺利走出了集团会展板块改革的第一步。上海云智展览有限公司将致力于将上海国际照明展打造成为“华东地区照明第一展”。

二、新项目取得开门红

（一）重庆建博会

跟随着广印展全国布局战略实施的脚步，上海绿色建博会在2015年也开启了异地办展之路。作为在西部地区的首展，项目组在筹划举办重庆建博会初期与相关方面进行了充分沟通，得到了各方的大力支持，才得以促成首展的成功。首届重庆建博会面积近4000平方米，实现了以品牌效应带动区域影响力的目标，同时也使得“绿色建博会”的品牌概念在内地市场得以更好的拓展和延伸。

（二）上海国际广告四新展

“上海国际广告四新展”是2015年新开拓展题，定位展示最新的应用在建筑建材领域的高端先进喷绘技术与设备，与绿色建博会同期举办，帮助众多广告设备厂商拓宽产品应用领域，搭建全新的平台，以满足市场对研发新技术在广告以外领域应用的需求。首次展出即取得成功，规模达到近20000平方米。

（三）上海国际篷房及帐篷博览会

本次展会是国内篷房制造行业的首次行业聚会，展出面积近5000平方米，吸引了来自全国近40家篷房制造及配套设施企业参与。主办方邀请到来自广告策划、展览主办、活动策划等多个终端应用行业的1886人专业观众参加了展会及同期论坛活动。本次展会汇聚了行业中众多有影响力的企业，在篷房制造及租赁行业形成了较大的影响力，得到了参展企业的一致肯定。

（四）上海国际商业设施及店铺产业展览会

近年来，商业零售领域发展迅速，加盟店连锁店的不断涌现，新颖店招和新潮展示手段的出现令广告设备行业出现巨大的市场需求，为此在广印展同期开拓商业设施及店铺产业展，首次举办展览面积约4000平方米。

三、稳固成长期展会

作为广印展的姐妹展，成都广告展在成都市博览局的大力支持下已连续举办3年，2015年规模达到5万平方米，较上年增长显著，已发展成为中西部地区最具规模的广告展。成都展的成功为广印展下一阶段深化全国布局战略奠定了良好的基础。

此外，公司还顺利完成了集团承办的上交会生物医药展板块和工博会航空航天展的招展运营工作；顺利举办汽车材料及装配技术展，规模较去年有所增长，达到了预期的目标。顺利举办健身、保健康复器材展览会。

四、完成出国展参展计划

在成立“亚洲广告联合会”的基础上，公司与其他会员企业积极落实战略合作内容，加强协作交流，开拓出国展业务，组织国内展团赴海外广告展参展。2015年完成3个出展项目，分别是阿联酋迪拜广告展，巴西圣保罗广告展，以及土耳其伊斯坦布尔广告展，组织近40家企业，近100人次，现场实现贸易成交。

五、展示业务转型初见成效

展示策划部全年顺利完成了包括世博会主题类、政府类、商业类和自办展主场服务在内的近20个项目。

（一）世博类项目

米兰世博会博物馆项目及“世界城市日”纪念活动项目。公司通过比选顺利承接了意大利米兰世博会世博展览馆临展项目。在与意大利合作方密切配合下，针对馆方和国际展览局提出的各种需求，在时间紧迫，异地操作的情况下全力以赴开展工作，确保展馆顺利开幕，展出效果得到了国际展览局秘书长洛塞泰斯的高度认可。

公司在米兰世博会期间全程参与完成了由联合国人居署、上海市人民政府、米兰市政府联合主办，上海市住房和城乡建设管理委员会、上海市人民政府新闻办公室等共同参与的第二届“世界城市日”纪念活动的现场展览及会务工作，受到了主办方的充分肯定。

（二）政府类项目

比利时布鲁塞尔中国文化中心项目。公司经过政府招投标流程成为布鲁塞尔中国文化中心的供应商，负责原建筑展示灯光、展线改造，数字多媒体集成，整体VI等。该项目需要涉及多方协调并在异地操作，为此项目组在开工前做了充分的预案和准备，并派遣人员赴比利时1个多月负责项目实施的推进和工程监管。2015年6月底，展览工程顺利完成了现场验收并如期对外开放。国务院副总理刘延东出席了开幕式，主流媒体进行了重点报道，取得了良好的社会反响。

上海市政协 66 周年历程展和“双创周”活动项目。公司通过竞标成功赢得的又一政府类展示项目。作为本次展览的设计制作服务供应商，公司派遣经验丰富的设计人员，历时 2 个月完成设计方案优化，并在后期严格把控制作环节，确保工程的顺利完工，受到了政协领导的充分肯定与表扬。展览于 11 月中旬顺利开幕。

此外，公司与集团靖达公司通力合作，顺利完成了全国大众创业万众创新活动周启动仪式上海分会场活动。公司负责本次活动的展览部分，总历时 1 个月完成，布展效果受到了主办方及参展方的认可与好评。

（三）商业类项目

2015 中国国际快递物流采购博览会项目。作为 2015 年中国国际快递产业发展促进大会的重要组成部分，中国国际快递物流采购博览会是公司 2015 年在商业展示领域拿下的新项目。大会由国家邮政局、浙江省人民政府、中国快递协会主办，杭州市人民政府承办。公司展示策划部为展会提供整体策划，布展，及外环境布置等一系列工作，确保展会的顺利展出，得到了各级领导的充分肯定。

此外，还顺利完成上海野生动物园环境改建项目。

（四）品牌展主场配套服务

全年完成品牌展主场配套服务项目 3 个，分别是中国华东进出口商品交易会——东浩兰生展团、第二十三届上海广印展，以及 2015 上海国际广告四新展。

六、提升企业综合竞争力

公司在 2015 年强化制度管理，不断梳理完善各类规章制度。同时按照集团统一要求，完成“十三五规划”制定。继续做好企业品牌建设工作和精神文明创建工作，连续第八次荣获“上海市文明单位”称号。并且大力推进职业能力培训，推荐 3 人通过高级会展师考评，1 人通过中级会展师考评。在转型业务的同时，一如既往重视内部质量管理工作。

2015 年，公司获得的主要荣誉有：连

上海现代国际展览有限公司参与策划设计比利时布鲁塞尔中国文化中心展览展示工作

续8届16年蝉联“上海市文明单位”称号；成功复评上海市会展行业展览工程企业一级资质；获评“上海市治安安全合格单位”；荣获2015年度中国会展产业“金手指奖”——“十大影响力展览公司”称号；广印展荣获2015年度中国会展产业“金手指奖”——“十大影响力展览会”称号；总经理张定国荣获2015年度中国会展产业“金手指奖”——“十大产业贡献奖”。广告展被授予2015年度上海市广告协会优秀活动奖。

东浩兰生集团上海外经贸商务展览有限公司

党委书记　孙建安

一、概述

上海外经贸商务展览有限公司成立于1993年7月，是上海东浩兰生国际服务贸易（集团）有限公司下属的专业展览公司。经过20多年的发展，形成了以承办大型政府项目和各类境内外展会为核心主业的业务架构。公司每年承办许多具有国内外知名度的品牌展会，包括华东进出口商品交易会（华交会）、中国（上海）国际技术进出口交易会（上交会）、上海国际信息消费博览会（信博会）、上海国际宠博会、中华老字号博览会、广交会上海展团、中国-东盟博览会上海展团等20余个展览会。

公司拥有展览主承办一级资质、展览展示工程一级资质，自2000年成功通过ISO9001：2000质量体系认证，连续多年荣获“上海市重合同守信用企业”称号，连续多年被评为上海市财务会计信用和纳税人信用双A类企业，并荣获“上海市文明单位”称号。

2015年公司完成展览项目16个，其中政府展9个，来华展3个，出国展4个，展览面积达34.56万平方米。

二、主要展会

（一）中国（上海）国际技术进出口交

2015 中国华东进出口商品交易会

易会（上交会）

第三届上交会于2015年4月23—25日在上海世博展览馆成功举办。本届展会呈现五大特点：一是创新办展模式，设立主宾国机制，首任主宾国——捷克共和国，本届展会共取得了意向成交1亿多美元的丰硕成果；二是围绕大众创业、万众创新，首次设立科技创新展区，北斗、侨商、民生、创客等专区与福布斯“3030”创业人才等齐亮相，成为展会一大亮点；三是专业观众踊跃、社会反响强烈，3天展会共吸引境内外4.5万人次参观交流洽谈，比上届净增16%，其中专业观众和外省市观众占比大幅提升；四是国际化水平进一步提升，展会共吸引20多个国家139家境外科技型企业集中参展，比上届递增35%；五是各级领导高度重视，韩正、万钢、杨雄等各级领导亲临展会，周波副市长用“有亮点、有创新、有进步、有人气”予以高度肯定。

（二）中国华东进出口商品交易会（华交会）

第二十五届华交会于3月1—5日在新国际博览中心举办。本届华交会展览面积11.5万平方米，标准展位5780个，设立服装、家纺、日用消费品、装饰礼品等4个专业展区，并单独设立体现“现代生活方式”的境外馆展区。共计参展企业3378家，吸引了来自114个国家和地区的21200名境外客商到会，累计成交25.66亿美元。本届展会上“一对一”采购商现场对接会继续火爆，共有80家采购商与139家外贸企业开展现场对接洽谈437次。“现代生活方式馆”境外展区面积达6000平米，共吸引13个国家和地区的204家企业参展，展商带来的进口产品新颖独特，受到了客商的普遍欢迎。

（三）上海国际宠物犬博览会（犬博会）

第四届犬博会于3月26—29日在世博展览馆举办，展览面积达12000平方米，本届犬博会共吸引120多家来自中国（包括港澳台地区）、英国、美国、日本、巴西等国的前沿品牌及知名企业参展。展位数达252个，较上年增长23.5%。4天展会人气旺盛，观众人数达48362人次，较上年增长15 %，其中专业观众2765人，较上年增长10%。

（四）上海国际信息消费博览会 （信博会）

2015上海国际信息消费博览会于7月15—17日在上海新国际博览中心成功举办。本届展会展览总面积为2万平方米，共有国内外318家信息技术企业和服务商集中参展，作为“2015上海国际信息消费节”的重头戏，展会聚焦“医、食、住、行、学、娱、信、金”八大领域，集中展示“互联网+”前沿生活方式和创新示范项目，传递信息消费新体验，营造创新创业新氛围。展会现场亮点纷呈，观众参观踊跃，3天累计吸引5万余人次参观互动、交流洽谈。

（五）印尼中国技术设备和商品展（印尼展）

印尼展是市商务委重点支持的出展项目，展会于5月7—9日在印尼雅加达国际展览中心成功举办。本届展会紧紧围绕“一带一路”国家战略，结合印尼当地的市场需求，共有56家中小型企业集中参展，参展企业通过现场演示、主动体验等方式共促成意向成交830万美元，使传统展会焕发出强劲活力。

（六）中华老字号展

2015年展会重新搬回上海展览中心举办，深受百姓欢迎。本届展会主题为“文化传承、经典振兴、品牌发展、科技创新”，共有来自全国15个城市的202家老字号企业参展，参观人数达3.5万人次，实现现场零售319.76万元。本届展会倡导企业结合“互联网+”思维，打造“老品牌、新概念”，特别在展厅二楼设立“老字号机器人商店”，引入贴合现代人生活方式的支付方式，如微信支付、支付宝等，成为展会一大亮点。同时在B2B方面为参展企业搭建新平台，使展会在新起点上实现新探索。

（七）上海（国际）赛事文化及体育用品博览会（体博会）

上海体博会是国内首个将体育赛事、体育文化、体育产业三者融合的全新平台，旨在打造国际化、专业化、立体化的一流体育展会，倡导全民体育健身、拉动体育消费、繁荣体育产业。2015体博会以“上海马拉松”为依托，下设赛事文化展、专业跑步展、电子竞技展和运动嘉年华四大展区。该展会公司协助主承办方精心筹划举办了中国“互联网＋体育”高峰论坛，邀请来自全国各地的体育界、科技界专家、学者、企业代表共300余人出席论坛，论坛效果获得各方好评。

三、发展趋势

2016年在十八届五中全会五大发展理念的指导下，在集团改革创新转型的新形势下，公司将始终走在改革前沿，勇于探索和实践，坚持聚焦主业，办好核心项目、重点项目，同时不断加大公司体制机制改革、人才培养等方面的力度，以此推动公司的新一轮发展，再创公司新未来！

上海新国际博览中心（SNIEC）

一、概述

上海新国际博览中心(SNIEC)由上海陆家嘴展览发展有限公司与德国汉诺威展览公司、德国杜塞尔多夫展览公司、德国慕尼黑展览有限公司共同投资建设，是中国第一个合资建造和运营的国际展览中心项目，注册资本为12150万美元。历经12期扩建，SNIEC于2012年2月15日全面落成，共拥有17个单层无柱式展厅，室内展览面积200000平方米，室外展览面积100000平方米。自2001年11月2日正式投入运营，SNIEC的运营取得了快速稳定的增长，每年举办80余场知名展览会，吸引近400万名海内外观众和80000余名国内外展商。作为重大国际展会的平台，SNIEC不仅加强了国内和国际经济贸易往来，同时有效地带动了本地区交通、旅游、商业、港口、餐饮、娱乐等相关产业的发展，为城市经济带来了活力和效益，被视为世界最成功的展览中心之一，中外展览企业创造性合作的典范，它为推动上海建设成为世界一流的国际会展中心城市，做出了重要贡献。

SNIEC主要产品及服务范围：建设、经营上海新国际博览中心；利用本公司展览场馆主办、合作主办和承办境内外来展；推广展览所需活动；提供与本展览中心所举办展览相关的广告设计、制作，利用自有媒体发布广告；出租展览馆、会议室、办公室及为进场参展商提供展览设备租赁服务；经营商务中心、餐饮、附设商品部等相关配套设施及提供展览咨询等相关服务。

SNIEC经营理念是，立足服务 持续创新。SNIEC认为创新与合作是驱动其不断前行的两个重要成功因素，从而能够不断培植新的竞争力，提升客户服务价值。同时，SNIEC坚信“顾客的满意和认同是企业长期赢得市场，创造价值的关键”。为了确保“以顾客为中心”经营思想的有效实施，SNIEC

上海新国际博览中心全景图

2015 年 11 月 20 日，上海新国际博览中心有限公司在上海浦东嘉里大酒店举行年度客户答谢宴会

一直以来十分注重聆听参展商、观众和主办者的声音，坚持周期性的客户满意度市场调查工作，从中不断改善和优化其服务质量。随着展览设施全面扩建告一段落，企业今后发展将以品牌与服务为核心，以进一步强化和提升软实力，致力于为顾客提供最好的价值服务。

二、展览业务情况

2015 年，SNIEC 展览业务继续保持着稳定的发展态势。展览场地合同销售面积达 540 万平方米，共承接 114 个展览会。其中具有重要影响的展览包括：华东商品交易会建筑材料及贸易博览会、中国国际家具展览会、国际太阳能产业及光伏工程（上海）展览会暨论坛、中国国际地面材料及铺装技术展览会、中国家电博览会等。展览题材涉及的行业分布广泛，包括汽车、纺织、建材、家具、电子、食品饮料、包装机械、生物制药、轨道交通、美容珠宝、机械工程、印刷、酒店等众多领域。

2002—2015 年 SNIEC 业务发展情况一览表

年份	展会数量（个）	销售面积（平方米）	展商数量（个）	观众数量（人）
2002	43	887000	17746	1503769
2003	45	1010000	22328	1640540
2004	66	1930000	35965	2358359
2005	67	2330000	46787	2546787
2006	72	2840000	52012	2668824
2007	78	3200000	58478	3086343
2008	80	3860500	67607	2666188
2009	78	3599540	61753	2838170
2010	80	3930000	69993	3096531

（续表）

年份	展会数量（个）	销售面积（平方米）	展商数量（个）	观众数量（人）
2011	94	4800000	81700	4046800
2012	94	5410000	103600	3725312
2013	100	5830000	96568	4618000
2014	106	6390000	96492	4530350
2015	114	5400000	80977	3660324

六、物流企业

东方国际物流（集团）有限公司

总经理　边　杰

一、概述

2015年以来，世界经济持续放缓，国内经济下行压力持续加大。面对错综复杂的形势，物流集团坚持稳增长，转方式，促改革的工作方针，紧紧围绕年初确定的重点工作，攻坚克难，在推进综合物流和物贸联动、拓展异地经营网点、打造“物流天下”电商平台、加大船舶自营业务发展、利用和开发仓储基地资源等重点工作上取得了一定的成果，顺利完成了全年预算指标。主要做了以下几项工作：

（一）加强信息化工作，全面开展“物流天下”电商平台建设

1.“物流天下”电子商务公共服务平台子系统项目投入使用。项目完成机房升级改造；数据中心云平台软硬件采购已基本部署完成；门户网站全新改版；客户服务平台一期的3+3定位与开发；物流天下的子公司项目也已投入实施，其中包括新海航业的船舶管理与经营系统、新海船代的船货代系统、新贸海的进口仓库技改项目、集团的统一HR系统以及东方金发仓库智能化改造项目等，均已上线试运行，进展情况正常。

2. 继续推进物流仓储基地的统一仓储软件的完善与应用。根据业务发展需要，新增结算中“账单”功能；提高服务质量，应对网络故障，搭建和发布glisp和仓库外网的备用系统；扫描枪维修和选型工作；性能优化；完成海运分公司新货代系统与集团仓储系统对接。

3. 经贸公司空运出口操作系统正式上线运行，海运WMS系统并行测试上线，海运WMS与CARGO接口测试上线；公司微信公众号上线。

4. 新贸海公司不断开发软件的多种客户体验功能，在进口分拨业务系统中开发了进口分拨业务移动操作平台、第三方查询管理（微信平台）、查验预约平台等等，系统功能的完善方便了客户追踪查询，提高业务运作效率，减少重复劳动和差错，以及有效监管和控制财务风险。

5. 金发公司洋山基地的监控设备和 AT 设施的改造与更新于 7 月完成，并已投入使用，且效果显著。

（二）全力推进业务转型，加大经营创新力度

1. 面对 2015 年航运市场仍然低位徘徊，新海航业公司攻坚克难，果断将两条散货船收回自营，仅保留一条船期租。同时根据对国际航运市场的分析和判断，决定将两条自营船舶放到大西洋地区运营，不仅实现了超额收益，更重要的是，公司船舶的履约能力得到了市场认可，提高了新海船队在大西洋市场的活跃度和知名度。

2. 新贸海公司建立“快检通”物流服务平台，快捷便利的优势逐渐显现，业务量呈逐月增加态势。“快检通”物流服务平台为进出口企业提供一站式物流服务，同时也加快了新贸海从传统货代仓储业务向现代化综合物流多功能服务转型。

3. 物流集团商务部的中国外经集团非洲厄立特里亚冷库项目继续深入开展，推动该项目发货量稳步上升。

4. 新海船代公司加快重庆和武汉等长江内陆网点建设步伐，培育长期赢利点。为大力拓展长江流域及其周边辐射地区域潜在市场，形成初步的沿江战略布局。

5. 经贸公司全面承接辛克空运出口的操作；海运销售部市场反应敏锐，紧抓运价大跌机遇，业绩逆势上扬；海运进、出口业务差异化发展，在细分市场、小微市场上培育和打造专业化服务产品并渐成气候；综合业务部围绕联合利华等重点客户编制三年发展规划，未来目标定位将更加清晰；土耳其 PASABAHCE 开始运作，理文项目部分完成；BOSCH 天津项目开始试运作；海立股份合同已签订；联合利华深圳项目已启动 。

6. 海运分公司利用新贸海的进口危险品拼箱分拨仓库优势，新增硕达 (SDV) 进口业务。

7. 金发公司在抓住拓展保税业务契机的同时不忘积极开展保税业务，以积极态度争取客户，争取市场，开展保税新业务，新进了巧克力、饼干、红酒等进口食品的保税清关报检仓储等业务。

（三）继续大力发展物贸联动业务

1. 新贸海公司与东方国际集团内多家有意向开展“快检通”平台服务的外贸公司进行接洽，双方构筑“快检通”平台物贸联动合作模式。已合作的东方国际集团客户有：东方创业的进口纺织品、进口食品业务；上海家纺有限公司的进口纺织品、洗浴用品、婴幼儿纸尿裤；领秀集团的进口食品、糖果、巧克力、饼干、冷藏品；东方金发物流公司的进口酒类。年内通过“快检通”操作的业务已达到近 200 票，进口集装箱 150 标准箱（TEU）。

2. 海运分公司继续物贸联动业务的开拓发展。杭州分公司合计完成 230 万美元的进口贸易额，涉及乳产品、矿泉水、鱼油等进口食品原料；公司本部海运分公司揽入了绿地集团的易融达项目，业务分别从天津新港和上海出运了 4 笔物流业务，箱量 86TEU，涉及贸易额约 69 万美元，其他项目的易融达出口贸易额完成合计约 896 万美元；进口部在 2014 年底承揽了 LIUJO 品牌成衣进口的操作权。

（四）培育和开拓会展、演出项目物流，做强专业服务

1. 物流集团承接了加拿大卡瓦利亚（Cavalia）项目。该项目是物流集团首次承接国际大型演出项目的物流运输业务，在短时间内组织集团内部最优秀的业务团队，克服重重困难，多方协调海关、商检等相关部门，为客户提供了最优质贴心的物流全程服务。通过项目操作，建立了一支具有专业素质的团队，并打通了海关、商检一条线的关节，为今后承接类似活动打下基础。

2. 渔博会及冷冻展。歌华公司渔博会和冷冻展 2015 年 8 月 26—28 日在上海新国际博览中心举办，物流集团为本届展会共操作国际展商货运4票，分别来自日本、丹麦、英国、韩国，操作现场搬运150立方米。本次展会首次实际操作了水产冻品类展品的进口，为今后的同类操作积累了一定的经验。

3. 斯里兰卡展。国服公司主办的2015斯里兰卡中国商品博览会于7月31日—8月2日在科伦坡举办，物流集团为商品展提供物流服务，出境展品货运量共计11立方米，配备专业展会项目经理对展品出口安排货物出运，当地清关送货，同时还当面为展商做知识讲解、上门验收展品，获得了客户的褒奖。

4. 车用空调展项目。歌华公司主办的车用空调展2015年11月16—18日于光大会展中心开幕，本届展会现场操作展品搬运共110立方米。

（五）推进物流基地建设，提升现有物流基地能级

1. 经贸公司完成了金闻路21号3号库LRQA审核（英国劳氏质量认证），取得了最新版TAPA-B证书；海天一路300号仓库SGS审核（瑞士通标标准技术），取得了最新版TAPA-A证书；改造部分空运冷藏货物仓库200平方米左右，取得了良好的经济效益。

2. 金发公司为了积极迎接马士基、UPS、泛亚班拿三大跨国公司对仓库C-TPAT的年度审核，仓库已建立周期性的C-TPAT全面和单项的领导层自查机制，并按计划开展了安全生产培训和C-TAPT的培训课程；对仓库升降平台、仓库屋顶以及排水井进行了整修和清理疏通，有力地保障了仓库的生产所需。

3. 新贸海公司年初报检大厅改造装修工程顺利按计划竣工，公司扎实做好检验检疫报检大厅开业准备工作和法检综合查验场站的各项维护工作。3月30日吴淞检验检疫局报检大厅顺利迁入新贸海公司办公，运作良好。

（六）投资管理工作

1. 物流所属合资公司的股权转让和业务调整工作。为了深化与日本天野的合作关系和东方天野业务整合，与日本天野公司基本

2015年安全飞行检查

确定宁波天野业务无偿转让东方天野，以及对东方天野进行审计评估，以挂牌方式转让东方天野 10% 股权，具体细则正与日方讨论拟定中；上海经贸山九储运有限公司完成股权转让和有关变更工作。

2. 与羽田机场相关单位洽谈虹桥地区仓库基地合作和空运进口业务，项目持续跟进中。与浦东新区老港镇洽谈仓储用地和危险化工品存储合作事宜。

（七）安全生产工作

1. 在安全标准化贯标完成后，物流集团安委会对所属企业安全生产管理情况进行了检查，共开展 42 次节前节后安全综合检查。

2. 本年度物流集团本部及所属公司相关人员（5 企业 15 人）参加了上海现代安全技术培训中心的安全生产管理人员培训，经考试合格，取得了《安全培训合格证书》。

（八）其他管理工作

落实人才配置需求调研推进工作和中青年后备干部的选拔推荐工作；开展审计项目 7 项（其中经济责任审计 6 项、歇业清理专项审计 1 项），审计企业 9 家，审计资产达 3 亿元；掌握税改政策，积极申请扶持资金；积极筹措调配资金，在确保业务正常运行的同时，减少银行贷款利息支出；完成 2015 年质量管理体系内审、管理评审工作，顺利通过 7 月底外部换证评审。

二、2015 年货物运输

2015 年各种运输方式及运输量情况表

运输	运输量（万吨）				集装箱吞吐量（万 TEU）			
	进口	比上年（±%）	出口	比上年（±%）	进口	比上年（±%）	出口	比上年（±%）
海运	—	—	—	—	4.24	0.63	39.29	-19.39
空运	7.56	-10.84	8.61	85.01	—	—	—	—

2015 年海运及空运运输量示意图

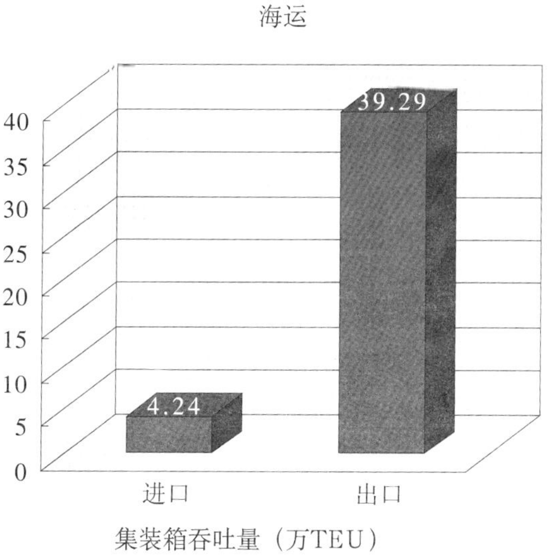

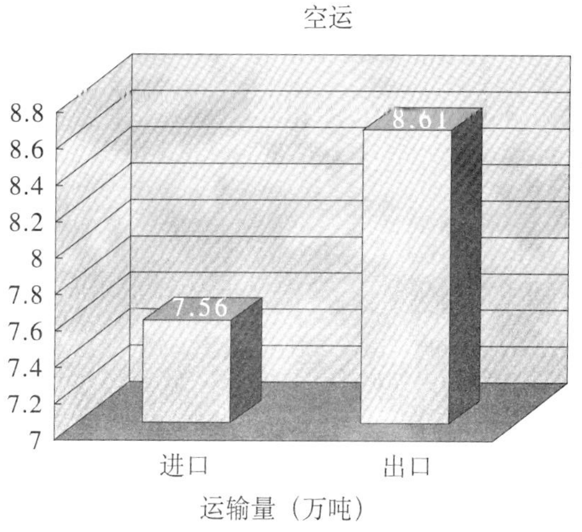

三、品牌项目建设

2015 年，物流集团在由国际商报、中国国际货运代理协会主办的 2014 年度货代百强评比中获中国国际货运代理百强第 23 名、中国国际货运代理空运第 28 名、中国国际货运代理海运第 16 名、中国国际货运代理仓储第 12 名，被认定为 2015 上海名牌辉煌之星企业，五星级诚信创建企业。物流集团在业内的影响力不断扩大。

七、民营企业

上海华信国际集团有限公司

一、概况

上海华信国际集团有限公司(简称上海华信国际，英文缩写 CEFC Shanghai)是中国华信控股的股份制企业，主营能源资源开发、储备、生产和相关技术与金融服务。集团成立于2003年，总部在上海明天广场大厦，拥有各类专业人才7000余人。2015年集团营业收入超2066亿元，位列上海民营企业100强第一名，先后被评为“中国最具影响力企业”、“中国十大慈善企业”等。

集团紧随国家战略，着力于能源和金融两大板块，以开展国际能源合作为战略目标，构建上中下游一体的能源体系，立足欧洲终端资源并获取上游资源，集中以哈萨克斯坦为代表的中亚、以阿布扎比为代表的中东及以乍得为代表的非洲区域。参与国际油气资源开发和油气管道投资，与中东、中亚、欧洲多个国家石油公司建立战略合作。2016年3月30日，在中国与捷克两国元首的共同见证下，中国华信与捷克 J&T 金融集团

上海华信国际集团有限公司外景

签署战略合作协议，收购 J&T 金融集团股权，达到50%控股权，这是首例控股欧洲银行的中国企业。双方将在欧洲及中国开展多元化金融合作，其中包括与国家开发银行

海南洋浦储备库

合作开展跨境支付结算及同业授信；与工商银行共同设立中东欧投资基金，与平安银行共同开展投行业务，服务直接投资。捷克政府对于双方银行同业合作给予高度支持，并指定 J&T 金融集团代表捷克作为中东欧投资基金主要发起方。中国华信与恒丰银行共同注资 80 亿元设立恒丰－华信工业装备投资控股有限公司，与捷克波德布雷佐瓦钢铁集团签署战略合作协议，控股收购 ZDAS 钢铁厂项目。ZDAS 钢铁公司具有 50 年的发展历史，是欧洲一流的炼铁及相关领域的冶金工业和工程企业，年销售收入达 13 亿欧元。双方将通过收购捷克一流重工企业，引入国内国企、央企参与投资特种汽车装备、

中国华信执行董事、上海华信国际集团有限公司总经理李勇参加中捷经贸合作圆桌会代表中国华信与捷克 ZDAS 特种钢公司签订合作协议

飞机制造等产业。中国华信代表团参加中捷经贸合作圆桌会，并在两国元首的见证下，中捷双方总计签署 60 亿欧元以上的项目，涉及领域涵盖金融、基础设施、核电、风电及航空、汽车等。

集团积极推进能源资源储备和能源物流体系的建设，在海南洋浦建立一期 280 万立方储备库。同时，在日照、董家口、舟山和环渤海地区建立大型油储基地，与中石油、中石化、中储油、路桥、中铁等大型国央企进行混合制经济合作，并通过设立合资公司和基金的方式，加大能源储备。

集团构建全牌照的产业金融体系，包括银行、保险、证券、期货、基金、财务公司、资产交易中心、能源交易中心等持牌机构，通过投资与投行整合集团资源、提高核心竞争力，最终实现资本退出，用创新金融服务集团战略。同时集团在互联网、高新技术、军工、航空、旅行、媒体等领域进行大量投资。

二、公司治理

集团以国家法律为根基，充分结合商人契约精神，共同制定《中国华信商业基本准则》作为行动纲领，在董事局领导下，实行总经理负责制度。用三种关系：商人经济、儒家主义、军事化管理三位一体的模式，实行“一企两制”的分配方案和“大集体、小核算”的考核机制，保证公司和谐、有序、规范地发展。公司继承和发扬中华传统文化，奉行“由力而起，由善而达”的为商之道，汇聚专业精英，打造具有凝聚力、战斗力的人才骨干队伍，并通过严谨的市场化运作，不断推进公司人才专业化、业务专注化、管理精细化。

经上海市委、上海市社工委批准，中国华信成立中共华信党委、纪委。集团在中国华信党委领导下，积极发挥党的政治引领，加强政治建设的组织基础，把党建工作融入企业核心组织体系。集团中层以上干部超过 50% 是共产党员，有效地形成“党、纪、工、团”整体合力，发挥组织优势，增强企业内在凝聚力。纪委加强干部监督制约机制，形成多层有效的内部监督，推动集团可持续发展。

三、企业文化

企业精神：由力而起 由善而达。

企业核心价值：先成就别人 再成就自己。

八、贸促会及企事业

服务发展大局　主动有效作为
积极推动上海贸促工作创新转型

2015年，上海市国际贸易促进委员会（简称贸促会）围绕国家外交外经贸战略和上海经济社会发展大局，立足功能定位、坚持主动作为，扎实开展国际经贸、投资领域的合作交流，积极推进上海贸促事业的创新转型，圆满完成了一系列重要任务，各项工作取得了新发展。

一、主动服务对外战略大局，积极展现贸促机构功能作用

上海市贸促会高度重视在落实国家发展战略、促进贸易投资对外交流、服务企业国际化经营等方面，发挥自身的独特优势，紧密围绕上海经济建设需要，积极主动，勇于担当，在配合国家经济外交工作中努力放大贸促工作的功能作用。

上海市国际贸易促进委员会会长　杨建荣

发挥“民间经贸大使”的独特作用，高质量完成在上海举行的高规格国家首脑级经贸活动。根据国家和上海市外交和外经贸工作的总体部署和要求，市贸促会积极与中国贸促会、市外办、市商务委以及相关国家使领馆等沟通协调，圆满完成了一系列重要外事活动，全年共接待来自40个国家65个团组1200人次。其中，重要的国宾团组有6个，如：韩国总统朴槿惠携“史上最大规模经济使节团”访问上海，举办了“中韩商务合作论坛”；印度总理莫迪在沪举办以“构建更加紧密的发展伙伴关系”为主题的“中国—印度经贸论坛”；克罗地亚总统基塔罗维奇在沪举办“克罗地亚—中国高端企业家座谈会”；配合“1+16”中国与中东欧国家领导人峰会，举办由波兰总统、拉脱维亚总理、

2015 年 4 月 8 日，市贸促会会长杨建荣出席"2015'一带一路'轨道交通发展与合作高峰论坛"并致辞

保加利亚总理出席的多场经贸合作论坛等，市贸促会在这些高访活动中体现了务实、专业、高效的服务水平，充分体现了自身价值，发挥了积极作用。

牵头承办上海市参与 2015 年意大利米兰世博会中国馆日及上海活动周相关工作。根据市政府和中国贸促会的部署，承担了中国馆组委会交给上海的四项主要任务：一是中国国家馆日开幕式官方文艺演出及文艺晚会；二是中国馆上海展示项目；三是以世博为主题的上海周活动；四是与米兰市联合举办"上海—米兰经贸合作论坛"。市贸促会在时间紧、任务重、要求高的情况下，思想高度重视，细化筹办方案，坚持"出亮点、出形象"，抽调精兵强将，全力以赴筹办，以高度的工作责任心和过硬的专业素质，确保各项工作任务圆满完成。其中，由市贸促会同市文广局为中国馆日组织献演的两台大型文艺节目，取得圆满成功，得到各方面广泛赞誉；与市农委共同组织的上海企业代表团一行 80 余人赴意大利访问，以及与米兰商会合作举办的"上海－米兰经贸论坛"，与佩萨罗商会合作举办的"上海－佩萨罗贸易投资会"等都取得了实质性的业务成果。

服务国内企业国际化经营发展需要，积极举办促进贸易投资对外交流的论坛等活动。着眼于提升服务政府、政府企业、代言工商的水平，市贸促会充分利用各类会展活动以及上海国际商会这一职能机构，积极组织策划有关经贸投资领域的高峰论坛、合作交流等活动，为有意向"走出去"的企业提供多方位服务。2015 年，参与举办国际性会议 10 余场，中方参会人数逾 1770 人次。为配合国家"一带一路"发展战略，先后举办"2015'一带一路'轨道交通发展与合作高峰论坛"，组织上海企业赴云南昆明参加主题为"推进一带一路建设，加快企业合作步伐"的第三届中国—南亚博览会，组织上海国际商会代表团访问"一带一路"重要节点国家哈萨克斯坦与乌兹别克斯坦。为适应经济形势发展，紧跟企业发展密切相关的热点话题，先后组织和合作举办了第四届上海国际车展高峰论坛、"中小企业国际市场开拓资金"介绍会、"2015 年大中华并购会议"、"金融衍生品市场的发展和机遇"专题培训、"中国企业海外投资"讲座、"中国企业国际化沟通"专题沙龙、"中韩、中澳自贸协定说明会"等，以满足企业的不同需求。

二、攻坚克难抓好经营业务，不断提高适应市场竞争的能力

在会展经营方面，全年完成经济指标情况较好，重点展会办展质量稳步提升。2015年，市贸促会在沪主办国际性展览会共计17个，展出面积达71.8万平方米，参观人数共计156万人次。其中，第十六届上海国际汽车展首次在国家会展中心举办，在各方的共同努力下，取得圆满成功。模具展、染料展、婚纱展、乐器展、养老展、轨道展等品牌展会，进一步扩大规模，创出良好业绩，并首次从美国拉斯维加斯引入世界上规模最大、科技影响力最强的消费电子展。在出国展览方面，努力克服外部经济环境和外贸不利形势影响，在保证支柱项目汽配展的发展基础上，不断开拓孕婴童项目等新兴行业展会，同时，坚持“两条腿”走路，政府委托项目和市场主导项目并重，围绕“一带一路”、“品牌建设”和“海外营销”等积极承办部市两级的政府委托项目，全年共完成项目82个，参展面积16088平方米，展览项目覆盖了全球29个国家和地区，其中围绕国家“一带一路”战略新设项目25个。

在商事仲裁方面，积极开拓业务领域，着力打造成为具有国际影响力的品牌。上海国仲积极以打造品牌战略为主导，增强业务拓展的前瞻性，围绕上海自贸区建设，在仲裁法律制度创新、推进仲裁国际化和建设区域性国际商事仲裁中心等方面，积极探索并取得初步成效。2015年，上海国仲在成立自贸区仲裁院、上海国际航空仲裁院的基础上，增设了金砖国家争议解决上海中心、中非联合仲裁上海中心，积极构建亚太仲裁机构交流合作机制。新一届《仲裁员名册》、《调解员名册》于2015年5月1日起开始施行。新一届《仲裁员名册》共有仲裁员858名，分别来自61个国家和地区，其中外籍及港澳台地区仲裁员324名，占比37.76%；

在法律服务方面，着力拓展服务领域，实现社会效益与经济效益双丰收。2015年，为配合落实贸促总会关于在全国范围内设立经贸摩擦预警点的要求，设立“中国贸促会上海经贸摩擦预警点”。与上海市商务委公平贸易处共同设立了“中小企业贸易摩擦应

2015年4月8日，市贸促会会长杨建荣在衡山宾馆会见来访的美中贸易全国委员会会长傅强恩

对平台”，建立“上海市中小企业经贸摩擦服务平台网站”，以线上线下多种形式为广大中小企业提供经贸摩擦法律服务，为企业“走出去”保驾护航。调解中心于年内完成了第四次换届工作，设立了中国国际贸易促进委员会/中国国际商会上海调解中心自由贸易试验区调解庭，分别在上海市浦东新区人民法院自由贸易区法庭和上海市国际贸易促进委员会调解中心设立调解室，为法院系统将调解工作重心从中院转移到基层法院的改革目标作出了有益探索。

在出证认证方面，紧贴企业需求，努力提高服务质量和水平。2015年，海关和贸促总会对出证认证工作提出了新的措施和要求，市贸促会从上海的实际情况出发，既积极落实，又注意收集企业反馈情况，降低企业的办证认证成本，尽力为企业提供优质服务。2015年，共签发原产地证书137510份，出具国际商事证明书32619份；出具ATA单证册1434份；代办出口贸易文件使、领馆认证22806份；新增申办原产地证注册单位663家；举办出证认证业务培训班12期，近780位企业人员参加了培训。

认真贯彻国家粮食安全战略 切实加强上海粮食供应保障

2015年，按照中央决策部署和市委、市政府的有关工作要求，全市各级粮食行政管理部门认真贯彻国家粮食安全新战略，落实粮食安全省长责任制，加强“粮安工程”建设，抓好市场调控、粮食收储、流通监管、仓储建设等重点工作，有力保障上海粮食安全。

一、认真贯彻落实粮食安全省长责任制

为贯彻落实《国务院关于建立健全粮食安全省长责任制的若干意见》，市政府第77次常务会议进行了专题研究部署，对上海贯彻落实粮食安全省长责任制，切实承担主销区粮食安全责任提出明确要求。根据市政府会议精神和要求，粮食局把这项工作作为首要核心工作任务，主动积极协调市发展改革委、市商务委、市农委、市财政局等20多个部门，深入调研，细化梳理，统筹综合各方面的意见和建议，研究拟定了上海市贯彻粮食安全省长责任制的实施意见和考核办法，为推进粮食安全省长责任制的全面落实打下基础。

二、突出抓好地方储备粮增储和管理

2014年国家下达上海新增地方储备规模任务，是历年来增幅最大的，时间紧，任务重。粮食局积极克服仓容缺口等困难，通过深入调研，会同市有关部门研究制定上海落实新增地方储备粮规模工作方案，报市政府同意后组织实施。积极协调区县粮食部门

2015年7月9日，上海市市长杨雄（左三）、副市长时光辉（左一）在黑龙江省副省长吕维峰的陪同下，视察良友集团东北虎林粮源基地

2015 年 2 月 27 日，上海市副市长周波（左三）到外高桥粮食物流园区调研粮食流通工作，现场察看粮油码头、内河港池、粮仓、油库、中心粮食批发市场等

及有关企业，按照时间节点有序推进增储工作，第一批于 3 月底按时落实到位，第二批 2015 年年底前全部落实。同时，进一步完善储备粮管理机制，研究推进适度异地储备，调整储备粮品种结构和布局，促进储备粮管理提质增效。

三、着力抓好粮食收购和产销合作

加强对全市粮食收购工作的指导，发挥国有粮食购销企业市场主导作用，抓好粮食收购入库质量管理，开展粮食收购市场的监督检查，维护粮食收购市场稳定，今年全市各类粮食企业收购小麦 16.2 万吨、粳稻 55 万吨。进一步深化粮食产销合作，结合上海

2015 年 7 月 1 日，市商务委副主任、市粮食局局长盖国平（左一）一行前往上海金丰裕米业有限公司调研，实地查看企业仓库和大米加工、分装现场

地方储备粮增储工作，积极引导支持上海企业到粮食主产区通过战略合作、参股等形式建立粮源基地，从源头上掌控粮源，保证市场供应。目前，全市在主产区建有9个粮源基地，可控粮源200多万吨。

四、加快推进粮食基础设施建设

加快推进上海粮食储备库建设和改造，重点做好市级建设财力支持项目和区县中心库建设项目的后续跟进工作，确保资金使用效果。积极调研摸底筛选项目，同市发展改革委联合上报与地方储备粮增储挂钩的35万吨粮库建设项目，跟踪项目进度，推进项目建设。积极支持区县加大老旧粮库改造力度，启动收纳库的布局调整、功能提升工作，推进储备粮库“包改散”改造、“四新技术”改造和信息化建设改造。

五、切实加强粮食供应保障

积极主动指导粮食批发市场发挥资源配置作用，保障全市粮食市场供应，今年全市9个重点批发市场成交粮食近100万吨，粮食中心批发市场交易量近80万吨。深入调研推进上海军粮供应规范化管理，会同部队制定进一步规范军粮供应管理的实施意见，加强军粮质量监管，确保部队用粮卫生安全，全面提升军粮供应保障能力。稳步推进粮食流通统计改革，提升服务粮食宏观调控能力。积极指导两个国家级爱粮节粮教育基地建设，开展爱粮节粮宣传活动，推广粮油科技普及与应用。

六、强化粮情监测和应急管理

研究制定“本市粮食行业大数据建设应用”专题调研方案，积极探索在上海粮食流通领域应用大数据信息技术，加强粮情监测分析和应急保障新举措。推进粮食市场监测信息系统改版，完善监测数据分析工作机制，提高监测数据权威性、可靠性。深入开展粮食供应领域风险点排查，调整确认市、区两级粮食加工企业、应急粮库和应急网点，签订应急保障协议，提升应急保障能力。

七、加快粮食行政管理职能转变

认真开展权力清单确认和责任清单清理工作，发布并实施各行政审批事项业务手册和办事指南，实现了粮食行政审批标准化管理，推进行政权力依法规范公开运行。认真落实粮食收购资格许可先照后证工作，完善粮食行政审批事中、事后监管制度。组织《粮食流通管理条例》颁布实施11周年宣传活动，会同有关部门修订并重新发布《上海市粮食经营者最低和最高库存量标准》，推进依法治粮。

八、加强粮食流通监督管理

组织开展全市粮食库存检查，强化库存监管，确保数量真实、质量良好；开展收储企业执行国家粮食购销政策情况专项检查、流通领域粮食质量卫生调查、粮食加工企业原粮卫生抽查、帮困粮油质量卫生抽查、军供粮食质量卫生专项检查、收购秋粮质量卫生检查等各项检查，全年共计抽检各类粮油样品887份，检测指标314项，确保了粮油质量卫生安全。建成上海粮食流通监督检查信息系统，为实现监督检查工作规范化和标准化提供技术支撑。扎实开展安全生产大检查，做好全市粮食企业防台防汛工作，确保粮食存储安全。

九、研究编制粮食流通“十三五”发展规划

按照市政府和国家粮食局统一部署，结合上海粮食流通实际，在深入调研的基础上，组织开展上海粮食流通“十三•五”发展规划编制工作，认真研究谋划未来五年上海粮食流通改革发展的总体思路和目标任务，已形成规划初稿。同时，根据国家粮食局有关要求和市政府常务会议精神，研究拟定了上海“粮安工程”建设实施方案，待报市政府同意后组织实施。

十、加强粮食行业党风廉政建设和人才队伍建设

认真贯彻中央“八项规定”精神、持续抓好局党组“二十条”细则以及厉行节约反对浪费各项规定的贯彻执行。根据中央和市委的统一部署，认真组织开展“三严三实”专题教育。切实加强党风廉政建设，推进落实党风廉政建设主体责任和监督责任，强化廉政风险防控。做好2015年局部门预算等信息公开，推进廉洁从政、阳光行政。加大干部选拔任用力度，加强行业人才队伍教育培训，不断提升干部素质和业务水平。

主动应对破瓶颈　克难奋进谋转型
切实提高商务教育培训质量

2015年，商务教育培训中心认真学习贯彻党的十八届四中、五中全会精神，深刻领会中央和上海市有关精神，认清全面深化改革的大背景、大环境和大趋势，按照市商务委党组年度总体部署和要求，适应上海商务事业发展需要，坚持着眼大局、着眼长远、着眼发展，坚持问题导向、需求导向、服务导向，努力突破瓶颈、积极谋求转型，较好地履行了教育培训各项职能。

一、坚持精心筹划、周密实施，切实提升援外研修培训品质

中心党委充分认识到，随着“一带一路”战略逐步深化和推进，我国与发展中国家的全方位合作交流更加广泛深入，人才交流培训的数量规模将逐步提高。中心党委坚持着眼国家政治经济外交大局统筹谋划，科学设计方案、加强服务管理、严密组织实施、不断提高援外培训质量。全年承担了17期援外培训项目，是2010年以来承办项目最多的一年。17期项目中，多边项目8期、双边项目9期。其中：包括部长级1个，英语项目8期。培训项目语种包括葡语、阿拉伯语、法语、西语和俄语。参训官员共429人，来自60个国家。培训主题丰富多样，涉及城市规划与建设、基础设施规划与建设、铁路运营管理、金融和银行管理、中小企业管理等。中心以“传播友谊，服务外交，加强培训，注重实效”为宗旨，精心管理、周到服务，取得了良好培训效果，获得了商务部援外司、商务部研修学院和各国参训学员的肯定。

一是高标准优化方案设计。2015年承办的17个研修班的语种有的在以往承办过，

2015年阿富汗国有企业改革经验研讨会（部级）开班典礼

学员参观卡斯柯信号有限公司

有的是第一次承办。有的项目以往出现过，有的是全新项目。对与以往主题有一定关联性的，力求方案设计精细化，突出丰富、多样、合理和实用，提升方案质量。在方案的内容上，结合主题特点和参训学员的情况，继续优化课程设置和师资配置，淘汰以往参训学员反馈一般的师资和与培训主题相关性不大、实用性不高的课程。对于全新的主题项目，研修基地通过举办专家座谈会等方式，不断调研与论证，最终确定方案，进行课程设计。

二是各环节周密组织实施。在学员招生方面，树立主动意识，尽早向驻外经商参赞处发简介表，催促他们及早推荐学员报名。在师资选择方面，进一步优选兼具深厚专业和丰富实践经验特别是来自知名企业的专家来授课，倡导授课的专家学者采用讨论式、案例式、互动式教学，发放课堂反馈表并鼓励工作人员进课堂。在实地考察方面，优选密切联系研修班主题或授课专题的考察地，扩大考察地的选择面，先后考察了上海建工集团、上海自由贸易区管理委员会、上海市浦东新区中小企业推进服务中心、光明集团、上海卡斯柯信号有限公司、上海同济科技园孵化器有限公司等。牵线并协调山西省晋城市有关领导在上海与参训的马其顿研修班学员进行会晤，促成双方在经贸合作及友好交往等方面达成意向。在服务保障方面，从每个细节入手，关注学员们的需求，耐心细致地回答学员的问题，帮助他们解决遇到的困难。充分尊重各国民族文化、宗教信仰和生活习惯，始终给予热情、耐心、周到的服务，保证了参训学员在华生活的舒心和满意。

三是全方位沟通梳理总结。每期研修班结束后，都及时总结梳理培训期间的情况，肯定外国官员在培训期间的表现，与大家就密切各国与中国的沟通、加强全方位合作等进行引导性、互动式交流，着力培养知华爱华、亲华友华的情感，使全体参训国际商务官员成为两国间交流的使者。每期研修班结束后，工作人员及时整理、汇总和上报商务部培训中心相关书面材料及影音资料，完成援外培训系统所要求的工作，包括扫描和上传项目总结、评估调查表、项目自查表，网上进行学员鉴定等，通过仔细阅读和分析学员的课堂反馈表、评估调查表、意见反馈表、培训班报告以及深度采访书面稿等，回顾培训的整个过程，总结成功的经验，发现不足和需要改进之处。

二、坚持确保优势、积极应对，不断巩固高职学历教学质量

坚持从培养商务领域专业人才的高度抓好学历教育，继续投入大量人力、物力和财力，严格加强管理、精心组织施教，提高教学质量。2015 年上半年在校生 469 人，7 月份毕业 207 人，9 月份新入学 81 人，现有在校生 343 人。学生就业势头良好，院区应届毕业生就业签约率 90.29%，就业率 98.54%，在商学院总院和各分院区均名列前茅。2015 年全日制专升本考试院区有 16 名学生分别考取上海海事大学、上海工程技术大学等院校。

一是紧抓课堂教学质量。严格按教学计划组织实施各项教学，合理调配教学力量，搞好经常性检查督促工作，针对存在不足和问题，及时推进整改提高。定期组织教师交流讨论教学情况，开展集体备课交流，实现教学互动。以竞赛促教研，积极组织教师教学听课评课。组织学生参加全国类综合竞赛、写作竞赛、星光杯英语竞赛、营销师竞赛，获得全国综合竞赛英语专业二等奖 1 个，星光杯英语竞赛二等奖 1 个、三等奖 2 个、团体一等奖 1 个，写作竞赛特等奖 1 个、一等奖 2 个、二等奖 2 个、三等奖 2 个，营销师竞赛团体第一名和个人第三名，有 2 名同学获得上海商学院 2015 届毕业生优秀论文，1 名同学获得国家奖学金，1 名同学获上海市奖学金。上海开放大学外经贸分校也面临招生人数急剧下降的困境，中心想方设法扩大招生人数，目前在校生 81 人。其中 1 名同学获得开放大学优秀学生干部奖，2 名学生分别获得开放大学二等和三等奖学金。

二是打牢日常教学基础。抓好考务考证和学籍管理，共组织考试、补考、期中、期末、重修考试共 4608 人次，做好毕业生学籍管理工作。组织落实考证工作，2015 年共有全国大学生英语考试、计算机一级考试、英语专业四六级考试、营销师和助理采购师等各类考试。完善督导制和考评制度，多次接受商学院高等职业技术学院教学检查，在教学安排、资料档案、学生工作、就业推荐和教学质量等方面均受到好评，走在各分校区前列。加强教学硬件建设，继续完善实训室

学员参观考察中国（上海）自由贸易试验区

设备，完成了200人次、每周6课时的实训任务，完成计算机应用能力考试139人次，完成ERP（企业资源计划）考试265人次。

三是高度重视学生工作。加强学生共青团工作，组织开展“唱响青春中国梦”、“音为梦响”、“仓颉杯”校园活动，参加商学院举办的纪念“一二·九”运动八十周年情景剧大赛。加强校园文化建设，积极推进学生社团工作，组织学生参加“朱德茂上海第四次个人大型书法展”和动漫展等，组织学生“迎新文艺演出”，激发学生活力动力。鼓励学生参加社会活动，组织学生参加地铁站、图书馆、敬老院等志愿者活动共计72人次。组织54位同学献血，鼓励同学投笔从戎，有7名同学光荣入伍。

三、坚持紧贴中心、主动调整，努力稳定商务技能培训规模

在维护传统内外贸培训项目的同时，着眼服务商务委工作职能，注意搞好与商务委有关处室沟通对接，主动与行业协会联系，拓宽培训渠道，围绕市商务委的工作职能开展培训。特别是在因国家政策调整而停办商务师、外销员考证项目的紧急情况下，积极主动应对，稳妥做好培训学员思想工作，化解了由此带来的次生矛盾和问题。

在完成2015年承办商务委下达的《贵州省遵义市商务系统及开发区干部能力提升培训班》基础上，充分利用自身行业背景和教育培训特色，加强传统培训项目建设，改变由政策之变带来不利于中心培训事业发展的情况，积极“走出去”，在培训空间的拓展上下功夫。2015年，在继续开展空运危险品、外贸单证、海运危险品、外销员续证、商务师续证、货代续证、全国单证、外销员、货运代理、FIATA、会计继续教育等培训项目的基础上，与上海出入境检验检疫协会继续合作进行全国报检员资格考试，与信息技术学院、南湖职校、电机学院、新侨学院进行单证培训合作。2015年，各类培训班共培训1066人次。继续加强对各考核点和培训点的督促检查力度，不断提高商业岗位资格培训的质量，共培训营业员、电子收银员、餐厅服务员、旅店服务员等各类上岗人数共12740人次。积极拓展新的培训项目，做好国际货运代理从业人员岗位专业证书（中级）培训考试立项工作，组织专家学者研讨、认证，并编制《国际货运代理从业人员岗位专业证书（中级）管理暂行规定》，编写了考试培训教材《新形式下国际货运代理业发展：环境与机遇》。组织编写更新《国际贸易单证》试卷和外贸英语单证试卷。组织完成2015年全国外贸业务员考试及考试报名工作702人次，组织2015年各类紧缺人才证书考试共计9场，计288人次，发放证书252本，完成2015年全国FIATA考试报名等工作7人次。完成会计继续教育345人次。发放商务系列、货代、紧缺人才等合格证书511本，完成商务系列、货代继续教育195人次。

大力推进监管模式创新 切实加强酒类市场治理

2015年，市酒专局积极学习贯彻党中央“四个全面”战略布局的精神，在市商务委党组的领导下，认真做好酒类安全保障任务，紧跟酒类流通市场发展新趋势，致力优化酒类监管模式，探索建设以“信用+追溯”为特色的酒类监管机制创新之路。

一方面，市酒专局以国内贸易流通体制改革为契机，积极推进酒类信用体系建设。面对新常态下“四新经济”发展的需要，市酒专局积极贯彻落实国务院《社会信用体系建设规划纲要（2014—2020年）》，依照商务部《关于加快推进商务诚信建设工作的实施意见》等规定的要求，特别是在8月国务院《国内贸易流通体制改革发展综合试点方案》中提出“建立以行政管理信息共享、社会化综合信用评价、第三方专业信用服务为核心的内贸流通信用体系”的总体框架下，积极推进上海酒类信用体系建设，成为加强事中事后监管的一个重要抓手。2015年，市酒专局已成功申报入选为市信用平台子平台和应用双项试点单位以及酒类专卖创新市场监管标准化示范试点，配合市质量和标准化研究院编制数据、行为、应用三清单的《公共信用信息编制规则》系列地方标准，并以“酒类流通领域全过程信用管理”入选上海诚信体系建设十大典型案例，在2015上海诚信活动周（11月26日—12月3日）中正式发布。同时，市酒专局积极推动区县酒专局酒类信用建设，为酒类信用管理积累经验。浦东酒专局开展的包括自贸区在内的“行政检查应用”，根据酒类经营者的不同信用等级实施分类监管，做到统筹兼顾、重点突出，以点带面、有效监管，既消减了面广人少的执法困难，又实现了有的放矢的监管目的，也为后续移动执法的顺利开展打下了基础；宝山酒专局开展的“金融服务应用”，通过

上海市酒类专卖管理局副局长居新平在2015年度会议上讲话

商务部领导调研自贸区外高桥国家酒类交易展示中心国内首条酒类商品（进口葡萄酒）追溯自动贴标流水线

放心示范店和零售溯源查询应用方式，为小微企业的融资贷款、代理渠道和商超入驻等提供参考，扶持诚信企业经营；宝山酒专局与区酒业协会申报的“电子溯源管理为酒类市场秩序保驾护航”成果荣获“上海市社会信用体系建设优秀成果一等奖”。此外，市酒专局积极推动酒类流通领域的龙头商家开展信用建设，在信用管理上进行了有益尝试和不同程度的应用。

另一方面，市酒专局给予酒类信用体系建设强有力的支撑，加快推进市级酒类追溯平台建设。截至 12 月底，全市共有酒类批发企业 7616 家、零售企业（户）36359 家。面对庞大的酒类市场，酒类追溯平台建设是加强事中事后监管的另一个重要抓手。2015 年，在前期追溯试点的基础上，“上海市酒类流通安全信息追溯管理系统”已完成项目建设及验收，并已逐步接入自贸区、宝山区的追溯子平台信息。同时，市酒专局鼓励有条件区县建立酒类追溯子平台，并推进各类追溯载体与电子随附单相结合的追溯模式，扩大试点企业的应用数量和覆盖范围，为不同品种、不同档次的酒类商品追溯提供可复制、可推广的示范样本。市酒专局也在全国食品安全宣传周主题日、315 国际消费者权益日以及倡导理性饮酒的公益活动中，加强追溯、诚信等多途径和多形式宣传，取得了良好的社会效应。

在创新酒类监管模式的同时，一年来，市酒专局按照“简政放权，加强事中事后监管”的基本工作思路，牢牢立足于《上海市酒类商品产销管理条例》、《酒类流通管理办法》的贯彻实施，扎实开展各项工作，较好地完成了年度预订的目标任务：

一、加快推进简政放权。一是酒类零售许可属地化管理。根据《上海市酒类商品经营行政许可告知承诺和监督管理办法》要求，将《酒类商品零售许可证》审批主体与审批权限下放至各区县酒专局，进一步加快市和区县酒专局的职能转变。二是首次下放酒类批发审批权。根据 10 月 14 日市政府关于下放浦东新区 47 项行政审批的决定，为了助力自贸区建设，进一步激发酒类市场主体活力，将酒类商品批发许可证事权下放给浦东酒专局。三是落实审改要求。形成《上海市酒类专卖管理局行政审批申请接收管理实施办法》，进一步提高工作透明度和办事效率；指导各区县酒专局窗口推进行政服务中心视觉识别规范等三项地方标准的贯标工作，提高窗口工作人员的工作能力和服务水平；完

市酒专局组织开展“元旦、春节”酒类市场专项执法检查

善《告知承诺书》、《业务手册》和《办事指南》等行政审批相关实务工作，推进审改标准化建设。

二、加强酒类市场监管。一是加强执法检查。截至12月底，市与区县酒专局共出动检查人员9025人次，巡查酒类经营者共8947家（包括广电、电商等业态），开展定期的联合执法与不定期的飞行检查共280次，立案处理480件案件（比上年下降48%），收缴罚没款402809元（比上年下降33%），没收假冒伪劣酒类商品17599瓶，在突发社会舆情等的专项执法检查中共查获假冒酒1000多瓶，有63起违法案件线索移送公安处理。二是重点推进网格化管理。市酒专局联合闵行、宝山、闸北酒专局施行酒类市场社会信息员制度，截至2015年底，3个区已对2000多家企业进行动态监管。三是加强酒类质量抽检。截至12月底，在区县酒专局配合下共开展65次抽检，出动人员284人次，涉及全市酒类批发、零售企业（包括超市、卖场、网店）近百家，共抽取746批次酒类商品，合格率为72.92%。其中重点加强散装酒管理，共抽取散装酒118批次，卫生项目全部合格。

三、做好举报投诉接办。一是落实接办要求。截至12月底，共接办各类举报投诉案件412件，其中“12345”市民热线投诉案件124件，均及时有效地予以办结。二是完善接办机制。制定和优化接办全过程操作规范，要求执法人员做到受理、查处和反馈的“第一时间”，向承办区县酒专局进行指导。三是提高接办实效。组织召开市商务委相关处室、区县酒专局、酒检中心、律师、专家等在内参加的举报投诉工作研讨会，做好相关案件行政复议、行政诉讼的应诉工作。

四、加强酒类法制建设。一是推进实施市商务委酒类监管规范性文件。指导区县酒专局对《上海市酒类商品经营许可告知承诺和监督管理办法》和《上海市商务委员会关于〈上海市酒类商品产销管理条例〉行政处罚裁量基准的适用规则》的具体适用，并开展相关法制培训。二是开展酒类行政权力、行政责任清理工作。根据市审改办的要求，遵循“法无授权不可为”、“有权必有责”的原则，形成了《上海市酒类专卖管理局行政权力清单和行政责任清单》。

五、加强指导区县酒专局工作。一年来，区县酒专局在市酒专局的指导和自身的辛勤努力下，不仅在酒类市场日常监管工作中成效明显，而且结合市酒专局重点工作和各自工作实际，分别在诚信溯源推进、散装酒监管创新和规范、投诉举报处理、促进行业发展、公益活动参与等方面形成了各自的工作创新、亮点和特色，并注重宣传和教育，取得了较好的社会效应。在大家的努力下，各区县酒专局全年执法效果总体良好，确保了在各自区域管辖范围内酒类市场的安全与稳定。

2016 年，市酒专局工作的总体思路是：以《上海市国内贸易流通体制改革发展综合试点方案》为指引，以建设国际消费城市为目标，立足于大数据应用，重信用、抓追溯、促监管、谋创新，建立监管与服务并举、信用与追溯并重的现代酒类流通治理模式，推动形成稳定、有序的酒类法治化营商环境。全年围绕2016年市委 1 号课题“补好短板”，重点推进四项工作：

一、着力推进酒类信用体系建设。创建一批诚信售酒示范企业（门店）。推进酒类流通全过程信用管理，强化事前告知承诺、事中分类监管、事后联动奖惩机制建设，研究建立售酒企业信用管理体系。参与制定酒类流通全过程信用管理三清单编制地方标准，落实酒类流通市场全过程监管示范试点。以在酒类流通经营和渠道等方面为龙头的商家为试点企业，推进诚信售酒示范企业认定（门店）。

二、着力推进酒类追溯系统建设。以进口红酒和部分名优白酒为试点酒品，稳步推动“上海市酒类流通安全信息追溯管理系统”及区县酒类追溯子平台的建设。推动酒类追溯应用与信用建设的融合，加快电子随附单与酒类追溯系统的结合。

三、着力加强事中事后监管。在浦东新区承接酒类商品批发许可证事权下放的实施过程中加强业务指导和监督检查，积累更多的简政放权经验，加强联合执法，推动青浦等区县酒专局试点散装酒监管创新和规范，推动执法互助、信息共享，形成权责一致、运转高效的酒类市场监管体系。

四、着力形成酒类法治化营商环境。加强酒类执法检查、行政审批、质量抽检的法制培训，加强酒类法规、规章、规范性文件的具体适用和对酒类经营者、消费者的宣传教育，提升“12345”市民服务热线等投诉举报的接办成效。

深化资源优势　拓展服务领域
推动全市电子商务健康发展

2015 年，上海市电子商务促进中心（联合国贸易网络上海中心，以下简称中心）利用自身在信息服务和技术服务方面优势，推进商务领域数据资源整合利用，形成对政府、商协会及企业信息化建设的全方位服务，拓宽合作交流领域，促进研究分析综合水平提升，引导中小企业健康茁壮成长。中心各项工作取得了新突破。

一、夯实基础，推进商务领域数据资源整合利用

中心承担电子商务数据、平台经济数据、跨境电商的统计工作。2015 年，上海 80% 的电子商务重点企业营收及交易情况已纳入统计范围，纳入统计的企业达到 700 家。推进商务领域信息积累，基于政府公共信息服务平台，在部市合作框架下，对上海乃至全国的外资、外贸、外经、商贸流通、大宗商品等数据进行时间纵向上的积累，历年积累各类数据表、简报、报告等近 8000 份。以政务信息资源开发利用为主线，进行规范格式的商务领域政府信息资源整合。对商务委 60 项审批事项完成全面梳理，经过归并整理，形成了结构化、非结构化和第三方加工三类信息内容支撑的开放框架。

二、创新模式，形成开发、运行与支撑全流程服务

创新技术服务手段模式，形成服务与支撑全流程。一是完成对全市商务工作重点平台的技术评估、安全维护及平台验收等工作。二是坚持做好商务委办公区网络及设备

上海市电子商务促进中心主任李悦在第七届中国电子商务十大牛商评选会上致辞

中心组织中小商贸企业参与“大众创业 万众创新”活动

维护，为此中心派驻技术骨干常驻商务委，随时应对委内网络及设备维护请求，全力保障市商务委业务工作正常开展。

引导信息归流并集，重点抓政府公共信息服务平台建设。中国（上海）国际贸易中心平台用户黏着度明显提升，2015 年组织组编“一带一路经贸领域合作”、“第三届上交会特色”等专题 8 个。平台内容更趋专业且有深度，平台的影响力稳定提升。上海外国投资促进平台访问量稳中有进，已基本成为宣传上海外商投资环境的主要网络媒体，也是全市外资工作网上办事的主渠道。此外，2015 年中心通过建立平台信息联络员队伍，进一步加强同各区县开发区的沟通联络，对区县开发区报送信息进行搜集整理，为更好地宣传上海投资环境起到很好的作用。

三、拓宽领域，激发合作交流优势溢出效应

2015年中心创新对外交流与合作模式，加强与国内电子商务及商务领域知名企业、研究机构和高校的联系，加强与世界贸易网点联盟及全球各贸易网点的交流与协作，建立战略联盟，形成集聚优势，产生溢出效应。

一方面，与国内电子商务领域知名企业、研究机构和高校合作。2015 年开展各类企业交流、讲座、沙龙、论坛活动超过 30 场次，联合上海理工大学电子商务研究院发布《电子商务专报》22 期，并联合承办 2015 上海市大学生网络商务创新应用大赛、第四届上海大学生电子商务大赛等多项电子商务创新赛事，积极推动产学研有机结合出成果、出成效。

另一方面，加强同国际组织的交流与协作。保持与世界贸易网点联盟及其他网点的联络合作，保证联盟门户网站电子商务服务平台正常稳定运营，完成平台日常内容建设与维护。为新设的迪拜，马德里，伊斯坦布尔，埃及亚历山大、艾斯尤特、贝尼苏韦夫，贝拉等网点提供技术指导，帮助其加入到联盟平台使用中来。与北京网点开展信息合作，形成信息共享机制。

四、精心培育，引导中小企业健康茁壮成长

2015年，中心通过完成“上海市中小商贸流通企业公共服务平台”及“上海市中小商贸服务港”的建设工作，逐步构建较完善的企业服务体系。以各类专业机构和行业协会为依托，以工商联手、市区联动、政策保障为支撑，通过线上线下相结合的运作模式，为中小商贸流通企业提供信息咨询、管理提升、电子商务、市场开拓、融资对接、创业辅导、集采分销、商业特许经营、品牌建设、商务诚信、会议会展等方面的服务。截至年底已储备备案服务机构102家，中小商贸企业1247家，在线开展服务项目211个，内部评估出优秀服务机构20家，拓展了一家创业孵化基地。并组织1000多家企业及机构进行了“中小商贸流通企业服务体系项目”、“中小企业重点展会补助项目”、“中小企业国内贸易信用险奖励项目”申报。

五、提质提速，促进研究分析综合水平提升

中心通过联合电子商务企业、高校、行业协会和第三方研究机构，对电子商务发展现状、趋势与重大问题进行系统、持续地研究，为市内相关业务部门制定电子商务相关发展战略、发展规划、政策措施提供辅助服务。2015年，中心主持撰写了《2014年上海市电子商务报告》及各类统计报表，向市、区两级层面提供电子商务、平台经济专业数据及行业分析报告60多个，编写出版内部刊物《经贸决策参考》50期、《电子商务动态》22期、《外国投资促进平台快讯》22期，促进上海电子商务理论、科研等综合水平不断提升。

总体来讲，2015年中心工作表现为“三多一高”。

一是分析报告多。全年中心共采用内部刊物、动态、快报、简讯、专报、预报、月报、季报、年报、图书、图说、折页等10多种形式的信息发布，内容涵盖电子商务、外资、外贸、平台经济、自贸区、跨境电子商务、内贸流通改革等。

二是联络与服务多。在原有服务市商务委的基础上，服务范围已经扩大到各区、部分委办、商务部、国家统计局以及多个兄弟省市等政府部门，同时通过建立电子商务统计、中小商贸服务、平台经济试点、外资信息联络员等工作微信群，形成了较为紧密的工作关系，经常联系交流的企业达到上千家。

三是活动多。全年中心组织、参与、出席的各类展会、论坛、发布会、讲座、座谈、调研、竞赛、颁奖等活动上百场次，极大宣传了市商务委的行业作用，大大提升了中心的知晓度，为中心各项工作的开展起到了事半功倍的效果。

四是研究能力不断提高。近年来中心不断充实员工队伍，重点针对财经类、IT类、语言类、理工类、经贸类等多学科补充人才。同时中心还聘请了有经验的专家顾问，充分利用市统计局在中心挂职干部的作用，与有关高校和研究机构密切合作，极大提升了中心的研究能力。

自我规范 自我加压
努力建设成为称职的公共服务单位

上海市商务行政事务中心（上海市会展业促进中心）成立于2012年5月（原上海市对外经贸服务中心），是一家隶属于上海市商务委的事业单位，经费来源自收自支，主要负责上海市商务行政事务的咨询、受理、服务，开展上海市商业网点事务工作，承担上海市会展业的促进发展，及相关会展的主办、承办等工作。

2015年，工作主要有以下几个方面：

一、强规范、抓创新，不断自我要求做放心的下属单位

1. 创新推进标准化建设，科学规范运营管理。市商务委办事大厅开展“商务行政事务服务标准化试点项目”以来，中心扎实推进，有效实施，并以此为契机将标准试点推广到中心工作全领域，将标准化手段融入到中心的各项工作。年中，该项目高分通过审核验收，并获批为第二批国家级社会管理和公共服务标准化试点项目。

市商务委办事大厅已初步完成包括三大体系、96项标准在内的比较完整的软服务制度建设，经验、规范的固化和优化的良性进步格局基本形成。实施以来未发生有效投诉，群众满意率98%以上，效果较实施前有明显改善。同时中心以此契机将内部综合、财务和资产管理等一并纳入到服务保障标准体系中，以标准化手段科学管理，接受更多的监督，管住自己的手。

2. 创新工资制度，鼓干劲促稳定。中心

商务行政中心领导自我加压，谋求新的发展

由三家职能迥异的单位合并成立，承担了较多市商务委行政辅助职能，但却是自收自支事业单位。为了提服务抓生产，中心大胆探索绩效工资制度创新，对不同部门采取不同的奖惩机制。通过10项奖励措施和7项惩罚措施，通过制度设计，日常记录和群众参与，以往“无所事事、忙闲不均、心态不平”的局面有明显改变。干事多了，闲话少了，员工积极性有一定提高，为机关服务的能力进一步增强。

3.解决历史遗留问题，轻装上阵谋发展。2015年，中心成立后存在的遗留问题基本得到清理，主要完成：一是点清家产，全面完成所属资产的清查工作；二是解决原网点办长期坏账1笔和投资未备案1件；三是清查对外投资，有关关停并转方案已与有关机构沟通一致；四是原网点办和商展办资产合并工作取得重要进展，经上级及有关部门批准，正在完成固定资产的无偿划拨工作。

4.严守纪律，“知行合一”，杜绝廉政隐患。一是对照“八项规定”和事业单位遵照的各项规范，完善中心的内部制度，重点规范和制约主要负责人和领导班子的权限和行为；二是系统培训学习，全年举行22次制度学习课；三是严格执行，对不规范行为在“三会一课”上予以通报。市商务委巡查反馈意见按照《整改落实报告》，年底前中心已基本整改落实到位。

二、围绕中心谋发展，持续自我加压做有为的下属单位

中心成立初期，业务萎缩严重，为了履行职能实现存在价值，提出了“紧紧围绕市商务委中心，主动作为实现价值”的发展口号。几年来，对接较多处室固化了一批工作项目，也形成了一些品牌工作项目。

商务行政办事大厅标准化

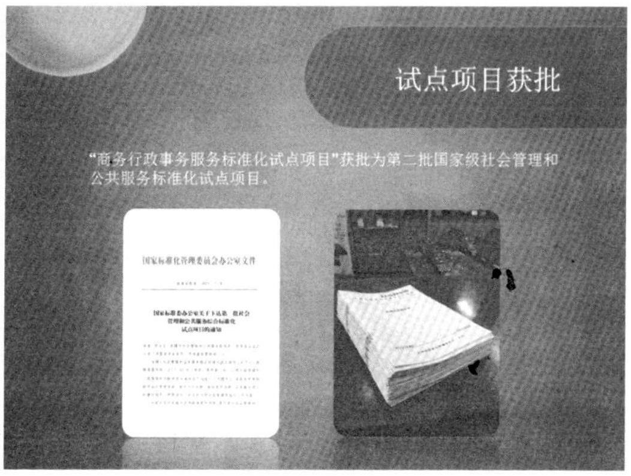

商务行政事务服务标准化试点获批为第二批国家级标准化项目

1.拓展和固化为机关的服务事项。一是受服务业处委托，参与市政府实事项目“早餐工程”的建设，累计完成4家中央厨房和3家早餐门店建设和评估验收；二是受商贸处委托参与上海购物节、大型居住区商业配套和魔都消费卡工作；三是配合市场处做好废旧车回收工作，一方面承担了“废旧车回收证明”的受理，为便民将服务前移到车管所，全年受理4万件次，另一方面承接“上海市废旧车回收公共服务平台”开发和运营；四是受办公室委托负责委办事大厅管理，配合做好“12345”市民热线工作，负责热线的收单、退单、派单和跟踪反馈，全年共处理3722件次。五是受市场运行处委托，参与家禽追溯系统和菜篮子工作建设；六是受会展业处委托，承担会展统计和会展公共服务平台的运维；七是受外贸处委托，承担华交会财务工作和广交会巡查工作；八是受外事处、外经处、服贸处、外贸处委托，承担窗口业务受理工作。九是受技术中心委

托，参与、负责上交会开幕论坛、企业家论坛和安保工作。

2. 创新和形成了自身的品牌工作项目。一是委办事大厅的管理和服务水平实现了四个“不断优化”。不断优化服务制度，对行政审批服务的事项、依据、条件、数量、程序、期限和与行政相对人的接触等不断再规范。不断优化服务素质，通过员工培训、知识竞赛、征集口号、导讯业务、编发通讯和奖惩制度，提升员工的服务素质和意识。不断优化服务设施，增加商务服务设施和引导标识，提高硬件服务环境。不断优化服务质量，成立政风监督组，组织多次自查和督查，以多种形式调查了解行政相对人的服务满意度和服务需求，持续改进。2015 年新增境外投资、机电和废旧车回收 3 个新项目，全年共受理 18 万余件次，实现零投诉，服务对象满意度 98% 以上。二是会展促进职能进一步拓宽，形成一些受业内好评的工作项目。形成了三项会展推介渠道：《上海会展指南（2015）》是上海市官方会展推介的品牌刊物；手绘卡通版《上海会展地图（2015）》，是针对会展专业人士服务的实用刊物；“上海会展促进”微信平台已经成为会展人获取信息的重要渠道。积极参与两大受业内好评的会议活动：与会展行业协会共同主办的“国际会展 CEO 峰会”，齐聚了国际主要行业组织、国内主要组展商、场馆方和配套服务供应商的主要负责人，层次高影响大，已经成为国内该领域的两大峰会活动之一。与中国会展经济研究会共同主办的“会展集训营”，一年两期，针对一线会展专业人士开展实务型培训。开始成为业内最受关注的培训课程。认真开展产业调查研究。承担会展统计职能。在会展业处的指导下，对统计方式和内容作了科学化调整，撰写了 12 篇会展专报；完成《会展拉动效应研究 2015》，持续研究以准确反映会展经济的拉动效应。正在撰写《会展品牌价值研究 2015》，为会展业事中事后监管和产业促进提供理论支撑。此外受有关部门和机构的委托，中心还参与承担会展业十三五规划、《上海加快会展之都建设》和调研等工作。参与主办“外经论道”活动。制订青浦区“会展业十三五规划”、“三年行动纲要”和商业网点普查等工作。

三、内部治理完成既定目标，团队建设取得一定成效

1. 廉政建设完成既定目标。按照《中心 2015 党风廉政建设责任制工作方案》，实现了中心日常管理和运行的规范化。三公经费在上年大幅减少的基础上，公务接待和公务用车又有明显压缩。完成了“本单位党政领导班子成员无违反‘八项规定’情况，无违反‘四风’建设情况，无违规违纪案件发生；本单位职工无收受礼品贿赂，无实质性投诉案件发生”的既定目标。

2. 党建工作取得一定成效。中心支委、工会和团组织实现健全。主要领导一岗双责意识增强，“三会一课”常态化进行，全年共 54 次。中心倡议开展的委属事业单位支部共建活动，目前 5 家单位已联合开展了三次共建。各类活动、培训、学习均按照《中心 2015 党建工作要点》进行。多个部门和个人获得其他单位的锦旗和表扬信。窗口服务部获评为 2014—2015 年度上海市新长征突击队称号，网点办获评为静安区综合治理优秀单位。

3. 资产管理进一步规范。对资产进行核查，加强了合同备案、档案归档和流程审查。新制订维修制度，严格执行安全责任制，对不符合规定的承租人坚决予以调整。网点资产收益年增长 10% 以上。

上海宝玉石交易中心初具规模

一、概　述

2015 年，上海钻石交易所完成钻石进出口及交易总额 41.44 亿美元，比上年下降 19.24%。其中，一般贸易成品钻石进口 145.49 万克拉，下降 14.97%，进口金额 17.48 亿美元，下降 21.82%。上海海关驻上海钻交所办事处全年代征进口环节增值税 4.3 亿元人民币，比上年下降 21.96%。通过上海钻石交易所一般贸易进口毛坯钻石 342.14 万克拉，进口金额 2.37 亿美元。钻交所会员间钻石保税交易 15.03 万克拉，交易额 1.94 亿美元。一般贸易出口钻石粉末 31986.08 万克拉，出口金额 2129.09 万美元。

造成上海钻石交易规模下降的主要原因是国际钻石行业形势严峻，中国钻石零售市场需求不振，钻石加工企业业务下滑等，这些都给上海钻石交易所钻石进出口及交易带来一系列负面影响。

二、上海钻石交易所继续保持在世界钻石行业的地位和影响力

截至 2015 年年底，上海钻石交易所会员企业总数已发展到 382 家，其中外资会员 234 家，占会员总数的 61.3%。这些来自全球 20 多个国家和地区的会员企业使上海钻石交易所与世界钻石行业建立了紧密的联系，国际影响力持续增加。

2015 年 3 月 9 日和 10 日，世界钻石交易所联盟（WFDB）执委会会议及亚太峰会分别在上海召开。3 月 10 日，上海市副市长周波在市政府贵宾厅会见由世界钻石交

上海市副市长周波会见世界钻石交易所联盟主席 Mr.Ernest Blom 一行

易所联盟主席 Mr. Ernest Blom 率领的参加 2015 年 WFDB 执委会会议及亚太峰会的世界各主要钻石交易所总裁和领导。周副市长代表上海市政府对来沪参加会议的世界钻石行业的领袖和嘉宾致以热烈的欢迎，并对会议的顺利召开表示祝贺。

三、上海宝玉石交易中心试运营并初具规模

上海宝玉石交易中心于 2015 年 8 月 28 日试运营，至年底不足 4 个月的时间里，已经完成销售额超过 6000 万元，其中公盘竞价交易完成超 5800 万元，O2O 销售 210 万元，并有在手合同约 5000 万元。上海宝玉石交易中心商城会员超 1 万人，微信粉丝超 5 万人。

第四编

自贸试验区与开发区

2016

上海商贸年鉴

一、中国（上海）自由贸易试验区

中国（上海）自由贸易试验区保税区域

一、概述

中国（上海）自由贸易试验区（以下简称“自贸试验区”）自2013年9月29日正式挂牌运作以来，紧紧围绕国家战略，坚持先试先行，全力推进制度创新和改革突破，努力营造国际化、市场化、法治化营商环境，取得了重大改革突破和重要阶段性成果。2015年4月，中国（上海）自由贸易试验区从28.78平方千米扩展到120.72平方千米，中国（上海）自由贸易试验区保税区域（以下简称“保税区域”）发展进入新阶段。

2015年，面对全球经济复苏乏力和国内经济发展进入“新常态”，保税区域坚持以“继续积极大胆闯、大胆试、自主改”、“探索不停步、深耕试验区”精神推进深化改革，依托先试先行的先发优势，积极推进制度创新和功能拓展的成果应用，加快区域转型升级步伐和新兴业务的规模形成，促使产业结构不断优化，经济运行质量持续提升，区域经济保持平稳发展。2015年保税区域投资企业完成经营总收入16570.88亿元，比上年增长3.0%，净增476.33亿元。其中以国际贸易、航运物流、金融服务、专业服务等为主体的第三产业完成经营收入15825.02亿元，比上年增长3.1%，占95.5%，所占比重比上年提高0.1个百分点；以高端制造业为主体的第二产业完成经营收入745.86亿元，比上年增长0.9%，占4.5%。这些投资企业完成进出口总额7415.46亿元，比上年下降2.7%；实现利润总额576.92亿元，比上年下降9.6%；缴纳税务部门税收590.66亿元，比上年增长2.5%；投资企业年末从业人员31.05万人，比上年增长4.8%。

二、开发建设

随着大规模土地开发周期的完成和园区环境的日趋成熟，保税区域开发建设已经渡过投资高峰时期，固定资产投资呈现逐年回落态势。2015年保税区域主要围绕产业转型升级和营商环境优化，积极推进各区域开发建设的投资步伐，进一步完善市政设施建

中国（上海）自由贸易试验区杨高路海鸥门

设、综合配套建设和生态环境建设，促使固定资产投资额保持一定规模。全年保税区域共完成固定资产投资额 24.20 亿元，比上年下降 20.2%。

截至 2015 年底，保税区域已累计完成固定资产投资额 845 亿元（包括洋山深水港建设 1—3 期），其中外高桥 539 亿元，洋山 243 亿元，机场 63 亿元，积极有效的财力投入为区域经济的持续产出奠定了良好的基础。

（一）外高桥规模较大，洋山和机场均出现持续下滑

分区域情况来看：外高桥保税区把产业发展与区域功能相结合，开发公司投资力度较大，促进了投资额保持一定规模，连续第六年超过 20 亿元，完成 21.73 亿元，比上年下降 15.1%；洋山保税港区投资额主要体现在码头配套设备和物流仓库工程，完成 2.27 亿元，比上年下降 17.2%；机场综保区新开工项目较少，投资额明显萎缩，完成 0.20 亿元，比上年下降 90.5%。

（二）建筑工程和设备购置投资额占主要比重

固定资产投资额从项目性质上来分，建筑工程和设备购置投资额是保税区域固定资产投资额完成的主体。2015 年保税区域建筑工程投资额完成 13.68 亿元，占固定资产投资额 56.5%；设备购置投资额 7.05 亿元，占固定资产投资额 29.1%；安装工程和其他费用投资额分别完成 1.22 亿元和 2.25 亿元，分别占固定资产投资额的 5.0% 和 9.3%。

（三）施工项目以及新开工项目仍保持一定数量

2015 年在保税区域开展投资建设的企业单位共有 18 家；施工项目 39 个，其中新开工项目 5 个；竣工项目 20 个。

全年施工房屋建筑面积 64.56 万平方米，比上年下降 20.3%，其中新开工面积 14.89 万平方米，占 23.1%。施工面积超过 1 万平方米的项目共有 9 个，占施工项目 23.1%。全年完成竣工房屋建筑面积 19.21 万平方米，比上年下降 41.9%。

三、招商引资

招商引资、稳商育商工作历来是区域经

济结构优化和转型升级的重要基础，也是实现可持续发展的基本保证。随着自贸试验区的扩区，在经历了2014年挂牌初期的高峰以后，企业的投资更趋理性，新设企业数量有所回落，但保税区域仍然是企业投资的热土，新增投资额继续成倍增加，企业投资质量不断提升。2015年保税区域新设企业9833家，比上年下降14.0%；吸引投资总额1624.74亿美元，比上年增长1.1倍。其中外商投资额902.52亿美元，比上年增长3.0倍；合同外资589.85亿美元，比上年增长4.0倍；实到外资16.14亿美元，比上年增长1.6倍。内资企业注册资本4405.55亿元，比上年增长32.3%，占保税区域投资总额44.5%。

2015年保税区域新设外资企业2880家，比上年增长40%，占保税区域新设企业29.3%。其中有1169家投资额超过1000万美元（含1000万美元），有93家投资额超过1亿美元（含1亿美元）。内资新设企业数量有所下降，企业注册资本保持增长。2015年保税区域新设内资企业6953家，比上年下降25.9%，占保税区域新设企业70.7%。其中有991家新设企业注册资本超过1亿元（含1亿元），有111家企业注册资本超过10亿元。

2015年，保税区域服务产业的加快发展，吸引了众多服务类企业的入驻，在新增企业数量上已经超过贸易企业。全年保税区域新设服务类企业3879家，比上年下降4.2%，吸引投资额615.06亿美元，比上年增长66.7%，分别占保税区域新设企业数39.4%、投资额37.9%；贸易类企业3589家，比上年下降36.4%，吸引投资额180.73亿美元，比上年下降9.3%，分别占新设企业数36.5%、投资额11.1%；租赁类企业1165家，比上年增长2.8倍，吸引投资额687.62亿美元，比上年增长7.8倍，分别占新设企业数11.8%、投资额42.3%；金融类企业723家，比上年增长14.9%，吸引投资额121.69亿美元，比上年增长28.3%，分别占保税区域新设企业数7.4%、投资额7.5%；物流类企业221家，比上年下降28.9%，吸引投资额10.57亿美元，比上年增长36.3%，分别占新设企业数2.2%、投资额0.7%；加工类企业2家，比上年减少60%，吸引投资0.42亿美元，比上年减少81.4%；其他类企业254家，比上年下降49.2%，吸引投资额8.65亿美元，比上年下降53.9%，分别占新设企业数2.6%、投资额0.5%。

自自贸试验区挂牌至2015年底，保税区域累计新设企业24311家。其中，外资企业家4957家，占20.4%，外资注册资本898亿美元，平均每户1811万美元（户均注册资本比上年末增长89%），主要是中国香港2589家、中国台湾343家、美国313家位居前三甲；内资企业19354家，占79.6%，内资注册企业资本9252亿元，平均每家4780万元（户均注册资本比上年末增长16%），内资企业中私营企业占82%。从企业类来看，贸易类占45.7%，服务类占42.8%，金融类占6.1%，物流类占2.8%，文化教育卫生类占2.1%，建筑和房地产占0.5%。有63家世界500强企业投资了78个项目，41家央企投资了65个项目，注册资本超过10亿元的企业达到247家。

截至2015年底，保税区域累计批准注册企业已达32249家，吸引注册资本17659亿元。从企业性质上分析：外资企业9769家，占企业总数30.3%，吸引注册资本6961亿元，占注册资本总额39.4%（实际利用外资104.2亿美元）；内资企业22480家，占企业总数69.7%，吸引注册资本10698亿元，占注册资本总额60.6%。从外资的来源地分析：按企业数量排名，位居前五位的分别是中国香港3794家、日本1335家、美国670家，中国台湾521家和新加坡484家。按注册资本排名，位居前五位的分别是中国香港5410亿元、日本232亿元、新加坡231亿元、美国178亿元、维尔京群岛146亿元。

四、国际贸易

保税区域作为上海国际贸易中心建设的重要基地，国际贸易是保税区域经济发展的核心功能，也是制度创新、功能拓展的重要平台。贸易便利化改革创新从制度供给的层面，为区域功能拓展创造了良好运作环境。随着贸易监管制度创新的全面实施，保税区域的贸易便利化水平也大幅提升，海关、检验检疫等职能部门针对相关产业出台了专业化、系统化的支持措施，有效促进区域新型贸易业态的发展，优化了保税区域的进出口贸易结构。2015 年保税区域投资企业合计完成进出口总额 7415.46 亿元，比上年下降 2.7%（若按美元计，则完成 1193.26 亿美元，下降 3.8%），占全市进出口额 280601 亿元的 26.4%。其中进口额 5388.44 亿元，比上年下降 3.6%（合 867.02 亿美元，下降 4.7%）；出口额 2027.02 亿元，比上年下降 0.4%（合 326.24 亿美元，下降 1.6%）。2015 年保税区域所形成的进出口贸易逆差达到 3361.42 亿元，占上海市进出口逆差额 3603.70 亿元的 93.30%。

（一）贸易方式

2015 年保税区域外贸进出口结构进一步优化调整。在贸易便利化水平提升以及总部经济集聚效应的促进下，保税物流货物进出口规模增大，完成 883.15 亿美元，比上年下降 0.3%，占保税区域进出口额的比重从上年的 71.4% 提升到 74.0%。一般贸易进出口额完成 240.23 亿美元，比上年下降 2.2%，占 20.1%，所占比重比上年提高 0.3 个百分点。租赁贸易进出口额完成 2.21 亿美元，比上年下降 91.1%，占 0.2%，主要是租赁飞机进口量有所减少。加工贸易进出口额完成 63.25 亿美元，比上年下降 19.5%，占 5.3%，又比上年下降 1.0 个百分点。外资企业进口设备物品和保税监管场所进出境货物合计进出口额 3.65 亿美元，比上年下降 32.9%，占 0.3%。

（二）进出口企业

保税区域深化贸易监管制度创新，贸易便利化水平不断提高，吸引更多开展国际贸易业务的企业前来入驻，促使从事直接进出口业务活动的企业呈现大幅增长的态势。2015 年保税区域直接开展进出口业务的投资企业达到 5051 家，比上年增长 19.4%，净增 821 家，净增企业数量占总数 16.3%。其中开展进口业务的企业有 4127 家，比上年增长 15.2%，净增 544 家，净增数占 13.2%；开展出口业务的企业有 3229 家，比上年增长 15.0%，净增 421 家，净增数占 13.0%。

从重点进出口企业情况来看：进出口额超过 1 亿美元的达到 191 家，比上年净增 4 家，合计进出口额 899.57 亿美元，比上年增长 0.5%，占保税区域进出口额 75.4%；进出口额超过 10 亿美元的企业有 14 家，合计进出口额 479.81 亿美元，比上年增长 1.8%，占 40.2%。其中进出口额最大的是英运物流（上海）有限公司达到 94 亿美元，英特尔贸易（上海）有限公司和上海洋山保税港区世天威物流有限公司位居进出口排名第二、第三位。

同时，保税区域外向型经济的特点，决定了外资企业进出口额占据主要比重。2015 年保税区域外资企业完成进出口额 831.59 亿美元，比上年下降 2.2%，占保税区域进出口额 69.7%；内资企业进出口额完成 361.67 亿美元，比上年下降 7.4%，占 30.3%。

（三）贸易往来国别（地区）

2015 年保税区域的投资企业与 206 个国家和地区发生了进出口业务往来，比上年净增 3 个国家和地区。在与传统贸易伙伴巩固经贸关系的同时，也进一步加强了与新兴市场国家的经贸往来。

从洲际区域来看，亚洲、欧洲和北美洲占据主体地位。与亚洲国家和地区完成进出口额640.18亿美元，比上年下降0.2%，占保税区域进出口额53.7%；与欧洲完成进出口额293.54亿美元，比上年下降12.2%，占24.6%；与北美洲完成153.37亿美元，增长0.7%，占12.9%。与拉丁美洲、大洋洲、非洲国家和地区合计完成进出口额104.05亿美元，比上年下降6.3%，占8.7%。

从国家和地区来看，与24个国家和地区进出口额超过10亿美元，合计进出口额1090.05亿美元，比上年下降2.2%，占保税区域进出口额91.4%。与8个国家和地区进出口额超过50亿美元，合计进出口额占60.1%，其中对美国、日本和韩国进出口额超过百亿美元，分别完成147.14亿美元、131.04亿美元和117.49亿美元，分别比上年下降0.3%、下降5.0%和增长42.5%。对马来西亚和香港进出口额均超过70亿美元。此外，对越南、俄罗斯、巴西和墨西哥的进出口额增长较快，分别完成26.78亿美元、22.53亿美元、14.99亿美元和13.15亿美元，分别增长24.3%、38.3%、85.0%和29.5%。

（四）进出口商品

根据海关商品的HS分类标准，在保税区域的进出口商品结构中，机电产品和高新技术产品涉及企业较多，价值总额较高，占据保税区域进出口额主要比重。2015年保税区域机电产品进出口额完成711.31亿美元，比上年下降5.6%，占保税区域进出口额59.6%；高新技术产品进出口额546.27亿美元，比上年增长2.7%，占45.8%。全年有四大HS商品类别进出口额超过百亿美元，合计进出口额926.28亿美元，比上年略降1.2%，占77.6%。其中机械电气音像设备类560.08亿美元，比上年增长2.4%，占46.9%（电子产品395.47亿美元，增长9.0%；机械设备164.01亿美元，下降10.7%）；化工制品139.42亿美元，比上年增长8.2%；贱金属及其制品122.30亿美元，比上年下降21.6%；光学计量医疗仪器104.66美元，比上年略降1.2%。

五、产业发展

（一）贸易业

贸易业是保税区域经济发展的支柱产业，也是经济总量和税收贡献的主要来源。2015年保税区域贸易企业充分依托制度创新和贸易便利化举措，发挥综合服务和先行先试政策优势，进一步强化规模效应和集聚作用，促使贸易业商品销售额在较高水平的基础上进一步攀升，达到14408.58亿元，比上年增长3.8%。其中，外高桥保税区重点行业、重点企业贡献突出，完成12804.80亿元，比上年增长0.1%，占88.9%；洋山保税港区在大宗商品产业规模效应的带动下，持续大幅攀升，完成1603.12亿元，比上年增长46.8%，占11.1%；机场综保区也有少量贸易企业开展业务，完成0.66亿元。

保税区域重点贸易企业充分发挥自身品牌优势，不断增强市场竞争力，努力夯实和扩大营销规模，成为贸易业发展的中流砥柱。2015年保税区域销售额超过100亿元的贸易企业达到15家，合计销售额5782.67亿元，比上年增长3.3%，占保税区域商品销售总额40.1%；销售额超过10亿元的贸易企业达到208家，合计销售额11675.60亿元，比上年增长8.3%，占保税区域商品销售总额81.0%。

随着国内经济的较快发展和居民消费水平的不断提升，保税区域贸易企业积拓展贸易渠道，丰富商品种类，极大满足了国内市场对国外优质商品和亟需资源品的需求，使得对国内市场的销售规模持续平稳增长。2015年保税区域贸易企业完成国内商品销售额11915.90亿元，比上年增长3.3%，占保税区域商品销售总额82.7%。保税区域贸易企业充分利用贸易便利化举措，培育和提升区内企业的国际影响力，推动其立足中国市场拓展亚太甚至全球业务，促使国内商品出口分拨至国外市场的规模持续扩大。据统计，2015 年保税区域贸易企业完成对外商品销售额 2492.68 亿元，比上年增长 6.4%，占保税区域商品销售总额 17.3%。

洋山大宗商品交易带动内资贸易企业销售额增长。2015 年保税区域内资贸易企业完成商品销售额 2162.08 亿元，比上年增长 51.6%，占保税区域商品销售总额 15.0%，所占比重比上年提高 5 个百分点。2015 年保税区域外资贸易企业完成商品销售额 12246.50 亿元，比上年下降 1.7%，占保税区域商品销售总额 85.0%。保税区域销售额超过百亿元的 15 家企业中有 11 家是外资贸易企业。

保税区域贸易业涉及 9 个行业大类、48 个行业小类。在重点行业大类中：机械设备、五金交电及电子产品行业 7173.52 亿元，比上年增长 0.1%，占保税区域 49.8%；矿产品、建材及化工产品行业 4276.62 亿元，比上年增长 12.8%，占 30.8%；医药及医疗器材行业 1090.83 亿元，比上年增长 7.7%，占 7.6%；纺织、服装及日用品行业 849.86 亿元，比上年下降 7.0%，占 5.9%。此外，食品饮料行业、文化体育用品器材行业以及农畜产品行业销售规模也均超过 100 亿元。

（二）物流服务

2015 年保税区域在贸易监管制度创新的同时，深入推进国际航运综合试验区建设，进一步提高贸易便利化水平，提升物流运作效率，发挥在分拨配送、供应链管理等方面的优势，增强航运服务专业化程度，确保航运物流产业保持稳步发展。但由于受到国际航运市场持续低迷影响，部分航运龙头企业波动较大，导致航运物流产业增长速度有所放缓。2015 年保税区域完成航运物流服务收入 1207.39 亿元，比上年增长 0.3%。

1. 港口运输业。2015 年保税区域港口运输业完成收入 730.77 亿元，比上年下降 0.1%，占保税区域航运物流服务收入 60.5%。其中：洋山 32 家从事水上运输业务的船运企业完成收入 658.06 亿元，比上年下降 1.6%，其中 24 家企业收入超亿元。92 家港口内陆运输企业完成收入 72.71 亿元，比上年增长 5.3%，其中 9 家企业收入超亿元。

2. 航运服务业。2015 年保税区域航运服务产业完成收入 463.94 亿元，比上年增长 1.9%，占保税区域航运物流服务收入 38.4%。其中：包括码头公司、仓储企业在内的港口经营与管理业完成收入 251.12 亿元，比上年增长 4.3%，其中 30 家企业收入超亿元。以专业货物运输、代理等业务为主的航运专业服务业完成收入 198.74 亿元，比上年下降 2.3%，其中 19 家企业收入超亿元。以航运设备租赁为主的航运金融服务业完成收入 9.2 亿元，比上年增长 21%，主要是机场融资租赁企业所完成。包括培训、航运机械设备检测服务等业务在内的航运教育与科技业完成收入 4.87 亿元，比上年增长 36.4%。

3. 航运基础产业。2015 年保税区域航运基础产业完成收入 12.69 亿元，比上年增长 25.9%，由 8 家航运设备制造与维修企业所完成。

（三）制造业

2015 年，保税区域工业经济积极深化转型升级，先进技术制造业集聚度持续提升，企业产品研发应用能力进一步增强，多数企业经营发展多元化，综合运营能力进一步提升。全年保税区域 127 家规模以上工业企业完成工业产值 509.83 亿元，比上年下降 9.2%。如剔除“联想电子”业务转移因素影响，保税区域其他企业完成工业产值 428.49 亿元，比上年增长 3.6%。

1. 权重企业“联想电子”产值持续下降。随着全球互联网技术快速发展，智能终端产品已经成为市场主流，传统电脑产品被边缘化，电脑制造行业萎缩日趋突出。2015 年保税区域“联想”工厂自产订单减少，部分外包订单转移，产值规模持续下滑，生产电脑293万台，比上年减少185万台，完成产值81.34亿元，比上年下降45.5%，是保税区域工业产值下降的主要原因，占保税区域工业总产值的比重从上年的26.3%下降到16.0%。

2. 先进技术企业产值所占比重超过五成。在国家鼓励优先发展的十大高技术产业化重点领域中，保税区域涉及信息技术和高端设备制造等产业。2015年保税区域完成高技术产业产值269.7亿元，占工业总产值52.9%。

3. 汽车零部件行业持续保持较快增长。2015年保税区域工业经济涉及21个行业大类。其中汽车零部件制造业有12家企业，合计完成产值72.51亿元，比上年增长17.0%，在保税区域工业行业中排名第二位。此外，烟草制造业、塑料制品业和机械及设备修理业发展良好，分别完成产值22.16亿元、19.68亿元和1.25亿元，比上年增长3.6倍、7.8%和7.5%。

六、功能配套

（一）总部经济

为了顺应跨国公司业务功能整合和国际服务业梯度转移的趋势，保税区域根据企业各类业务需求，积极推出并有效落实强有力的扶持政策，进一步提升贸易便利化水平，积极培育、发展、形成了包括营运中心、地区总部、亚太营运商等多种形态的总部经济企业。2015年保税区域300家总部经济企业依托政策和服务综合优势，在不断扩大经营规模的同时，积极整合订单销售、贸易结算、供应链集成、人力资源、资金统筹等更多的经营管理职能，充分利用自贸试验区改革创新试点功能措施，拓展业务统筹范围的广度和深度，不断提升自身在跨国公司集团内部的地位和作用，逐步成为集团在中国区乃至亚太地区的区域性管理总部，为保税区域经济发展做出重要贡献。2015年保税区域总部经济企业完成经营收入7418.71亿元，占保税区域企业经营收入43.0%。

（二）平台经济

平台经济是保税区域经济发展的重要切入点，也是功能政策实施、推进和扶持的重要抓手。随着保税区域实体经济的快速发展，各市场平台积极提升服务效能，充分发挥贸易便利化、经营专业化优势，在扩大进出口贸易、提高企业服务水平、完善专业功能平台打造等方面做出积极努力，不断增强进出口代理、物流供应链、保税展销、高端咨询等方面服务功能，为国际贸易能级的提升“添砖加瓦”。截至2015年底，成功加入外高桥保税市场会员单位的投资企业累计达到13044家，比上年新增3045家。2015年外高桥保税市场合计完成各类商品交易额11750.21亿元，比上年增长24.5%。

三大综合性市场保持主体地位。据统计，2015年三大综合性市场合计完成各类商品交易额11293.40亿元，比上年增长25.2%，占保税市场交易总额96.1%。其中，第一市场交易额规模大，增长快，完成5492.94亿元，比上年增长36.1%；第二市场交易额完成3838.75亿元，比上年增长11.5%；第三市场交易额完成1961.71亿元，比上年增长27.4%。

专业功能平台不断创新发展。目前，汽车、钟表、医药、酒类、机床、医疗器械、工程机械、化妆品、健康品、文化服务等是重点发展的专业贸易平台。此外，国内首个跨境贸易电子商务服务平台“跨境通”运行良好，“D.I.G”直销中心取得声誉和效益双丰收，大宗商品国际现货交易市场取得突破，洋山进境水果指定口岸功能初显。

（三）口岸功能

2015年保税区域继续深化拓展航运物流功能，加快推进上海国际航运中心综合试验区建设，进一步强化国际航运口岸枢纽功能，促使两大港区集装箱吞吐量和三大外贸口岸进出口货值在上海的比重进一步提升。

2015 年外高桥港和洋山港合计完成货物吞吐量 3.02 亿吨，比上年增长 0.8%，占上海港货物吞吐量 42.0%（上海港货物吞吐量 7.17 亿吨，比上年下降 5.0%），所占比重比上年提高 2.4 个百分点；集装箱吞吐量 3357.2 万标箱，比上年增长 3.7%，占上海港集装箱吞吐量 91.9%（上海港集装箱吞吐量 3653.7 万标箱，比上年增长 3.5%），所占比重比上年提高 0.2 个百分点，是上海港连续第六年保持世界第一大集装箱港的主要方面。

随着国际集装箱枢纽港和机场空运港的航运枢纽作用的日益体现，外高桥港、洋山港区、浦东机场三大外贸口岸货物通道功能进一步提升，所占上海外贸口岸业务的比重不断提高。2015 年外高桥港口岸完成外贸进出口货值 2.26 万亿元，比上年下降 5.5%；浦东机场口岸完成外贸进出口货值 2.21 万亿元，比上年增长 3.4%；洋山港区口岸完成外贸进出口货值 1.73 万亿元，比上年下降 5.6%。三大口岸外贸进出口货值合计达到 6.19 万亿元，比上年下降 2.5%（上海口岸下降 3.1%），占上海口岸外贸进出口货值的比重从上年的 90.5% 提升到 91.2%。

七、发展效益

虽然受到宏观经济波动的影响，保税区域投资企业经营效益有所回落，但随着产业能级的提升和经济结构的优化，保税区域经济运行质量不断提高，税收产出保持稳步增长。2015 年保税区域完成税务部门税收 590.66 亿元，比上年增长 2.5%，占浦东新区税收 22.2%（新区税收 2658.1 亿元，增长 9.0%），占上海市税收 5.3%（上海市税收 11230.4 亿元，增长 22.0%）。增值税保持规模优势，全年完成 245.30 亿元，与上年基本持平，占保税区域税收 41.5%。企业所得税全年完成 227.75 亿元，比上年下降 2.3%，占保税区域税收 38.6%。个人所得税全年完成 71.72 亿元，比上年增长 13.4%，占保税区域税收比重由上年 11.0% 提升到 12.1%。营业税和消费税快速回升，分别完成 14.33 亿元和 10.81 亿元，增长 13.8% 和 28.2%，分别占保税区域税收 2.4% 和 1.8%；土地增值税迅猛增加，完成 8.94 亿元，比上年增长 13.6 倍，占保税区域税收 1.5%，贡献了保税区域税收增量的 58.3%。此外，印花税完成 7.93 亿元，下降 7.8%。

保税区域各驻区海关部门征收的各类关税和进口环节代征税合计 762.35 亿元，比上年增长 9.5%，在上海关区整体税收同比下降的背景下实现逆势增长。其中外高桥保税区和物流园区征税 649.67 亿元，增长 10.4%；洋山保税港区陆域征税 98.66 亿元，增长 2.5%；浦东机场综保区征税 14.02 亿元，增长 24.2%。

外高桥保税区

一、概况

2015年，外高桥保税区积极落实自贸试验区相关改革政策措施，深入推进产业能级提升和贸易功能拓展，加快完善招商稳商和企业服务工作体系，不断推进总部经济和新兴产业的培育，努力减缓外部经济环境波动带来的冲击，确保区域经济保持平稳发展。2015年外高桥保税区投资企业完成经营总收入13932.06亿元，比上年下降0.5%；实现利润总额479.82亿元，比上年下降13.3%；缴纳各类税收收入1149.58亿元，比上年增长3.8%。投资企业资产规模不断扩大，年末资产总额达到8111.50亿元，比上年增长1.0%，其中流动资产6326.73亿元，占资产总额78.0%。投资企业年末从业人员26.50万人，比上年增长0.2%。

二、开发建设

外高桥保税区经过20多年的开发建设，前期的土地开发已经基本结束，园区建设较为成熟，市政配套设施建设基本完善，产业布局相对合理。2015年，保税区加快重点工程项目建设，优化区域综合投资环境，促进产业功能升级，推进厂房、仓库改扩建以及进区企业生产设备改造更新，促使固定资产投资额保持一定规模，但与上年相比有所回落，全年完成21.73亿元，比上年下降15.1%。截至2015年底，保税区已累计完成固定资产投资额538.93亿元，积极有效的财力投入为区域经济的持续产出奠定了良好的基础。

外高桥集团下属各开发公司继续推进拓展园区建设进程，完善综合环境配套设施的优化，确保厂房、仓库等产业用房供应保障的有效落实，投资额保持在一定规模，全年完成9.51亿元，占保税区固定资产投资额43.8%。保税区进区企业也在积极改扩建厂房、仓库等实体性作业以及推进设备装置的改造更新换代，但投资额与上年相比有所回落，全年完成12.22亿元，比上年下降3.5%，占保税区固定资产投资额56.2%。

固定资产投资额从项目性质上来分，建筑工程和设备购置投资额是保税区固定资产投资额完成的主体，占主要比重。2015年保税区建筑工程投资额完成11.82亿元，比上年增长2.3%，占保税区固定资产投资额54.4%。

2015年在外高桥保税区开展投资建设的企业单位共有13家；施工项目26个。其中新开工项目4个；竣工项目13个。全年施工房屋建筑面积62.33平方米，比上年下降5.3%，其中新开工面积14.89万平方米，占23.9%。施工面积超过1万平方米的项目共有11个，占施工项目42.3%。全年完成竣工房屋建筑面积16.98万平方米，比上年下降48.7%。竣工面积超过1万平方米的项目共有5个。截至2015年底，外高桥保税区已累计完成竣工房屋建筑面积921.59万平方米。

三、招商引资

随着自贸试验区的扩区，外高桥保税区招商引资在经历了2014年的井喷式增长以后，企业投资渐趋理性，新设企业数量有所回落，但注册资本、投资额大幅上升。2015年外高桥保税区新设企业9205家，比上年下降12.5%；吸引投资总额1491.81亿美元，比上年增长1.2倍。其中吸引内资企业注册资本4304.73亿元，比上年增长40.4%；外商投资额786.11亿美元，增长3.8倍，其中合同外资518.9亿美元。实际利用外资3.65亿美元，比上年减少36%。

外高桥保税区依然是吸引企业投资的主要承接地，特别是投资管理和金融领域的制度创新，吸引了更多投资额大、质量优的租赁类、金融类项目落户。从行业分布来看：服务类企业超过贸易类成为新增企业主体，达3713家，比上年下降3.2%，占新设企业40.3%；贸易类企业3319家，下降37.6%，占36.1%；租赁类企业1049家，增长10.3倍，占11.4%；金融类企业718家，增长17.3%，占7.8%。此外，物流类企业176家，增长0.6%，占1.9%；加工类企业2家，下降60%；其他类企业228家，占2.5%。

2015年外高桥新设内资企业6512家，比上年下降24.5%；新设外资企业2693家，比上年增长42.3%。新设内资企业中，注册资本超过1亿元的企业达到968家，比上年增加391家，合计注册资本达到3584亿元，占内资注册资本总额83.3%。新设外资企业中，外商投资额超过1000万美元的企业有1076家，投资额合计550亿美元，占外商投资额70%。

截至2015年底，外高桥保税区累计批准注册企业29285家，注册资本14812亿元。从企业性质来看：内资企业20056家，占企业总数68.5%；外资企业9229家，占31.5%。从行业分布来看：贸易类企业15248家，占52.1%；租赁和商业服务类企业7622家，占26.0%；科学研究和技术服务类企业1732家，占5.9%；物流类企业1471家，占5.0%，其中仓储类企业1108家，运输及货代类企业363家；金融类企业1463家，占5.0%；信息传输、软件和信息技术服务类企业596家，占2.0%；文化体育娱乐类企业526家，占1.8%；加工类企业355家，占1.2%；其他类企业272家，占0.9%。

四、国际贸易

国际贸易是外高桥保税区经济发展的核心功能，也是保税区政策优势和产业融合联动发展的突出方面。一年来，外高桥保税区努力克服全球经济复苏乏力的影响，以开放型经济发展为核心，不断拓展多元化贸易功能，加快推进贸易便利化进程，进一步推动国际贸易结构优化升级，巩固强化了外高桥对外窗口和对内辐射的作用。2015年外高桥保税区投资企业完成进出口总额6288.71亿元，比上年下降1.8%（若按美元计，则完成1012.10亿美元，下降2.9%）。其中进口额4689.18元，比上年下降2.2%（合754.71亿美元，下降3.3%）；出口额1599.53亿元，比上年下降0.8%（合257.40亿美元，下降2.0%）。实现进出口贸易逆差额3089.65亿元（合497.31亿美元），是上海市国际贸易实现逆差的主要因素。

随着区域功能拓展和贸易便利化水平的不断提升，贸易功能和物流功能的优势进一步凸显，投资企业业务运作模式不断创新，进出口贸易方式也在调整优化。保税区物流货物进出口额保持增长势头，全年完成722.37亿美元，比上年增长0.4%，占保税区进出口额71.4%。一般贸易进出口额完成223.34亿美元，比上年下降7.2%，占22.1%。加工贸易进出口额下降较快，完成62.55亿美元，下降19.2%，占6.2%。

外高桥保税区贸易便利化显著提升以及新型贸易模式的开拓，提高了国际贸易的活跃度，促使从事进出口贸易业务的企业数量进一步增加。2015年保税区直接开展进出口业务的投资企业达到4530家，比上年增长11.9%，净增483家。其中以一般贸易方式从事进出口业务的企业达到4052家，比上年增长24.9%，净增808家，占进出口企业数量84.4%，所占比重比上年提高4.2个百分点；以保税区物流货物方式从事进出口业务的企业数量与上年基本持平，为1872家，占进出口企业数量39.0%。从进出口业务来看，进出口企业均有所增加：保税区直接开展进口业务的企业达到3584家，比上年增长4.7%，净增160家；直接开展出口业务的企业达到2875家，比上年增长6.0%，净增163家。

2015年外高桥保税区与189个国家和地区发生了贸易往来，其中与亚、欧和北美等传统贸易伙伴的进出口额占主体，与部分发展中国家经贸往来大幅增长。从洲际区域来看，亚洲、欧洲和北美洲占据主体地位。与亚洲国家和地区进出口额略有增长，完成581.05亿美元，比上年增长0.5%，占保税区进出口额57.4%；与欧洲和北美洲进出口额分别完成250.79亿美元和118.65亿美元，分别比上年下降10.0%和1.2%，占24.8%和11.7%。与拉丁美洲、大洋洲、非洲国家和地区合计完成进出口额60.92亿美元，比上年下降7.5%，占6.0%。从国家和地区来看，全年保税区对外贸易往来超过10亿美元的国家和地区达到22个，比上年净增2个，这些国家和地区合计完成进出口额895.60亿美元，比上年下降1.2%，占保税区进出口总额88.5%。其中有7个国家和地区进出口额已超过50亿美元，居前五位的分别是日本123.22亿美元、韩国115.34亿美元、美国114.01亿美元、马来西亚73.74亿美元和德国60.94亿美元。与“金砖四国”中的印度和俄罗斯分别完成进出口额14.78亿美元和10.65亿美元，比上年下降11.3%和增长58.9%；与巴西完成进出口额11.64亿美元，比上年增长138.1%。此外，保税区与爱尔兰、墨西哥等国家的进出口额均超过10亿美元，而且增幅均超过20%。

五、产业经济

（一）贸易业

贸易业是保税区经济的主导产业，也是保税区经济总量和税收贡献的主要来源。2015年外高桥保税区贸易企业充分利用制度创新和贸易便利化举措，依托保税区功能和综合服务优势，进一步加强营销模式的整合优化，强化规模效应和集聚作用，促使贸易业商品销售额保持增长，完成12804.80亿元，比上年增长0.1%，占保税区域商品销售总额88.9%。

保税区重点贸易企业充分发挥先进营销模式优势，不断增强市场竞争力，进一步夯实和扩大营销规模。2015年保税区销售额超过100亿元的贸易企业达到11家，合计销售额5023.47亿元，比上年增长20.8%，占保税区商品销售额39.2%；销售额超过10亿元的贸易企业达到185家，合计销售额10001.60亿元，比上年增长6.3%，占保税区商品销售额78.1%。

随着国内市场对国外优质商品和亟需资源品的需求不断增加，外高桥保税区贸易企业充分发挥连接国内外两个市场的优势，积极拓展重点商品的营销渠道，使得对国内市场的销售规模维持在较高水平。2015年保税区贸易企业完成国内商品销售额10474.33亿元，与上年基本持平，占保税区商品销售额81.8%。

外高桥保税区贸易企业努力提升在跨国公司集团内部的地位，进一步加快“走出去”步伐，通过国际采购功能的培育，积极开拓亚太甚至全球市场，将国内优势产品销售分拨至国际市场，促使对外商品销售规模逐年稳步增长。2015年保税区贸易企业完成对外商品销售额2330.47亿元，比上年增长0.8%，占保税区商品销售额18.2%。

2015年，外高桥保税区内资贸易企业积极拓展金属、医药等原材料资源商品和部分特色商品的营销市场，销售额出现较快增长，全年完成商品销售额695.78亿元，比上年增长16.0%，占保税区商品销售额5.4%。内资贸易企业销售额超过10亿元的有12家，合计500.95亿元，比上年增长27.4%，占保税区内资企业商品销售额72.0%。2015年外高桥保税区外资贸易企业虽然受到全球经济低迷影响，销售势头有所回落，但外资贸易企业努力开拓市场、创新业务模式，确保了销售份额继续保持较大规模，全年保税区外资贸易企业完成商品销售额12109.02亿元，比上年下降0.6%，占保税区商品销售额94.6%。销售额超过百亿元的11家企业中有10家是外资贸易企业。

（二）航运物流业

航运物流产业是外高桥保税区主导产业之一。2015年保税区加快航运物流功能的拓展，不断创新物流业务模式，通过完善航运物流配套环境的软硬件建设，努力提升航运物流运作效率和联动发展水平，尽管受到全球航运市场萎缩的不利影响，航运物流服务收入小幅回落，但仍保持一定规模，外高桥保税区全年完成航运物流服务收入201.81亿元，比上年下降4.9%。其中：1. 航运服务产业完成收入184.95亿元，比上年下降6.5%，占保税区航运物流服务收入91.6%。包括专业货物运输代理等业务在内的航运专业服务业波动较大，完成收入115.36亿元，比上年下降16.6%。包括仓储业务在内的港口经营与管理业规模扩张较快，完成收入64.72亿元，比上年增长16.0%。包括培训、航运机械设备检测服务等业务在内的航运教育与科技业收入增长迅速，完成4.87亿元，比上年增长36.4%。2. 港口内陆运输业完成收入8.24亿元，比上年增长14.1%，占保税区航运物流服务收入4.1%。3. 航运基础产业完成收入8.63亿元，比上年增长21.2%，物流占航运服务收入4.3%，由7家航运设备制造与维修企业所完成。

（三）制造业

2015年，外高桥保税区制造业积极深化转型升级，先进技术制造业集聚度持续提升，企业产品研发应用能力进一步增强，多数企业经营发展多元化，综合运营能力进一步提升。全年保税区127家规模以上工业企业完成工业产值509.83亿元，比上年下降9.2%。如剔除“联想电子”业务转移因素影响，保税区其他企业完成工业产值428.49亿元，比上年增长3.6%。在国家鼓励优先发展的十大高技术产业化重点领域中，保税区域涉及信息技术和高端设备制造等产业。2015年保税区域完成高技术产业产值269.7亿元，占工业总产值52.9%。外高桥保税区工业经济行业种类比较丰富，涉及到21个行业大类、50个种类和72个小类。其中汽车零部件制造业有12家企业，合计完成产值72.51亿元，比上年增长17.0%，占保税区工业总产值14.2%，所占比重比上年提高2.6个百分点，在保税区工业行业中排名第二位。

六、功能培育

平台经济是外高桥保税区经济发展的重要切入点，也是功能政策实施、推进和扶持的重要抓手。外高桥保税区把汽车、钟表、医药、酒类、机床、医疗器械、工程机械、化妆品、健康品、文化服务等作为重点发展的专业贸易平台。此外，国内首个跨境贸易电子商务服务平台“跨境通”运行良好，“D.I.G”直销中心取得声誉和效益双丰收，大宗商品国际现货交易市场取得突破。截至2015年底，成功加入外高桥保税市场会员单位的投资企业累计达到13044家，比上年新增3045家。2015年外高桥保税市场合计完成各类商品交易额11750.21亿元，比上年增长24.5%。

外高桥保税区三大综合性市场继续发挥综合服务优势，提升服务能级，拓展服务范围，优化服务模式，帮助会员单位扩大进口内销业务规模，促使交易额持续实现较快增长。2015年合计完成各类商品交易额11293.40亿元，比上年增长25.2%，占保税市场交易总额96.1%。其中，第一市场交易额完成5492.94亿元，比上年增长36.1%；第二市场交易额完成3838.75亿元，比上年增长11.5%；第三市场交易额完成1961.71亿元，比上年增长27.4%。

2015年外高桥港区在总体航线资源没有增加的背景下，继续发挥区位优势和口岸功能，深挖潜力，完善服务，进一步强化对长江、内河流域的辐射作用，促使港区货物吞吐量和集装箱吞吐量均呈现逐年攀升的态势。目前，外高桥港区1—6期共拥有泊位24个，已配备桥吊80台，码头总长度达到5959米，陆域面积达到581万平方米。2015年外高桥港区停靠各类船舶43565艘次，比上年增长4.7%，其中外籍货轮达到9669艘次，比上年增长7.5%，占外港停靠船舶数量22.2%；完成货物吞吐量1.64亿吨，比上年增长4.0%，占上海港22.9%，所占比重比上年提高2.0个百分点；集装箱吞吐量1816.4万标箱，比上年增长5.8%，占上海港49.7%，所占比重比上年提高1.1个百分点。另据测算，外高桥港区"水水中转"箱量约占25%左右；"国际中转"箱量约占5%左右。

七、发展效益

随着外高桥产业培育的深入推进和新型业态的加速发展，投资企业纷纷加大人才引进和人才培育的投入力度，吸引了众多高学历、复合型专业人才前来聚集，为外高桥的可持续发展提供了有力支撑。2015年末外高桥投资企业从业人员达到26.50万人，比上年微增0.2%。从业人员中，中方人员25.43万人，比上年下降0.1%，占外高桥从业人员96.0%；外籍人员1.07万人，占4.0%。

投资企业利润总额保持较大规模。随着全球经济增长趋缓和国内经济步入新常态，外高桥投资企业依托制度创新和便利化措施，加快优化调整业务结构，积极应对外部环境变化带来的挑战，虽然利润总额出现下降，但整体仍保持较大规模。2015年外高桥投资企业共实现利润总额479.82亿元，比上年下降13.3%。

各类税收收入持续增长。虽然受到宏观经济波动的影响，外高桥投资企业经营效益有所回落，但随着产业能级的提升和经济结构的优化，外高桥经济运行质量进一步提高，各类税收产出总额呈现稳步增长态势，为国家和地方财力做出了较大贡献。2015年外高桥保税区共实现各类税收收入1149.58亿元，比上年增长3.8%，其中形成的中央税收959亿元，占保税区各类税收收入83.4%。税务部门税收小幅回落。受个别重点企业经营规模萎缩影响，外高桥税务部门税收出现下滑，全年完成499.91亿元，比上年下降3.7%，占保税区各类税收收入43.5%。海关部门税收较快增长。随着进口商品结构的调整，特别是消费类商品进口量的增加，外高桥海关部门税收呈现较快增长态势。2015年外高桥海关部门税收完成649.67亿元，比上年增长10.4%，占外高桥各类税收收入比重从上年的53.1%提高到56.5%，占上海关区海关部门征税入库总额18.4%。海关部门税收中，进口环节代征税完成569.89亿元，增长12.6 %，占海关部门税收87.7%；关税完成79.78亿元，下降3.2 %，占海关部门税收12.3%。

洋山保税港区

一、概述

2015年洋山保税港区以开港十周年为发展契机，围绕国际航运发展综合试验区的建设目标，致力于产业能级提升和区域经济多元化发展，在加快推进国际航运中心建设的基础上，大力发展国际采购与分拨配送、中转集拼、大宗商品、生鲜冷链、跨境电商、保税维修等新型业态，特别是航运产业努力克服国际市场波动的不利影响，大宗商品行业持续快速发展，推动区域整体经济继续呈现快速增长态势。2015年洋山保税港区投资企业完成经营总收入2587.28亿元，比上年增长25.6%；税务部门税收82.38亿元，比上年增长53.4%；进出口总额728.97亿元，比上年下降2.5%；年末企业从业人员4.34万人，比上年增长45.2%。

二、招商引资

2015年洋山保税港区立足招商稳商育商工作，努力开展招商引资工作，推进面向欧美的分拨配送基地、大宗商品产业基地、面向国内的进口贸易基地及航运物流基地的发展，但随着自贸试验区投资热情的退潮，招商引资项目数出现回落。全年洋山保税港区新设企业249家，比上年下降60.5%；其中内资企业183家，比上年下降66.2%，占新设企业总数73.5%；吸引内资企业注册资本82.3亿元，下降64.5%。新设外资企业66家，下降25.0%，占新设企业总数26.5%；合同外资17.7亿美元，增长8.5%。

随着自贸试验区政策的复制推广，洋山区域发展的优势弱化，而距离远、配套弱等“硬伤”仍然存在，导致各主要行业项目数均出现回落。2015年新设企业中，贸易类企业95家，比上年下降64.3%，占新设企业总数38.2%；物流类企业38家，下降71.0%，占15.3%，其中运输及货代类企业25家，下降77.3%；租赁类企业15家，下降51.6%，占6.0%。此外，新设服务类企业90家，下降47.4%，占36.1%。

截至2015年底，洋山保税港区累计批准注册企业1897家，注册资本1961亿元。以企业性质分：内资企业1626家，占企业总数85.7%；外资企业271家，占14.3%。从行业分布来看：物流类企业888家，占企业总数46.8%，其中仓储类企业128家，运输及货代类企业760家（包括39家从事海上运输的船运公司）；贸易类企业580家，占30.6%；租赁和商业服务类企业343家，占18.1%；金融类企业37家，占2.0%；信息传输、软件和信息技术服务类企业24家，占1.3%；科研和技术服务类企业22家，占1.2%；建筑、房地产、餐饮等其他类企业13家，占0.1%。

三、国际贸易

根据我国海关的进出口贸易统计体系的规定，洋山保税港区的进出口总额是指注册在洋山保税港区的投资企业（海关代码31166开头）在全国各地的海关口岸所直接完成的进、出国境的货物总额。2015年洋山保税港区进一步推进海关、检验检疫等部门改革试点措施的深化拓展，加快功能性贸易平台的发展，努力克服大宗商品波动带来的影响，促使进出口总额保持一定规模。洋山保税港区投资企业全年完成进出口总额728.97亿元，比上年下降2.5%（若按美元计，则完成117.28亿美元，下降3.7%）。

从贸易方式上看：一般贸易成倍增长，完成16.74亿美元，增长3.3倍，占洋山保税港区进出口额14.3%，所占比重比上年提升11.1个百分点；物流货物进出口额规模较大，完成99.93亿美元，下降14.5%，占85.2%。

2015年洋山保税港区共有158家投资企业直接开展进出口业务活动，比上年增长22.5%，净增29家。其中以一般贸易方式和物流货物方式从事进出口业务的企业数量分别为115家和65家，分别比上年净增34家和12家。从进出口业务来看，企业数量均比上年有明显增加：直接开展进口业务的企业有143家，比上年净增36家；直接开展出口业务的企业有93家，比上年净增20家。

进出口额超1亿美元有24家，比上年净增6家，合计完成进出口额99.54亿美元，比上年增长4.5%，占洋山保税港区进出口额84.9%。此外，超亿美元的24家企业中有6家是新兴企业，净增进出口额7.84亿美元；超1000万美元的企业中有16家是新兴企业。

2015年洋山保税港区从事进出口业务的外资企业58家，合计进出口额76.70亿美元，比上年增长3.6%，占洋山保税港区进出口额65.4%，所占比重比上年提升4.7个百分点。从事进出口业务的内资企业数量较多，达到125家，合计进出口额40.58亿美元，比上年下降15.0%，占34.6%。

2015年洋山保税港区投资企业共与世界各地的176个国家和地区发生进出口业务往来，比上年净增10个国家和地区。

从洲际区域来看，亚洲、拉丁美洲和欧洲仍是主要进出口业务往来区域。其中与亚洲进出口额完成33.28亿美元，比上年下降10.4%，占洋山保税港区进出口额28.4%；与拉丁美洲进出口额32.23亿美元，比上年下降8.9%，占27.5%；与欧洲进出

洋山港集装箱码头

口额 29.05 亿美元，比上年增长 1.2%，占 24.8%。三者合计完成进出口额 94.56 亿美元，比上年下降 6.6%，占 80.6%。

从国家和地区来看，共有 28 个国家和地区进出口额超过 1 亿美元，比上年净增 1 个，合计进出口额 104.36 亿美元，比上年下降 1.7%，占洋山保税港区进出口额 89.5%。进出口额位居前五位的国家和地区分别为：智利 23.69 亿美元，比上年下降 7.3%；俄罗斯 11.87 亿美元，比上年增长 26.7%；美国 11.76 亿美元，比上年增长 20.9%；印度 7.79 亿美元，比上年增长 32.4%；日本 4.45 亿美元，比上年下降 1.8%。这 5 个国家合计进出口额 59.58 亿美元，比上年增长 8.2%，占 51.1%。

2015 年洋山保税港区进一步加快大宗商品产业功能的完善，推动以金属铜、镍等为主体的大宗商品业务的发展，但受国际大宗商品价格低谷的影响，进口额略有下降，完成 472.20 亿元，比上年下降 0.9%（合 75.92 亿美元，下降 2.2%），占洋山保税港区进出口额 64.7%。由于大宗商品价格的波动和库存周期的变化，金属镍的出口额大幅度减少，导致 2015 年洋山保税港区出口额出现小幅下降，完成 256.77 亿元，比上年下降 5.4%（合 41.35 亿美元，下降 6.4%），占洋山保税港区进出口额 35.3%。

四、产业经济

洋山保税港区依托独特的功能政策和地理位置优势，加快贸易物流等新业务、新模式的创新步伐，努力提升物流运作效率，特别是在大宗商品产业的有力推动下，区域经济保持快速增长势头。2015 年洋山保税港区投资企业完成经营总收入 2587.28 亿元，比上年增长 25.6%。

洋山保税港区凭借独有的口岸和航线优势，积极拓展大宗商品集散功能，通过“期货保税交割”、“洋山铜溢价”、“大宗商品现货市场”等功能的完善，吸引了众多国内外大宗商品交易商前来集聚，洋山已成为我国重要的大宗商品进出口物流中转集散地和贸易中心。2015 年洋山保税港区贸易企业完成商品销售额 1603.12 亿元，比上年增长 46.8%，占洋山经营总收入的 62.0%，在经济规模上已经超过航运物流产业。贸易企业中有 20 家企业销售额超过 10 亿元，合计 1518.40 亿元，比上年增长 59.6%，占洋山商品销售额 94.7%。

航运物流业是洋山保税港区经济发展的重要方面。2015 年洋山保税港区努力克服国际航运市场低迷带来的不利影响，不断完善区港一体功能、航线配置和硬件设施，提升物流运作效率，确保航运物流服务收入实现小幅增长。洋山保税港区全年完成航运物流服务收入 973.52 亿元，比上年增长 1.1%，占洋山经营总收入 37.6%。其中：1. 港口运输企业收入出现小幅下滑。由于受到国际航运市场低迷影响，全年港区港口运输业务收入出现波动，完成 722.52 亿元，比上年下降 1.1%，占洋山航运物流服务收入 74.2%（30 余家从事水上运输业务的船运企业完成收入 658.06 亿元，下降 1.6%，收入超亿元的企业有 24 家；70 余家港口内陆运输企业完成收入 64.47 亿元，增长 4.2%，收入超亿元的企业有 7 家）。2. 航运服务企业收入增长有所加快。全年港区航运服务产业完成收入 251.00 亿元，增速由上年的 4.9% 提高到 8.2%，占洋山航运物流服务收入 25.8%（包括码头公司、仓储业等业务在内的港口经营与管理业完成收入 186.21 亿元，增长 0.7%，其中 13 家企业收入超亿元；包括专业货物运输、代理服务业务为主的航运专业服务业完成收入 64.53 亿元，增长 37.5%，其中 8 家企业收入超亿元）。

五、发展效益

随着洋山保税港区航运物流产业的发

展，特别是船舶管理业的从无到有，航运物流业务规模持续扩大，吸引了众多专业人才集聚。2015 年末洋山保税港区投资企业吸引从业人员达到 4.34 万人，比上年增长 45.2%。从业人员超过 500 人的企业有 16 家，比上年净增 2 家，这 16 家企业从业人员合计达到 3.08 万人，占洋山投资企业从业人员 53.4%。

洋山保税港区在航运物流企业和大宗商品企业的带动下，区域经济效益不断提升，税收产出高速增长。据统计，2015 年洋山保税港区完成税务部门税收 82.38 亿元，比上年增长 51.7%。

六、口岸功能

洋山深水港 1—2 期的业务运作主要由上海盛东集装箱码头有限公司负责，包括 9 个 7—10 万吨级大型深水集装箱泊位，码头岸线 3000 米，堆场面积 140 万平方米；洋山深水港 3 期的业务主要由上海冠东集装箱码头有限公司负责，包括 7 个 7—15 万吨级大型深水集装箱泊位，码头岸线 2600 米，堆场面积 238 万平方米。

2015 年，洋山保税港区不断深化国际航运综合试验区建设，推动优化洋山航线配置及货源资源，推进海运国际中转集拼规模化运作，积极营造和完善更为便捷高效的口岸通关软硬件环境，努力克服国际航运市场持续低迷所带来的不利影响，促使航运口岸枢纽功能进一步完善。

洋山深水港积极依托区位和政策叠加优势，持续发挥水水中转、国际中转的枢纽作用，进一步提升作业效能，促进集装箱吞吐量稳步提升。2015 年洋山保税港区完成集装箱吞吐量 1540.7 万标箱，比上年增长 1.4%，占上海港集装箱量 42.2%。其中，体现对国内经济腹地辐射服务作用的“水水中转”集装箱量 763.7 万标箱，增长 1.1%，占洋山港箱量 49.6%；体现对国际市场中转功能的“国际中转”集装箱量 148.7 万标箱，下降 11.0%，占洋山港箱量 9.7%。完成货物吞吐量 13775.0 万吨，下降 2.7%，占上海港货物吞吐量 19.2%（上海港货物吞吐量下降 5.0%）。此外，全年洋山港国际干线集装箱进出港 9032 艘次，增长 4.5%；国内航行船舶 37290 艘次，增长 6.0%，其中内支线集装箱船快速增加至 11205 艘次，增长 18.1%。

洋山港积极完善航运物流和口岸通关配套设施，大力发展分拨配送等配套功能，口岸外贸进出口货值占全市 1/4。2015 年全国各地的投资企业通过洋山外贸口岸完成进出口货值 1.72577 万亿元，比上年下降 5.6%，占上海口岸外贸进出口货物总值 25.4%。其中口岸外贸出口货值 12213.6 亿元，下降 4.2%，占上海口岸外贸出口货物总值 30.1%；口岸外贸进口货值 5044.1 亿元，下降 8.8%，占上海口岸外贸进口货物总值 18.5%。

浦东机场综合保税区

一、概述

2015 年，机场综保区围绕自贸试验区建设的总体要求，以打造开放程度最高的区港一体化国际航空服务和现代商贸功能区为目标，聚焦重点产业板块发展方向，全力推进招商引资、企业服务、功能拓展和环境优化等各方面工作，区域经济呈现快速发展态势。2015 年浦东机场综合保税区新设企业 379 家，比上年增长 28.5%；投资企业完成经营总收入 51.54 亿元，比上年增长 57.1%；进出口总额 397.79 亿元，比上年下降 15.3%；税务部门税收 8.35 亿元，比上年增长 1.3 倍。

二、招商引资

2015 年机场综保区进一步优化营商环境，完善企业服务，开展多种形式招商活动，围绕融资租赁、分拨配送、现代商贸和临空服务等产业，积极引进各类功能性项目，促进了特色产业的集聚发展。全年机场综保区新设企业 379 家，比上年增长 28.5%。其中：贸易类企业 175 家，比上年增长 1.9 倍，占新设企业总数 46.2%；租赁类企业 101 家，比上年下降 44.8%，占 26.7%；服务类企业 76 家，增长 90%，占 20.1%；物流类企业 7 家，增长 40%，占 1.8%。

2015 年新设外资企业 121 家，比上年增长 59.2%，占新设企业总数 31.9%；外商

浦东机场办公楼

投资额78亿美元，增长1.2倍，其中合同外资53.3亿美元，增长1.7倍。新设内资企业258家，比上年增长17.8%，占新设企业总数68.1%；内资企业注册资本18.5亿元，下降38.4%。

截至2015年底，机场综保区累计批准注册企业1067家，注册资本885亿元。其中：内资企业798家，占企业总数74.8%；外资企业269家，占企业总数25.2%。从行业分布来看：租赁和商业服务类企业607家，占企业总数56.9%；贸易类企业282家，占26.4%；物流类企业105家，占9.8%；金融类企业22家，占2.1%；信息传输，软件和信息技术服务企业11家，占1.0%；其他类企业40家，占3.7%。

三、国际贸易

根据我国海关的进出口贸易统计体系的规定，机场综保区的进出口总额是指注册在机场综保区的投资企业（海关代码31226开头）在全国各地的海关口岸所直接完成进、出国境的货物总额。2015年机场综保区在海关、检疫检疫等部门改革创新助推下，进一步加快功能拓展，提高通关效率，促进商品结构优化，但受进口租赁飞机的脉冲式波动影响，进出口额出现一定下降。2015年机场综保区投资企业完成进出口总额397.79亿元，比上年下降15.3%（若按美元计，则完成63.89亿美元，下降16.4%）。其中：进口额227.07亿元，比上年下降28.6%（合36.39亿美元，下降29.6%）；出口额170.72亿元，比上年增长12.4%（合27.50亿美元，增长11.2%）。

从贸易方式上看：2015年机场综保区物流货物进出口额占主要比重，完成60.85亿美元，比上年增长23.5%，占机场综保区进出口额95.2%；受租赁飞机减少影响，租赁贸易进出口额2.20亿美元，下降91.1%，占3.4%。

2015年机场综保区直接开展进出口业务的投资企业有65家，比上年增长22.6%，净增12家。其中以物流货物方式开展进出口业务的企业为51家，比上年净增10家；而以一般贸易方式开展进出口业务的企业为15家，比上年净减2家。从进出口业务来看，进口企业数量明显增加：机场综保区直接开展进口业务的企业有62家，比上年净增12家；直接开展出口业务的企业有22家，比上年净增2家。

进出口额超过1000万美元的企业达到43家，比上年增长30.3%，净增10家。其中，有13家企业进出口额超亿美元，与上年持平；这13家企业合计完成进出口额47.54亿美元，下降18.7%，占机场综保区进出口额74.4%。

2015年机场综保区投资企业共与世界各地的90个国家和地区发生进出口贸易往来。其中，与亚洲进出口额26.07亿美元，比上年下降1.1%，占机场综保区进出口额40.8%；与北美洲进出口额21.74亿美元，下降0.7%，占33.9%；与欧洲进出口额14.10亿美元，下降48.1%，占22.1%。与这三大洲进出口额合计达到61.91亿美元，下降17.9%，占机场综保区进出口额96.9%。此外，与大洋洲进出口额规模小，但增长快，完成1.33亿美元，增长101.1%。

从国家和地区上看，有13个国家和地区进出口额超过1亿美元，合计58.22亿美元，比上年下降19.1%，占机场综保区进出口额91.1%。位居前三位的分别是美国21.49亿美元、中国香港10.35亿美元和德国5.08亿美元，分别比上年下降1.2%、增长17.7%和下降33.3%。此外，日本、菲律宾和澳大利亚进出口额也均超过亿美元，并且增长显著。

四、产业经济

随着招商引资企业数量的持续增加，投

资企业充分发挥“区港一体化”联动优势，加快融资租赁、临空服务、现代商贸等业务的发展，推动企业经营规模快速扩大。2015 年机场综保区投资企业完成经营总收入 51.54 亿元，比上年增长 57.1%。

随着机场融资租赁业务创新模式的成熟运作，越来越多的融资租赁企业投入运营，集聚效应逐步显现，租赁企业服务收入快速攀升，已经成为机场综保区企业经营收入完成的主体。全年租赁类企业完成服务收入达到 32.12 亿元，比上年增长 2.0 倍，占机场综保区经营总收入 62.3%，已经超过航运物流服务收入。

随着“先入区、后报关”等监管模式的创新以及区港一体化运作能力的进一步提升，机场综保区物流业务保持稳步发展。全年物流企业完成服务收入 19.04 亿元，比上年增长 4.7%，占机场综保区经营总收入 36.9%。

其他业务也在不断拓展。航空维修及配套服务业务规模快速扩大，完成营业收入 4.07 亿元，比上年增长 37.6%，均为上海波音航空改装维修工程有限公司所完成。贸易企业的销售收入规模较小，完成 0.66 亿元。

五、发展效益

随着机场综保区软硬件配套设施建设的不断完善，企业数量和经营规模逐年扩大，特别是在以融资租赁企业为代表的重点企业拉动下，产出效益显著增加。2015 年机场综保区投资企业实现利润总额 10.80 亿元，比上年增长 2.1 倍，有 15 家企业实现利润超过 1000 万元，比上年增加 6 家。年末机场综保区企业从业人员 2135 人，比上年增长 19.8%。

2015 年机场综保区完成税务部门税收 8.35 亿元，比上年增长 1.3 倍。

二、开发区、工业区

上海化学工业区

一、概述

2015年，上海化工区在市委、市政府的领导下，团结一致、凝心聚力，坚持稳中求进工作总基调，克服经济下行持续增大的压力，坚定“两个基地”建设目标不动摇、坚定主动承担“三个责任”不动摇、坚定“创新驱动发展”战略不动摇，实现了园区经济平稳发展，完成了全年预订工作目标。园区实现销售收入948.72亿元，完成工业总产值915.74亿元；批准项目总投资10.73亿美元，超额完成年度工作任务；累计利润总额41.94亿元，比上年增长175.0%；累计上缴税金80.4亿元，比上年增长50.6%，创历史最好。

二、区域开发与建设

（一）坚持改革，促进石化产业新一轮发展转型

一是复制自贸区改革试点经验。深化与上海海关的战略合作，双方发挥各自在信息、管理、政策等领域上的优势，推动创新制度在化工区率先落实，促进化工区对外贸易和经济发展。加强顶层设计，起草编写《上海化工区重点发展产业指导目录》（正面清单），明确以化工新材料和高端精细化工为主体的招商引资方向；根据正面清单，从环保和安全的角度出发，出台《上海化学工业区禁止、限制和控制危险化学品与化工工艺目录（2015版）》、《上海化学工业区产业准入负面清单——环境保护篇（2015版）》，对环保、安全达不到标准的项目和企业一律不准进入园区，入区项目应采用先进的环保、安全工艺和生产设备；编制《上海化工区行政权力清单、行政责任清单》，划定权力边界，强化制约监督。对照国际先进化工行业标准，开展入区项目在国标、地标、行业标准与国际标准对接的研究，积极引导企业执行严于国家和地方标准的治理和排放要求。

二是提高园区公共行政事务服务效率。建立园区行政管理事务受理服务中心，构建一站式受理窗口，提供从项目送审材料的预

审、受理、咨询、协调和审理“一对一”服务，一站式解决企业申报问题，提升政府服务水平。成立管委会应急管理领导机构和办事机构，在管委会内设机构增挂“应急管理办公室”。整合机关所属事业单位机构，设立化工区公共事务中心（市土地储备中心化工区分中心），进一步提高了行政事务管理和服务效率。

三是谋划化工区“十三五”发展目标定位。贯彻落实《中共中央关于制定国民经济和社会发展第十三个五年规划的建议》、《中国制造2025》、《关于加快建设具有全球影响力的科技创新中心的意见》等精神，编制化工区“十三五”规划。“十三五”期间，化工区将坚持“立足上海、放眼全国、对接全球”的战略定位，围绕“建设国际水平的先进化工制造基地，打造功能完善的生产性服务业示范区，探索特色鲜明的化工科技创新中心，推进内联外通的区域协同发展模式，构筑绿色生态的安全环境保障体系”五项重点工作任务，构建先进制造业与生产性服务业融合发展的产业体系。初步明确到2020年，批准项目投资增加175亿美元，固定资产投资增加500亿元，销售收入达到1500亿元，年缴纳各类税收100亿元，万元产值能耗0.8吨标准煤。召开化工区第二届国际专家咨询会，征求国际专家对园区新一轮发展的意见建议，把握国际化工产业发展趋势。

（二）强化监管，创新园区安全依法治理工作机制

一是践行生产安全监管新要求。牢固树立安全生产“红线”意识和“底线”思维，贯彻落实《上海市建立党政同责一岗双责齐抓共管安全生产责任体系的暂行规定》要求，进一步明确园区“党政同责、一岗双责、齐抓共管”的安全管理责任；全面落实“三个必须”：即管行业必须管安全、管业务必须管安全、管生产经营必须管安全。制定出台《生产经营企业安全生产管理工作约谈制度》和《安全生产事故隐患排查治理规定》，提高依法治理水平；探索实施安委会成员单位工作情况通报制度，实现对年度安全重点工作的督办督查，确保各成员单位守土有责、守土负责、守土尽责。联合消防支队完成园区消火栓普查，出台《消火栓管理规定》；联合市气象局防雷中心完成园区防雷设施普查，进一步健全防雷安全工作机制；联合医疗中心对园区52家用人单位进行职业卫生专项检查，完善园区职业卫生监管机制。

二是探索区域安全监管新途径。以安全生产“三区联动联控”工作实体化运作为抓手，推进“三区联动联控”审改工作有序开展，市安监局选派骨干入驻园区协调联动工作，初步形成直接监管、综合监管、专业监管和属地管理协调融合的大安全监管工作格局。推行第三方安全环保巡检，在企业容易发生事故的各个环节提供规范的技术服务和监督指导，通过系统化、专业化、个性化的安全技术服务，有效遏制各类事故的发生。严控化工生产过程安全，开展光气、液氯、氰化氢等剧毒品重大危险源在役装置的专家定时定点诊断工作，提升本质安全水平。出台《安全生产举报奖励规定》、《安全生产“黑名单”制度》，修订《生产安全事故上报规定》，完善园区安全治理体系。

三是完善应急响应和预案报备新要求。编制《上海化学工业区市级基层应急管理单元突发事件应急预案（总案）》，并由市政府办公厅印发。编制《化工区空中应急救援处置专项预案》，进一步提升园区突发事件应急处置综合能力和人员快速应急救护能力。与国家质检总局、市应急办和市质监局等单位主办“2015年全国化工特种设备事故应急处置综合实兵演练”，同时对企业应急处置指挥部、化工区现场应急处置指挥部、化工区总指挥部和化工区应急响应中心进行模拟演练，共设置10个固定场景和4个临时增加场景，由欧盟专家担任观察员进行全程评估，进一步提高园区特种设备管理及事故应急响应能力，受到国务院领导和国家应急办、质检总局等部门的高度肯定。

（三）聚焦重点，落实区域环境综合整治

一是全部完成阶段整治任务。化工区环评公参工作终止后，管委会按照市委、市政府关于“当前，金山区、化工区和上海石化的主要任务是，全力加强区域环境保护和污染治理，积极回应群众的合理诉求”的工作指示，迅速行动，展开一系列调查研究和项目排查工作，在坚持以往对标欧美先进国家和地区环保指数的基础上，积极回应市民新要求、社会新期待，率先发布《上海化学工业区区域环境综合整治行动方案》，计划在三年时间内投资10多亿元，落实整治项目91个，其中27项是化工区在市政府明确的《金山地区环境综合整治行动方案》64项任务基础上自我加压提出的，占全部任务的29.7%。2015年化工区共推进并实施综合整治任务48项，所有任务全部完成。

二是切实提升环保工作水平。制定《上海化学工业区挥发性有机物（VOCs）排放管理指导意见》，编制“上海化工区挥发性有机物排放控制实践案例”，全面推动园区挥发性有机物减排工作。基本完成《上海化学工业区环境综合监管系统建设项目》一期建设，并将相关数据上传至上海市环境监测中心。制定并发布《上海化学工业区关于对环保违法行为实施有奖举报的规定》、《上海化学工业区环境保护监督员管理办法（试行）》，邀请化工区周边区域18个村镇和居委、共计34名市民担任化工区环保监督员，建立园区生产企业“异味”零报告制度，生产企业每天定时向园区环保管理部门报告是否产生“异味”的情况，并加大环境执法力度，推动园区企业环境隐患整改工作。

三是分析厘清园区环保现状。依托院士专家工作站，启动《上海化学工业区挥发性有机物排放控制与监管体系研究》项目，弄清园区挥发性有机物排放基准量，摸清各类有机物排放来源，建立园区挥发性有机物排放监管体系。为强化污染源管理，为环保执法提供技术支撑，启动《上海化学工业区申领排污许可证企业现状调查》项目，着力摸清企业污染物排放实际情况，完成12家重点监管企业的排污许可证发放工作。协调发展公司、中法水务和区内部分企业，启动园区海水淡化（中水回用）可行性研究。对标国际先进水平，提升园区环保水平，启动《上海化学工业区环境标准体系研究》。

（四）优化管理，提升园区产业竞争实力

一是努力降低企业生产运行成本。从降低能源价格入手，自年初起，化工区热电公司将蒸汽价格下降20元/吨；6月，化工区与申能集团签署合作协议，合资成立化工区售电公司，为园区降低企业电力成本。9月初、11月中旬，化工区非直供用户和直供用户天然气先后两次降价，合计每立方米降价0.6元。从提升行政审批效率入手，《化工区部分建设项目行政审批程序优化方案》年初获批，部分建设项目审批时间平均缩短60个工作日。从探索建立园区原料供应多元化体系入手，化工区委托中国国际工程咨询公司研究《上海化工区煤的高效、清洁利用方案》，并推动巴斯夫公司和华谊集团结合吴泾地区产业结构调整在煤制气领域开展合作，推进煤炭的清洁利用。巴斯夫公司与华谊集团已成立工作组，研究技术可行性方案。从破解项目建设中的电力设施配套“瓶颈”难题入手，协调市电力公司以及金山区、奉贤区电力公司等单位，解决英威达、联恒、杜邦公司的电力设施配套问题，明确化工区目斯、普联110KV公用开关站项目的设计方案、项目报批等事项，加快项目建设进度。从做好区内企业职工培训费财政补贴政策的宣传、培训工作入手，为区内35家企业申请到财政补贴资金共计1674.99万元。

二是积极争取国家政策进园落地。积极推进低碳工业园区建设，5月份顺利通过由工信部、发改委联合组织的国家低碳工业区试点实施方案专家论证。积极推进国家级进出口化学品示范基地建设，上半年通过市级示范基地验收考核并正式挂牌。下半年国家化学品安全检测重点实验室项目正式启动建设，打造全国化学品检测和研究“技术高地”。5月，联合国内其他六大化工基地和南京化工区在上海化工区召开石化基地建设发展研讨会，就加强各大石化基地间的合作，共同为我国石化产业绿色和谐发展做贡献形成共识。组建“上海化工产业出口基地”。市商务委批复同意基地为上海市市级外贸转型升级示范基地，实行开放的进入和退出机制，首批确认19家单位为“基地”重点企业，优先享受国家及上海市的鼓励政策。

三是有效提升政府机关服务水平。公共事务中心加强园区建设工程质量管理，推行质量终身责任承诺制度。公安分局打造具有化工区特色的封闭管理模式，实现封闭式管理由“半开放”到“全天候”、由“粗放型”到“智能化”的升级转变。消防支队推进化三消防站开工奠基，填补区域消防站点空白，提高园区抗御火灾综合能力。检验检疫化工区办事处、海关驻化工区办事处实施“三个一”通关模式，加快化工区口岸大宗散装资源性货物的通关效率，降低企业通关成本，促进贸易便利化和外贸稳定增长。海事驻化工区办事处开展东航道联合整治，全年未发生一起航道封堵现象，安全通航率实现自开通以来首个100%。边防检查站建立完善“边检－海事－企业”的联动维稳机制，边防派出所对化工区海岸线、码头实行24小时全天候巡逻执勤，全力维护化工区沿海一线安全稳定。质监支队开展特种设备使用单位对标活动及安全管理评价验收工作，完成对园区54家企业对标验收，提高企业特种设备安全意识。

（五）共享发展，深化与周边区域联动

一是着手编制杭州湾北岸石化区块一体化管理和综合执法工作方案。针对杭州湾北岸化工产业区块水平的参差不齐和金山居民的反响，市政府明确了杭州湾北岸石化区块一体化管理的工作部署，这是公参带来的积极效应，也是化工区新一轮发展的关键。管委会牵头组织有关方面抓紧制定工作方案，以规范管理为抓手，以期通过实施统一的安全环保标准、统一的准入管理服务、统一的产业规划布局、统一的执法监督管理，着力解决产业发展能级提升问题、安全环保水平提高问题、行政管理体制创新问题、化工产业布局优化问题，推进“淘汰落后污染的劣势企业、开展面向社会的责任关怀、加强基础设施的建设投入、引进符合导向的优势企业”等四项重点工作，协同各方，努力将杭州湾北岸石化区块建设成为世界一流、绿色环保、高附加值的化工示范区。

二是深化与金山区、奉贤区联合发展。金山联合开发区域前期工作平稳推进，园区低管架工程规划选线方案已编制定稿，并获得了金山区规土局批复同意，园区电力规划方案基本通过评审，污水处理方案的修改完善也形成了阶段成果。化工区与申能集团投资5000万元在奉贤分区成立化工区售电公司，瞄准国家电力体制改革机遇，开展售电业务，发展能源相关的生产性服务业。

三是责任关怀深入推进。启动第二轮“爱心助医”活动，在第一轮基础上为漕泾镇再增加100个助医名额，二期活动资助总费用达210万元，受益家庭达1760户。“好邻居、双结对”、“综合帮扶”活动深入开展，漕泾镇建龙居委、蒋庄村、金光村分别与孚宝港务公司、消防化二中队、化四中队结对共建，化工区与奉贤区柘林镇10个村（居）开展“好邻居、双结对”活动，与金山区漕泾镇14个村（居）开展“好邻居”、“综合帮扶”工作，实现化工区与漕泾镇城乡结对工作全覆盖，化工区荣获“全市农村帮扶工作先进集体”。制定《上海化工区举办“公众开放日”活动的实施意见》，建立园区向公众开放的长效机制。

四是区域化党建工作迈上新台阶。管委

会领导班子认真落实“抓好党建是本职、不抓党建是失职，抓不好党建是不称职”的要求，进一步发挥化工区综合党委协调、指导、服务的功能，成立园区精神文明建设指导委员会、园区党外知识分子联谊会、综合党委青年工作委员会，在理顺管理模式、整合园区资源、夯实基层基础、构建区域化党建格局、促进园区中心工作方面取得了扎实的成效。结合庆祝建党 94 周年，园区开展了先进基层党支部、优秀共产党员和优秀党务工作者评选表彰活动，用一个典型带出一批典型，一个党员影响一批党员，使党组织的凝聚力、战斗力不断提升，使党员发挥先锋模范作用发挥更具有针对性和实效性。落实市委、市经信工作党委要求，做好发展公司党组织关系调整和干部管理衔接工作。

三、重大项目

5 月 6 日，巴斯夫 Ultramid（聚酰胺 6 和 6/6.6）装置在化工区建成启用。这座年产能 10 万吨的新装置将进一步增强巴斯夫本地化生产和供应网络，以更好地服务不断增长的亚太市场。亚太地区特别是中国的工程塑料、纤维和薄膜行业对聚酰胺产品的需求增长强劲，凭借本地化的生产设施，该项目的建设将更好地支持客户增长、抓住新的市场机遇。

巴斯夫化工催化剂生产装置奠基典礼

上海市莘庄工业区

党工委书记、
管委会主任、
董事长　王备军

一、概述

2015年，莘庄工业区紧抓上海创新驱动发展的战略机遇，围绕闵行区委区政府“创新引领，民生优先”工作主线，肩负“引领绿色智造，实现产城融合”的时代使命，坚定不移地推动“三大转型”战略目标的实施，积极适应经济新常态，各项工作取得了一定成果，较为圆满地为“十二五”规划画上了句号。

2015 年实现财政总收入 96.10 亿元，由于调控 10.6 亿元税金未入库，实际比上年减少 1.20%。实现地方财政收入 21.21 亿元，比上年增长 4.57%。全年实现工业总产值 810.37 亿元，比上年减少 1.85%，增加值 280.78 亿元，比上年增长 3.99%。其中，第二产业增加值 196.11 亿元，比上年减少 1.85%，第三产业增加值 83.64 亿元，比上年增长 21.50%。实现营销收入 320.07 亿元，比上年增长 9.88%。产业结构调整明显，三产占比提高显著。正式成为国家循环经济试点示范单位，是国家第二批、上海市第一批、闵行区首家通过验收的示范单位。

2015 年主要经济指标完成情况表

项　目	2015 年（亿元）	2014 年（亿元）	比上年（±%）
社会总产值	882.57	889.96	-0.83
其中：工业总产值	810.37	825.64	-1.85
增　加　值	280.78	270.00	3.99
其中：工业增加值	196.11	199.80	-1.85
其中：第三产业增加值	83.64	68.84	21.50
财政总收入（考核口径）	83.58	80.11	4.33

二、招商引资和科创建设

当前形势下，园区继续加大择商选资力度，坚持现代服务业与先进制造业“双轮驱动”，推动主导产业向高端化衍生拓展，提高存量资源利用效率，优化产业布局和推动产业升级，择商引优上符合总体产业导向和长远规划布局。全年完成合同外资 16610 万美元，完成年度指标的 128%。其中新办与迁入项目 48 个，新增世界 500 强投资项目 1 个（丰田合成管理总部），新增新办中外合资企业上海闵商联融合租赁有限公司，注册资本 4699 万美元，外资投入 1410 万美元；群淂数码科技（上海）有限公司，注册资本 570 万美元；瑞士投资企业——哈特贝尔金属成型技术（上海）有限公司，注册资本184万美元。追加总投资项目7个，包括维科电子增资7000万美元，华电通用增资2400万美元，德乐增资300万美元，金宝汤管理总部增资200万美元，佛吉亚增资460万美元，皓世管道系统增资400万美元。在所有这些项目中，贸易类项目16个，咨询类项目14个。全年外资到位资金1.4亿美元，完成年度指标的127%。内资注册46.6亿元，完成年度指标的388%。

至2015年底，园区共有在地型企业758家、注册型企业4686家。总计吸引外商投资总额85.2亿美元，合同外资总额38.9亿美元。投资额1000万美元以上企业118家，世界500强投资企业51家，高新技术企业116家。

科创建设方面，园区全年共新增高新技术企业27家，42企业获得不同级别科技小巨人称号，市科技小巨人（培育）企业3家，区科技小巨人（培育）企业4家。完成股改5家，其中新三板挂牌5家，成功上市1家。获批上海市“四新”经济创新基地建设试点单位——“上海市智能装备产业莘庄工业区创新基地”。启动军民融合基地建设，完成基地创建方案、联盟组建方案和展厅基本设计方案。人才服务、科技中介、知识产权、科技融资等四大公共服务平台完成正在加快推进，其中张江高新区试点平台正式授牌，已初见雏形，创业接力小额贷公司9月已正式挂牌运营。承接张江6类10项审批权限下放，正式挂牌行政服务中心并启动业务受理，全年完成28项行政审批事项。在五大产业分会基础上成立了科技型中小微“四新”企业分会，促进龙头企业带动中小微企业发展。

三、区域开发与管理

两翼建设加快进度。东区开发加快前期动拆迁和市政配套步伐。区域内涉及的16家动迁企业中已有15家完成资产评估工作，7家签订动迁补偿协议，4家已拆除腾地。完全腾地18000平方米，拆除建筑面积11254平方米。对市政管网方案进行论证，

2015年10月13日，莘庄工业区公司总经理丁峻松在艾珍机械新厂房落成仪式上剪彩

2015 年 9 月 21 日，市科委副主任干频，闵行区副区长张国坤，莘庄工业区董事长王备军等与嘉宾出席莘庄工业区第二届工业文化周暨园区成立 20 周年纪念活动

银都路天桥设计方案基本定型。西区市政建设完成 90%，自有物业项目已开工。年内完成 3 家企业的动迁签约工作，区域内涉及的 31 家动迁企业已全部完成资产评估，13 家签订动迁补偿协议，10 家已拆除腾地。截至 2015 年年底，已完全腾地 72332 平方米，拆除建筑面积 76531.73 平方米。

园区环境品质提升。完成一条道路新建（瓶安路北段）、两条老区道路改造（元电路、银都西路）、三条道路中修（春光路、申富路、申旺路），完成西七河、北庙泾河道疏浚工程，完成四条道路绿化改造（金都路、光中路、申富路西段、申南路），全面启动第六轮环保三年行动计划中工业区的 26 个项目。全年累计清除乱设摊 300 起，横幅 1000 条，乱张贴 2000 张，乱涂写 2000 平方米；拆除、整改店招店牌 62 块；淘汰黄标车 58 辆；建造环卫道班房 3 间、公厕 2 座。

社会建设水平提高。累计发放各类有关民生福祉约 253.966 万元，发放帮扶帮困、低保、医疗救助等各类救助金额达 600 多万元。“康乐福”为老服务项目已惠及 5000 名社区老人。完成敬老院二期、20 个无障碍坡道改造工程、回租房改造等 9 个民生实事项目。截至年底，各类社区工程项目共有 60 项，总投入约 570 万元。失地农民权益持续保障，股份合作社全年实现总收入 6841 万元，比上年增长 5.9%；实现净利润 3119 万元，比上年增长 5.9%；股民实际净分红率达 12%。发放征地人员年货福利，总金额达 736 万元。深化大联动体制机制，10 个居委工作站全年共上报处置案件 3241 条，街面网格巡管共发现处置网格案件 4661 件，市民热线、民生热线、两箱（区长、党务）等渠道受理的案件共 490 件，均在时限内处置完毕或正常办理中。在此基础上，积极探索打造“立体化、精英化、智慧化”的“大联动 +”管理平台，提升城市综合管理效能。拆违和环境综合整治全面铺开，明确三大重点整治区域、“10+1”整治领域，锁定违法建筑面积总存量为 22.56 万平方米。截至 2015 年年底，已按计划完成 3.86 万平方米的存量违法建筑的拆除整治工作，完成率为 100%。

四、软环境建设

品牌形象得到了有力提升。2015 年，园区被正式认定为“上海市企业文化建设示范基地”。成功举办第二届工业文化周暨园区20周年活动，在“科创与人文——具有全球影响力科技创新中心的人文价值期待”企业社会责任论坛、第三届“反哺民生，彰显责任”企业社会和文化公益项目义拍等活动中，社会各界人士共同见证了园区发展至今的各项成果，取得较好社会反响，彰显了莘庄工业区的人文情怀。在中国经济品牌论坛作了《走绿色智造之路，现在很美未来更美》主题演讲，为社会各界展现园区未来以“绿色智造”为发展方向的美好蓝图。同时，加强各类阵地的舆论宣传。利用公共空间进行价值观宣传，加强《春申家园》、微信、APP的信息宣传力度，加强媒体合作，《经济参考报》对园区特色工作进行3个专版专题报道，解放报业在第二届工业文化周期间启动全媒体平台的系列宣传。文明创建形成常态化，并通过挖掘典型传播正能量，遴选出20位“最美园区人”获奖者作为园区人精神风貌的代表。

园区党建构建起区域化党建新格局。2015年成立园区党建联盟，25家成员单位围绕“区域党建联建、社会治理联抓、文化文明联创、公共服务联做、干部人才联育、区域资源联享”六大板块，认领争创无违章示范单位等30个共建合作项目，形成联盟合力，共担社会治理。

上海闵行经济技术开发区

一、概况

2015 年，上海闵行经济技术开发区（简称闵行开发区）按照上海地产集团“城市更新平台建设”战略，深化“二次创业”，开启了探寻上海产业地产的更新之路。闵行开发区积极适应经济发展“新常态”，全面融入上海科技创新中心建设，进一步凭借先进制造业产业基础较好的优势，不断延伸产业链、做长价值链，积极吸引研发、设计、销售、企业总部等机构落户园区，大力推进二三产业融合发展，勾勒出一条产业链向两端延伸的“微笑曲线”，进一步促进开发区产业结构优化升级与转型发展，并按照上级主管部门上海地产闵虹（集团）有限公司的部署，积极谋划 2016 年纪念闵行开发区创建 30 周年系列活动。年内，开发区实现销售收入 563 亿元，企业利润 57.7 亿元，上交税收 44.6 亿元，总体保持稳步发展。

2015 年度主要经济指标情况表

指标名称	2014 年（亿元）	2015 年（亿元）	比上年（±%）
销售收入	572	563	-1.5
企业利润	58.7	57.7	-1.75
上缴税收	46.1	44.6	-3.3

2015 年 10 月 25 日，“零号湾”科技大楼正式启用

二、优化产业结构

2015年，闵行开发区的发展思维不再局限于发展传统的工业地产、园区地产，而是更加关注城市更新空间形态完善和功能提升，构建生产、生活、生态高度融合的城市更新平台。闵行开发区凭借先进制造业产业基础较好的优势，发挥产业集聚效应，通过园区已经存在的三菱电梯、强生、施贵宝、西门子、ABB、圣戈班等十余个核心企业和企业集群吸引上下游配套企业和更多的研发中心、企业区域总部等项目入驻园区，进一步促进闵行开发区的转型发展。随着艾仕得、亨斯迈、圣戈班、强生、米其林等一批具有国际先进水平的研发机构相继入驻园区，闵行开发区已逐步站上产业价值链"微笑曲线"高端。

三、利用外资

2015年，闵行开发区共引进艾仕得涂料、希丁安家具、第一精工模塑、巴斯夫建材等外资项目，外资投资总额4050.44万美元，实际利用外资11302万美元。随着信息化、智慧经济、"互联网+"、"四新经济"等深入发展，以及上海加快形成以服务经济为主的产业结构，闵行开发区作为上海城市产业地产更新的主体之一，在上海实施建设全球科技创新中心战略的大背景下，积极承接与吸引生产性服务业等优质项目落地。园区"艾仕得（AXALTA）亚太技术研发中心"项目于2015年2月获得了工商营业执照，并于2015年11月举行了奠基仪式。该项目体量达到1.55万平方米，可容纳超过500名研发技术人员，建成后将成为业界领先的涂料研发中心，以支持中国汽车行业和相关产业对高性能环保涂料的需求。艾仕得研发中心项目的成功引进，成为闵行开发区招商引资的又一大亮点，对闵行开发区利用现有资源实行"二次开发"与产业结构转型升级具有示范作用。此外，德国宝华（BAUER）压缩机项目正式落户闵行开发区，于2015年8月完成项目落地签约。

为加强引资、稳资工作，闵行开发区积极做好外资企业服务工作。2015年，在市

2015年12月1日，闵行开发区EVCARD电动汽车分时租赁热点启用仪式

商务委授权范围内，闵行开发区完成了“艾仕得亚太技术研发中心”等18家园区企业的外资立项、变更经营范围、增资、股权转让、章程修改等审批事项。其中对“艾仕得亚太技术研发中心”重点项目采取“无缝对接式”的企业设立服务，使其在较短时间内申领了工商营业执照。为强生中国、阿尔斯通、ABB牵引电机等20余家企业、进区项目提供环评等方面的协调服务。为蓝波公司“补地价”工作提供协调服务，开启了园区企业“补地价”成功的先例。

四、区域开发与建设

“零号湾”项目。2015年，闵行开发区借助“上海建设全球影响力的科创中心”这一风口，按照上级部门的决策部署，联合上海交大、闵行区政府在交大闵行校区一墙之隔的沧源科技园，出资打造“零号湾创新创业集聚区”项目。年内，该集聚区内已有140个团队、5个专业孵化器入驻，450个创业者。闵行开发区按照上海科创“22条”中，“对本市产业园区转型过程中结合所在区域资源，打造独具特色的科技创新集聚区”的要求，致力于通过市场手段回购产业低端、能级低的园区企业厂房，释放土地资源价值，为创新企业提供理想的环境空间，力争与“零号湾创新创业集聚区”形成“两翼齐飞”的众创空间建设格局，设想将“零号湾”内一批自主创新企业落户闵行开发区，实现产业承接；积极推动闵行开发区一批领先的外资研发机构融入开发区所在地区的产学研平台，通过“知识溢出”效应，带动本土人才和本土企业的创新，成为上海产业转型升级的有力“推手”。

园区环境保护。2015年，闵行开发区继续发挥环境共建组织的作用，在园区企业中开展了环保工作先进单位表彰和新环境法实施的宣讲活动。在成功创建国家生态工业示范园区的基础上，按照国家环保部有关要求，依托上海市环科院等专业部门，开展了园区区域环境影响跟踪评价工作。持续推进园区节能减排工作，组织了园区企业节能技术宣讲及研讨会。按照“补地价”工作流程，协助专业机构分三批开展开发区场地土壤地下水环境本底调查。

基础设施建设。2015年，闵行开发区与闵行区政府签订《闵行开发区市政基础设施移交工作的合作框架协议》，并逐步开展相关工作对接。在当年汛期前完成开发区黄浦江、沙港河沿线防汛墙改造工程；工程涉及重建新防汛墙400米长和对累计3.8千米长的原有防汛墙进行加高加固。结合开发区防汛墙改造工程，完成开发区警务基地与市政养护基地的建设。携手上海国际汽车城集团，正式启动EVCARD电动汽车分时租赁项目在开发区布点，有效拓宽园区入驻企业和员工的绿色出行方式。

安全生产。2015年，在闵行开发区安全生产监管工作移交江川街道属地化管理的新体制下，开发区与江川街道安监部门开展工作对接。配合政府部门，在开发区中开展违章建筑拆除专项行动。继续依托“园区EHS网络工作会议”等平台，有效指导园区企业按政府部门要求开展安全生产工作。加强园区防台防汛工作，台风“灿鸿”影响上海时，加强值守，做好向园区企业发布预警信息与抢险物资储备等各项应急响应工作，确保了园区的一方平安。

上海漕河泾新兴技术开发区

党委书记、董事长
刘家平

2015年，漕河泾开发区继续保持转型升级良好势头，启动建设具有全球影响力科技创新中心重要承载区的工作，全面启动实施总公司中长期发展战略规划落地，完成了“十二五”规划的圆满收官，为迎接“十三五”新发展打下了坚实基础。

一、推进转型升级 开拓新的局面

（一）园区经济转型特点明显

对比“十二五”目标，开发区在结构调整、产业集聚、创新创业、生态环境等方面完成较好，尤其是本部，在年销售收入、年税收、服务业占总销售收入比、企业研发机构、生态环境等指标方面，规划中期即已提前实现目标，服务经济发展快速，充分体现了“创新驱动、转型发展”的积极成效。

2015年，开发区完成销售收入2700亿元，其中三产收入首次突破2000亿元，占总销售收入之比约74%（2011年占比46%）；地区生产总值940亿元（2011年752亿元）；税收总额（不含关税）则首破100亿元（2011年69亿元），其中徐汇区域税收预计可实现78亿元，实现5年翻倍。

（二）加快园区二次开发

漕河泾开发区“走出去”与青浦区赵巷镇政府合作开发的青浦赵巷项目、与徐汇区政府和百联集团合作开发的北杨地块项目以及宝山区南大核心综合商务区等项目均在积极洽谈与推进过程中，并有望在2016年取得实质性突破。开发区还积极参与了区内英业达、宜汇等项目二次开发的合资与合作。与徐汇区政府共同启动园区城市更新规划，希望通过今后若干年的逐步改造、更新，将开发区真正打造成宜业和谐的美丽漕河泾。

（三）品牌知名度进一步提升

年内开发区顺利通过国家知识产权服务业集聚发展试验区验收，通过“上海品牌园区”复审。在全市开发区综合评价体系排名中，开发区获中型园区综合发展指数第一。与新闻晨报共同主办上海市创客大会等活动，这些都进一步了扩大“漕河泾”品牌的社会影响力和美誉度。

二、科创中心建设抓住机遇取得新的成效

2015年，国务院颁布了关于推进大众创业、万众创新的一系列文件，上海市委出台了《关于加快建设具有全球影响力的科技创新中心的若干意见》，漕河泾开发区被确定为上海科技创新六个重要承载区之一，迎来了发展新的机遇。对此，开发区认真制订了《漕河泾开发区加快建设上海科创中心重要承载区行动方案》，通过对标分析，明确发展定位、发展目标、具体任务，并进行细化。年内，重点开展了以下工作：

（一）加快推进载体建设

众创空间“创营·ICE”已投入使用，并引进了16个项目团队；众创空间“大学生园”

漕河泾开发区外景

完成装修；“创营·宝石园”和“国际孵化联合体”预计2016上半年开业启用。与国内外知名孵化器展开合作洽谈，与创业邦签约共建上海DEMO SPACE创新孵化空间，与思科以及Founders Space等国外先进创业服务机构、区内大型科技企业通过合资、联合运营、服务换股等多种形式展开合作，共建孵化创业基地，形成全方位、多维度孵化链条，搭建中外项目交流平台。支持腾讯创业基地、COCO SPACE可可空间、创嘉站、游族空间等多家区内众创空间开展科技创业服务，营造了园区良好的创新氛围。

（二）大力加强科技创新工作

开发区获批认定为“集成电路产业”和“核电服务产业”四新经济创新基地、上海市服务贸易示范基地，蝉联获得上海市明星软件园（领先型）称号。截至2015年底，开发区共拥有国家级高新技术企业348家，软件企业158家。在科技政策方面，开发区建立了一支587人的联络员队伍，发布政策信息73条、覆盖10700余人次，举办政策培训10场、参加企业650余家次，走访企业100余家次。在知识产权方面，知识产权服务业集聚发展试验区年内通过国家验收，成为国家首批三家示范区之一。开发区累计申请专利21245件，其中发明专利10830件，占比超过51%。在大张江资金方面，2015年获批资金5730万元，累计获得扶持资金超过4亿元。

（三）努力开展科技金融服务

在上市服务方面，开发区新推动1家企业上市创业板、11家挂牌新三板，截至2015年开发区共有72家上市（挂牌）企业。在融资服务方面，第三轮中小科技企业融资平台2015年7月合作到期，2009年至今累计向255家次企业发放贷款8.004亿元，很大程度上帮助区内创新型企业解决了融资难问题，推动了创新企业健康、快速发展。第四轮融资平台将扩大合作面，确定了交通银行、上海银行、浦发银行3家合作银行。在投资服务方面，与徐汇区政府共同发起成立了1000万元区区合作天使基金，专门投资区内处于孵化阶段的早期小微企业。此外，与61家企业签订增值服务协议，举办创投对接会和原创新动力创业大赛，以及对接投资人一对一活动，加大优质项目与创投机构对接机率，帮助20家孵化企业获投资资金总额超过4.6亿元。在服务入股方面，12个项目获得立项，其中7个项目完成签约持股，爱会客项目以3倍回报成功实现期权退出。

三、招商引资质优量增 取得新的突破

开发区聚焦重点领域，努力拓展招商渠道，切实抓好税收落地，招商引资工作取得了新的突破。

主动出击，瞄准“四新经济”、“互联网+”以及战略性新兴产业等重点领域，努力拓展招商新渠道，着力引进一批科技含量高、创新能力强、商业模式好的项目。开发区全年共新注册项目307家，新注册项目的注册资本折合人民币71亿元，其中本部新注册205家，新注册项目注册资本折合人民币66亿元，其中外资项目注册资本7.8亿美元，创近年来新高。

新引进了一批如飞利浦照明投资、嘉吉投资、长安标致雪铁龙、伟世通汽车电子、浦胜信息、中国电子系统工程、宝格丽、绿叶医疗、赵涌在线、大众点评等世界500强、行业排名领先的项目。

四、投资环境优化 展现新的形象

开发区继续推进环境建设，建设“高端产业、低碳发展、生态文明、宜业和谐”的“美丽漕河泾”，推动投资环境优化完善，展现了产业和城市形态协同发展的新形象。

生态园区方面，做好生态园区复评工作，27项考核指标全面达标；推动区内企业实施节能减排，对园区建筑用电开展分项计量，提升节能管理水平和用能效率。

智慧园区方面，制订“智慧漕河泾”WIFI项目整体方案；在国商中心开展ICAOHEJING无线全覆盖和智能访客系统试点；实施园区智能停车系统改造和联网平台管理，本部90%以上园区通过改造或新建接入区域停车管理平台，园区临时停车收入同比增加48%。

国际园区方面，顺应大众创业、万众创新形势，积极探索与国际园区间在科技创新方面的合作。与美国孵化器SBC合办中美创业项目联合路演，10多个两地项目团队参与活动；参与组织2015创新中国硅谷峰会；组织上海创业者与欧洲顶尖孵化器Startup Bootcamp进行项目交流。

五、强化核心服务 塑造新的优势

2015年，开发区紧紧围绕解决企业需求、人的需求，按照“国际化、专业化、市场化、标准化”要求，努力在双创服务、人才服务、区域服务、协会服务、物业服务、园林生态服务等方面强化特色，进一步提升了开发区核心竞争能力和服务水平。同时，贯彻集团要求，服务进一步走入临港，为各分园区发展提供了有效支撑。

（一）人才服务为创新提供有力支撑

人才公司坚持发展定位，做到“企有所呼，我有所应”，服务各分园区企业需求，在人才招聘、人事代理、人才培训等方面开拓创新，做大做强品牌，全年营业收入和利润创下历史新高，其中营业收入首破6亿元。

人才招聘方面，通过校园招聘、猎头招聘、批量招聘、网络招聘等方式，为3000多家（次）单位提供招聘服务，达成录用意向2.12万人；人事代理方面，通过雇员派遣、专员派驻、服务外包、证照代理等方式，为1400多家单位提供人事代理服务，服务2.13万人；人才培训方面，培训中心资质由C级升为B级，通过企业内训、高端讲座、技能实训、政府项目承接等方式，共开设各类培训班400期，培训2.61万人。同时，推进临港、漕河泾两个高技能人才培养基地建设，努力实现经济效益与社会效益的双赢。

服务方式上，坚持“互联网 + 人力资源服务”思路，健全网上服务功能，人才绿洲网增设微信简历投递、移动端人事代理信息查询等功能，点击量突破 1300 万人次，加强了企业人才库的建设；同时，培训信息管理软件、培训结算软件、培训定制软件获批三项国家计算机软件著作权，软件著作权总数增至六项，为人才公司成功申报高新技术企业发挥了积极作用。

（二）企业服务重点培育核心业务

2015 年，企业服务公司发力破题，在建设成为开发区大服务体系“配套枢纽”方面做了卓有成效的探索。

一是明确了以对客服务、团膳服务为核心的基础服务板块，以及以互联网服务、商务服务、酒店服务为核心的拓展业务板块，努力培育核心业务，形成长效盈利模式。二是整合“e 服务”平台资源、对客服务资源、品牌战略合作资源，探索服务创新，以漕河泾一卡通在线支付打通线上支付环，以创新型企业“快速递”构建园区内物流环，以“奔驰车分享”构建园区特色交通环，充分挖掘服务新潜能。三是探索团膳升级突破，在集聚区二期采取“大食代”式团膳运营管理模式；在集聚区一期采取“基础团膳 + 小食代”式模式；在 C3 餐厅采取租赁模式，既丰富了餐饮种类，受到员工欢迎，也有效降低了总公司对餐厅的投资和补贴成本。四是围绕树立服务品牌，编制完成了《餐饮标准化建设标准手册》、《商业配套营运管理标准手册》，为持续优化园区供餐和商业配套管理，培育标准化、可复制的核心服务，打下坚实基础。同时，组织开展各种服务资源对接活动，优化调整商业实体店业态，完善和延伸协同服务平台，响应和处理企业服务需求，进一步完善了开发区服务软环境。

（三）物业管理以改革促服务提升核心竞争力

物业公司以开发区服务“第一门户”为定位，深度整合园区服务资源，积极引入互联网、物联网等新技术手段和创新理念，加速园区服务多元经营和跨界发展，在培育市场化、专业化、标准化、品牌化核心竞争力方面取得了新突破。

一是优化重塑扁平化、平台化组织体系，充分释放企业活力，成功组建“营运中心”、“工程中心”、“培训学院”三大中心，实现公司架构重组和资源整合，有效促进了服务效率提升与资源配置的合理高效。二是部署“走出去”战略，成功拓展市场化新项目 7 个，面积超过 30 万平方米，公司在管物业总面积突破 600 万平方米。三是挖掘距离客户最后 100 米的巨大资源和入口优势，整合资源，加快向物业服务产业链上游延伸，并创新性地推出漕河泾“一本通”DM 服务手册，为园区客户提供新鲜、全面的服务资讯，探索了跨界经营新局面。2015 年实现营业收入首度突破 3 亿元，利润比上年增长达 70%。四是“标准化”建设取得再突破，实现中国第一部《产业园区物业服务企业标准》升级改版和运作，以中国产业园区物业管理标杆企业身份，被住建部聘任为“中国物业管理标准建设委员会”副主任单位。2015 年公司在“全国物业企业综合实力”排名中跃升 29 位至百强榜第 56 名，并正式加入“国际金钥匙物业联盟”，致力打造国际化高品质物业服务，获得“中国金钥匙服务精选物业”和“6S 管理创新奖”两项大奖，标志着公司品牌影响力和行业竞争力迈上一个新的高度。

（四）园林生态服务推进四个中心建设提升市场竞争能力

环建公司以精益管理为手段，初步构建了由标杆管理、项目管理、人才培养和文化建设四大板块组成的管理体系，推进四个中心（设计中心、工程中心、科研中心、生产中心）建设，有效提升了市场竞争能力，在业内影响力也逐步提升。全年营业收入 1.2 亿元，区外市场份额显著提高，公司承接的 2015 米兰世博会中国企业联合馆整体绿化景观项目获好评，参展2015上海（国际）花展项目“岁月”获最佳创意奖。

（五）协会服务促进交流合作活跃园区文化

企业协会遵循“为企业发展服务，为投资环境服务，为科技创新服务”的宗旨，发挥协会和各专业委员会的桥梁与纽带作用，推动各政府部门、社会组织、总公司系统各专业性服务公司，与开发区内各企业的进一步对接。同时，积极组织“瞩目漕河泾”创新文化节，举办了职工长跑、城市定向、乒乓球邀请赛、飞镖赛、职工趣味赛等一系列文体活动，吸引园区企业150多家、员工10万余人参加，极大丰富区内员工业余生活，为园区企业文化增添亮色。

第五编

企业与优秀企业家

2016

上海商贸年鉴

企业与优秀企业家

每个企业在发展壮大中都有许多成功经验和挫折教训，每个企业家也都有自己的艰苦奋斗史。为此，自《上海商务年鉴》2013版起，“企业与企业家”栏目陆续刊文介绍为上海经济发展作出贡献的知名企业和自强创新的优秀企业家。文章可以写企业，也可以介绍企业家，或者二者结合起来写。我们希望读者能通过字里行间，了解这些企业和企业家创业的甜酸苦辣，学习他们的成功经验，吸取他们的挫折教训，共同为创建党的十八大描绘的全面建成小康社会、加快推进社会主义现代化的宏伟蓝图而努力。

新鲜　便宜　舒适　便利

——康成投资（中国）有限公司的经营理念

康成投资（中国）有限公司董事长　黄明端

一、公司概况

康成投资（中国）有限公司（英文名称：CONCORD INVESTMENT(CHINA)CO.,LTD. 简称康成投资），是2005年3月4日经国家商务部批准成立的外商投资性公司，2009年12月21日经上海市商务委员会认定为“跨国公司地区总部”，是上海市外商投资企业协会副会长级会员单位。目前公司注册资本为23175.1077万美元。

“大润发”是源自中国台湾的会员制大型连锁综合超市，主要经营生鲜食品、各类副食品、日用杂品、家用纺织、文化体育用品和五金家电等，商品达3万多种。依靠开发自有商品、源头采购等降低商品售价的方法，成功在大陆拓展超市业务。“大润发”以最直接、最生活化的方式为消费者服务，

大润发超市外景

集聚优秀的经营管理人才，运用现代化营运系统，快速在国内展店。

"康成投资"作为"大润发"大型综合连锁超市的投资母体，旨在依法在国家允许外商投资的领域进行投资，并对在中国境内所投资企业进行统一管理和协调，对资金、人才、物流、设备、技术和信息等资源做到物尽其用，实现企业各环节的统筹管理，提高整体经济效益。

二、经营理念

1. 新鲜

质量是产品好坏的标准，新鲜是好质量的保证。大润发独特的经营策略是，一律采用高品质的优良食品；蔬果每日产地直达；水产每日由渔港新鲜送达；冷藏肉品每日新鲜处理；熟食和烘焙采用大师傅制度，持续不断地研发新口味、新商品，当天制作、当天销售。

2. 便宜

每日针对日常所需商品（敏感性商品）进行价格市调，坚持提供低于一般市价的好价格。

实行严格的管理体制，根据营业额、库存、费用及运转情况在坚持上述条款的原则下进行机动的调整管理。

强化采购优势，推动源头采购制度——直接到商品最源头的制造者、种植者采购，省去中间商、经销商的环节及差价，让商品"便宜再便宜"。为确保货源的稳定和品质，肉品、蔬果、米等生鲜大宗，尽可能地直接与农民、渔民契作、契养。透过制度化的"包山、包海、包场和包养"采购策略和"低进低出"策略，想尽办法替顾客找到最便宜的货源。

大润发超市内顾客在选购商品

3. 舒适

卖场整洁、明亮，使顾客拥有愉悦的心情休闲购物。

干净舒适的休息休憩区，让顾客在轻松愉快的气氛下，享受美食。

4. 便利

全年无休：营业时间从早上 7 点至晚上 10 点，全年无休服务。

服务台咨询服务：免费申请会员卡；广播寻人；电话卡销售；大型行李寄放；婴儿车、轮椅出借及咨询服务等。

试衣、修改服务：卖场提供免费修改长裤裤长，1 小时可完成修改。

托运安装服务：卖场提供大型商品托运及安装服务，费用低廉。

代客生鲜处理：卖场免费提供诸多生鲜处理。

自动价格查询机：卖场各区域设有自动价格查询机，为顾客购物带来方便。

免费停车场：每家店备有大型停车场免费提供消费顾客车辆停放。让顾客好停、好走、好方便。

三、经营状况

截至 2015 年 3 月 16 日，“大润发”在国内已有 317 家大型综合超市，门店遍布我国华东、华北、东北、华中、华南五大区域，员工总数超过 10 万人，每天为 300 多万顾客提供服务。2014 年营业收入超过人民币 800 亿元，已连续多年在中国外资商业连锁企业排名第一。

四、业内殊荣

2014 年获上海连锁经营协会的连锁经营 20 年“杰出创新奖”；

2013 年列闸北区区级税收“十强”企业；

2011 年列上海市外商投资先进企业“双优”、“双百强”企业之“创利税前 20 名非生产型企业”；

2011 年外资零售业营业额位居全国第一，平均单店营业额居全国第一；

2010 年外资零售业营业额位居全国第一，平均单店营业额居全国第一；

2009 年至今，供应商满意度调查报告，大润发均排名第一；

连续 7 年被评为上海市非生产型优秀企业。

五、企业愿景

展望未来，大润发愿与越来越多的合作伙伴携手前行，共创“多赢”佳绩！

打造中国民族品牌　誓建医药创新企业

——海归学子惠欣和他的睿智化学

尚华集团（睿智化学）董事长　惠　欣

上海睿智化学研究有限公司（简称睿智化学）是国内规模最大、行业领先的整合一体化新药研发外包服务企业之一——尚华医药研发服务集团（简称尚华医药）的全资子公司，注册资本 1900 万美元，由海外归国学子、尚华医药董事长惠欣 2003 年创办于知名的中国药谷——张江高科技园区生物医药基地。

经过 10 年发展，睿智化学从单一化学研发服务的企业成为服务全球一大批著名药企的整合一体化新药研发服务平台。其新药研发服务业务涵盖化学合成、药物筛选、生物制药、药理与药代动力学、毒理研究、动物实验、原料药小试中试生产与工艺优化等临床前新药研发各环节。目前客户涵盖近千家国内外制药企业和生物医药技术公司，其中包括全球排名前 20 位的医药和生物技术企业。已累计开展新药研发项目近 1000 项，申报技术专利成果超过 50 项，以近 4 年来复合增长率 26% 的业绩实现了跨越式发展。

上海睿智化学研究有限公司办公大楼外景

公司拥有超过40000平方米的国际标准化学和生物实验室，其中逾7000平方米的动物实验室通过了国际AAALAC认证，配备国际一流的高端研发设备。公司汇集了一支1300余人的来自海内外的科研团队，硕士以上学历人员比例超过60%。逾百人的海归高级科研管理专家队伍，均拥有10年以上国内外知名医药企业和科研机构研发及管理的资深经验，其中包括两名中央“千人计划”专家和一名上海市“千人计划”创新人才。

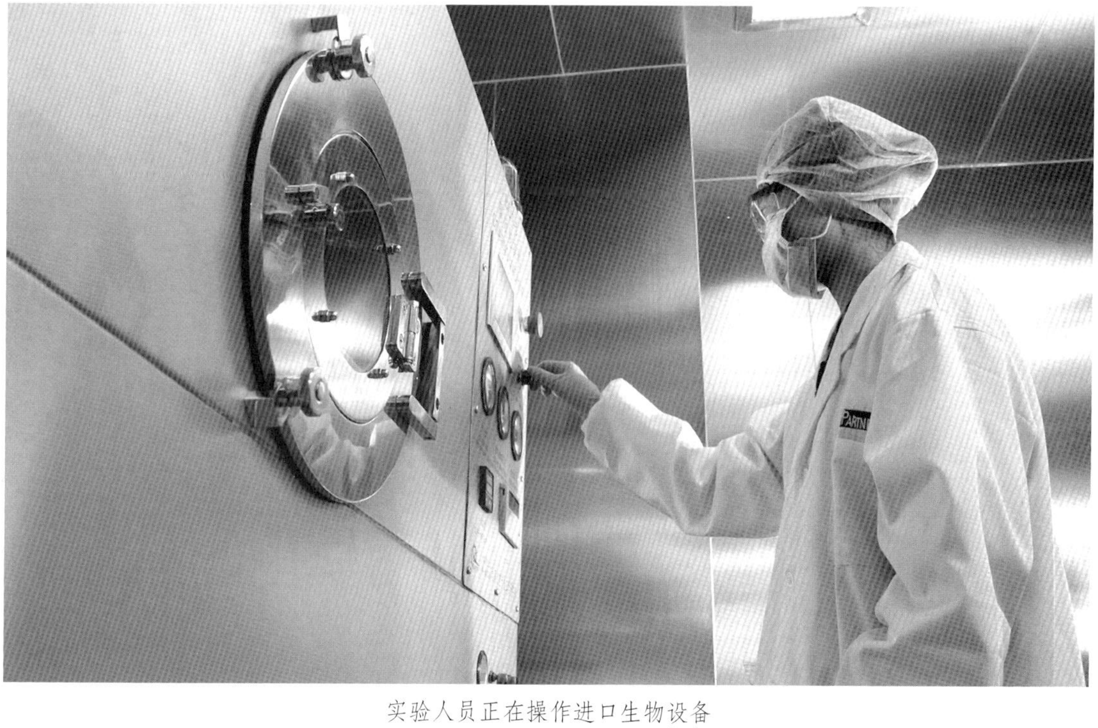

实验人员正在操作进口生物设备

睿智化学先后获得高新技术企业、上海市科技小巨人企业、技术先进型服务企业、上海市重点服务外包企业、上海市认定技术中心、上海市创新型企业等资质荣誉，并在2009年、2010年连续两年入围“德勤高科技、高成长亚太500强”企业，并荣膺2009年度“德勤高科技、高成长中国 50 强”企业第三名。尚华医药荣获国家商务部颁证的“2010 年度中国服务外包十大领军企业”，是入围企业中屈指可数的医药研发服务外包行业领先者。

ChemPartner

Dedicated to LifeScience

上海睿智化学研究有限公司

睿智化学以其先进的技术优势、具有竞争力的人才优势以及完善的客户服务管理体系，已经为海内外客户提供了获得一致认可的国际标准化新药研发服务。尚华医药还建立了临床前药理药效学研究、制剂研究与药物分析研究、GMP 规范药物制剂开发生产三大服务平台，帮助推动国内外创新医药公司的研究成果产业化。公司在积累经验的同时不断积极创新，热衷于为国内众多的医药公司提供高质高效的服务，致力于打造“张江创新，中国创造”的国际一流 CRO 品牌，睿智化学誓将成为全球医药创新事业，特别是打造中国民族品牌的卓越合作伙伴，并积极承担诚信负责、员工信赖、贡献社会的企业公民职责。

上海商贸年鉴支持单位

SHANGHAI BUSINESS YEARBOOK SUPPORTERS

养乐多(中国)投资有限公司

德高广告(上海)有限公司

上海百联南桥购物中心有限公司

和通汽车投资有限公司

上海企德货展设备有限公司

丹佛斯自动控制管理(上海)有限公司

上海重信金融信息服务有限公司

长兴(中国)投资有限公司

上海豫园(集团)有限公司

上海青浦工业园区发展(集团)有限公司

上海强源实业有限公司

思亲肤化妆品贸易(上海)有限公司

上海领鲜物流有限公司

上海东方电视购物有限公司

杜塞尔多夫展览(上海)有限公司

上海余天成医药有限公司

统一超商(上海)便利有限公司

上海北蔡资产管理有限公司

三井化学(中国)管理有限公司

港中旅华贸国际物流股份有限公司

上海新世界淮海物业发展有限公司第一分公司

上海添宝百货有限公司

上海市通力律师事务所

上海坚明办公用品有限公司

排名不分先后

上海商贸年鉴支持单位

SHANGHAI BUSINESS YEARBOOK SUPPORTERS

上海珠江创展投资有限公司

上海外联发商务咨询有限公司

上海纪兴房地产有限公司

上海徐家汇商城集团电子商务有限公司

上海月星环球港商业中心有限公司

上海南外滩轻纺面料市场经营管理有限公司

上海柯渡商贸有限公司

上海蓝色星球科技股份有限公司

上海银星汽车维修有限公司

上海尚界投资有限公司

上海华天房地产发展有限公司

中国电建集团上海能源装备有限公司

上海捷铭律师事务所

上海市方达律师事务所

地素时尚股份有限公司

东芝开利空调销售(上海)有限公司

上海科技管理学校

上汽大通汽车有限公司

浙江民泰商业银行股份有限公司上海分行

云健康基因科技(上海)有限公司

上海富诺林精细化工有限公司

仲信国际租赁有限公司

上海统超物流有限公司

上海疏康网络科技有限公司

排名不分先后

上海商贸年鉴支持单位

SHANGHAI BUSINESS YEARBOOK SUPPORTERS

上海隧道工程有限公司

上海汇而通国际物流有限公司

上海远运投资管理有限公司

上海蒙明仓储有限公司

湖南湘佳牧业股份有限公司

上海西门子医疗器械有限公司

上海大祥化学工业有限公司

无印良品（上海）商业有限公司

香港太古地产有限公司上海代表处

格雷斯贸易（上海）有限公司

上海中石化三井化工有限公司

上海钢铁金融产业园发展有限公司

昌硕科技（上海）有限公司

安利捷（中国）投资有限公司

格朗吉斯铝业（上海）有限公司

江铜国际贸易有限公司

上海华盛建设集团贸易有限公司

上海聚益信息技术有限公司

上海奥特莱斯品牌直销广场有限公司

长濑企业管理（上海）有限公司

佛吉亚（中国）投资有限公司

上海临港奉贤经济发展有限公司

三菱电机（上海）机电电梯有限公司

上海中远资讯科技有限公司

联大非融资担保（上海）有限公司

上海酩悦轩尼诗国际贸易有限公司

排名不分先后

Excellent 优秀

上海华信国际集团有限公司
上汽大众汽车有限公司
欧特克(中国)软件研发有限公司
上海兆妩品牌管理有限公司
捷普科技(上海)有限公司
金佰利(中国)有限公司
中科建设开发总公司
松下电器(中国)有限公司上海分公司
上海鼎信投资(集团)有限公司
中国核工业第五建设有限公司
如新(中国)日用保健品有限公司
上海市宝山区顾村工业公司
希思黎(上海)化妆品商贸有限公司
上海农商银行
上海钢铁交易中心有限公司
统一企业(中国)投资有限公司
上海梅龙镇广场有限公司
连卡佛百货商贸(上海)有限公司
上海嘉定出口加工区发展有限公司
上海豫园旅游商城股份有限公司
上海机械设备成套(集团)有限公司
上海交大电梯与控制设备有限公司

排名不分先后

企业风采

Enterprises Style

酩悦轩尼诗帝亚吉欧洋酒（上海）有限公司
上海裕生特种线材有限公司
逸氏贸易（上海）有限公司
上海志豪纺织服饰有限公司
上海通安房地产开发有限公司
敦豪物流（北京）有限公司上海分公司
上海南桥中小企业总部商务区有限公司
上海大唐融资租赁有限公司
联合利华（中国）有限公司
国网上海市电力公司
上海港汇房地产开发有限公司
上海思华科技股份有限公司
上海市金茂律师事务所
上海海烟物流发展有限公司
上海百联百货经营有限公司
证通股份有限公司
上海富都物业管理有限公司
上海来伊份股份有限公司
华领医药技术（上海）有限公司
福斯润滑油（中国）有限公司
瑞章科技有限公司
上海鑫方迅通信科技有限公司

排名不分先后

Excellent 优秀

能率(中国)投资有限公司
安科瑞电气股份有限公司
上海密特印制有限公司
中国银行上海市分行
上海百颗星私营经济开发有限公司
上海众人网络安全技术有限公司
上海恒邦房地产开发有限公司
上海国际汽车城发展有限公司
中科新松有限公司
上海长江联合金属交易中心有限公司
上海安吉星信息服务有限公司
上海东方有线数据服务有限公司
安迪苏生命科学制品(上海)有限公司
利丰(南京)投资实业有限公司上海分公司
上海亿通国际股份有限公司
上海东浩工艺品股份有限公司
恩智浦半导体(上海)有限公司
巴斯夫(中国)有限公司
上海宝龙实业发展有限公司
硕腾(上海)企业管理有限公司

排名不分先后

企业风采

Enterprises Style

欧尚（中国）投资有限公司

中银消费金融有限公司

英迈（中国）投资有限公司

上海重矿连铸技术工程有限公司

上海大博文鞋业有限公司

上海力仕鸿华房地产发展有限公司

先尼科化工（上海）有限公司

延锋伟世通投资有限公司

百发（中国）投资有限公司

瑞坤投资（上海）有限公司

科立思管理（上海）有限公司

浦发硅谷银行有限公司

亿光照明管理（上海）有限公司

赫比（上海）家用电器产品有限公司

上海品星防爆电机有限公司

远纺工业（上海）有限公司

历峰商业（上海）有限公司

上海上电电力运营有限公司

排名不分先后

帮助人们想象、设计和创造一个更

欧特克公司

欧特克是全球三维设计、工程及娱乐软件的领导者。自1982年推出AutoCAD软件以来，欧特克一直不断为全球市场开发种类繁多的3D软件产品。

欧特克的客户遍及制造、建筑设计、建筑楼宇、建造工程和传媒娱乐等行业，包括近十九年来获得奥斯卡“最佳视觉效果奖”的全部影片，都采用欧特克软件完成从设计、可视化到模拟的各个环节，从而将想法和创意呈现在大众面前。从各种视效大片到自产能源的楼宇，从电动汽车到为它们提供动能的电池，用户借助欧特克3D软件创造的事物遍及我们生活的各个角落。

通过众多在iPhone, iPad, iPod 和安卓设备上触手可得的软件应用，欧特克正在让每一个人，无论是专业设计师，业余设计师，还是居家人员、学生和随性的创作者，都能够借助设计将自己的想象力一一实现，并与全世界分享创意和灵感。

* 全球拥有8,500多名员工
* 拥有超过100种产品
* 产品提供17种语言版本
* 2,400多家渠道合作伙伴
* 4,000多名“欧特克开发者网络”成员
* 1,900多家欧特克授权培训中心
* 36万多名AUGI（欧特克国际用户组）成员
* 258万Subscription固定期限使用许可用户
* 1200多万专业产品用户
* 超过2亿消费应用用户
* 超过6.8亿学生与教育工作者免费试用欧特克软件

AUTODESK.

满堂花醉三千客

品牌简介 Brand Profile

“妩WOO”品牌，2002年诞生于上海田子坊

创立的初衷是想将艺术生活化，把围巾作为载体，把“静止的美变成流动的美”，让妩媚和时尚以风情万种在女性的脖颈间流淌。

品牌成立14年以来，“妩WOO”一直致力于服务爱好时尚的女性，将“作品自己会说话”作为我们设计宗旨，希望我们的围巾和披肩可以通过其特有的文化元素成为具有象征意义的设计珍品。

品牌发展至今，无论是政界或是商界还是文化名流，都不乏“妩WOO”的忠实粉丝，例如当当网创始人俞渝女士、明星刘亦菲，白百合，莫文蔚等等。目前我们在全国已经有48家精品直营店，均位于17个省会城市顶级的奢侈品购物中心或百货内。

创始人孙青锋将围巾和披肩，予以新的定义：围巾是女人风情的延伸，是时尚与奢华的伴侣，是品味与身份的彰显。

上海｜北

www.sh

一片彩云绕领柔

“ 奢侈品是文化与艺术的产物，如果一个产品不能将其内涵体现，那么就失去了它的价值！ ”

——孙青锋/品牌创始人兼创意总监

‘Culture and art are the essence of luxury. If a product could not demonstrate its connotation, then it loses its value！’

— Stephen Sun/Founder and Creative Director of WOO

无锡 | 成都 | 重庆 | 武汉 | 青岛 | 大连 | 沈阳 | 长春 | 哈尔滨 | 苏州

TEL\4008-213-551

NYPRO
A JABIL COMPANY

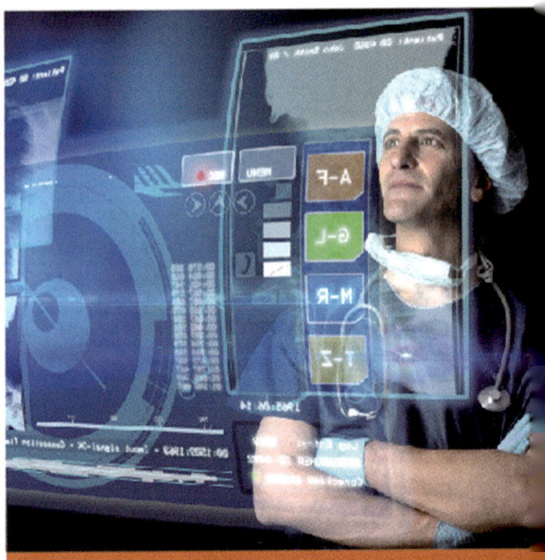

捷普是一家面向全球电子设备技术公司提供完备的电子设计，生产以及产品制造服务的电子设备解决方案企业。它于1966年在密歇根州成立。捷普是全球第三大电子制造服务供应商。

我们通过在全球范围内提供完备的电子产品供应链管理来帮助促进电子产品更快的走向市场以及使成本控制更加的有效。捷普在全球四大洲拥有90家工厂，超过180，000名员工以及30.5百万平方英尺的生产区域，同时捷普在广泛的领域里为客户提供全面的，个性化，针对性的解决方案。在2013年，公司销售额达到183亿美金。

捷普亚洲总部-捷普科技（上海）有限公司成立于2002年9月2日，坐落于上海市漕河泾开发区，目前是研发的亚洲区总部，也是捷普亚洲区的医疗产品生产基地。现工厂占地面积155,000平方英尺。捷普科技（上海）有限公司始终倡导授权、团队合作、充分沟通的工作理念，并且为员工提供良好的职业发展机会。为打造全球一流的EMS企业，我们始终坚持质量是永远第一位，客户满意是工作的第一目标。

耐普罗在中国上海的制造工厂为多种行业提供专业的可配置产品的解决方案。独特的业务模式使我们在目标行业中与客户成为真正的合作伙伴，这些行业包括：医疗、分析仪器、网络、国防、航空航天、计算和存储以及工业控制。我们高度熟练并经验丰富的劳动力能够提供卓越的响应速度、效率和质量。

耐普罗医疗在行业领域中提供了最广阔的设计和制造能力。

拥有40年的经验，我们高度专业化的团队通过发展和制造成品药物输送设备、一次性用品、医疗电子及机械和系统解决方案，满足了复杂的医疗和医药市场的需求，也使一些世界领导品牌实现了他们的市场潜力。耐普罗所传达的创新、专业以及让人安心的概念，帮助我们的客户构建的产品能够维持或改善人们的生活。

寸高复杂产品提供端对端的解决方案

寸普罗上海制造工厂战略定位为服务于高复杂产品及组件，为其提供扩展端对端制造和后期制造方案。
E竞争日益激烈的全球市场中，我们提供：

设计与开发
• 产品设计服务包含从概念到详细的设计阶段
• 可制造性和可测试性设计
• 测试流程的设计与开发

原型设计和新产品导入服务
我们提供的新产品导入服务通过卓越的质量和工程支持，能
夕促进产品更快的进入市场。其优点包括：
• 丰富的经验—体现在监管要求、技术和产品的复杂性
• 灵活的解决方案—针对客户的需求
• 无缝过渡到生产—提升速度和知识转移

复杂产品制造
• 印刷电路板组装与测试（PCBA&T）
• 机电系统组装
• 背板组件

系统集成
• 机箱建造，设备建造，定制生产/按单配置（BTO / CTO），直接实现（DF）
• 先进技术及全球测试
• 印刷电路板组装及机电关键部件管理
• 附件整合，BTO / CTO，DF

物流服务
• 供应链设计与管理
• 售后服务
• 定制生产/按单配置
• 直接实现

单一联络点
以客户为中心是耐普罗的核心价值。公司为每个客户都设定个联系人，并有一个支持团队在本地和全球范围内以确保最佳现。我们有得天独厚的优势为客户提供高技能、积极向上及经丰富的员工队伍、灵活适应性、加速进入市场、材料用杠杆以全球供应链的合作伙伴。我们并承诺于不断开发人力资源和升设备及工艺。
• 协作关系
• 灵活性
• 主动沟通
• 客户特定的解决方案
• 本地为中心的业务
• 一个单一的联络点专用资源

认证与经验
场经验和应用
拥有超过20万平方尺的生产区域及10年以上的专业经验，我们关注一直是战略性发展许多高要求和监管行业所需要的专业知识。普罗不同于任何其他制造服务公司表现在：
• 在全球所有耐普罗公司运行一个单一的全球企业资源规划系统（SAP）
• 持续监控和调整我们全球的覆盖区域，以满足市场需求和我们客户的需求
• 提供一个全球性的IT部署流程

非凡的能力　设计到制造的完美协同
Extraordinary Capabilities
Synergy of Design Through Manufacturing

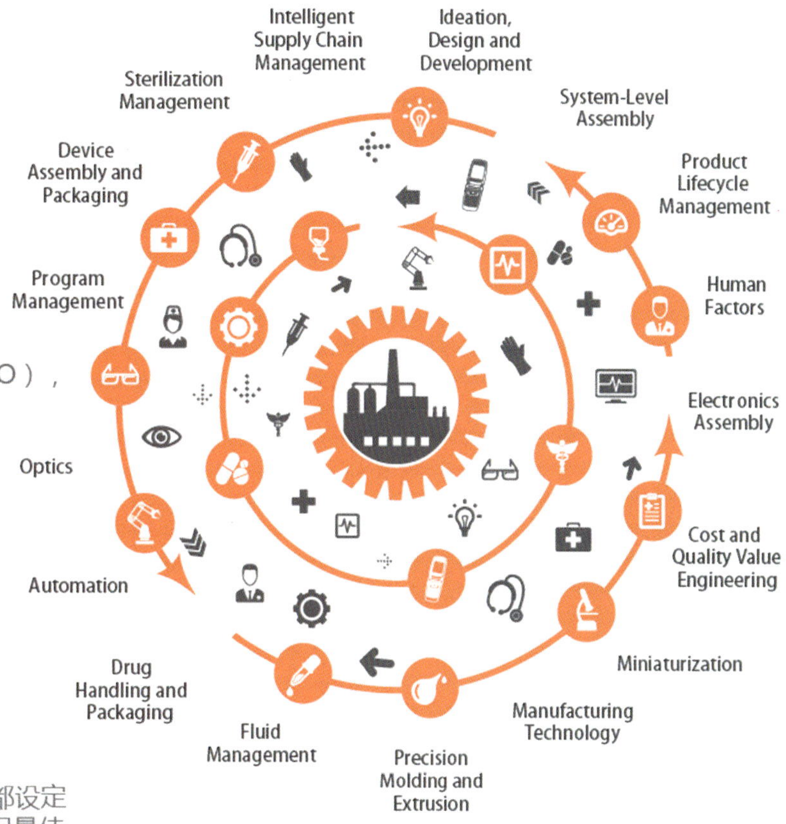

认证
• 中国国家药监局
• 环境：ISO 14001:2004
• 防静电S20：20
• ISO 13485
• TL9000
• OHSAS 18001
• 美国FDA
• 法规认证UL，CSA，TUV
• AS9100

NYPRO
A JABIL COMPANY

于金佰利

- 全球健康卫生护理领域的行业领导者
- 成立于1872年
- 全球员工近43000人，在37个国家和地区设有生产基地
- 产品销往超过175个国家和地区
- 产品在80多个国家都占据着第一或第二的市场份额
- 每天全球近四分之一的人口在使用金佰利的产品
- 2015年营业额超过186亿美元

于金佰利中国

- 1994年进入中国市场，总部位于上海
- 在北京、上海、南京拥有四家现代化的生产机构
- 4000多名员工
- 近年来在华业绩稳健增长

履行企业社会责任

金佰利公司将中国作为越来越重要的全球生产基地之一，持续拓展中国的业务，不断投入进行新产品开发、技术创新和质量控制，以高效的生产确保当地社区的可持续发展，以优质的产品改善中国消费者的健康水准和生活品质。同时，作为一个负责任的企业公民，积极开展环境保护以及关爱儿童、妇女和老人的公益活动，促进社区融合和健康发展，被业界和消费者广泛称道。

这些产品深受消费者的信赖，成为高品质生活的标志。

舒洁 Kleenex	好奇 HUGGIES	kotex 高洁丝	得伴 Depend	Kimberly-Clark PROFESSIONAL
家庭护理产品	婴幼儿护理产品	妇女护理产品	成人护理产品	商用消费品

更多有关金佰利中国的信息，请浏览公司网站www.kimberly-clark.com.cn。

中科建设开发总公司

Division of construction and Development corporation

2015年，中科建设开发总公司在主营建筑施工领域做大做强的基础上，扩大、延伸企业的产业板块和链条，公司经
涵盖建设、投资、金融、贸易、地产、养老、旅游、新材料、能源、矿业、生物医学等行业，培育企业新的经济增
进一步提升企业的综合实力。

公司通过与地方政府、大型企业、金融机构等战略合作、强强联合，为企业建设打下了坚实的基础。先后与信达资
地产基金、摩根斯丹利、上实集团、上海经纬集团、普天园林、美吉特、武汉尚远环保、中天蓝瑞环保科技、中
团、日照交通集团、香港九龙仓等财团和大型企业集团建立了战略合作关系，与中建投信托有限责任公司建立战略
立了产业基金。

2015年投资建设的PPP项目主要有，湖南省宁远县的“南部生态文化新城”项目、浙江省舟山市的高新技术开发园
金湖文化中心、兰州市安宁区天斧沙宫地质公园、银川市的大型城改项目、福建莆田市国家级木材交易市场、郑州
工业产业园等。

2015年7月作为驻沪央企，公司总经理顾玮国参加上海市市长杨雄率领的学习考察团到访辽宁并签订了多个战略合作
资达300亿元人民币，主要投资项目有，沈阳石油产品交易中心、辽宁石湖水库、药山风景名胜区等。

我们还与中科院大学材料院、清华大学、上海科技大学、韩国韩瑞大学等科研院所进行合作，在新材料的研发、生
行投资。合作的高科技产品——气凝胶项目具有广阔的市场前景和巨大的经济效益预期，该项目已落户江苏南通。

海外市场，与博华太平洋在美国塞班合作的文化旅游项目，合同金额达到25亿美元，与新兴集团在文莱参与当地新
目，参与马来西亚基础设施建设项目，目前前期工作均进展顺利。

2015年，中科建设开发总公司先后荣获了“2015年中国建筑业综合实力100强”、 “2015年度全国优秀施工企业”、
度中国施工行业AAA级信用企业”、总经理顾玮国荣获“2015年度中国施工行业优秀诚信企业家”等荣誉称号！

2015年 7月29日，中科建设开发总公司总经理顾玮国参
市委副书记、市长杨雄率领的上海市代表团赴辽宁省
察，出席辽宁·上海经济合作项目签约仪式。主要投
有，沈阳石油产品交易中心、辽宁石湖水库、药山风
区等，投资达300亿元人民币。

“永葆诚信、质量为本、科学管理、求实创新”的经营理念

诚信是根本，质量是生命，创新是活力，科学管理是保证

积极响应国家“一带一路”战略

为实现公司“跨越式发展”战略目标

不断更新观念 创新体制机制 走现代国际化企业之道

立足上海 辐射全国 放眼世界 建百年企业 树世纪品牌

鼎信集团 DECENT

上海鼎信投资(集团)有限公司

青山钢铁二十多年来专事镍铁不锈钢产业，已形成了从镍矿开采、镍铁冶炼到不锈钢冶炼、不锈钢连铸坯生产及不锈钢板材、棒线材加工整个产业链的布局。青山于2015年在中国企业500强中列居第200位、中国民营企业制造业500强中列居第26位。2015年生产粗钢538万吨，实现销售收入875亿元人民币，员工2万多人，综合实力在中国不锈钢行业中稳居榜首。

上海鼎信投资（集团）有限公司(以下简称“鼎信集团”)系青山钢铁董事局旗下的集团公司之一，注册资金15亿元人民币，2007年以来作为青山钢铁推行国际化经营的主力方阵，鼎信集团已形成了围绕不锈钢行业的从上游原材料开发投资、全球采购、海运物流，到不锈钢制品加工、国际贸易等完整的不锈钢生产供应链，以及与之配套的生产服务体系，主要负责境外投资项目管理、大宗原材料进口、项目建设设备出口等业务。

在青山钢铁“走出去”战略的积极践行过程中，2009年，鼎信集团与印尼知名矿企合作，提前布局印尼镍矿的采掘、出口及镍铁冶炼产业：我们拥有中苏拉威西省4.7万公顷的红土镍矿资源（预计1.6%以上镍含量的镍矿储量超过3亿吨）；2013年，我们在印尼建设的印尼经贸合作区青山园区(2013年习近平主席出访印尼签约项目之一)，是中印尼两国经贸合作的示范园区，规划并拥有用地1663余公顷，园区内主要配建1100MW的发电厂，1座10万吨的码头，1座简易机场以及总建筑面积为20万平方米的生活区；青山钢铁位于中国宁德的5万吨码头至印尼青山工业园区码头的航线已经开通，两口岸间物流、清关运行畅通印尼经贸合作区青山工业园区的建成对促进中国与印尼、中国与东盟之间的经济合作具有重要意义。

筑万仞青山 炼百年不锈

由鼎信集团控股的苏拉威西矿业投资有限公司（SMI）年产30万吨镍铁冶炼厂和2×65MW火力发电厂项目，作为印尼青山工业园区的首个进入项目总投资6.2亿美元，用地面积95公顷，年产镍当量3万吨的镍铁合金30万吨，年销售收入约6亿美元，目前产品全部出口销往中国青山系企业。项目建设的全部设备由中国出口至印尼。2013年7月16日开工建设，2015年1季度竣工试生产，2015年5月29日印尼总统佐科威专程赴现场视察，在投产典礼上宣布正式投产并给予高度评价，截至2016年5月已出口中国逾34万吨镍铁。

除此之外，园区内的印尼广青镍业有限公司（GCNS）年产60万吨镍铁冶炼厂及2x150MW火力发电厂项目于2016年3月22日正式投产，截至2016年5月已出口中国5万吨镍铁。印尼青山不锈钢有限公司（ITSS）年产100万吨不锈钢连铸坯及2x150MW火力发电厂项目、鼎信不锈钢有限公司（DSS）年产100万吨不锈钢连铸坯项目、博利镍业有限公司(BLNI)年产1万吨镍当量项目、青山港口有限公司（BDT）9.25万吨散货船专用码头项目等相继开工建设，2017年园区内将形成不锈钢年产量200万吨的产能。

作为青山印尼工业园区公司的主要投资人及园区内建设项目所需设备（主要均从中国采购）出口业务的主要承办公司，鼎信集团将为青山钢铁打造百年青山，成为世界知名不锈钢企业的伟大目标作出重大贡献。

上海鼎信投资(集团)有限公司
SHANGHAI DECENT INVESTMENT (GROUP) CO., LTD.
地址：中国（上海）自由贸易试验区金桥开发区金海路1255号
电话：86-21-38618086　　传真：86-21-38618088
网址：www.decent-china.com
邮箱：public@decent-china.com

海南液化天然气（LNG）站线项目
储罐工程

中国石油天然气股份有限公司
广西石化分公司石油公寓

靖边能源化
DMTO 联合

中国石化股份有限公司
武汉分公司80万吨/年乙烯项目
中间罐区土建工程

中国核工业第五

中国核工业第五建设有限公司组建于1964年，隶属于中国核
工程和工业与民用建筑安装工程业务为主的具有建筑、安装总承

公司具有电力工程、石油化工工程、机电安装工程、建筑工
质；核工程、钢结构工程、起重设备安装工程三个专业承包一级
可证，压力管道安装、压力容器制造、锅炉安装和起重机械安装
室认可证书及国家核安全局认定的民用核安全设备焊工焊接操作

在核电建造领域，公司是国内唯一一家具有核电站核岛、常
施工总承包企业，并在第三代核电AP1000自主化依托项目三门、

在非核工程领域，公司立足上海，以“长三角”为主要发展
工总承包的能力，在LNG工程领域具备EPC总承包能力，在石油化工、电子医药、非标制作、吊装运输领域具
定的社会知名度。

公司曾先后荣获中国建筑工程鲁班奖、国家优质工程金奖、银奖、省部级优质工程奖、上海市白玉兰杯
安杯优质工程奖等多个奖项，是上海市建筑企业综合实力前50强企业。

公司承建的浙江三门AP1000非能动压水堆核电站

启动项目
单元建筑工程

设有限公司

有限公司，是一家以国防工程，核工程、核电
综合性建筑安装企业。

包一级资质；市政公用工程施工总承包三级资
中华人民共和国民用核安全设备制造、安装许
证；取得了中国合格评定国家认可委员会实验
可证书，同时具有对外承包工程资格证书。

的企业。率先成为国内第一家核电站核岛建安
工程施工中有效实施。

江三角”等多个区域拓展，具备土建、安装施

AP1000核电站1#核岛最大模块CA20就位

AP1000核电站主管道焊接

AP1000核电站主泵安装

心价值观：责任、安全、品质、卓越 **企业精神：**创新发展、勇当国任 **企业使命：**奉献精品、成就员工、服务社会

业愿景：培育核电建造、核能利用和环境保护的优秀团队，成为受尊重的世界一流企业

诚至信　惟专惟精

全第一、预防为主、以人为本、保护环境、工程优质、诚信服务、科学管理、追求卓越

事有章可循、凡事有人负责、凡事有人监督、凡事有据可查；　质疑的工作态度、严谨的工作方法、沟通的工作习惯；

上海机器人产业园

园区简介

顾村工业园区是1994年经宝山区人民政府批准设立的区级工业园区，2006年经上海市人民政府批准整合升级为市级工业园区，列入上海市104产业园区。2012年经上海市经信委批准成立上海机器人产业园。园区总占地面积3.09平方公里，其中建设用地2830亩。2012年园区在全市中小型园区综合考评中位列第六名。

园区地理位置极佳，区位优势突出。东临南北高架、南靠S20外环高速、西邻上海市最大的郊野公园——顾村公园。外环线、郊环线、沪太路主干道和轨道交通1、7号线使园区连接上海主要港口、机场的距离均在半小时内，是离市中心最近的上海市‘104’区块。

目前园区入驻规模企业65家，机器人及配套企业11家。上海发那科机器人有限公司、上海鑫燕隆汽车流水线制造有限公司、上海法维莱交通车辆设备有限公司、上海复旦智能监控成套设备有限公司、上海小贝自动化设备有限公司、德欧机械设备（上海）有限公司等先后落户园区。园区将逐步形成机器人产业、智能装备制造业和高端生产性服务业集群式发展。

园区发展方向

围绕上海市“十二五”时期“创新驱动，转型发展”的工作主线，宝山区将“建设全市加快经济发展方式转变的示范区、推动城市转型发展的最佳实践区”，作为“十二五”时期区域发展的总体目标。根据镇“十二五”规划发展要求，考虑园区发展，立足“调结构、促转型”的思路，培育符合城市功能和要求相适应的产业，园区将形成三大产业集群式发展：

- 机器人产业链为核心的产业，主要包括汽车、电子、钢铁、航空航天等行业为主的机器人和以家庭机器人、医疗机器人等为主的服务机器人研发，关键核心部件制造、机器人应用开发与组装、机器人上下游应用产业、机器人技术培训等。
- 相关智能装备制造业，主要包括高端智能数控机床，智能仪器仪表电子等设备，关键零部件、元器件等。
- 高端生产性服务业，主要包括发展科技体验、展示交易、科研教育、高端论坛等配套产业。
- 机器人产业是未来成长性最好的行业之一，行业发展前景无可限量，而作为一个新兴产业，机器人产业目前在我国尚处于起步阶段，我们将通过建设上海机器人产业园这一机器人产业的聚集区，积极探索推动传统工业园区向高新技术、先进制造业和高端服务业转型发展，努力构建符合园区实际和可持续发展的现代产业体系，最终实现产业与城市化的融合发展！

便捷服务心体验
上海农商银行 SRCB
2005 8月 上海农村商业银行股份有限公司挂牌
2006 黄浦支行正式开业 由此启动城区网点布局
推出一系列有影响力的服务 2007 中小企业的特色产品。
2008 首张信用卡—"鑫卡"正式对社会发行。
2009 个人网上银行正式上线运行，电子银行迈出实质性步伐。
2010 率先推出 新一代金融便利店
2011年 实现了跨区域战略，理财产品发行突破『双百』
2012年 在全国批量设立32家控股村镇银行
2013年 自贸试验区分行挂牌成立
2014年 企业网络金融社区平台『鑫沪商』网站投产上线
2015年 正式推出『工会会员服务卡』
2016 打造服务银行 创造客户价值
从心出发，
每一步都留下关怀的印记
全心信赖，
每一次成长都有您的支持。
用心服务，
感恩一路有您同行。
前方的精彩路途，
期待与您携手共进、共赢！
1 1
路同行
路信赖
上海农商银行成立11周年
上海农商银行是由上海国资控股、总部设在上海的法人银行
• 是全国率先在农信基础上改制成功的省级股份制商业银行
• 是全国率先推出金融便利店的银行
• 是上海地区营业网点较多的银行
• 是上海地区小企业贷款客户和金额较多的银行
迎致电24小时客服热线 021-962999
06962999或登陆网站 www.srcb.com

上海钢铁交易中心项目

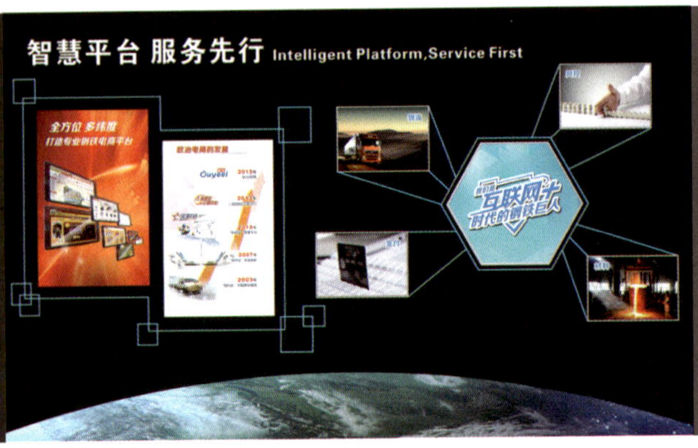

欧冶电商前身是由国内钢铁巨头宝钢集团和上海市宝山区政府在2013年5月共同筹建的上海钢铁交易中心，它凝聚了宝钢数十年来在钢铁制造、贸易和电子商务方面的智慧，结合最新的信息和网络技术，按照“政府推动、社会参与、企业运营、多元合作”的原则，为钢铁行业上下游客户提供在线交易、资金、物流、加工、技术、信息等全流程、一站式的服务，力争成为国内领先的第三方钢铁B2B电子商务平台，助力中国钢铁流通行业通过电子商务实现产业升级。

欧冶电商平台目前拥有钢铁行业各类用户4.1万家，国内主流钢厂几乎都在平台实现了交易，年交易额过430亿元。随着平台和用户的日趋成熟，欧冶电商逐步形成了供应链上下游企业频繁往来的交易圈、社交圈，让传统的钢铁贸易变的安全、简单而有趣，为中国钢铁产业的创新转型探索出了一条全新的道路。

欧冶电商将基于规模化的实盘交易形成钢铁交易和服务的“上海价格”和“上海标准”，构建了现代化钢铁供应链服务体系，引领钢铁流通变革，提高钢铁流通效率，提升钢铁服务业水平，更好地集聚产业优势、资源优势和区位优势，充分发挥示范带动作用，以创新的商业模式拉动制造与服务的结合，实现“二三产业联动”，引领中国钢铁工业转型升级。

统一企业®

统一企业于1967年在中国台湾台南成立，由最初的食品制造本业开始，生产及销售面粉、油脂及方便面等产品，一路发展至今，包括食品、连锁便利、贸易、食用油、马口铁、物流、生物科技等产业领域，涵盖如贸易、证券、休闲、零售百货等包括了多项民生相关的消费品及服务产业，已成为一个多元化、国际化经营的综合生活产业集团。事业版图已扩充至祖国大陆、越南、印度尼西亚、菲律宾以及泰国等地。

1992年开始，统一企业集团在祖国大陆投资兴业。1998年，统一企业（中国）投资有限公司在上海成立，统筹管理在大陆各投资企业的资源与运营，主要生产和销售方便面、饮料、矿泉水、乳品等产品。从“统一100，满意100”，“统一鲜橙多，多C多漂亮”，“统一冰红茶，年轻无极限”，到“一口顺滑，遇见所有好心情”，以及“这酸爽才正宗”，大陆统一企业创立了统一冰红茶、统一绿茶、统一鲜橙多、统一100、及来一桶、阿萨姆奶茶、海之言、老坛酸菜牛肉面、革面等许多饮料和方便面知名品牌，时刻给消费者带来新的美味体验。“统一牌”果汁饮料还获得了中国名牌称号。

保障食品安全是企业的生存之本，更是企业肩负的社会责任。不论是原物料还是产品，大陆统一企业持续推动食品安全的有效管理，并成立了通过中国合格评定国家认可委员会（CNAS）认可的食品安全检测中心。公司内部一直坚持对所有原材料进行严格质检，并不断加强对产业链上下游的控制，确保产品质量安全。

统一企业在经营事业的同时，也善尽社会公民的责任，参与祖国大陆的社会公益活动。2008年第二十九届奥林匹克运动会在北京隆重举行，统一企业积极参与奥运，成为奥运有史以来唯一的方便面赞助商。我们捐助奥运希望工程、希望小学等，同时也积极捐赠救助汶川地震、青海玉树地震、甘肃舟曲泥石流、雅安地震、定西地震、昭通地震等。

统一企业一直秉持公司“三好一公道”的经营理念，致力于提供品质安全，以及深受消费者喜爱的产品。统一企业，以成为全球最大的食品公司之一作为21世纪的战略目标，掌握时代脉搏，全心尽力演奏出一首永为大家喜爱的食品交响乐，传播健康与快乐，与消费者携手共创美好的生活。

“革面就是放手加肉加菜”

“这酸爽 才正宗”

“一卤香天下”

“统一冰红茶，年轻无极限”

“一口顺滑，遇见所有好心情”

“海扫酷热”

“一口润心田”

“统一鲜橙多，多C多漂亮”

开创健康快乐的明天

统一企业（中国）投资有限公司

UNI-PRESIDENT ENTERPRISES (CHINA) INVESTMENT CO.,LTD.

梅龙镇广场

位于上海市南京西路1038号，处于上海商圈的黄金地带，为沪上时尚人士购物休闲的首选地之一。梅龙镇广场以"现代经典设计概念"为建筑特色
融汇典雅瑰丽的欧陆设计风格，为上海现代建筑艺术的典范。加上独特的空间设计，巨大的中厅从底层一直延伸到第七层，使来宾顿然产生一种辉煌
堂皇的感觉，也吸引了国际品牌在这里举办大型活动，如服装秀、新品发布等，印证了梅龙镇的时尚魅力。一直以来， 梅龙镇以经典不朽的风格配
时尚前瞻的态度，不断迎来世界各地的国际知名品牌，无不让人体会时尚新动态，更设上海及各国美食，知名的伊势丹百货、超市和环艺电影院，
你尽情享受一站式的购物乐趣。来梅龙镇看看戏，品尝美食，逛逛时尚优品，不就是一种享受吗？爱上生活，爱上梅龙镇。

Located at the prosperous commercial hub of 1038 Nanjing West Road Shanghai, Westgate Mall is one of the best shopping meccas f
Shanghai' s fashion goers. Designed with unique neo-classical European architectural style, Westgate Mall also boasts a seventh floor hug
atrium which is ideal for leisure shopping and launch of mega promotional events such as fashion shows, grand product launches etc. Westga
Mall' s settings and tenant mix have not only attracted international fashion brand names, also, popular restaurants which serve Shanghai ar
western cuisines, the renowned Isetan Department Store, supermarket and UA Cinemas, all you need to enjoy one-stop shopping pleasur
Come for the movies, enjoy in a café, get inspired by fashion brands, Westgate Mall is your ultimate shopping destination.

Westgate Mall
梅龙镇广场

地址：南京西路1038号　No. 1038 Nanjing Rd Wes
电话（Tel）: (021)62187878 传真（Fax）: (021)621869
www.westgatemall.com.c

Lane Crawford

国际 品牌

著名精品百货公司连卡佛于2013年10月开设了其迄今在中国最大的旗舰店，为消费者在上海提供一个奢侈时尚和生活方式终点站。

上海旗舰店位于淮海中路99号的上海时代广场，面积达150,000平方英尺（约14,000平方米），合共四层。旗舰店将汇聚500多个国际品牌，当中包括女装、美容、珠宝首饰、男装以及生活方式等商品组合。这是在大中华地区最丰富的国际奢侈品和设计师品牌组合。

该旗舰店的投资额约为四亿人民币，是连卡佛在大中华地区的第八家门店，也是连卡佛迄今为止最大的门店。

上海旗舰店是连卡佛与国际知名建筑事务所 Yabu Pushelberg 合作设计的。Yabu Pushelberg 与连卡佛合作设计过四家门店。上海旗舰店采用了现代画廊的设计方法，使得全店能有一个充满活力的、启发性的和不断变化的整体环境。

上海旗舰店将面积超过20,000平方英尺（约1,800平方米）的空间辟为美容、时尚以及生活方式的个性化服务区域。65位个人形象顾问和礼宾人员将在这些奢华和私密的服务区域为顾客打造独特的、个性化的购物体验。

作为连卡佛线上线下无缝商业策略的一部分，上海旗舰店和连卡佛网上商店将完全联通，为顾客提供店内和在家购物的无缝体验。顾客可以在连卡佛网上订购商品，然后在上海旗舰店内的“网上购物礼宾部”取货或退货。这样的服务在中国市场上也是首例。

另外还有约3,000平方英尺（约278平方米）的是名为 The Hub 的特色空间，专门展示创意作品。The Hub旨在通过在店中心展出新兴设计师和艺术家的作品，来支持他们的成长和发展。

奢华 时尚

上海嘉定出口加工区发展有限公司

园区概况

上海嘉定出口加工区

上海嘉定出口加工区于 2005 年 6 月 3 日经国务院批准设立，2008 年 4 月 1 日正式封关运作。上海嘉定出口加工区座落于嘉定工业区的西北板块，总规划面积 5.96 平方公里，分为出口加工区、发展备用区和配套区三个功能结构分区。出口加工区围网内规划面积为 3 平方公里，一期围网面积为 0.989 平方公里。嘉定出口加工区以汽车零部件，新型材料及电子产业等现代制造业为主导产业，并大力开展保税物流、研发、检测、维修、货物贸易和服务贸易等各项业务。在园区内可设立国际采购中心、配送中心、展求中心、检测中心、研发中心、维修中心等。

嘉境通简介

嘉境通国际贸易有限公司

上海嘉境通国际贸易有限公司于 2015 年 1 月 8 日由“跨境通”与“嘉定出口加工区”合资成立。“嘉境通”是嘉定出口加工区于“东方支付”“跨境通”三方精诚合作的结晶，整合融合了各自优势优质资源，公共服务平台是目前上海最先进、最具创新性，同时也是最有效的跨境电商服务平台。利用这个平台，实现了国外优质商品与国内消费者需求的对接，可为广大跨境电商提供一站式、全流程、菜单式的综合服务。

嘉境通从事个人物品跨境贸易企业的各类商品的进境提供仓储服务和报关报检服务，货物存储、分拣、包装、申报、包裹配送的服务。

上海嘉定发展跨境电商产业计划

按照上海市提出的“到 2020 年，跨境电商发展水平居全国前列”总体要求，嘉定出口加工区正按“一年做通、两年做大、三年做强”的目标，积极推进跨境电商试点工作。

园区致力打造四个平台建设：

跨境电子商务平台	汽车及其零部件展示交易平台	食品化妆品的展示交易平台	离岸金融服务平台（后期）

MCEC 上海市机械设备成套（集团）有限公司

上海市机械设备成套（集团）有限公司前身为成立于 1959 年的上海市机械设备成套局，经中共上海市委、上海市人民政府批准于 1999 年改制成立。

成套集团目前拥有工程总承包、国际国内招标、进出口代理和外经权、甲级国际设备成套、甲级工程咨询等 20 余种资质，近三年，集团经营规模年均达 250 亿元。

50 多年来，成套集团为国家和上海市重点工程、重大技改项目，实施过上万个项目，提供千亿元成套设备，积累了丰富的设备集成经验，集聚了宝贵的专业人才。多年来，连续评为上海市合同信用最高等级 AAA 级企业，多次荣获上海市重点实事立功竞赛优秀公司。

经过多年发展，成套集团的业务范围已从设备成套扩展到工程总承包与设备集成、招标代理、进出口贸易、国内贸易、设备租赁、工程监理、汽车销售与维修、工程咨询、项目管理等领域。

面对新的市场成套集团充分发挥整体优势，增强核心竞争能力，坚持创新发展，以实现“上海成套 -- 设备集成服务一流企业”的愿景，秉承“诚信服务、合作共赢”的经营理念，发扬“团结、务实、敬业、创新“的企业精神，进一步促进成套集团可持续发展，创造美好的未来。

盾构隧道掘进机

韩国太阳能电站项目

卸船机

中油天宝钢管有限公司全套钢管生产线设备引进项目

敢梦想 敢追寻
V·S·O·P
Hennessy
V·S·O·P
Privilège
COGNAC
轩尼诗
Hennessy
V·S·O·P Privilège
请理性享用美酒

crystal galleria 晶品

晶品Q之夏 带你度过一个创意与乐趣的夏天

中国，上海，2016年7月1日——不久前刚荣获2016上海零售风云榜“乐活潮地奖”的晶品Crystal Galleria，近日将为申城带来一个充满创意与乐趣的夏季。美国百老汇代表作之一的《Q大道》，进入中国后首次以展览的形式落地上海，并于7月1日在上海晶品Crystal Galleria举行盛大展览揭幕仪式，丰泰地产投资资产管理区域董事吴财琴女士携《Q大道》中文版制作团队、七幕人生音乐剧CEO杨嘉敏女士出席了揭幕仪式，正式宣布将在这里陪伴消费者度过一个充满创意、活力、乐趣的夏日。

Q大道，就像你的生活，只是更好玩一点

音乐剧《Q大道》是百老汇音乐剧发展到21世纪后的代表作。该剧由迪士尼热门电影《冰雪奇缘》的词曲作者罗伯特•洛佩兹和搭档杰夫•麦克斯共同创作。凭借犀利幽默的台词歌词与充满人文关怀的故事情节，备受美国青年一代观众的追捧，随即成为票房和口碑双双大热的明星剧目，并荣获美国戏剧最高奖托尼奖“最佳音乐剧”、“最佳编剧”、“最佳词曲”三项大奖，2013年由七幕人生音乐剧独家引进中文版。

此次正是《Q大道》进入中国后首次以展览的形式落地上海，首站位于上海黄金商业地段静安商圈的晶品Crystal Galleria。晶品Crystal Galleria汇聚世界顶尖年轻品牌、饕餮美食、动感娱乐、时尚乐活等全方位体验，是深受时尚达人、白领精英喜爱的潮流消费旗舰。此次将《Q大道》以展览的创意形式呈现，正是对晶品创意、活力、趣味品牌理念的完美诠释，也是契合晶品Crystal Galleria不断精益求精的服务体验设计，力求为消费者带来更惊喜、更精致的体验的品牌精神。

此次展览以巨型立体书的展现手法，重现《Q大道》音乐剧中的经典公寓，纽约《Q大道》及上海《Q大道》。土豪宅男毛毛锤与他的大钱袋，毕业青年清华和天真少女毛毛妹互传CD，街头艺人小尼和他的帽子，投行经理罗罗最爱的时尚杂志，性感歌手Lucy的鸡尾酒杯，《Q大道》的住客将在这里为您讲述他们的故事。每半小时，主打明星毛毛将会锤敲打时钟欢迎你，可爱的坏熊熊也会在美妙的音乐声中和大家打招呼，一起度过欢乐时光。消费者还可以在休闲购物的同时，穿梭于纽约《Q大道》与上海《Q大道》之间，不仅可以身临其境地进入公寓中与形象玩偶合影，还能品味剧中那些即刺激又“危险”的台词，零距离感受备受青年人追捧的剧目场景体验。

除了主题展览外，晶品Crystal Galleria还特别为消费者提供了各种丰富的互动活动，每周末上演《Q大道》剧目节选及其他创意演出，更有现场《Q大道》主题的Workshop，现场小手偶的表演教授等，让你参与其中感受艺术的独特魅力；充满活力与乐趣的《Q大道》主题商店，则为消费者准备了徽章、抱枕、环保袋、小手偶等精美的周边产品；《Q大道》互动游戏，让你玩转各种经典游戏。

消费者不仅可以看到《Q大道》、听到《Q大道》、玩到《Q大道》，还能将《Q大道》带回家，正如《Q大道》所展现的，“就像你的生活，只是更好玩一点”。

缤纷夏日 精彩无限

“晶品Q大道主题展”将持续展出至9月11日。在此期间，不仅巧遇“中国情人节”的七夕，更恰逢2016里约热内卢奥运会。至此夏日佳节盛会，晶品Crystal Galleria也为消费者准备了缤纷多彩的夏日特别活动。

晶品Crystal Galleria是融合时尚、娱乐、休闲于一体的潮流聚集地，而餐饮也是晶品众多特体验之中不可或缺的一部分。七夕佳节，晶品露台夜，微风习习，星光点点，各色花架藤椅环绕，在晶品Crystal Galleria特色的露台餐厅，为你构建最甜蜜的浪漫夜晚，和TA一享受大餐，看夏日夜景美如画。

四年一度的奥运会，不仅是运动健儿追逐梦想的地方，更是激情澎湃的盛会。8月6日至8 21日，晶品Crystal Galleria大屏将定时直播2016奥运赛事，让你第一时间获悉奥运咨讯。独具特色的QPQ空间，周末更有奥运狂欢派对，美酒美食，奥运彩绘，和你一起为中国队为奥运健儿加油!

此外，夏日满额赠、消费满额优惠停车、集点行动、会员积分换礼等多重礼遇组成的夏日尚购物之宴等你前来，消费者可以通过晶品微信、微博及时了解晶品Q之夏的各类体验动，让晶品Crystal Galleria带你度过一个创意、活力、乐趣的夏日。

关于丰泰地产投资

丰泰地产投资（丰泰）是独立经营管理的私募股权地产投资企业，通过于亚洲一线城市开发重建物业，全力为投资者及持股人创造价值。丰泰自2002年成立以来，已筹集逾25亿美元权资金，投资于泛亚十大城市，包括中国香港、中国台北、上海、北京、东京、新加坡、尔、大阪、雅加达及马尼拉。丰泰将基本投资、地产发展及资产管理融合一体得以确保最的质量。

通过设于中国香港、中国台北、东京、新加坡、上海及北京的办事处，丰泰所管理的物业产总值逾67亿美元。丰泰致力追求卓越，于亚洲各地发展高素质住宅、写字楼及零售空间。

关于晶品

晶品Crystal Galleria位于上海黄金地段静安寺商圈。汇聚世界顶尖年轻品牌、饕餮美食、动感娱乐、时尚乐活等全方位体验，是深受时尚达人、白领精英喜爱的潮流消费旗舰。在晶品Crystal Galleria，都市时尚和独立设计相得益彰，H&M、Forever21、Adidas、C&A、Monki、Pandora、Jordan等；中国首家“文兴酒家”、纯正地道日本雅宴“八海山”，港式人气美食“稻香”；集餐厅、酒吧于一体的“Win house”，最火爆的创意料理“宴遇”等80余家美食更是饕餮达人不可错过的臻品。购物之余，舒适堡健身会所及拥有顶级音响设备的“K歌之王”都能让快节奏的日常工作生活得到舒缓。从世界各国市集汲取灵感，引入独特美食和精致商品，晶品在地下一、二楼为都市人打造了一个独特零售空间“QPQ The Urban Market 市集方”，提供充满乐趣的市集购物体验。晶品拥有静安区独一无二的空中花园露台，户外用餐倍感浪漫别致；“晶品源”喷泉广场，跳跃起舞的水柱斑斓多彩，是繁华都市的休闲欢聚坊；与法国雕塑大师Nathalie Decoster交流艺术思想，铸造了高达7.5米的巨型永久展出雕塑——《寸阴是惜》。晶品，别具一格的购物中心，如同绚烂的万花筒，正以其精彩多变绽放光芒。

如需更多信息，敬请关注：
网页：http://www.crystalgalleria.c
新浪微博：@晶品CrystalGalleria
微信：CrystalGalleria

南桥中小企业总部商务区

南桥中小企业总部商务区位于南桥新城的核心区域（东至金海路，西至S4高速，北至南奉公路，南至上海绕城高速），规划面积1.47平方公里，是上海市政府首批推进建设的二十个现代服务业集聚区之一，也是上海市唯一以“中小企业总部经济”命名的集聚区。

按照现行规划，商务区规划建筑面积256万平米，其中商务和商业面积172.58万平米，住宅83.47万平米。根据功能配套，商务区空间布局分为四大区域，包括总部办公区、商务配套区、商业休闲区和生活居住区。

2010年，由上海南桥新城建设发展有限公司与上海市奉贤区中小企业发展促进会共同出资成立上海南桥中小企业总部商务区有限公司，主要负责南桥中小企业总部商务区的运营与管理。

2011年，商务区被纳入奉贤区政府区管园区。近年来，商务区已累计吸引了近3000家企业入驻，共计实现税收10多亿元。

商务区着眼于产业链高端，聚焦行业龙头企业、总部型企业和高端服务业。重点引进：

1、中小企业总部，包括企业运营管理中心、研发中心、资金结算中心、营销中心、采购中心等；

2、金融、保险、贸易、信息、咨询、法律、会计、培训、评估仲裁、展览展示、广告策划、文化创意、物流服务等中介服务机构；

3、企业协会、行业协会等社会组织构成的服务机构；

4、各类国际、国内贸易商、批发商，包括贸易经济与代理、采购服务、货运代理与物流商务等中小企业。

此外，结合奉贤区建设“中小企业科技创新活力区”的工作目标，商务区发挥自身优势，整合优质资源，为创业类企业提供优质的服务平台与载体。

商务区设有招商服务中心，为落户企业提供包括投资咨询、企业登记、税务登记、企业年检等在内的“一站式”服务。

经验丰富的专业团队将根据企业实际情况提供个性化解决方案，从公司设立到政策解读、从政府部门沟通到优惠奖励申请，全方位服务企业。

Unilever

有家就有联合利华

作为全球最大的快速消费品公司之一，联合利华一直致力于在家庭护理、个人护理及食品等领域为消费者提供优质的产品和服务。我们的产品畅销190多个国家，每天有20亿消费者在全球各地享受我们的产品。为了帮助更多的消费者及其家庭享受美好生活，成为真正意义上的成功的可持续发展企业，2010年11月，联合利华在全球范围内公布了可持续行动计划，提出"至2020年，将在公司规模扩大一倍的同时，帮助超过10亿人改善健康与生活状况；至2030年，使单位产品用水量、温室气体排放量及废弃物量减少一半；至2020年，实现100%农业原材料可持续采购"的战略目标，致力于减少对环境产生的不利影响，并提升积极的社会影响。

联合利华在中国的历史可追溯至90多年前，旗下的许多品牌，例如奥妙、中华、力士、旁氏、清扬、多芬、卫宝、夏士莲、凌仕、舒耐、家乐、立顿及和路雪等，都深受消费者喜爱。从1986年至今，联合利华在中国投资20亿美元，引进了多项先进的专利技术，直接雇佣了超过7,000名中国员工，间接提供了超过23,000个就业机会，年纳税20多亿元人民币。联合利华中国对其所处社区有着长远承诺，近年来，在紧密结合中国国情的基础上，以"小行动　大不同"为原则，借助"美好家园"、"美好童年"、"美好乡村"三大平台，在可持续发展领域开展了诸多积极有效的探索与实践，用实际行动为中国更美好的未来而努力。

作为中国可持续发展公司的卓越典范，近年来联合利华被授予多项殊荣，其中包括：

- 《财富》中国企业社会责任榜25強
- 世界环保大会国际碳金奖
- 中国优秀企业公民奖
- 英国商业大奖——可持续发展奖
- 中国绿公司百強
- 希望工程杰出贡献奖
- 中国财经峰会"最佳品牌形象奖"

第六编

专　集

2016
上海商贸年鉴

一、电子商贸企业（选介）

百联电商

百联E城是由百联电子商务有限公司（以下简称百联电商）投资建设和运营管理的电子商务平台。是由百联集团有限公司、上海百联集团股份有限公司、联华电子商务有限公司、好美家装潢建材有限公司等国内知名大型企业于2006年底共同投资5000万元成立的国有控股公司。至2010年9月，公司增资至1.2亿元。 百联电商控股股东——百联集团有限公司是上海市国资委下辖的国有独资企业，旗下有遍布全国25个省市的近7000家营业网点，拥有百联股份、物贸股份、联华超市、友谊股份和第一医药等5家上市公司，2009年百联集团销售规模达到1753亿元，位列2009中国企业500强的第26位和中国商业零售业第1位。 依托百联集团大量的优质网点资源，以及集团所属企业的技术资源、会员资源、商品资源、网络资源，通过优势资源的整合，不断进行技术创新和经营创新，将传统的门店经营与网上销售、网上营销、网上支付有效结合起来，自主开发了具有完全知识产权的各类电子商务应用系统，通过各分类网站、电话、手机WAP、手机短信和OK会员系统及各类支付与配送系统，开展电子商务业务，涵盖了自营、经销、代销、代理、零售、团购、实物交易、数据卡交易、直充、数据接口交易等各类交易方式，大力发展电子商务及相关业务。

百联电商主要经营“礼品金饰、百货用品”等产品。公司尊崇“踏实、拼搏、责任”的企业精神，并以“诚信、共赢、开创”的经营理念，创造良好的企业环境，以全新的管理模式，完善的技术，周到的服务，卓越的品质为生存根本，始终坚持用户至上 用心服务于客户，坚持用自己的服务去打动客户。

易贸集团

易贸集团前身是易贸资讯（上海）有限公司，于1999年在上海成立。总部设在上海，在北京、烟台、广州、香港及新加坡分别设有分公司。公司业务始于大宗商品领域的信息资讯服务，逐步发展至信息咨询、商务会展、交易经纪、供应链管理、融资服务、交易平台、云计算和大数据七大板块。涉及化工、钢铁、油气、有色金属、纸业等行业领域，覆盖大宗商品及其中下游多个垂直细分行业，为B2B垂直行业提供电子商务解决方案。易贸在2010年完成重大战略及业务调整，成为以大宗商品电子交易平台为核心基础的电子商务领先企业。集团以电子交易平台为核心提供交易相关的多元化服务，包括融资、撮合、物流、支付、会展及资讯等服务。

易贸集团旗下的易贸网，是上海东虹桥电子商务有限公司创建的现货电子交易平台。易贸网旨在通过在线交易平台提供的支付、物流、融资、资讯等基础性服务，实现对大宗商品和第三方服务机构的高效配置，从而构筑起全新的大宗商品商业“生态系统”。易贸网致力于提供安全、可靠、真实、便捷的网上交易服务，为买卖双方创造一个严肃的交易环境。在交易过程中，易贸网以专业化的服务为交易双方提供全方位的电子商务解决方案，包括通过实时撮合系统匹配对应的买卖双方；通过资金监管体系保证用户的资金安全；通过保证金制度维护买卖双方的权益；通过物流仓储体系提高服务质量；通过创新的融资方法解决资金问题等。

易贸集团旗下的上海易贸商务发展有限公司，在2002－2011年期间，致力于为大宗商品行业提供专业的会议、展览、培训及考察等服务。自2012年起，在既有业务的基础上，易贸商务进一步拓展成为大宗商品领域商务活动及交流的平台、商机合作平台和第三方专业服务门户。经过10年的发展，易贸商务已成为中国乃至亚洲地区最大的商务会议主办机构。易贸商务既专注大宗商品领域，包括化工、能源、有色金属、钢铁、浆纸及农产品等行业，同时也向矿产资源、新能源、仓储物流、制造业及金融投资等领域不断拓展。截至2011年底，易贸商务已在上述领域举办各类会议、展览、培训及考察项目逾1100个，累计参与人数超过120000人次。2011年在国内外40多个城市举办280多场会议及其他商务活动，参与人数超过30000人次。

上海徐家汇商城集团电子商务有限公司

“徐家汇商城”网站运营商上海徐家汇商城集团电子商务有限公司，是由上海徐汇区国资委为提升徐家汇整体形象和消费能级的要求出资设立，整合了上海第六百货、汇金百货、汇联商厦、美罗城、太平洋百货、港汇恒隆广场等百货强大供应链资源和国内外主流的2000多家一线品牌，是一个全新的时尚综合类高端百货网络商城。并期望发展成为“中国一流的时尚综合类高端百货网络商城”。

徐家汇商城定位是与徐家汇商圈内实体百货同步一体化的购物商城，本着同品、同价和同步发售新品的经营定位，以服务为核心，通过为互联网用户提供方便、快捷的消费体验和满足其对各大品牌当季新品的需求来体现高端百货网络商城的价值。并将结合移动互联网技术，整合预付费卡等电子支付手段，建立一个以现实商业为基础的集资讯、服务、购物、娱乐、分享、游戏为内容的互联网社区，突破徐家汇商圈的物理空间限制，实现上海徐家汇到中国徐家汇的飞跃。

网络商城经营品类为服饰精品、鞋履潮品、运动户外、婴童精品、美容妆品、家居饰品、箱包、珠宝、时尚数码、商超礼品等品类。将以追求品牌时尚风潮，注重服务品质，重视生活体验和购物享受的高端互联网购物会员为目标客户市场。

徐家汇商城在自建平台的同时已经入驻了天猫商城、京东商城等B2C平台，并正在与亚马逊洽谈入驻事宜，希望能够学习吸取这些大型B2C平台的成功经验，为下阶段的发展助力。

徐家汇商城和韩国东大门的零售企业及中国台湾的远东集团都在进行良好合作，并在徐家汇商城推出韩国馆和台湾馆。还将推出精品代购服务，以满足用户对特色服装以及海外百货的需求，并且将在价格、保真性和售后服务上凸显多年积累的强大供应链优势。

未来徐家汇商城将在移动端推出徐家汇商圈APP，将线上业务和线下百货资源紧密结合起来，打造综合性“智慧商圈”。为消费者提供商业、旅游、文化相结合的综合性服务，将致力于满足徐家汇地区白领各种生活和社交需求；并且满足消费者订票、订车、虚拟导购、虚拟导游等需求。

上海唐镇电子商务创新港

唐镇位于浦东新区中部，与张江高科技园区、金桥出口加工区为邻。上海唐镇电子商务创新港则地处高新技术的中心地带，与银行卡金融结算基地、集电港、浦东软件园相毗邻。它的范围为：东至顾唐路，南至龙东大道，北至张家浜，西至外环绿化带，共1.77平方千米，其中57.36万平方米已被规划成为“上海唐镇生产性服务功能区”。

唐镇以经济园区为起点，大力推进三产发展、提高二产质量为重点，积极推动现代服务业的发展，致力于将传统的唐镇工业园区逐步打造成现代服务业产业园区，其核心即是电子商务的产业集聚区，上海唐镇电子商务产业链大致可以分为5大环节：前期咨询服务、早期平台搭建、中期配套服务、后期融资及资源合作共享。2010年9月25日国家工信部认定唐镇为“国家电子商务创新试点镇”，同年10月，上海唐镇电子商务创新港开港，10月9日市商务委认定电子商务创新港为“电子商务示范园区”。

2011年，我国电子商务产业快速发展，市场规模持续扩大，应用模式不断创新。全国电子商务交易额达到5.88万亿元，比上年增长29.2%，相当于当年国内生产总值的12.5%；网络零售总额超过7500亿元，相当于当年社会消费品零售总额的4.1%。顶着“国”字号招牌的唐镇电子商务港此时乘风而上，电子商务发展势如破竹。市场上颇有知名度的1号店、新蛋科技、火速网络、快钱支付、宅急便物流、中国（上海）进口水果电子商务平台、王朝东方酒业等电子商务龙头企业已经纷纷入驻电子商务创新港。开港一年来，港内共引进142家电子商务贸易和服务公司，其中电子商务服务业企业87家、从事网络贸易企业55家，内资注册资本累计18.92亿元，合同外资累计4109万美元。2011年，交易额达到33.8亿元，销售额达到22亿元，税收达到1.04亿元。此时，港内平台运营中心、公共服务中心、营销服务中心、金融服务中心等已投入运营。

创新港一期3万平方米已投入使用，二期11万平方米正在推进中，将分为公共服务平台区，入驻电子商务企业区，上海电子商城运营服务中心，云计算SaaS服务区，延伸产业创新技术区五大重要功能区。展望未来，在发展电子商务产业方面，唐镇具备不可复制的条件：区域内分布着张江高科技园区（张江集电港）、金桥南区、银行卡产业园，电子商务产业链上的各类业态齐备，特别是有着与以张江和金桥为代表的先进通讯、信息和软件开发技术，以银行卡产业园为代表的金融信息和电子支付技术毗邻的优越性，创新港即可以通过公共服务平台的集成创新，推进“四流”整合，即电子商务产业与张江、金桥等园区相关企业高端技术的信息流整合；电子商务产业与上海品牌贸易及未来的新市镇商业集群的商流整合；电子商务产业与“三港三区”及自贸区建设的物流整合；电子商务产业与电子银行产业的资金流整合。形成电子商务产业、电子商务配套信息技术企业、物流企业等新的产业集群，前景将更加辉煌。

嘉定电子商务产业园

嘉定电子商务产业园成立于2007年。凭借优越的地理位置和产业发展基础，先后吸引近千家电子商务企业入驻，成为一座名副其实的“电商之城”。并先后被认定为上海市电子商务示范园区和首批国家电子商务示范基地。嘉定电子商务产业园作为嘉定工业区加快园区功能创新、调整园区发展定位的重要转型项目，承担电商产业研发、示范、总部经济、配套服务、政务管理等多项功能，是嘉定工业区探索的一条集约型、节约型、环境友好型的二、三产业互动发展之路的重点项目。

嘉定电子商务产业园已经引入了包括百度、京东、凡客诚品、新蛋、阿里巴巴、国美库巴网、乐语中国、英孚思为、思美传媒、聚宝传媒、易传媒、随视传媒为代表的一批电子商务和信息软件的知名企业。2012年，嘉定工业区电子商务及相关行业企业实现销售额210.3亿元，比上年增长75.25%；实现税收4.93亿元，比上年增长90.34%。仅6年间，电子商务从新兴产业跃为园区支柱产业。

为了跟上电商的发展步伐，把“各自为营”的电商组织起来“抱团取暖”，嘉定工业区组织成立工业区商会电商分会。在电商分会机制助推下，各电商企业协调各自经营行为，建立有序竞争环境，避免恶性竞争，降低自我消耗，实现资源整合、经验共享，形成合力闯市场的良性发展局面。推进电子商务产业的持续、健康、快速发展。

上海农产品中心批发市场

上海农产品中心批发市场位于上海市浦东新区，是上海市最大的综合型农副产品批发市场，是上海市政府“菜篮子”重点工程，是农业部定点市场，是商务部等13部委认证的全国四大绿色样板市场之一，是中国商业联合会确定的中国商业信用企业。

上海农产品中心批发市场总规划占地面积27万平方米，一期工程建筑面积近5万平方米已经运营，市场二期也已启动。批发市场的发展目标是：建设现代化的大市场、大流通、大贸易生鲜农产品物流平台，辐射华东、服务全国、面向世界，促进农产品流通的规模化和农业的产业化，不断满足人民日益增长的食用农产品消费的需要。

上海农产品中心批发市场于1998年1月投入运营，2002年1月由深圳市农产品股份有限公司的全资子公司上海吉农投资有限公司控股。

批发市场农副产品类别齐全，设有肉类交易区、蔬菜交易区、水果交易区、粮油交易区以及水产、南北干货交易区。市场与全国名特优农副产品基地建立了长期、稳定的合作关系。农副产品的交易量和交易额平均每年以30%以上的速度增长。2006年实现交易量105万吨、交易额35亿元。

市场物流设备设施齐全，拥有高低温仓储、停车场等物流设备设施；市场服务周到，设有客商服务中心、食品安全检测中心和电子化代理结算中心，昼夜24小时为客商提供服务。其中，电子代理结算是批发市场的一大特色。其肉类电子化交易，是上海市食用农产品（肉类）安全示范批发市场；是全国首家采用轨道式悬挂、RFID技术电子计量、电子化结算的交易平台。肉类符合国家食品卫生安全标准。同时设置200多个肉类分割档位，对肉类进行分类加工、配送。此外，还建立了蔬菜电子交易中心，水果电子结算中心等。

批发市场的24小时结算中心全天为客商提供租金、水电费和电话费结算，办理市场结算IC卡，IC卡充值等服务。

批发市场的食品安全检测中心，是上海市各类农产品批发市场中首家获得市质量技术监督局颁发的“计量认证合格证书”的检测单位。主要承担食品安全检测、监督，日检测蔬菜样本180多个，并对肉类、粮食、食用油、水果等进行检测。

上海钢联电子商务股份有限公司

上海钢联电子商务股份有限公司成立于2000年4月30日，是集钢铁资讯、电子商务、网络技术服务为一体的全国性大型综合IT服务企业，提供专业的钢铁资讯交互平台、一站式钢铁电子商务服务。通过旗下“我的钢铁网”上海钢联首创了钢材、炉料、特钢、有色、国际等五大资讯频道，提供综合资讯、产经纵横、统计资料、钢厂资讯、下游动态等资讯内容；借助旗下英文网站与世界知名钢厂和贸易商交流合作；凭借旗下研究中心(MRI)洞察与剖析，及时提供《钢市动态与分析》周刊、《我的钢铁网研究报告》月刊、《Mysteel Weekly》、《Mysteel Daily》等系列研究产品，辅助企业和政府决策。2005年上海钢联荣获上海名牌称号，并通过ISO9000管理体系认证；2005—2008年连续4年入选“中国行业电子商务网站Top100”。

上海钢联现已发展为全国最大的钢铁行业门户网站之一。旗下管理并运营“我的钢铁网”、“我的能源网”、“我的有色网”、“我的不锈钢网”、“搜搜钢网”五大网站，旗下拥有北京钢联麦迪电子商务有限公司、无锡钢联电子商务有限公司、上海钢银电子商务有限公司、上海博扬广告有限公司等专业公司。公司现有员工近千人，为了保证给客户提供及时、准确、全面的服务，公司在全国100多个城市、20多个海关口、30多个仓库设有资讯采集基地；在郑州、成都、西安设有业务代理公司，确保信息的全面性和权威性。近几年，钢材综合指数MySpic和矿石综合指数MyIpic已成为国际国内贸易的重要参考工具。

找　钢　网

找钢网成立于2012年初，是一家采用标准创投模式成立的公司。2015年底，找钢网获得了来自京西创业、中泰证券等著名机构的战略投资11亿元。在此之前，还获得了多家知名基金公司的风险投资。

找钢网始终以变革钢铁流通贸易模式、

助力钢铁行业转型升级为愿景，取得了爆炸式的增长：2015 年总交易量超过 3000 万吨，总交易额约 750 亿元，其中找钢商城交易量 800 多万吨，销售收入约 180 亿元。找钢网除上海总部外，已形成了辐射全国的营销服务网络，有 26 家分支机构，1 家武汉二级研发中心、1 家长沙云电商研发中心，1 家韩国分公司。找钢网合作的钢厂数量已达 90 余家，合作仓储及加工中心 65 家，活跃买家企业会员超过 6 万余家。找钢网已发展成为中国最大的钢铁全产业链电商平台，也是中国产业互联网的标志性企业。

全产业链业务已全面拓展，找钢电商零售兼具撮合，为客户提供最优质的服务及商品；找钢仓储加工整合碎片化的社会资源，为客户提供兼具便利与安全的一站式仓储、加工服务；胖猫物流以省心、便捷、优质为宗旨，成为客户一站式采购环节中不可或缺的重要部分；胖猫金融囊括胖猫白条、供应链金融及集团融资等各项业务，为上下游全产业链的客户提供多元化的金融服务；国际电商服务则在中国钢铁产能过剩背景下，为上游厂商开拓国际渠道。

将自己的成功模式复制到其他大宗商品领域，找铝网的成立便是找钢网迈出的第一步，而以投资及孵化创业项目为核心的“胖猫工场”的建立，也将有助于找钢网将自己的成功经验分享给其他 B2B 领域的创业企业，从而帮助他们成功。

驴妈妈旅游网

驴妈妈旅游网创立于 2008 年，是中国综合性旅游网站、自助游领军品牌、中国景区门票在线预订模式的开创者，提供景区门票、度假酒店、周边游、国内游、出境游、大交通、商旅定制游等预订服务。在景区门票、周边游、邮轮等品类处于行业领先地位。驴妈妈致力于让游客“自由而有尊严地行走”，被认定为“国家高新技术企业”。

驴妈妈旅游网总部设在上海，已在北京、广州、重庆、天津、南京、无锡、苏州、杭州、宁波等 64 个城市设立分 / 子公司，覆盖国内重要旅游目的地和客源地，形成全国深度布局、线上线下 O2O 一站式服务。驴妈妈网拥有 600 万注册会员，有强劲的消费能力和时尚的消费观念。每月门票预订量超过 100 万张，自由行旅游出行人数超百万人次。

驴妈妈旅游网依托强大的运营实体，是旅游业合作伙伴的终端营销利器，也是中高端品牌优秀的合作媒体。

根据 2015 年 10 月劲旅智库数据，驴妈妈旅游网稳居在线旅游网站流量前三。驴妈妈 APP 客户端累计下载量超 5 亿，覆盖景区 7000 家，合作伙伴超 3 万家。

二、交易会、展览会

第二十五届中国华东进出口商品交易会

3月1日，素有中国外贸“新春第一展”美誉的第二十五届华交会在上海新国际博览中心隆重开幕。为期5天的本届华交会展览面积11.5万平方米，展位总数5780个，设立4个国内企业展区（服装、家用纺织品、装饰礼品、日用消费品展区）及一个以“现代生活方式”为主题的境外企业展区。根据统计，本届展会服装展区展位1887个，占32.82%；家纺展区展位1003个，占17.44%；家居展区展位1865个，占32.43%；电子消费品展区展位89个，占1.55%；其他消费品展区展位346个，占6.02%；装饰礼品展区展位308个，占5.36%，境外展区展位252个，占4.38%。14个交易团(9个主办省市交易团、3个组团城市交易团、1个联合交易团、1个境外交易团)共组织3378家企业参展，其中，境外参展企业达204家。总成交额25.66亿美元。放眼本届华交会，改革新招频出，工作亮点纷呈：

一是各类商务活动更加务实高效。为更好地服务参展企业，提供给企业更多的参展收获，本届华交会于3月2日、3日两天，在展会现场举办“一对一”采购商现场对接会，分轻工、纺织两个专场，各邀请40名海外专业买家；举办专业论坛，通过“中国制造之美”和“未来已来——开启跨境电商信用保障时代”两个论坛，提升展会品牌影响，培育企业创新设计理念和能力；还举办参展企业评选活动，通过让拥有自主品牌、自主研发能力的优秀企业参评“创新奖”，使之在华交会这一平台得到更好的企业宣传和品牌展现。

二是电子商务体验功能更加完善。为提升展会品质，适应展商和客商参展的新需求，本届华交会大力开发和挖掘展会的电子商务运用，完善华交会网站功能，开展网上办证服务；升级改版“华交会APP”，提供中、英、日、韩四种语言版本；继续开展“展位二维码扫描”，方便展商与客商的商贸洽谈；开展问卷调查电子化，提高调查统计效率；增设现场触摸屏导航点，方便客商查询；开展客商网上预登记，及时掌握客商赴会信息。

三是知识产权保护更加严格执行。本届华交会认真参照国家商务部、国家工商总局等四部委联合下发的《展会知识产权保护办法》，明确了制定办法的依据、适用范围，规范了受理条件，细化了相应处理程序。华

第二十五届中国华东进出口商品交易会

交会业务办还会同上海市知识产权局，市工商局组成工作小组，加大巡查力度，发现问题按法规和规定严肃查处。

四是会展服务保障更加精细到位。通过优化完善管理服务，营造良好的展会环境：设立展览现场一站式服务；完善展馆无线上网，解决客商上网问题；设置客商休息、饮水供应、现场医疗、法律咨询、银行、出口信用保险、跨境人民币业务金融服务政策咨询等各类服务点，为展客商提供服务；设置出租车候车点、地铁与展馆间免费往返巴士、展馆内循环电瓶车等，解决展客商交通问题。

第三届中国（上海）国际技术进出口交易会

第三届中国（上海）国际技术进出口交易会（简称上交会）于4月23—25日在上海世博展览馆成功举办。本届上交会以“创新驱动发展、保护知识产权、促进技术贸易”为主题，通过技术展示、项目对接、交易服务和论坛活动，为观众带来了一场精彩纷呈的高科技领域内的视觉盛会。

本展会共吸引了来自20多个国家和地区及国际组织和国内30个省市自治区的984家知名中外企业、科研院所、科技园区、创客组织和交易服务机构参展，展会期间共举办了开幕论坛、主题日、专业论坛和专题会议，举行中外交流、张江发布、项目对接等主题活动。共吸引中外观众4.5万人次参与，较上届增长16%，其中专业观众占比例近75%。上交会充分凸显国内外专业影响力。

上交会作为首个集技术展示和交易服务为一体的国家级、国际性、综合型展会，受到各方领导的高度重视。4月23日开幕当天，全国政协副主席、科技部部长万钢，海峡两岸关系协会会长陈德铭，上海市市长杨雄，捷克共和国众议院议长杨·哈马切克等参加巡馆并出席开幕论坛。展会开幕论坛主题为“发展技术贸易——助力全球科技创新中心建设”。万钢、陈德铭分别发表了主旨演讲。杨雄、杨·哈马切克分别致辞。

第三届中国（上海）国际技术进出口交易会开幕。4月23日，工作人员向观众展示一部穿戴式飞行器

本届上交会引入当今国际交易会的先进经验，首次设立主宾国机制，邀请“一带一路”沿线国家捷克共和国担任主宾国。捷方由众议院议长杨·哈马切克带队，率领高级政要和科技界、企业界人士共300多人组成的科技经贸代表团参加上交会，展会现场设有捷克主题馆和企业馆，期间还开展了中捷经贸科技专场对接会、中捷文化交流等系列活动。对接会上，184家中捷企业在航空航天、电力设备、信息技术、生物医疗、能源环保等领域开展深入洽谈，其中近1/3的捷克企业在现场提出合作意向，意向合作总金额超1亿美元。

本届展会展览面积共3.5万平方米，分三大板块：科技创新、专业技术、交易服务。在专业展区中重点聚焦高端装备、新一代信息技术、节能环保、生物等国家战略性新兴产业。其中：经过公众推选和专家评审，意大利机器人宝宝iCub、科沃斯研发的空气净化机器人沁宝、厨易时代的全智能无人售菜和提货一体机、同济大学3D打印电动方程式赛车、捷克共和国赛鹰飞行器、上海北斗车道级高精密导航定位等被评为第三届上交会十大人气奖项目。

除开幕论坛外，本届上交会还设有三个主题日活动，分别为“捷克主题日”、“联合国工业发展组织主题日”、“知识产权主题日”，此外，还举办了50多场专业论坛和专题会议。活动现场人头攒动，活动内容精彩纷呈。对聚焦创新创业、促进产业升级、拓展国际视野、扩大交流合作起到了重要助推作用。

第十七届中国国际工业博览会

2015年11月3—7日，第十七届中国国际工业博览会在上海举办。这是“中国制造2025”战略发布后，中国智能制造应用的首次检阅。本届工博会首次移场国家会展中心，展会规模和参展企业双双创下历史之最。

本届工博会以“创新、智能、绿色”为

主题，设有工业自动化、节能与新能源汽车、机器人和航空航天技术等 9 大专业展，展示规模达 23 万平方米，超过 2200 家参展商完成折合展位数 11226 个，比上届增长 38.55%，均创下历史新高。本届工博会成为展示中国“智”造的重要平台。其中，自动化和机器人展区面积是去年的 1.5 倍，首次新增家用机器人和航空航天展区。

工博会新辟“智能制造试点示范项目专项展”，集中展示一批工信部的“智能制造试点”。同时，还组织了“高档数控机床与基础制造装备专项展”，展示中国制造的最高水准。参展企业也带来了众多可能改变我们生活的科技产品，在展会上一一亮相。其中一款智能安全管理系统，在驾驶员或飞行员的帽子里安装了芯片探测、传输设备，其脑电信号如剧烈波动或太过沉寂，系统就会报警提醒。据悉，该系统已在和铁路部门合作，有望在动车上投入实际操作。

海外企业也对中国市场投入更多热情。本次工博会上，瑞士 ABB 机器人技术公司和日本发那科公司将全球首发数款新品。全球主要机器人公司负责人悉数出席相关论坛，这在工博会历史上尚属首次。

本届工博会还举办了一系列配套论坛。如第四届中国机器人高峰论坛、第三届中国智慧城市产业发展（上海）论坛、工业设计创新论坛等数十场活动。

第十四届中国（上海）国际跨国采购大会

2015 年 9 月 22—24 日，由国家商务部、上海市人民政府共同主办的第十四届中国（上海）国际跨国采购大会在上海世博展览馆成功举办。

本次展会面积 2 万平方米，共设 760 个展位，共有来自 11 个国家和地区的 323 家企业报名参展。其中，不乏菲亚特克莱斯勒、通用电气、伊顿电气、麦格纳、德国联邦铁路等 20 余家世界 500 强企业采购商。另有包括联合国开发计划署、联合国儿童基金会、世界卫生组织、联合国工业发展组织、联合国难民署，以及中国联合国采购促进会等在

第 14 届中国（上海）国际跨国采购大会

内的联合国及国际组织采购机构参展。

本次大会专辟四大展区，分别为“国际工业零部件采购商展区”、“金属加工及工业制造展区”、“中国制造2025展区”，以及“供应链服务商展区”，吸引国内外参会供应商达到8000家。

与跨采大会同期举办的“2015跨国采购论坛”，以“中国制造2025——全球采购新布局”为主题，来自跨国采购产业链不同节点的中外嘉宾，针对中国制造面临的机遇和挑战，阐述不同的工业行业及相关产业链在“中国制造2025”规划和实施中的角色定位。

在大会之外，跨国采购在线平台提供365天的精准配对服务，吸引全球五大洲著名企业的买家和海内外优质供应商，打造永不落幕的跨国采购盛会。

2015年，世界经济复苏乏力，一波三折，主要发达经济体、新兴市场经济体都遇到了新的下行压力，对外贸易全世界都存在较差的预期，中国外贸出口也不例外。跨采大会利用多年积累的海外资源和渠道帮助中国企业寻找优质的海外采购商，打造跨国供应链体系。经过13年的发展历程，跨采大会已颇具规模，在业界建立了自己的专业品牌，坚持服务国家发展战略，为全球采购商与供应商构建沟通和交流的桥梁。

第十六届上海国际汽车工业展览会

以“创新•升级”为主题的第十六届上海国际汽车工业展览会于4月29日在国家会展中心（上海）圆满落下帷幕。

本届上海车展吸引了18个国家和地区2000家中外汽车展商参展；展出总面积超过35万平方米；展出整车1343辆，其中全球首发车109辆，新能源车103辆，概念车47辆，亚洲首发车44辆。4月20日、21日两天媒体日，各大汽车厂商召开了104场新闻发布会。车展期间，来自44个国家和

第十六届上海国际汽车工业展览会于4月29日在国家会展中心（上海）圆满落下帷幕

地区2150家中外媒体1万余名记者竞相报道了车展盛况。本届车展共吸引参观者92.8万人次。

2015上海国际车展正逢30周年，1985年上海车展初次亮相，是中国最早举办的专业国际汽车展览会，展出面积1.5万平方米。2015年展出面积超过35万平方米。走过30年的上海车展折射了一个时代的变迁，也见证了中国汽车工业的崛起，更成为上海城市的一张名片。

4月19日，作为上海国际车展唯一官方论坛的“2015上海国际车展第四届高峰论坛”在上海威斯汀酒店举行。以“创新•融合——营造智能互联汽车产业新生态”为主题的本届论坛，吸引了行业领导、中外汽车高管、专家学者以及驻沪使领馆、商会等400余人出席。会议聚焦当下“互联网+汽车”最热话题，传递出中国汽车智能化提速信号。

本届车展自主品牌显示出不凡实力，上汽、一汽、东风、长安、广汽、北汽六大汽车集团，以及奇瑞、华晨、吉利、长城、比亚迪等全力参展。无论从产品设计还是到技术革新，无不显示出中国汽车工业的自信和巨大潜力，势头丝毫不亚于海外品牌，成为中国车企向世界展示中国品牌的窗口。与此同时，欧系、日系、美系等著名车企高层亲临站台，揭幕新车发布，足以证明中国这个全球最大的汽车市场依然充满吸引力。

为积极顺应“互联网+”的变革大潮，无人驾驶汽车、智能互联汽车在展会上频频高调亮相。上汽与阿里、北汽与乐视、宝马与百度等跨界联手。伴随互联网技术正在深刻变革着传统汽车制造业，采用互联网思维造车已然成为业界共识。

在本届展会上精彩亮相的103款新能源车，拉开了新能源汽车在本届车展上竞相争艳的帷幕。作为中国汽车产业转型升级的关键环节，中国新能源汽车市场快速增长苗头已然显现。随着其市场化进程的提速，将使整个行业发展渐入佳境，让汽车的能源梦想之变不再遥远。

中国•上海国际食品博览会

由中国食品工业协会主办、光明食品集团承办的2015中国•上海国际食品博览会于2015年11月13日在上海展览中心成功举办。本届食博会以“中国食尚，世界共享”为主题，集聚了来自各行业委员会、省市食协、食品龙头企业、全国各地农垦龙头企业，以及来自英国、法国、澳大利亚、新西兰、葡萄牙、波兰、日本、美国等境内外众多企业联合参展，参展面积近2万平方米，参展产品多达上千种，参展品类包括乳制品、食糖、酒、饮料、休闲食品、罐头食品、肉制品、谷物产品、果品、水产品、调味品等18个大类的精品，海内外的500多家知名食品企业参展。

参展的龙头企业包括中粮集团、百事可乐、李锦记、茅台酒业、南浦集团、喜力啤酒、众美联商城、上好佳等。中华老字号企业协会组织了具有品牌文化代表性和弘扬中华民族的文化精髓老字号食品企业参加本届食博会。中食协冷冻冷藏专业委员会组织企业参展，特设冷冻冷藏食品展厅。上海食协分现场划分了“老字号、老味道、非遗食品区”三大展区。武汉食协在展会现场组织推介会，现场推介武汉特色产品。新疆生产建设兵团，黑龙江农垦、天津农垦、安徽农垦、江苏农垦、云南农垦都带着优质农副产品参加本届博览会。

本届食博会将理念创新、内容创新、形式创新融入于食品节丰富多彩的活动之中，在展示展销传统食品的同时，举办了“翡丽

2015 中国•上海国际食品博览会开幕式

百瑞橄榄油品牌推介会”、“西班牙美食推荐会”、“良友海狮与米盖尔签约仪式”、“万安美高新品发布会”、“汪裕泰吉祥如意系列发布”、“良友海狮新品发布会”、“Tenderness 品牌及产品推广”、“思乐得品牌发布和微商城分销演示”和“崇鳌大闸蟹产品推介会”等活动，让消费者更直观地感受食博会产品品质，尽享世界美食风采。光明食品集团还以博览会为平台，重点展示集团国际化经营的战略，在展会现场与众多国际合作商举行一系列签约仪式。众美联商城也在博览会上举办了“集采会”，为众多参展商和采购商现场提供 B2B2C 一站式合作的解决方案。

本届食品博览会也是第十届光明食品节，集团携旗下糖酒集团、光明乳业、益民食品、梅林股份、良友集团、牛奶集团、海博股份、蔬菜集团等知名食品企业，澳大利亚玛纳森、英国维多麦、新西兰新莱特、法国 Diva、以色列特鲁瓦、西班牙米盖尔、意大利 Salov、香港万安等光明食品集团的海外企业产品都将在博览会上集中亮相，把光明食品集团数千款优质产品统一展示给中外宾客，全方位展示光明食品集团国际化视野和战略成果，呈现光明食品集团全产业链形象。

第二十四届中国（上海）国际广告印刷展览会

第二十四届中国（上海）国际广告印刷展览会（简称上海广印展），于 2015 年 3 月 9—12 日在国家会展中心（上海）再度亮相。展会主办方上海现代国际展览有限公司紧扣国家“一带一路”、“互联网 +”的战略方针，顺应新格局，抓住新机遇，谋求新发展。上海广印展为展商和观众再度奉献了一场精彩的广告行业开年盛会。历时 4 天的展览会共吸引海内外专业观众 16 万余人次；使用了国家会展中心包括北厅与二层展馆

第二十四届中国（上海）国际广告印刷展览会开幕

在内的总共 8 个展馆，共 20 万平方米展出面积；参展企业 2100 余家，云集了几乎所有世界顶级的数字喷印设备品牌，如 HP，EFI，DURST，SwissQprint，FUJIFILM，AGFA，Canon，Epson，Dilli，MIMAKI，Mutoh，Roland 等传统巨头。令人振奋的是以飞阳、恒泽基业、泰威、赛博、工正、润天智等为代表的一流中国制造群体的崛起，与世界顶级品牌同场竞技，并驾齐驱，标志着中国制造的全面进步和巨大威力。

作为广告标识行业的“亚洲论坛”，“亚洲广告联合会首次会员大会”在 2016 上海广印展同期隆重举办。2015 年经中日韩三国广告设备协会共同发起成立的“亚洲广告联合会”，经过一年的宣传与运作，包括马来西亚、巴基斯坦、越南、泰国、阿联酋、土耳其、伊朗、印度、中国台湾等都已申请加入联合会。本次展会上亚洲广告联合会会员代表聚集一堂，就如何进一步团结各会员国家和地区的广告协会与主办方，发挥协同作用，合力促进各国各地区广告标识展会及广告业的蓬勃发展建言献策。

2015 年，上海广印展主办方现代国际展览公司在国内展览行业第一家引进世界知名软件公司 ORACLE（甲骨文）的营销管理云计算软件“Eloqua”。本届展会前，主办方运用这一国际尖端营销管理软件，对展会官网、E-mail 推送、微信公众号、LinkedIn（领英）、Facebook（脸谱）、Twitter（推特）、手机短信群发、电话邀约等多种宣传手段进行整合，优化渠道，进行精准营销，在专业观众的组织与邀约上取得历史性的大跨越。展会期间专业观众达到 163259 人次，同比上升 11.49%，观展人数更是增加 30% 以上，展会现场火爆，场面前所未有。上海广印展“全球著名的采购贸易平台”的品牌形象被赋予了更加深刻的内涵。

上海广印展深耕行业 24 年，已经成为全球规模最大的广告设备展览会，业内几乎所有国际知名企业都已悉数加盟，其知名度与影响力更是首屈一指。面临近年来国际经济形势的新挑战，上海广印展也在优化调整中寻求发展的“新活力”，2015 年是上海广印展的“服务年”，主办方着眼于更好地服务展商，将着力与帮助展商做365天不间断的宣传，办“永不落幕的广印展”。

第十七届上海国际纺织工业展览会

2015年6月15日，由上海纺织（集团）公司、中国国际贸易促进委员会上海市分会、中国国际商会上海商会共同主办，由上海纺织技术服务展览中心、上海市国际展览服务有限公司、雅式展览服务有限公司承办的第十七届上海国际纺织工业展览会在上海新国际博览中心开幕。来自30个国家和地区的1000多家纺织机械制造商在此进行新机械、新装备、新技术和新理念的展示和交流。本届展会总展示面积达10万平方米。意大利、韩国及中国台湾的纺织机械制造商组团参展。

中国纺织服装产业已进入转型升级关键时期，劳动力成本的不断上涨给用工量大的纺织业带来极大挑战。利用纺织新技术提高产能和改善产品质量、开发新市场将成为企业能够长远发展的关键成功要素。本届展会聚焦自动化纺织技术在纺织及不同领域中的应用，透过展示全球顶尖纺织机械，诠释新型纺织技术在服装业以及鞋业、医疗、卫生防护、土工建筑等众多应用领域的最新发展。

本届展会围绕“智能环保•技术创新，造就可持续发展的时尚新纺织”主题，分7个专区集中展示当今世界先进的纺纱及产业用布机械、纺织机械零配件、织造机械、针织及织袜机械、创新运动服、印花/染色/后整理机械/纺织化学品、数码印花机械等，为买家提供一站式的采购和交流平台。

为鼓励通过科技创新手段实现纺织行业的节能减排和低碳环保，本届展会特别扩大了“数码印花机械专区”规模，探索创新数码印花技术，助力传统纺织印花企业转型发展。同时，还面向全国纺织高等院校和海内外纺织、服装、面料企业推出“上海国际数码印花创意服装设计大赛”，通过搭建“校企联动”平台，为相关纺织院校和数码印花、纺织服装企业间构筑起更开放、更多元的人才交流和项目合作渠道，推动我国纺织行业高素质人才的培养和创新设计团队的建设。大赛颁奖典礼于展会现场举行，并将全部获奖作品在展览会现场的时尚设计展区展出，供专业人士观摩。

为迎合市场的发展方向，本届展会的重点是探索运动及功能性服装、牛仔和数码印花先进技术的应用，并在展会期间举办一系列的活动，挖掘高增长的细分市场潜力。而对于大家关注的行业持续发展问题，展会则推出了“纺织业可持续发展前瞻论坛”，为买家和展商带来绿色灵感和资讯，解析如何将可持续发展理念带到设计和生产的过程中，共迎“生态时尚”的崭新时代。

2015上海国际互联网暨电子商务博览会

2015年12月18—20日，2015上海国际互联网暨电子商务博览会在上海世贸商城成功举办。展会背景是在全球信息化大势所趋的影响下，电子商务迅速崛起，网上交易步入了一个新的发展阶段。电子商务作为未来网上交易重要商务活动之一，有着巨大经济潜力，使得许多企业跃跃欲试，网络平台营销已从简单的一种经营业态发展为一个产业，它的发展已逐渐得到社会群体的普遍认可，也得到了各地政府的关注和支持。上海作为中国经济的龙头，本身蕴藏极大的市场潜力。以上海为首的华东各区是目前国内最具辐射力的市场，是国内外商业交流的重要窗口，国内外物资采购中心，国内外企业推广产品的集中地。在这个有着无限发展前景的电商产业链中，上海国际网博会则必然是一场不可或缺的年度品牌大戏。

上海国际网博会是一个卓越的贸易采购平台。展会邀请了包括：百度、阿里巴巴、网盛生意宝、慧聪网、中国网库、淘宝网、兰亭集势、京东商城、亚马逊、Ebay、义乌购、苏宁易购、凡客诚品、新蛋网、顺丰、红孩子、乐友、麦车车、爱婴室、拍鞋网、美团网、名鞋库、易宝支付、易迅、麦考林、优众网、我买网、1号店、铭万网等电子商务品牌企业参与。

参展范围为品牌商、生产企业、电商平台、服务商。服务商包括商城、跨境电商平台；仓储与物流配送；数据应用与营销推广；金融与支付；品牌孵化及园区；移动与应用等领域。

2015 上海国际珠宝首饰展览会

2015 上海国际珠宝首饰展览会，于5月6—10日在上海世博展览馆隆重举行。展出面积近6万平方米，展位数2700个，汇聚来自美国、以色列、德国、澳大利亚、泰国、韩国、法国、巴西、意大利、斯里兰卡、尼泊尔、印度、缅甸、新加坡、波兰等22个国家和地区的1300多家参展商参展。

本次展会由中国珠宝玉石首饰行业协会和国土资源部珠宝玉石首饰管理中心、上海黄金交易所、上海钻石交易所、上海黄金饰品行业协会、深圳市黄金珠宝首饰行业协会、上海宝玉石行业协会等诸多权威机构联合主办，是一次中国大陆品牌化、国际化程度最高的国际性珠宝展。

本次展会有25个特色展体集体亮相，共占1038个展位，占展位总数的38.4%。钻石展团、玉雕大师展团、台湾展团、香港展团、水贝展团、金丽展团、东海水晶展团、立新展团、黄龙玉展团等均各具特色。

上海国际珠宝首饰展览会作为中国大陆北京、上海、深圳三大国际珠宝展中国际化程度最高的专业珠宝展，此次集结了国际及港澳台展商近300家，576个展位，占整个展位的21.3%。

为促进珠宝文化创意、设计服务与行业企业的深度融合，提升首饰设计师在整个行业中的影响力和创新驱动力，本次展会集结20位国内优秀的独立首饰设计师、首饰艺术家共同打造中国原创首饰设计力量，他们的作品并在展会上展出，展示了别具风格和艺术韵味的设计师作品。展会期间，还举办中外珠宝首饰设计师论坛，让思维与设计碰撞，让艺术与商业交锋，让设计产生更多的可能性。

三、特色街区与节日市场

泰晤士小镇文化创意休闲街区

泰晤士小镇建设于“十五”期间，位于松江城区，总占地面积约100万平方米，总建筑面积50万平方米，绿化覆盖率达到60%，是一个超低密度的具有旅游休闲功能的国际新型社区。

泰晤士小镇餐饮休闲区

小镇由世界著名的英国阿特金斯公司整体规划，既借鉴了英国泰晤士河沿岸小镇的建筑风貌，也结合了中国人的实际生活习惯。尖顶的哥特式教堂、维多利亚式的露台，还有山丘和城堡、喷泉和广场，从整体布局到一砖一瓦都体现了原汁原味的英伦风情，你可以在这里找到更多的英伦情怀。位于泰晤士小镇中心的商业区域，坐落着很多咖啡店、画廊和美术展馆。商业区域的东部是一片景观湖泊，还可乘游艇兜风、或驾驭手划船在湖上荡漾。小镇商业区域的北部、南部和西

泰晤士河沿岸的小镇建筑风貌

部均是住宅区，同样是英式的独栋、联排别墅以及多层公寓。

泰晤士小镇经过了多年的探索和发展，如今，SOHO 式创意产业集聚区新概念的提出，正不断汇集以“时尚、传媒、创意”为核心的商户入驻，随着原创设计、会展、文化传播、广告、动漫影视、剧院演出的日益丰富，引进的特色商家，如星空剧场、国际大师、钟书阁、思想家咖啡书廊、深海 800 米、上井日料、新乐坊、全家超市、菲堤主题酒店、瑞士进口蛋糕房、芭斯罗缤冰淇淋店等，都富有鲜明的品牌特色，为小镇平添了无限时尚魅力。

未来的泰晤士小镇，将坚持走“产业”与“商业”并进的发展路线，聚焦时尚设计、会展发布、动漫影视、剧院演出、美食餐饮等，努力将小镇打造成为上海的又一个时尚新地标、传媒产业平台，成为时尚潮流发布的首选地。

井亭虹泉路韩国街

井亭虹泉路商业娱乐一条街主要是由井亭大厦、井亭天地、吉祥酒店、帝璟酒店四幢商务楼宇构成。位于虹桥镇西首，属虹桥大枢纽辐射区，交通便利、人流不断。

在金汇南路、虹泉路这片区域，聚集了3 万多名韩国人，依托这些韩国居民，井亭虹泉路俨然形成了一片韩国城区。各种韩式美食、商场、娱乐场所一应俱全，从老板到商品全部来自韩国，使虹桥井亭日渐成为一个现代化国际商务区和休闲区。

虹泉路上，咖啡店的环境风格迥异

历经 3 年建设，虹泉路商业街由不起眼的一条小马路演变成热闹繁华的韩式商业娱乐一条街。没机会去韩国旅行，要想在上海买到正宗的韩国货，玩到道地的韩国娱乐，来井亭虹泉路就是来对了地方。想试做韩国菜的“煮妇”们，去虹泉路上的“1004 超市”，可以帮你“一网打尽”各类食材，这里有各种韩国进口的蔬菜与水果，以及大酱汤、石锅拌饭专用辣椒酱、腌泡菜的专用酱汁等。

虹泉路上的井亭大厦几乎包罗了所有韩国货。最有特色的是这里的韩国药房。所用的都是进口药，也有韩国过来的医生，专开处方药。也有 MM 们喜欢的韩妆，如兰芝、梦妆这些在中国流行的品牌都可以看到，还有韩国人自己喜欢的品牌，如雪花秀等。

韩国的浴场与中国的桑拿是完全不同的两个概念。韩国人开的 NewStar 纽斯桑拿经营的项目是完全韩式的。在这里不止是洗浴，更像是一个游乐中心，适合情侣、家人与朋友在里面聚会，玩上一天都不够。

虹泉路上的餐馆、理发室、健身房、美容院等等应有尽有。几乎就是一座休闲小城，周末约上三五好友来虹泉路上兜兜逛逛、吃吃玩玩。逛累了，不妨在任意一家咖啡店休息一下。每家咖啡店风格迥异，环境也都很安静，在里面坐一坐、喝杯咖啡，放松一下心情，真的特别舒服。

以“魔都爱情地标”理念创新商业体验的上海大悦城

历经5年建设磨砺，2015年12月19日，坐落苏河湾的上海大悦城崭新启幕！整体商业体量达16.3万平方米。拥有SKY RING天空指环、梦创空间、摩坊166、手做人街、未央街、霓虹街、水晶广场、好运广场、千平米垂直绿化，是一座升级了的现代化智慧购物体系。拥有450多家优质商户，其中有49家首次进入上海的品牌，包括零售20家、餐饮18家、体验型手作坊11家。

上海大悦城集结各界大师强强合作，为消费者匠心铸造极致体验的购物中心。其目标客群是城市新兴中产阶级。利用智慧购物体系、情感云社交等手段实现差异化营销，成为上海最具个性特色的主题购物中心。最引人关注的是，上海大悦城定位升级为“魔都爱情地标”，引入了国内首个屋顶悬臂式摩天轮SKY RING，打造沪上首家屋顶轻艺术街区摩坊166，更独树一帜地以情感体验拉动消费，首创亲密社交空间的理念打造爱情主题购物中心。

国内首个悬臂式屋顶摩天轮SKY RING直径56米，距离地面106米，拥有30个极具时尚感的白色轿舱。这里有不同语言写成的无数爱语的最大告白墙，有随着人的身影移动而绽放的玫瑰花墙，还有虚实一体的全世界爱情圣地可以随时拍出“假装在度假”的照片。打开“一千零一夜”互动窗能看到经典爱情电影场景，而在高科技魔镜前，又能看见几十年后白头偕老的样子。在SKY RING上，最特别的体验是还可以享用空中

2015年12月19日，大悦城启幕

大餐和空中下午茶。

沪上首家屋顶轻艺术街区摩坊166位于上海大悦城8楼、9楼，由红砖墙搭建，采用后现代工业化风格，拥有40余家风格迥异的特色店铺，集手作、异国料理、宵夜、酒吧为一体。SKY RING摩天轮及其脚下的街区摩坊166，以原创的亲密社交空间的理念系统化、整体化地打造了爱情地标这一理念。摩坊166"逆"商业逻辑地设计了由上到下的喷淋式客流动线，聚集高层客流。摩坊166设有手作人街、霓虹街和未央街三个主题板块街道。在手作人街可以完成烘焙、手制皮雕、木工、打制首饰等体验。霓虹街则进驻了一些具有主题概念的食肆、居酒屋，每个品牌背后都有不同的动人故事，许多还提供宵夜服务。未央街则汇聚了有品位的小酒吧，这里还有站立式餐厅和各种异国风情酒吧。

大悦城独具的"屋顶摩天轮＋轻艺术街区＋性感云"三大亮点，恰到好处地融汇性感的场景体验，极自然地拉动了目的性消费。在乘坐摩天轮后，吃喝购一应俱全，性感场景化消费成为开业后极佳的卖点。

上海旅游购物节精彩纷呈

2015年9月，上海旅游节、上海购物节拉开帷幕，集观光、休闲、娱乐、购物于一体的各项活动吸引大批中外游客畅玩上海。上海"两节"核心区黄浦区率先公布24项开展的主题活动，南京路、淮海路百兆免费WIFI的推出以及数字商圈的打造，运用互联网思维增强游客出游、购物体验，成为一大亮点。

黄浦区仍是上海旅游节开幕式暨开幕大巡游的主场地，大上海时代广场进行以"海上丝路"为主题的花车巡游，9月14日晚旅游节花车还在南京路步行街巡游。此外，豫园中国日（节）豫园商城经典品牌文化展、都市精华游、2015年中国壁球公开赛、新天地时尚怀旧集市等也给游客带来不一样的体验。而在9月11日—10月7日的上海购物节中，黄埔区还通过上海时装周2016春夏发布会等10项活动、40余项营销，围绕"激情绚彩南京路"、"淮海天地时尚月"、"豫园中国日（节）"、"璀璨外滩尊享月"等四大商圈，使市民游客感受时尚购物的精彩体验与上海传统品牌的新活力。

节日市场购销两旺

2015年"十一"期间（9月24日—10月7日），在购物节等一系列重大活动的带动下，全市商业企业积极创新营销形式，节日市场购销两旺。根据17个区县商务主管部门和重点商业企业联合抽样调查，"十一"期间，427家大中型商业企业共实现营业额133.8亿元，同比增长10.3%（去年同期，抽样企业销售额同比增长9.5%）。

一、时尚都市，女人的上海。2015年上海购物节以"女人的上海"为主题，以98项重点活动为载体，呈现五大特色：吸引女性消费、融合"互联网＋"、打造特色商业街区、加强会商旅文体联动、营造消费新体验。"十一"长假前夕，恰逢中秋节与国庆节双节叠加，购物节在申城掀起了购物、娱乐、消费的高潮。"十一"节前两周，购物节重点商业企业销售额同比递增12.4%。

二、魅力都市，体验的上海。市商务委

与市旅游局、市文广影视局、市体育局合力构建“项目共推、客流共享、标准共建、平台互联、主体互动、宣传互通”的“三共三互”联动机制，首批确立了22个市级联动示范项目。“十一”长假，联动示范项目有效释放了各领域消费潜力。

三、国际都市，世界的上海。7月1日，上海离境退税工作正式启动，首批入选的离境退税商店为27家。自实施以来，离境退税政策稳步推进，成效显著，为上海吸引外来消费、提升国际形象做出了积极的贡献。

四、宜居都市，百姓的上海。节日期间，百联、光明、蔬菜等集团公司和各区县商务主管部门积极做好主副食品市场供应工作，货源准备充分，菜价不升反降。节前，市区两级商务主管部门均制订了节日安全预案。节日期间，全市消费市场平稳繁荣，各类商业营销活动组织有序，居民和游客消费安全得到切实保障。

四、商贸法律法规

（一）国家商贸法律法规

国家新颁布商贸法律、法规目录

法律、法规名称	发布机关	发布日期	实施日期
关于大力发展电子商务加快培育经济新动力的意见	国务院	2015.5.4	
中央财政服务业发展专项资金管理办法	财政部	2015.5.31	2015.5.31
关于积极推进“互联网 +”行动的指导意见	国务院	2015.7.1	
境外交易者和境外经纪机构从事境内特定品种期货交易外汇管理有关问题	国家外汇管理局	2015.7.29	2015.8.1
关于进一步促进旅游投资和消费的若干意见	国务院办公厅	2015.8.4	
关于促进融资担保行业加快发展的意见	国务院	2015.8.7	
2015 年农产品进口关税配额再分配公告	国家发展改革委·商务部	2015.8.6	
关于加快发展服务贸易的若干意见	国务院	2015.1.28	
关于推进国内贸易流通现代化建设法治化营商环境的意见	国务院	2015.8.26	
关于加快融资租赁业发展的指导意见	国务院办公厅	2015.8.31	
关于促进金融租赁行业健康发展的指导意见	国务院办公厅	2015.9.1	
跨国公司外汇资金集中运营管理规定	国家外汇管理局	2015.8.5	
关于海关特殊监管区域及保税监管场所实施区域通关一体化改革的公告	海关总署	2015.9.29	
进出境中药材检疫监督管理办法	国家质量监督检验检疫总局	2015.10.21	2015.12.1

（续表）

法律、法规名称	发布机关	发布日期	实施日期
对外援助项目实施企业资格认定办法（试行）	商务部	2015.10.29	2015.10.29
关于开展加工贸易工单式核销有关事项的公告	海关总署	2015.11.5	2015.11.5
政府投资基金暂行管理办法	财政部	2015.11.12	2015.11.12
境内机构外币现钞收付管理办法	国家外汇管理局	2015.12.18	2016.2.1
关于加快发展生活性服务业促进消费结构升级的指导意见	国务院办公厅	2015.11.19	
进口旧机电产品检验监督管理办法	国家质量监督检验检疫总局	2015.11.23	2016.1.1
出入境口岸食品卫生监督管理规定	国家质量监督检验检疫总局	2015.11.25	2015.11.25
对外援助成套项目管理办法（试行）	商务部	2015.12.9	2016.1.8
公布对外援助物资项目管理办法（试行）	商务部	2015.12.9	2016.1.8
中央补助地方公共文化服务体系建设专项资金管理暂行办法	财政部	2015.12.24	2016.1.1
中央对地方专项转移支付管理办法	财政部	2015.12.30	2015.12.30
推进普惠金融发展规划（2016—2020 年）	国务院	2015.12.31	
中央国有资本经营预算管理暂行办法	财政部	2016.1.15	2016.1.15
进出境粮食检验检疫监督管理办法	国家质量监督检验检疫总局	2016.1.20	2016.7.1
合格境外机构投资者境内证券投资外汇管理规定	国家外汇管理局	2016.2.3	2016.2.3
口岸进境免税店管理暂行办法	国家税务总局	2016.2.18	2016.2.18
关于口岸进境免税店政策的公告	财政部 商务部 海关总署 国家税务总局 国家旅游局	2016.2.28	
关于推动餐饮业转型发展的指导意见	商务部	2016.3.11	
关于实施《慈善捐赠物资免征进口税收暂行办法》有关事宜的公告	海关总署	2016.3.21	2016.4.1
关于修定《中华人民共和国海关进出口货物报关单填制规范》的公告	海关总署	2016.3.24	
关于发布《进口食品接触产品检验监管工作规范》的公告	国家质量监督检验检疫总局	2016.3.28	2016.4.10
关于完善国家级经济技术开发区考核制度促进创新驱动发展的指导意见	国务院办公厅	2016.4.1	
关于跨境电子商务零售进出口商品有关监管事宜的公告	海关总署	2016.4.6	2016.4.8

（二）上海商贸法律法规

上海新颁布商贸法律、法规目录

法律、法规名称	发布机关	发布日期	实施日期
关于加快发展体育产业促进体育消费的实施意见	上海市人民政府	2015.7.1	2015.7.1
上海市食品安全信息追溯管理办法	上海市人民政府	2015.7.27	2015.10.1
上海市海外人才居住证管理办法	上海市人民政府	2015.7.20	2015.7.1
关于促进本市跨境电子商务发展的若干意见	上海市人民政府办公厅	2015.7.20	
上海市鼓励外资研发中心发展的若干意见	上海市人民政府办公厅	2015.10.28	2015.11.1
进一步推进中国（上海）自由贸易试验区金融开放创新试点　加快上海国际金融中心建设方案	中国人民银行 商务部 银监会 证监会 保监会 外汇局 上海市人民政府	2015.10.29	
关于加快推进中国（上海）自由贸易试验区和上海张江国家自主创新示范区联动发展实施方案	上海市人民政府	2015.11.25	
关于进一步促进本市融资担保行业持续健康发展若干意见	上海市人民政府	2015.12.1	
进一步推进中国（上海）自由贸易试验区外汇管理改革试点实施细则	国家外汇管理局上海市分局	2015.12.18	
上海市加快促进服务贸易发展行动计划（2016—2018）	上海市人民政府办公厅	2016.1.7	
关于本市促进外贸转型升级和持续稳定增长的若干措施	上海市人民政府办公厅	2015.12.31	
上海市融资性担保公司管理办法	上海市人民政府	2016.1.23	2016.2.1
上海市食品安全举报奖励办法	上海市人民政府办公厅	2016.1.19	2016.2.1
关于本市促进新能源汽车分时租赁业发展的指导意见	市政府办公厅转发市交通委、市经济信息化委	2016.2.26	
关于在浦东新区试行加工贸易合同审批改备案的通知	上海市商务委	2016.3.29	2016.4.1
上海市鼓励购买和使用新能源汽车暂行办法（2016 年修订）	市政府办公厅关于转发市发展改革委等七部门	2016.3.4	2016.3.4
本市进一步做好防范和处置非法集资工作实施意见	上海市人民政府	2016.3.23	

五、“老字号”与知名企业

养乐多（中国）投资有限公司

致力于“不断探索生命科学 为世界人类的健康和美好生活做贡献”的养乐多(Yakult)集团，作为世界知名的活菌型乳酸菌乳饮品制造商，1935年开始生产“养乐多活菌型乳酸菌乳饮品”，以其所特有的对于健康有促进作用的益生菌菌株“干酪乳杆菌代田株”风靡世界80余年。自1964年进入中国台湾地区以来，养乐多的健康足迹已经遍布全球33个国家和地区，每天销量达到3400万瓶，赢得了世界不同肤色消费者的喜爱。目前，养乐多（养乐多在广东省及海南省的商品名为益力多）在中国大陆已拥有4座生产基地，31家分（子）公司，每天坚守着对产品安全性、功能性的追求，不断普及益生菌科学理念，为中国消费者的健康事业而努力着。

德高中国

德高集团(JCDecaux Group)创立于1964年，是全球领先的户外媒体公司，并在巴黎Euronext上市。2015年收入达32.08亿欧元，业务遍布全球超过75个国家，4435个城市，运营着1129410个广告位。

作为一家专注于户外广告的国际性媒体公司，德高集团在街道设施、广告大牌及交通媒体的三大业务范围内努力不懈地提供最佳服务。

随着中国户外广告市场的高速成长，德高在中国的表现已成为集团在全球市场中的一个亮点。从2005年进入中国市场以来，德高的业务已覆盖到中国（含香港及澳门）的22座城市。交通媒体（地铁媒体、巴士媒体、机场媒体）以及街道设施媒体（巴士候车亭媒体和校园媒体）已成为公司的主营业务。

上海百联南桥购物中心

上海百联南桥购物中心有限公司以“经营消费者”为核心，积极推进“提能级、改环境、塑形象、增效益”的经营转型方案的实施，从加大经营调整力度、精心耕作主题百货商品经营、创新营销模式、夯实经营管理基础工作、优化商场软硬环境、完善人才培养机制、强化安全管理七个方面加大企业经营调整力度，努力引进适应奉贤市场的品牌，注重开拓购物中心的时尚元素，增强体验项目，丰富与顾客互动的内容。2015年，公司规模销售达19.19亿，比上年增长13.95%。据上海市行业协会统计，东方商厦（奉贤店）连续五年获郊区百货单店销售排名第一。其中，运动商品大类年销售额保持良好增长态势，同比超过两位数增长。

和通洗车投资有限公司（和泰集团）

和泰集团在中国台湾以代理销售日本丰田小轿车及日野大型客货车起家，自2002年起，连续多年蝉联台湾车市第一名，顾客满意度也一直名列前茅。和泰集团进入中国大陆后，在上海的布局是以高标准软硬件的作业与高素质人才的结合，从事整车销售与维修服务，设立了：上海和凌（雷克萨斯）店，坐落普陀区祁连山南路456号，电话52697989；上海和裕（一汽丰田）店，坐落闵行区沪青平公路999号，电话64202769；上海和展（广汽丰田）店，坐落闵行区莲花南路2058号，电话34305128；上海和乾（丰田叉车）店，坐落松江区新桥镇曹农路515号，电话57686660。并以上海为主要发源地，放射状网络发展紧密连结天津、北京、重庆、唐山、枣庄、临沂、晋中、泰州与南昌等城市。专职汽车与机器设备租赁服务和运国际租赁与专职汽车用品开发及安装的凯美士则以上海、广州及其他外围城市为主。

上海企德货展设备有限公司

中外合资上海企德货展设备有限公司，成立于2005年12月。是一家专业从事货展设备制造的企业，坐落于宝山区罗店镇石太路2288号。

公司与法国METAUPLAST公司是合作伙伴，产品以外销为主，主要为欧洲诸家大型百货商店、品牌超市、奢侈品专卖店供应各式木制、烤漆、铁制、不锈钢、有机玻璃展示架及专用货展设备。

公司凭借先进的设计理念，以优质的产品和服务在市场中赢得了良好的口碑，快速发展。2009年8月8日，公司扩大生产规模，为坐落于宝山罗店工业园区的新厂房进行奠基典礼，投资金额逾5000万元，占地面积为12500平方米，厂房建筑面积达15000平方米，于2010年6月12日竣工落成，年产值达1亿元。从此公司向一个新型的、高科技的、全自动的货展设备生产基地迈进一大步。

丹佛斯自动控制管理（上海）有限公司

丹佛斯于1933年由梅兹·柯劳森先生在丹麦诺堡创立，经过80余年的发展，已经成为丹麦最大的跨国工业集团之一。丹佛斯集团由动力系统、制冷、传动和供热四大事业部组成。如今，丹佛斯在全球员工数24000人，拥有64家工厂，销售网络覆盖100多个国家，2014年销售额达到344亿丹麦克朗。

丹佛斯提供的产品与服务被广泛应用于制冷、空调、供热、电机控制和移动机械设备等领域，大大提高了现代生活的舒适度，推动了环保和清洁能源的利用。公司以“丹麦绿色发展模式”为蓝本，致力于帮助地球减少能源浪费，促进可持续发展。

2014 年，丹佛斯启动了主题为“Engineering Tomorrow”的全球品牌新形象。通过在基础设施、食品供应、能源效率提升和气候改善等增长领域提供创新产品和解决方案，丹佛斯将帮助社区和民众应对诸多发展中面临的挑战并不断提升未来生活品质。

上海重信金融信息服务有限公司

上海重信(ZHONGXIN)金融成立于2011年，注册资金1亿元。总部位于上海，拥有17家分公司，分布于北京、上海、深圳、南京、无锡、苏州、杭州、宁波、温州、台州、合肥、嘉兴、金华等地，是全国首家微小额P2P金融平台。公司率先面向市场推出“20分钟”极速放款模式，将个人微小额信贷“做到极致”，同时打造了全新“零”坏账金融信贷体系，推出了“零用贷”独有3+2的审核模式，由于有着缜密的风控模式，至今无一例投资者的利息及本金受损。

迄今为止，公司获得了“上海市经济信息委员会理事单位”、“上海市商务委员会优秀单位“、“中国互联网金融会员单位”等多项荣誉。旗下产品“零用贷”，亦获得了“中国互联网金融行业十大领先品牌”、“中国互联网投资理财最最安全保障首选品牌”、“中国最具诚信互联网金融服务示范平台”等殊荣。与此同时，重信金融牵手CCTV《影响力对话》和SMG第一财经《商家》栏目组，成为特约专访优秀单位以及合作伙伴。公司董事长席旭生荣获“2015中国互联网金融行业十大杰出创新企业家“称号，还成为第一财经《商家》栏目和CCTV《影响力对话》栏目特约嘉宾，并在首都第二届中国品牌创新发展论坛上获得国务院新闻办颁发的中国品牌创新先锋奖。

长兴（中国）投资有限公司

长兴材料工业股份有限公司1964年成立于中国台湾高雄市。是一家着重于技术研发及客户服务的国际性企业，主要从事合成树脂、电子化学材料、特殊化学品等产品的研发、生产、营销及服务。

“研究与创新”是长兴借以持续成长的主因。公司致力于技术开发与提升，无时不以“质量、信誉、创新、服务”为信念，发展更多优良产品，服务社会人群，实现永续成长、技术领先的理念。正如其名：“长远规划未来，兴创世界品牌”，公司放眼于更宽广的国际视野，于全球重点市场努力深耕，矢志成为世界级化学电子材料供货商。展望未来，面对全球激烈竞争的环境，公司将不断追求自我突破与成长，并以十足信心与能力去迎接新的挑战，再创成长新高峰。

上海豫园（集团）有限公司

上海豫园（集团）有限公司主要从事投资和国内外贸易，经营项目涉及小额贷款、典当拍卖、餐饮宾馆、黄金珠宝交易、进出口贸易、南北货、服饰、纺织品、灯具制造等行业。集团总资产超过20亿元。集团有36家下属企业，拥有大富贵、全泰、老同盛、宝大祥、协大祥、信大祥和五华7个中华老字号品牌和南螺、人民包机、新华灯具厂三个地方老字号品牌。其中，由集团发起组建的上海黄浦豫园小额贷款股份有限公司，为缓解区域内中小企业融资难的矛盾，支持区域经济发展起到了重要作用；所属天成典当行已进入行业五强序列，门市典当业务名列全市第二；国泰拍卖行连续多年评为国家AAA级拍卖企业，成为全市拍卖行十强企业之一；大富贵酒楼的连锁门店达到30家，经营规模超过3个亿，大富贵大众化特色小吃评为上海名牌；全泰中老年服饰连续多年获得上海名牌和上海著名商标称号；集团所属的南市外贸公司出口贸易多年位居全区第三；集团与锦江之星共同合作设立的2家经济型连锁酒店，在服务世博过程成为上海世博局定点接待单位，其服务质量获得中外旅客好评。

上海青浦工业园区 SHANGHAI QINGPU INDUSTRIAL ZONE 上海青浦工业区发展（集团）有限公司

上海青浦工业园区是1995年11月25日，经上海市人民政府批准成立的九大市级工业开发区之一。规划面积16.1平方千米，区域范围东至油墩港、南至上达河、西至青赵路、北至北青公路。是上海通往江苏、浙江两省的交汇点，不仅位于长三角“之”字型经济圈的交接处，而且是长三角制造业产业带的中心，具有承东启西、东联西进产业带的枢纽作用和对长三角、华东地区的辐射作用。上海青浦工业园区提出大力发展以“财智集聚、功能多元、生态和谐”为目标的总部基地，重点围绕总部经济、软件信息服务业、先进制造业等开展招商引资，形成“以二促三”和“以三带二”的互动发展格局。园区综合实力、社会形象不断提升，2012年、2013年连续两年被评为“上海市品牌园区”。

强源 WIYARN 上海强源实业有限公司

上海强源实业有限公司，长期致力于纺织领域的生产经营，主营各类纺织原料、棉纱、布料、纺织设备及配件等进出口业务。公司集“科工贸、金融、供应链”于一体，先后成立了印度分公司、巴基斯坦分公司，并与南通供销集团合作成立南通中实纺织交易市场有限公司。

公司拥有强大的国际服务纺织工程师团队，与印度、巴基斯坦、孟加拉、印度尼西亚、乌兹别克斯坦、越南等国家的供应商形成了战略联盟，建立了良好的合作关系，具备调配和整合全球资源的能力，依托国际、国内两个市场，本着合作化经营、专业化服务，致力为全球纺织产业链提供有效增值服务。公司同时拓展了“三代”业务，即：1代开信用证；2代理清关；3代购验质。公司全体员工愿与纺织同仁携手并进，为纺织业再创辉煌而共同奋斗！

SKIN FOOD since 1957 思亲肤化妆品贸易（上海）有限公司

SKINFOOD LOGO 中 的“SINCE 1957”体现了品牌的悠久历史，象征着在SKINFOOD研究所中诞生的产品，具有值得信赖的卓越品质。超过半个世纪的化妆品生产及研发领域的专业经验，令SKINFOOD公司成为化妆品行业中享有盛誉的优秀企业。SKINFOOD以“用美味食物制成的美味化妆品”为座右铭，坚持“对身体有益的食物对肌肤也同样有益”这一创新理念，始终专注于对食物中有效成分的研发和探求，寻找对肌肤有益的食物，并从中萃取精华成分研制成各种肌肤保养及彩妆产品。SKINFOOD 品牌进入中国以来，深受消费者的喜爱，已在全国 90 多个城市开设 200 多家店铺及 SKINFOOD 官网商城，全方位将美食护肤的全新理念带到您的身边。

上海领鲜物流有限公司

上海领鲜物流有限公司成立于 2003 年，隶属于光明乳业股份有限公司，是一家具有雄厚实力和丰富物流管理经验，面向社会为第三方客户提供专业物流服务的冷链物流企业。

截至 2015 年，领鲜物流已在上海为中心的华东地区建立起强大的现代冷链物流网络，拥有配送中心 23 座，常温、冷藏和冷冻库面积 5.5 万平方米，拥有冷藏车辆 258 辆，合作承运商冷藏车辆 350 余辆，日配送终端网点近 16000 家，形成了 24 小时内送达的高效物流网络。

自 2007 年起，领鲜物流引入 WMS 仓储管理系统，TMS 运输管理系统，DPS 电子标签拣货系统，GPS 线路跟踪系统以及现场可视化监控系统等，通过信息化手段大幅提升物流现代化管理水平。领鲜物流依托良好的物流基础设施、优秀的运营管理团队、高效的运作效率和丰富的食品物流经验，竭诚携手上下游合作伙伴，致力为社会提供高品质、多温度带的食品物流服务。

上海东方电视购物有限公司

东方购物隶属于上海东方明珠新媒体股份有限公司，是目前中国销售规模最大、最具特色的电视购物平台。东方购物从 2004 年 4 月 1 日开播至今，销售额年均复合增长率达 46.5%。 2015 年销售额突破 96 亿元，保持全国家庭购物行业第一以及上海市零售业单体店销售排名第一。目前电视信号覆盖全国 12 个省级行政区，辐射 5600 万个可视听家庭，电商业务覆盖全国 31 个省市。累计会员人数突破 900 万人。

东方购物以视频购物为特色，同时通过网站、移动端、IPTV、广播、目录、OTT 等渠道构建全媒体立体销售平台，融合电视大屏与移动小屏，实现跨屏联动与优势互补。依托 SMG 优质综艺、新闻、影视大 IP，运用购物节目实现流量变现。销售商品种类逾 12 万件，涵盖贵金属、汽车、宝玉石、艺术品、家装、厨房电器、生活家居、生鲜食品，开创旅游、房产、家装和教育、婚庆等无形商品品类，创造国内电视购物史上多个第一，引领都市潮流和品质生活。

东方购物秉承健康、快乐、便利的服务宗旨，致力于成为一家引领电视购物行业健康发展，为社会创造更大价值的全媒体视频购物平台。

杜塞尔多夫展览（上海）有限公司

杜塞尔多夫展览（上海）有限公司成立于 2009 年，是世界五大展览主办者之一的杜塞尔多夫展览集团公司在中国的子公司。拥有完善成熟的营销和服务网络，致力于将世界第一的专业展览带到中国，并为中国市场及客户提供个性化的优质服务。自成立以来，历经多年来的创新发展，公司已积累了丰富的办展经验，在印刷、包装、线材线缆及管材管道、塑料、可再生能源、医疗器械、零售、安全生产及职业健康、葡萄酒与烈酒、房车等行业成功打造了15个中国乃至亚洲地区的第一展览品牌。目前，公司在上海、北京、沈阳和重庆4地设有办公机构，拥有70多位员工，携手香港公司，为母公司在中国境内及全球范围内的展会提供展商和观众服务。了解更多公司信息请访问www.mds.cn

上海余天成医药有限公司

上药控股上海余天成医药有限公司，是一家集药品批发、零售、中药饮片的加工与销售为一体的医药流通企业，传承234年悠久历史的"中华老字号"，主要经营中成药（含参茸、银耳），化学药制剂，抗生素，生化药品，生物制品，医疗器械，中药饮片等，经营品种8000余种，年销售额近10亿元。公司坐落松江区乐都路440号。

公司旗下拥有以余天成堂药号为首的88家连锁门店，其中余天成堂单店年销售额在1亿元以上。公司始终坚持"质量第一、用户至上"，自主品牌"余天成"现有参茸、虫草、燕窝、蛤蟆油、精制饮片五大类100余种产品，多次获评上海市著名商标、上海名牌产品。

公司积极践行企业社会责任，服务市民、回报社会，连续7届被评为上海市文明单位，荣获国家工商总局"守合同重信用"企业称号，跻身"上海市企业文化建设示范基地"。公司网站：http://www.ytcyy.com，电话57820986。

统一超商（上海）便利有限公司

统一超商（上海）便利有限公司是世界上最大的连锁便利店品牌7-ELEVEN在上海地区的独占被许可人。公司设立于2009年，至2016年6月公司在上海地区经营有近百家店铺。

公司通过不断的探索和创新。依托母公司"统一集团"的大力支持，在上海各区打造了一批主题式购物门店，如知名饮料品牌"汉阳 - 小茗同学主题店"，知名方便面品牌"携程 - 汤达人主题店"等等，这批特色店带来了人气和业绩成长，为城市增添亮点，广受好评。

公司先后与一大批国际知名企业合作，入驻了这些企业的办公场所或创意园区，如百度园区店、通用园区店，上汽园区店，携程办公楼店等等，在服务这批知名企业的同时，探索出了一条便利店设店的新思路。

公司先后与全国数十家高校签订了校企合作协议，与高校合作定向培养毕业生，还从诸多知名高校挖掘了一批高水平的应届毕业生作为企业的后备干部培养。

上海北蔡资产管理有限公司

2002年12月18日，由上海六里企业发展总公司、上海北蔡实业总公司、上海北蔡工业有限公司、上海北蔡工业园区投资管理有限公司合并组建上海北蔡资产投资经营管理中心，注册资金3000万元，由北蔡镇人民政府全额投资。2005年6月，更名为上海北蔡资产管理有限公司，注册资金追加至2亿元。公司经营地址为浦东新区沪南路1000号6楼。

公司主营业务涵盖：资产经营管理、投

资管理、自有资产租赁和项目开发等。主要职能：受北蔡镇农村集体资产管理委员会委托，负责对镇集体资产的管理，使集体资产能达到保值增值。

公司在北蔡镇党委、政府和集体资产管理委员会的领导下，坚持以科学发展观为指导思想，紧紧围绕又好又快发展经济的核心理念，以促进发展、完善管理为两个基本点，不断推进产业结构调整，通过盘活存量等手段，夯实了集体经济增长的基础，实现了资产做强、总量做大，风险降低的目标。截至2011年底，公司总资产达14.98亿元，净资产达9.29亿元。

三井化学

三井化学（上海）有限公司

三井化学（上海）有限公司是日本三井化学株式会社下属的一家全资销售公司，同时又是管理三井化学集团在中国境内所有分支机构的总公司，主要负责推进三井化学集团在中国区的业务开发和管理。

三井集团在中国地区的分公司分别是：天寰聚氨酯有限公司（天津　苏州），佛山三井化学聚氨酯有限公司（广东省佛山市），张家港保税区三井允拓复合材料有限公司（张家港），上海中石化三井化工有限公司（上海），三井化学复合塑料（中山）有限公司（广东省中山市）以及普瑞曼聚合物亚洲（香港），亚太三井化学股份有限公司（中国台北）等7家分公司，另有1家三井化学北京事务所。

三井化学（上海）有限公司的全体员工，有信心与中国国内的相关企业携手一致，向社会提供与地球环境和谐的产品，为提高人们日常生活的质量而贡献。并通过企业的社会奉献（CSR）活动，期望能够对中国社会的幸福发展尽一份绵薄之力。

港中旅华贸国际物流股份有限公司

港中旅华贸国际物流股份有限公司（简称华贸）的大股东是中国港中旅集团公司暨香港中旅（集团）有限公司（简称港中旅集团），港中旅集团植根香港已逾80年，是国务院国资委管辖的中央骨干企业。

华贸总部设在国际航运中心上海，主业是现代跨境综合物流和供应链贸易服务。华贸于1984年在上海注册成立，是中国改革开放后最早成立的一级货运代理企业之一，在行业内具有悠久的经营历史和市场品牌。

华贸已形成网络化、集约化相结合的经营和发展格局。30余个分子机构遍布中国主要港口和内陆经济发达城市以及香港、纽约、洛杉矶、亚特兰大、德国法兰克福，长期合作的海外网络遍布世界150多个国家和地区。公司所从事的跨境综合物流服务是指按照客户要求，接受国际空运和海运运输业务的总包或者分包，包括营销、物流咨询、方案设计、成本控制和全程客服等在内的前端服务，境内运输、理货仓储、配套作业、配载集装和监管服务等在内的出口仓储，订舱管理、单证管理、关务服务和进港管理等在内的离岸管理，空运集运、海运集运、多式联运和工程物流等在内的国际运输，目的港清关服务、进口仓储、转运和分拨派送等在内的目的港服务，以及结算和资金流等在内的跨境全过程物流产品和服务。公司所从事的供应链贸易业务主要是为生产商提供采购执行和分销执行的综合服务，包括市场信息、价格和交货期等协调、物流方案及资金安排。

华贸愿努力实践科学发展观，不断增强

核心竞争力和可持续发展能力，为客户创造价值，把公司建设成为具有国际竞争力的现代综合物流企业，实现股东利益最大化。

上海 K11 购物艺术中心

作为首个把艺术·人文·自然三大核心元素融合的全球性原创品牌，K11 将艺术欣赏、人文体验、自然绿化及购物消费相互融合，为大众带来前所未有的独特感官体验。6 月 28 日举行盛大开幕庆典的内地首家购物艺术中心——上海 K11 秉持品牌核心理念，运用独特的绿色设计，糅合多维的艺术欣赏与交流，汇聚国际潮流品牌，让商业变身为艺术，全情打造最大的互动艺术乐园、最具舞台感的购物体验以及最潮的多元文化生活区。

K11 是一个让商业变身艺术的地方。K11 将艺术、文化、时尚与设计的力量有机融合，定期举办各类艺术展览及充满想象力的活动，使 K11 变身为一座艺术乐园。消费者在这所艺术乐园中，使普通的购物之旅，变成活泼奇幻、充满艺术感的旅程，让他们的意念和梦想自由飞翔。

K11 鼓励不同文化、国家和人之间自由交流，本着这信念，K11 把活动范围扩展至海外。每年向巴黎时装周推介中国艺术家，与高级时装界及艺术界举足轻重的设计师和艺术家互动交流；同时也不断邀请重量级的国际艺术家参与 K11 自身举办的艺术项目，使之真正成为一个国际艺术舞台。

上海 K11 购物艺术中心所呈现的不仅仅是一座购物中心，更是一间艺术博物馆、环保体验中心、主题旅游景点和展示人文历史的绝佳场所。凭借其创新的多维平台优势，K11 必将满足广大消费者的高端购物需求，为淮海路商圈的整体业态升级贡献力量，也为上海这个国际化大都市再增一个潮流新地标！

汇宝购物广场

汇宝购物广场是中国台湾兆丰国际集团投资的百货零售业，是七宝地区一级购物商场。汇宝购物广场临近七宝古镇，立于上海地铁 9 号线七宝站之上。商场本着购物、梦想、新空间的理念，为顾客提供全方位的信赖感、吸引力、满足感。汇宝购物广场正日益成为七宝地区乃至上海西南地区休闲、购物、娱乐的新地标。

商场总入驻品牌商家 360 余家，建筑总面积达 3 万余平方米，共分 4 个楼层。一楼时尚名品：化妆品、女鞋、女包、黄金珠宝、美食广场主题餐厅、小吃广场、咖啡屋、面包房、果汁吧等；二楼感性流行：流行少女装、流行饰品、时尚少女服饰、少女包、流行饰品、少女鞋、休闲服饰等；三楼雅致生活：少淑女装、女装、内睡衣、饰品、流行杂项、床品、童装、童鞋、童车、玩具、早教、儿童乐园、服饰修改室，并有贵宾厅及顾客服务中心为您提供优质、贴心的服务；四楼品味魅力：男正装、商务装、男鞋、小皮件、男内衣、衬衫、个性休闲、运动、杂项、户外休闲；B1 楼生活美食：以食品、生活用品、主题超市为主。

汇宝购物广场官方网站：www.famos-square.com

通力律师事务所

通力律师事务所是一家处于领先地位的中国律师事务所，分别在上海、北京和香港设有办公地点。通力是专注于国际化业务的专业型律师事务所，同时在业界以坚持“优质服务”、“专业创新”、“专业分工、团队合作”和注重“青年律师培养”著称。通力的业务水准、专业性一直处于全国前列，历年来一直被境内外法律评级机构评为中国领先的律师事务所，并被中华全国律师协会评为全国优秀律师事务所，被誉为一家提供高质量法律业务、具有创新精神的精品律师事务所，在境内外享有良好声誉。

上海

上海市银城中路 68 号时代金融中心 19 楼和 16 楼 (200120)

电话：(86 21) 3135 8666

传真：(86 21) 3135 8600

北京

北京市东城区建国门北大街 8 号 华润大厦 401 单元 (100005)

电话：(86 10) 8519 2266

传真：(86 10) 8519 2929

香港

香港中环花园道 3 号

中国工商银行大厦 15 楼

电话：(852) 2969 5300

传真：(852) 2997 3385

网址：www.llinkslaw.com

邮箱：master@llinkslaw.com

上海坚明办公用品有限公司

上海坚明办公用品有限公司成立于 1995 年，坐落在青浦区华新镇嵩山村 130 号，属中外合资企业，公司注册资本 1750 万美元，占地面积 100000 平方米。现有厂房 70000 多平方米，员工 1000 余人。主要生产五金类文教办公用品，产品有订书机、打孔机、削笔机、胶带台、订书针、除针器、圆规、书架、计数器、名片盒、印台、尺、数学盒等 200 多个规格品种。公司拥有先进的生产设备，具有独立开发模具的能力，产品的设计新颖，兼具实用性及美观的外形，产品多样、规格齐全，提供客户多种选择。公司的经营理念和方向是进步、和谐、创新及人性化关怀，并努力向企业行销国际化、计算机信息化、研发速度化、生产自动化和财务合理化的经营目标奋进，以速度来掌握企业市场竞争力。在短短几年内即跻身中国文具生产工厂前十位的大厂商。公司自创品牌达 97%，行销全球 110 多个国家和地区，于 1997 年通过 ISO9002 国际品质认证，产品品质深获全球好评。

上海米格天地奥莱

Shanghai's Premier Outlet Shopping Destination

上海米格天地奥莱位于上海青浦区，地处 G50 高速公路赵巷出口，毗邻虹桥商务区，紧靠亚洲规模第一的国家会展中心，距离市区仅 25 分钟车程，距离虹桥国际机场 15 分钟车程，是长三角城市轴的核心。项目总建筑面积 15 万平方米，250 余个知名奢侈品品牌，包括 Gucci、Versace、Michael Kors、Kate Spade、Furla、MCM，全年提供1—6折优惠。此外，还拥有青浦区唯一带中国巨幕的米格国际影城，D.I.G上海外高桥进口商品直销中心及上海购物中心里唯一的BMW摩托车体验店；还有汇集东南亚国际美食的食尚汇美食广场、太平洋咖啡厅。

米格天地设有4000多个免费停车位、尊贵的会员服务中心与休息室、儿童游戏区、宠物美容中心、特斯拉超级充电站等服务设施，为上海及周边消费者提供超低折扣、超值购物体验，为消费者打造“全家人的奥莱”。

上海外联发商务咨询有限公司

上海外联发商务咨询有限公司是上海外高桥保税区联合发展有限公司下属子公司。坐落于集自由贸易、保税加工、物流仓储及保税商品展示交易等多种经济功能于一体的上海外高桥保税区。主要从事外高桥保税区的招商引资，土地开发、企业咨询、运营咨询及相关的商务支持服务，是一家现代高端咨询服务企业。多次获得市、区、行业协会的优秀招商引资先进集体、优秀招商团队、青年文明号等荣誉称号。

公司拥有一支高素质、专业化、年轻化的员工队伍。招商人员精通英、日、德等多国语言，为外商投资落户保税区，起到了很好的纽带和桥梁作用，公司成功引进中国保税区第一家外资控股公司、中国保税区第一家商贸型企业、中国保税区第一家营运中心、中国保税区第一家分拨中心、中国第一家国际贸易结算中心等众多第一。

公司商务咨询范围涉及10多个专业领域、20多项专业服务。合作伙伴遍及18个国家与地区，现有几千家各种类型企业落户保税区。其中，位居世界500强的著名企业超过150家，如杜邦、通用电器、索尼、东芝、松下、药明康德等。

上海纪兴房地产有限公司

上海新天地的创新改造者——上海纪兴房地产有限公司，从最初大胆创新的石库门改造项目——新天地南里、北里，到历经五年潜心努力打造的中国设计力量集聚中心平台——新天地时尚购物中心，上海新天地在其品牌发展的道路上不断创新，始终追求为消费者带来独特的消费体验。新天地南、北里在保留了上海近代建筑标志——石库门的建筑外观基础上，创新改造成为集文化、生活、餐饮、时尚于一体的市中心公共空间；新天地时尚购物中心则在不断探索的过程中致力打造中国时尚平台，其丰富的品牌构成包括：国内外知名设计师主导的商业品牌、中国独立设计师品牌、精品买手店及明星潮店，旨在为中外设计搭建零距离对话的平台，成为中国设计力量的集聚中心。此外，上海新天地在2015年年底陆续推出湖滨道购物中心及新里两个新项目，为整个淮海路商圈持续注入新的活力。

上海徐家汇商城集团电子商务有限公司

上海徐家汇商城集团电子商务有限公司，是徐汇区政府为提升徐家汇整体形象和消费能级的要求由区国资委出资设立，汇集了徐家汇商圈六百、汇金、汇联、美罗城、太平洋、港汇恒隆广场、东方商厦等百货强大的供应链资源和各类主流品牌服务商，是一个基于徐家汇商圈的生活服务和数据的集成平台。

为把徐家汇商圈建成商、旅、文综合平台和消费者数据共享的智慧商圈，由徐家汇商城集团牵头，区政府主导，2015 年 2 月份完成 WIFI 全商圈覆盖项目第一期，最终项目二期和三期覆盖范围涵盖含七个百货，五个广场，两个酒店，商圈的室外景点，公园和各类公共服务区域以及部分学校、医院、社区，实现智慧商圈和智慧社区的全覆盖。

徐家汇商圈的 O2O 平台核心价值是“经营用户，服务商户”，让用户享受极致服务和尊贵体验，让商户在区域生态里，只打价值战，不打价格战。通过 WIFI、商户 APP、用户 APP 和徐家汇 e 卡通，将商圈、商家和用户三者紧密结合，打造完整 O2O 商业闭环。成功实现近场推送，远场精准用户推送，实现会员营销与商圈百货商场交叉错位营销，最终将徐家汇商圈打造成集“购物、旅游、人文”为一体的共享共赢的数据生态系统，形成具有竞争力的现代化、信息化、国际化的智慧商圈。

上海环球港

上海环球港作为全球中心城区规模最大的城市综合体，总建筑面积达 48 万平方米，集购物中心、五星级酒店、5A 甲级写字楼和酒店式公寓于一体，并拥有全上海面积最大（3 万平方米）的屋顶花园，同时配备 2200 个泊车位置。

上海环球港打破大型商业综合体的传统定义，创新提出“商业、旅游、文化”三大中心功能，在注重业态丰富度的同时，更强调对高质量商业与文化内涵的追求，满足休闲购物一站式消费的需求。

上海环球港经过一年多的营业，已成为沪上商业新地标，交出了客流量平日 6—10 万人左右，双休日日均 20 万人左右，国定假日约 80 万人，满铺率超 95% 的成绩。

上海南外滩轻纺面料市场

上海南外滩轻纺面料市场是一家专业化经营面料和定制服装的市场。

市场地处市中心区，毗邻上海世博园区，位于南浦大桥下堍陆家浜路、南仓街口。整个市场共有 3 个楼面，经营面积约 1 万平方米。内设商铺近 300 个，每家商铺都有自己的经营特色和稳定的国内外客户群。市场内设施完善，购物环境舒适、方便，配有中央空调、自动扶梯、电子导购系统、自助银行和 POS 刷卡结算系统等。

市场主要经营丝、棉、毛、麻、羊绒、化纤等各种面料和服装辅料。市场汇聚了一批优秀的设计人才和众多手艺精湛的裁缝，为广大顾客量身定做各式西装、大衣、礼服、唐装、旗袍、衬衫、时装等中、西服装，以价廉、质优、款新、做工精良吸引了世界各地的游客。

市场经营者遵循商场化管理、市场化运作的经营理念，努力打造一个具有董家渡地区特色、全国知名、世界闻名的品牌市场。

上海柯渡医学科技股份有限公司

柯渡医学科技股份有限公司成立于 2006 年，是一家由美国贝雅资本和中国国药资本投资的医疗设备资产管理公司，也是一家集国资、外资、民资为一体的混合所有制企业。目前，柯渡医学的医疗设备服务网络已覆盖全国，拥有一支近千人的技术团队，累计服务医院超过1万家，服务设备达数10万台，是中国最大、最专业、最有影响力的医疗设备资产管理整体解决方案提供商。

近年来，随着中国健康服务产业的发展，以及医院社会化改革的深入，柯渡智力化、资本化、专业化、效率化的医院设备资产管理服务，为减轻医院设备资产管理的压力，释放医疗服务机构的运营效率，引导社会资本进入健康服务业发挥巨大的作用。目前，柯渡的医院设备资产管理服务，正在全国各地落地开花，已经成为医疗设备资产管理行业的引领者。

柯渡医学旨在为医疗设备制造商与医院之间建立一个通畅的服务桥梁，目前柯渡已与诸多国际知名医疗设备商建立长期稳定的合作关系，GE、飞利浦、西门子、柯达等几十家国际知名品牌均与柯渡合作数年。在近10年的发展中，公司培养了众多技术精湛的工程师，70%的工程师均拥有5年以上的医疗服务行业经验。柯渡在服务客户的基础上，建立了成熟的标准化服务流程，独立的呼叫中心，储备了多品种、数量巨大的维修配件并自主开发了针对医院设备管理和维修的软件系统，通过快速响应客户需求，及时维护，定期的保养机制等服务来提高设备开机率，提高设备使用效率，延长设备的使用寿命。

蓝色星球 BLUE EARTH

上海蓝色星球科技股份有限公司

上海蓝色星球科技股份有限公司下辖全资子公司（上海九运通用软件有限公司）坐落于上海市静安区灵石路695号珠江创意中心（zjy@blueearth.com.cn 2851286026@qq.com）。是一家拥有自主知识产权和核心技术的高新企业、双软企业。公司采用三维数字地球、卫星遥感、虚拟现实、大数据处理、建筑信息模型等技术，完全依赖自身科研团队，打造开发的“蓝色星球3DGIS”和“蓝色星球3DGIS＋BIM公共平台”两大系列产品，实现了从全球到局部、从地面到地下、从三维地形到三维建筑、从室外到室内、从静态目标到动态目标、从单系统应用到多系统集成关联应用；具有与移动互联网、物联网、卫星导航定位、视频监控、建筑信息模型（BIM）等接口；为行业应用提供了全方位、高精度、多功能的时间/空间一体化应用系统和云服务平台。同时，通过开发完成3DGIS与BIM之间无缝和属性信息无损的综合集成，实现了城市彻底的数字化，为智慧城市的全面建设奠定了坚实的基础。

地方政府、轨道交通、商业地产、市政建设等部门成为公司的高端客户：上海交大和蓝色星球携手成立了智慧城市联合研究工作室；中建一局、天际集团、科职学院、天津超算中心、建谊集团先后都与蓝色星球签署了全面发展业务合作的战略合作协议；为多地国家安全部门提供了多期三维可视化综合信息应用系统，为解放军某部队和公安系统研制了多个应用系统，提供反恐目标管理系统；蓝色星球也将竭尽全力为城市建设的信息化管理提供强大的技术后盾。

上海银星汽车维修有限公司

公司前称上海浦江汽车运输有限公司汽车修理厂，始建于1996年7月，于2006年1月更名为上海银星汽车维修有限公司。位于奉贤区南桥镇南亭公路1301号（电话：021-57425001 37520818），处于沪杭公路、南亭公路、亭大高速公路出入口交汇处，地理位置十分优越。公司是奉贤区唯一具有一类资质的汽车修理企业，是一个有相当实力和规模的专业汽车修理企业。公司以汽车修理（含大小客车、大小货车及危险品车辆）为主体，另设有停车场、车友俱乐部经营业务。

公司按照现代化企业制度框架建立新型的企业模式，加强内部管理，致力于管理科学化、服务规范化、不断发展创新。公司质量方针：质量是企业的核心，安全是企业的生命。公司质量目标：车辆修理出厂合格率达到 100%，客户满意度达到 95% 以上。公司紧紧依靠全体员工共同努力，开拓创新，把企业做优、做强、做大，以安全优质，温馨服务打造“银星”品牌，为创建和谐社会作出应有的贡献。

上海尚界投资有限公司

位于嘉善路 508 号，建筑面积 4.2 万平方米。该地块系上海三松纺织集团老厂区。2007 年 12 月，上海纺织将其改造成尚街 LOFT 时尚生活园区，确定把服装服饰创意设计作为园区的主题。包括全球顶级品牌爱马仕、欧莱雅、NEXT 等在内的各类时尚产业相关公关、媒体、广告设计、咨询、文化传播企业和产品研发中心已纷纷入驻其中。形成了一个以服装服饰创意设计为核心，以打造时尚产业服务平台为特色的园区品牌，主要由时尚服饰、时尚设计、时尚生活、时尚办公、时尚秀场等组成，成为上海融汇精英商业氛围和传统文化精髓的钻石地标之一。

其中，上海服装服饰类设计品牌孵化平台是其打造的一个国家级公共服务平台，平台依托专业服务板块：尚•发布及媒体中心、尚•面料及检测窗口、尚•培训中心、尚•会议中心、尚•设计师概念店、尚·设计师联盟、尚•创意市集、尚•时尚活动，为设计师、设计品牌提供各类场地设施、推广展示平台、政策服务窗口、行业资源对接等服务，为设计师、设计品牌提供技术支持及成长空间。

虹桥南丰城

由“虹桥上海城”华丽变身的“虹桥南丰城”，经过改造和重新定位，为消费者带来 11 万平米的全天候购物休闲体验。多元化的业态涵盖国际快时尚、美食餐吧、精品超市、3D 影院、儿童早教及娱乐、美容健身及水疗等全方位的生活方式体验品牌。随着配备攀岩墙和篮球场的丰尚园，及即将开放的商场顶层丰尚小农庄，虹桥南丰城致力于为上海及周边地区的消费者提供一个充满时尚、健康、欢乐的生活枢纽。同时，虹桥南丰城也在每周末精心准备了不同主题的精彩活动。“丰尚街”——露天美食餐吧街，更会有主题集市、乐队演出、街头艺人及小丑表演，邀您聆听曼妙音符，享受周末惬意时光，深入地感受到虹桥南丰城一直以来所倡导的互动式体验。

地址：上海市长宁区遵义路 100 号

网址： www.the-place.com.cn

服务热线：8621-6211 3288

微信公众号：ThePlace_sh

中国电建集团上海能源装备有限公司

中国电建集团上海能源装备有限公司（原上海电力修造总厂有限公司）成立于1956年。是世界500强企业中国电力建设集团公司旗下，集产品研发、设备制造、工程成套和技术服务四大功能为一体的电力装备制造企业。

公司现有员工800余名，拥有大中型精密数控加工机床、先进检测设备及各类通用、专用设备500多台，建有国内最先进的锅炉调速给水泵、液力偶合器产品和立式凝结水泵试验台，通过ISO9001:2000版质量体系认证，获得数十项国家级实用新型和发明专利。

公司将以领先的技术，诚信的理念，全方位的顾客服务方案，全球性的战略发展视野，在推动中国电站装备工业发展的道路上，勇往直前。

上海捷铭律师事务所

上海捷铭律师事务所是一家立足为中外客户提供专业化、客户化法律服务的综合性律师事务所。

捷铭以先进的合伙制体制和国际化管理模式，聚集了一大批高素质的法律人才。捷铭秉承诚信、专业、高效和忠于事实、忠于法律，忠于当事人最大利益的执业原则，实行专业分工和信息资源共享的紧密团队服务模式，充分发挥个体特长和集体的智慧与力量。

捷铭专业领域包括：为跨国公司、外商投资企业、国家机关和国内外企事业单位提供常年法律顾问服务；提供专业法律培训；办理外商投资、公司兼并与收购、企业重组、破产与清算、银行、海事海商、国际贸易、反倾销、反补贴、建筑房地产、知识产权等领域的诉讼和非诉讼法律事务；代理境内外案件的诉讼与仲裁；刑事辩护等。

捷铭秉承“高效、卓越”的终极目标，强调律师的社会责任感和审慎、勤勉、敬业、坚韧的工作态度，凭借深厚的理论功底、丰富的执业经验、娴熟的专业技巧，不断追求卓越，力求在各种背景下充分理解客户需求，为客户提供最优质、最高效、最专业的法律服务。

方达律师事务所

方达律师事务所是中国最早的合伙制律师事务所之一。提供高质量的专业服务以满足客户的需要是方达的使命。

作为在商业领域被认可的处于领先地位的中国律师事务所，方达成功地服务于国内外各行各业的客户，并不断地参与各种商业领域的交易，提供咨询意见并且设计创新的法律结构，包括资本市场、兼并收购、私人股本融资、银行、结构融资、项目融资、公司事务、境内直接投资、物业发展、税务、知识产权、企业破产、电信、媒体及互联网。方达致力于满足每个客户的每个特定需求。对涉及的众多领域，方达都特别强调出色的服务、对交易的商业理解、经济的成本以及快速的反应。

方达在上海、北京、深圳三市设有事务所：

上海市
南京西路 1266 号恒隆广场一期 32 楼
邮编：200040
电话：(8621) 2208-1166
传真：(8621) 5298-5599

北京市
建国门外大街 1 号
国贸大厦 21 层
邮编：100004
电话：(8610) 5769-5600
传真：(8610) 5769-5788

深圳市
福田区中心四路 1 号
嘉里建设广场 T2 座 14 楼
邮政编码 :518048
电话 : (86755) 8256-0188
传真 : (86755) 8256-0189

地素时尚股份有限公司

地素时尚股份有限公司（以下简称地素时尚）于 2002 年在上海市设立，注册资金 3.4 亿元。坐落上海市普陀区丹巴路 28 弄旭辉世纪广场 8 号楼。公司是一家多品牌运作的服饰时尚企业，主要经营范围是服装服饰的设计、销售。

为创造并引导个性化的生活方式，地素时尚分别创立三个知名女装品牌——独立率性的专属高街品牌 DAZZLE，年轻奢华的半手工定制品牌 DIAMOND DAZZLE，以及奇幻复古的混搭潮流品牌 d’zzit。多元化的风格设计，不仅满足了不同消费群体的兴趣爱好与着装需求，更无一例外地“帮助人们成为最美好的自己”。

地素时尚品牌定位清晰，研发设计团队走在引领时尚的前沿，现代化供应链、营销服务系统、智能网络管理模块等正全方位推动各品牌的迅速发展。截至 2013 年底，地素时尚旗下品牌的终端销售网络已覆盖全国 30 多个省级行政区域，各品牌全国门店合计达 800 余家，与恒隆、和记黄埔、王府井、银泰、万达、来福士、百联、太平洋、大洋、大商集团等连锁商业集团建立并保持着紧密的合作伙伴关系。

地素时尚将在品牌的核心价值打造上，投入更多精力与资源，通过非凡个性的创意、充满艺术魅力的格调，打造一座充满梦想的时尚乐园，并在国际化的时尚版图上开拓出不可或缺的一席之地。

东芝开利空调销售（上海）有限公司

1999 年 4 月，株式会社东芝将她的空调设备事业部门单独分离出来，与世界上最大的空调生产企业之一的美国开利公司合并，组成东芝开利株式会社（其中，株式会社东芝持股 60%）。 东芝在冷媒系统空调方面拥有先进的技术，而开利在水系统空调设备及冷冻方面极具优势。东芝开利株式会社结合两大集团在全球范围的产品开发、生产及销售网络等方面的优势，在成立之初就显示了强大的力量。为了满足中国及全球消费者的需求，东芝开利正在丰富产品系列，同时提供先进的技术服务，以提高市场竞争能力，扩大公司的业务范围。同时东芝开利通过使用节能技术和新制冷剂推动环保事业的开展。

2003 年，东芝空调进入中国，为中国用户带来更加安全、可靠、节能、舒适的空调产品。随着东芝空调在中国的蓬勃发展，东芝开利株式会社于 2006 年 10 月成立了在中国的子公司东芝开利空调销售（上海）有限公司，推进东芝空调在中国的持续发展。

地址：上海市黄浦区西藏中路 268 号来福士广场办公大楼 501-2 室。网站：http://www.toshiba-airconditioning.com.cn

上海科技管理学校

上海科技管理学校创建于 1960 年，是一所以理工科为主的国家级重点中专学校，学校坐落在杨浦区大学城。经过多年的发展，学校取得了丰硕的成果，连续 9 届获得上海市文明单位、上海市职业教育先进单位、上海市行为规范示范学校、上海市中职课程改革特色实验学校、上海市首批中等职业教育改革发展特色示范校、上海市中职信息化先进单位、上海市安全文明校园等称号。目前学校教职员工 152 人，教师编制 110 人，其中中高级职称占教师总数的 71.56%，在校学生 1600 多人。

学校秉承“为学生成功尽全责、为家长期盼尽全心、为企业发展尽全力、为民族未来尽全情”的办学理念，开设了“供热通风与空调工程技术”和“物流管理”（冷链物流）2 个中高职贯通专业，同时还开设了“制冷和空调设备运行于维修”、“数控技术应用”、“机电技术应用”、“物流服务与管理”、“商务英语”、“国际商务”、“食品生物工艺”、“软件与信息服务”、“计算机网络技术”、“网络与信息安全”10 个专业。

上海汽车商用车有限公司

上海汽车商用车有限公司（简称上汽商用车）是上海汽车集团股份有限公司的全资子公司。公司成立于 2011 年 3 月 21 日，注册资金 19.93 亿元。公司下属有无锡、仪征两大生产基地。产品包括上汽大通 V80 和伊思坦纳两大平台，型谱覆盖轻型客车、厢式货车、卡车、多功能商用车及特种改装车等轻型商用车领域。

上汽商用车拥有百年历史的“上汽 MAXUS 大通”和“LDV”品牌，立足全球视野，业务覆盖中国、南非、澳大利亚、马来西亚、新加坡等 13 个国家和地区。公司坚持“技术、信赖、进取”的品牌核心价值，致力于成为具有国际竞争力的商用车公司，实现员工与企业的可持续发展，为消费者提供高起点、高品质、高水准的商用车产品及服务，为用户创造更多的价值。

公司地址：上海市杨浦区军工路 2500 号

邮编：200438

电话：60569999

传真：60569000

网站：www.saicmotor-cv.com

浙江民泰商业银行上海分行

浙江民泰商业银行上海分行成立于 2010 年 12 月 30 日，坐落于上海市闵行区吴中路桂林路口。目前，上海分行网点服务已覆盖上海市闵行、嘉定、杨浦、浦东、闸北、奉贤等行政区域，并已形成一支 300 余人的年轻化、专业化、特色化的小微金融服务队伍。自开业以来，民泰银行上海分行始终秉承着“与中小企业同发展，与地方经济共繁荣”的企业使命，充分利用上海国际金融中心建设的有利机遇，切实按照“金融服务实体经济”的要求，不断探索和总结有效开展小微企业金融服务的精细化模式和商业可持续模式，致力于打造成为长三角地区小微企业金融服务的领军银行。

云健康医疗科技集团

云健康基因科技（上海）有限公司坐落于上海奉贤生物科技园区，是一家行业内领先的专注为健康和临床研究提供全基因组检测和精准健康医疗解决方案的高科技企业。云健康医疗科技集团建立了全球最先进超高通量全基因测序技术平台 HiSeq X Ten，提供从基因检测到健康解决方案，致力于倡导和引领预防医学，精准医疗事业的发展。

云健康集团下设云健康基因工厂、云健康分子医学检验所、云健康基因大数据分析管理中心、云健康基因研究院、云健康生命中心、云健康高端诊所、云健康医生之家、云健康院士专家工作站。拥有国家“千人计划”特聘专家领衔的国内外生命科学和生物信息专业技术团队近百人。由此建立了集基因检测、高端体检、健康咨询、健康调理、专家交流等服务于一体的综合大健康精准医疗服务平台。云健康先后与上海超级计算中心、国家组织工程研究中心、生物芯片上海国家工程研究中心暨上海生物芯片有限公司等近 10 家全球著名机构和企业达成战略合作伙伴关系。

电话：(86) 21 3252 0999 传真：(86) 21 3252 0888 地址：上海长寿路 1111 号 6 号 邮编：200042 网址：www.CloudHealth99.com

上海富诺林精细化工有限公司

上海富诺林精细化工有限公司是一家生产电解氟化工产品的专业公司。公司注重产品技术开发，拥有自主开发知识产权，持有 2 项发明专利。公司主要生产有机氟表面活性剂、阻燃剂，主要产品为全氟辛酸及其副产品全氟环醚、全氟丁磺酸钾、全氟三丁胺及其他电解氟化工精细产品。广泛应用于塑料、橡胶等新材料行业、电子行业。产品的技术含量一直保持国内领先地位，某些产品并达到国际先进水平。公司于 2004 年被认定为上海市高新技术企业，2015 年被认定为国家级高新技术企业。公司研发的高纯度全氟辛酸 2001 年被列为上海市高新技术成果转化项目，该转化项目又被列为国家科技部科技型中小企业技术创新基金项目。

公司地址：上海市浦东新区老港镇滨海路 28 号

邮政编码：201302

公司网址：www.bh28.cn

电子邮箱：sf@bh28.cn

公司总机：（021）58058451

公司传真：（021）58058725

仲信國際租賃 仲信国际租赁有限公司

仲信国际租赁有限公司系台湾中国信托金融控股公司透过第三地全资转投资之融资租赁公司。主要经营项目包括融资租赁、售后回租、租赁交易咨询和担保等。

仲信国际租赁符合国家以融资租赁作为发展民营经济及支持中小企业发展的基本政策。透过租赁公司灵活的财务操作，与中国信托金控旗下中国信托商业银行上海分行一起为国内各类客户提供相辅相成的综合金融服务。

仲信国际租赁将作为代表中国信托金控大陆市场布局向前迈进的实践者，将以“来自台湾，服务最好”的精神，致力于“守护与创造”员工、客户、股东与社区的价值，协助他们财务成功并建立美好未来。以“关心”，“专业”与“信赖”为国内中小企业享受“来自台湾，服务最好”的服务质量。

公司地址：上海市虹桥路 1386 号文广大厦 12 楼

邮编：200336

电话：021-62783666

电子邮箱：info@ctbcleasing.com

网址：http://www.ctbcleasing.com/

上海统超物流有限公司

上海统超物流有限公司是统一企业集团旗下物流公司之一，上海统超物流成立于 2008 年。公司集合了台湾物流关系企业（捷盟、统昶、大智通）各机能专业技术，拥有多温层的先进配送技术，为集团内上海统一星巴克、上海 7 - 11 便利店以及酷圣石冰淇淋等品牌提供全方位的物流服务。此外，还为部分品牌公司提供后勤管理共享服务，为集团内品牌打造良好的运营环境。随着集团事业版图的扩展，上海统超物流有限公司将逐步成为统一企业集团中国区物流事业版图的核心。

康品汇生鲜

康品汇生鲜（上海蔬康网络科技有限公司）成立于 2010 年，是在上海本地发展起来的生鲜食品流通平台。公司成立 5 年来一直坚持以“便民、利民、惠民”为出发点，为广大市民提供丰富、健康、高品质的食材。康品汇以社区精品生鲜店为基础，以互联网为触角，着力打造令“百姓饮食生活更轻松”的社区 O2O 生鲜平台。

康品汇建立了统一的供应链管理和追溯体系，与政府监管对接，制定符合政府监管规范的整套制度流程，从根本上解决食品安全问题；采取高标准的环境卫生建设，整洁、舒适的购物环境，满足了都市居民更高层次的购物需求；同时扶植新农人及本土品牌，整合上下游资源，与食品流通链条中的各环节经营主体共同成长，促进产业升级。

截至 2016 年 6 月，康品汇共在上海开设了 7 家门店，其中包括多个菜场改造项目，至底还将增设 6—8 家门店。

上海隧道工程有限公司

上海隧道工程有限公司（简称上海隧道）始建于 1965 年，是中国最早开展盾构法隧道技术研发和施工应用的专业公司。

上海隧道拥有市政公用工程施工总承包特级、建筑工程施工总承包一级、公路工程施工总承包一级、机电工程施工总承包一级、隧道工程专业承包一级、地基基础工程专业承包一级、公路交通工程专业承包一级（公路机电工程分项）和市政行业工程设计甲级等资质。经营业务包括基础设施投资、设计、施工总承包及运营养护，先进装备制造、建材配套等。业务遍及长三角、珠三角、京津冀以及昆明、郑州、武汉、乌鲁木齐等地外，还深入新加坡、印度、日本等国际市场，是国内最具专业性和发展潜力的建筑企业之一。近年，上海隧道从传统总承包商向设计施工总承包商、工程总集成商成功转型。

作为中国地下工程领域的开拓者，上海隧道拥有国家级企业技术中心、国家级盾构工程中心和中国首家施工企业博士后工作站，是国内为数不多的建筑施工行业高新技术企业。近5年先后承担国家863计划等40项国家及地方重大科研课题，获省部级以上科技进步奖80项，形成自主知识产权466项，编制国家级工法36项。

在发展历程中，上海隧道创下了业内诸多"第一"：世界首条15米级盾构法隧道——上海长江隧道、世界首例复杂环境下大直径土压平衡盾构法隧道——上海外滩通道、国内首条双层公路隧道——上海上中路隧道；研制了我国首台具有自主知识产权的"先行号"土压平衡盾构和"进越号"大型泥水平衡盾构，率先实现国产盾构装备的产业化与批量出口。

截至目前，上海隧道累计建设的隧道里程已达700千米；其中14米级以上大直径盾构隧道建设里程达70千米，占全国总里程的78%。公司先后荣获全国质量奖、全国优秀施工企业、国家科技进步一等奖、全国用户满意企业、全国文明单位、中国最佳雇主企业等多项荣誉。

上海汇而通国际物流有限公司

运东西网——上海汇而通国际物流有限公司，是依靠互联与移动互联技术以及供应链原理，创建的中国首家O2O物流电商交易与运营平台，并成为物流电商平台的引领者。

运东西网主要为中小制造企业与流通企业用户提供安全、便捷、比价和可视化的全程物流运营服务。实现了在淘宝上如何买东西就在运东西上如何运东西。

平台同时为另一端的承运商/人用户提供在线揽货、运营管理和物流金融等一系列增值服务，真正实现的物流渠道的扁平。运东西网努力打造"互联网+物流"的行业良性生态，经过近两年的发展，已经形成全程担责、全程价格最优、全程可视、服务美好的模式特点。在线交易额以月环比30%的速度快速增长，为货主用户直降20%以上物流成本。运东西网先后开通了上海、深圳、广州、武汉、成都、重庆、无锡、天津、郑州等十几个城市始发至全国一二三线城市，携6000家干线承运商与2万个城市配送司机为2万注册发货人提供零担门到门服务。

2015，运东西网先后被认定为"国家智慧城市现代物流试点平台"；和"全国智慧物流配送示范平台"。

地址：上海市普陀区金沙江路1340弄8号8楼

网址：www.yundx.com

电话：4008-500-156

协信集团（上海协信星光广场）

上海协信星光广场坐落于市北高新园区东片区。总建筑面积42万平方米，其中商业面积9万平方米。是协信集团进驻上海的首个项目，它以首创"中央溪谷"式整体规划，致力于打造北上海绿色商业的新名片。项目外部生态溪谷、下沉式中央广场、平台绿化、景观阳台、空中花园、溪谷连通南里北里两幢塔楼，室内室外空间有机结合，造就双首层概念；室内设计根据绿洲、城市溪谷的概念，重生的自然力量，将自然环境元素巧妙地融入设计之中。

上海协信星光广场的餐饮和娱乐比重将达到70%，更拥有6500平方米的儿童业态。地下一层的市集公园被巧妙地设计为双首层的沿溪谷概念，且大胆创新地集运动、休闲、潮牌、餐饮等概念于一体。一楼则围绕溪谷景观，创新灵活轻松的商业氛围，更将打造24小时餐饮休闲空间，引领北上海精致夜生活概念。届时，将在上海协信星光广场的城市绿洲里享受到吃穿玩乐一站式时尚体验。

地址：上海市闸北区江场路1228弄33号401室

邮编：200072

网址：http://www.ccsland.com.cn/

上海蒙明仓储有限公司

中外合资上海蒙明仓储有限公司成立于2006年，注册资本3500万元，位于浦东高桥港城路2336号。公司经营范围为集装箱装卸储存，危险化学品的堆存装箱和海关进口分拨业务、商务信息咨询等。经营年限为30年。

公司建有钢结构高平台仓库面积5147平方米，4层综合楼一栋，面积5000平方米，2层办公用房2栋，每栋面积509平方米，场地面积30000平方米。2010年经上海市安监局文批准，仓库和堆场改建为乙类危险化学品场所，并取得上海市危险化学品储存备案证明，2013年8月取得危险化学品经营许可证。2012年11月经上海海关批准上海蒙明仓储有限公司设立为海关监管场所。

目前公司危险化学品吞吐量每月在1300标准箱左右。每月集装箱周转量为15000标准箱。

湖南湘佳牧业股份有限公司

湖南湘佳牧业股份有限公司是农业化产业国家重点龙头企业，湖南本土优质家禽养殖全产业链企业。注册资金7625万元，总资产5.7亿元。公司采用“公司＋基地＋直营”、“公司＋农户＋农贸市场”和生鲜电商的经营模式。

公司不断调整经营战略，通过实施5000万羽优质家禽标准化养殖基地建设项目、40万套标准化种鸡繁育建设项目、6万吨家禽食品加工与冷链配送项目、20万吨颗粒生物有机肥循环经济项目、岳阳台湾农民创业园标准化建设项目，成功实现了从销售活家禽到销售生鲜家禽；从定点屠宰到冷链配送；从主销农贸市场到大中城市超市直销的转型升级。公司拥有国内先进的标准化养殖基地，一流的孵化、饲料、屠宰分割、冷冻、生物有机肥生产线和湘西北最大的家禽批发平台。公司于2014年8月21日正式在新三板挂牌，成为常德市首家新三板挂牌企业。

公司未来将继续扎根农牧业，践行“让城市更环保，让生活更美好”的企业使命，立志成为中国优质生鲜家禽食品行业标准制定者、中国优质生鲜家禽食品行业领导品牌和中国家禽食品消费者首选品牌。

公司地址：湖南省石门县经济开发区天供山居委会夹山路9号

电话：0731-88802826

上海西门子医疗器械有限公司

上海西门子医疗器械有限公司成立于1992年，是西门子医疗影像诊断设备方面重要的全球研发、制造中心之一，致力于计算机断层扫描（CT）、X光、超声等诊断设备和相关医疗零部件的研发生产，以及相关客户服务。

公司拥有1000多名员工，其中研发人员超过1/3。多年来，公司积极响应政府的自主创新号召，不遗余力地提高本地研发能力，不断加大研发力量的投入，多次获得上海市及浦东新区科学技术奖，并连续被上海市政府认定为“高新技术企业”。相继为中国及全球医疗用户研发并推出了双排、6排、16排到最新的64排（128层）螺旋CT，以及数字X射线成像系统、数字胃肠机、骨科C臂、数字乳腺机等多种X光影像设备。公司研发生产的产品销往全球150多个国家和地区。

上海大祥化学工业有限公司

上海大祥化学工业有限公司是日本染化株式会社旗下的全资子公司。是在中国专业生产销售纺织、印染助剂的企业。所有生产工艺和质量保证体系均为日本染化株式会社提供，并派员长期驻厂监制和品管，产品质量达世界先进水平。公司通过ISO90001:2008质量认证体系，更进一步完善和保证了质量品质。

2013年5月起，为了强化公司技术力量，深化品质管理，优化公司生产力，提高公司综合竞争力。日本染化株式会社董事会任命了新的领导班子。他们是从事染整工作20余年的业务能手，熟悉染整工艺及技术应用，能够及时有效地应对客户提出的各项要求，解决各种问题，确保公司产品的质量稳定。

公司设立以来，一直致力于为客户提供高品质的助剂产品和提供优良服务为宗旨。以为客户节约成本，提供产品竞争力为目标。发挥日本企业之专长，不求做全做大只求做精做细。回报于客户，服务于社会。

无印良品（上海）商业有限公司

“无印良品(MUJI)”创始于日本，其本意是“没有商标与优质”。虽然极力淡化品牌意识，但它遵循统一设计理念所生产出来的产品无不诠释着“无印良品”的品牌形象，它所倡导的自然、简约、质朴的生活方式也大受品位人士推崇。

无印良品的最大特点之一是极简。它的产品，去除了一切不必要的加工和颜色，简单到只剩下素材和功能本身。大多数产品的主色调都是白色、米色、蓝色或黑色。

在商品开发中，无印良品对设计、原材料、价格都制定了严格的规定。例如服装类要严格遵守无花纹、格纹、条纹等设计原则，颜色上只使用黑白相间、褐色、蓝色等，无论当年的流行色多么受欢迎，也决不超出设计原则去开发商品。

为了环保和消费者健康，无印良品规定许多材料不得使用，如PVC、特氟隆、甜菊、山梨酸等。在包装上，由于对环保再生材料的重视和将包装简化到最基本状态，无印良品也赢得了环境保护主义者的拥护。此外，无印良品从不进行商业广告宣传，无印良品被不同消费群体所接受，这也为无印良品起到了宣传作用。

无印良品是一个品牌，更是一种生活的哲学。它不强调所谓的流行，而是以平实的价格将还原了商品价值的真实意义，并在似有若无的设计中，将产品升华至文化层面。如今，无印良品的产品种类已达到6000种左右，国际著名的财经杂志《福布斯》，也曾经将它评为全球最佳中型企业。

太古地产

太古地产是香港及中国内地领先的综合项目发展商、业主和营运商。公司尤其专注发展商业项目，在透过活化市区环境以创造长远价值方面，拥有卓越的成绩。太古地产于1972年在香港成立，现已在香港联合交易所上市，包括旗下附属公司在内聘任员工总数超过4500人。除了香港，太古地产业务遍及中国内地、新加坡、印尼、美国及英国。

公司业务涵盖三大主要范畴：（i）物业投资，即发展、租赁及管理商业、零售及少数住宅物业，（ii）物业买卖，即发展及兴建物业项目，当中大部分为供出售的优质住宅项目；（iii）投资及营运酒店。公司的主要竞争优势在于能从构思、设计、发展以至管理颇具规模及影响力的商业项目，并活化社区环境，已累积了超过40年实力和经验。

格雷斯贸易（上海）有限公司

集研发与生产一体的跨国公司——格雷斯贸易（上海）有限公司，基于人才和技术优势，以及诚实守信的服务理念，致力于持续改进产品和工艺，格雷斯其高性能特种化学品和材料行销全球。通过保持与包括许多全球知名品牌客户的紧密合作，格雷斯催化剂技术业务部和材料技术业务部提供一整套业界领先技术的研发、生产、许可和支持服务。

在炼油、石化等化工生产应用中，格雷斯催化剂技术业务部是催化剂工艺流程、催化剂研发制造以及相关技术的全球领导者。应用于催化裂化、甲醇制烯烃加氢处理，聚乙烯和聚丙烯等领域。

格雷斯材料技术业务部是特种硅胶的全球领导者，专业生产用于涂料、个人护理、工业包装和制药等应用领域的特种材料。

竭诚为客户、股东以及所在社区提供增值、安全、稳定的产品和服务是格雷斯的承诺。

上海中石化三井化工有限公司

上海中石化三井化工有限公司成立于2006年4月17日，由中国石油化工股份有限公司与日本三井化学株式会社合资组建，双方各占50%股份。首期项目12万吨/年的双酚A装置总投资近10亿元，于2008年12月竣工投产。

二期项目40万吨/年的苯酚/丙酮装置可年产苯酚25万吨、丙酮15万吨，总投资近18亿元，于2014年底建成投产。苯酚/丙酮装置与12万吨/年的双酚A装置相结合，形成原料到产品具有一体化竞争能力的苯酚丙酮、双酚A联合装置，可极大缓解国内苯酚丙酮产品供不应求局面，同时进一步做强做大SSMC双酚A产品。

上海钢铁金融产业园

上海钢铁金融产业园位于上海市宝山区。其范围：东至双庆路、南至双城路、西至同济路、北至海江路。是上海市重点推进的生产性服务业功能区。

园区紧邻宝钢集团，距离吴淞口国际邮轮码头3千米，距离虹桥机场30分钟车程，浦东国际机场45分钟车程，轨道交通3号线贯穿园区，地理位置独特，交通干线交错，空港衔接无限，为园区内注册企业的快速发展提供了有利的中心区位优势。

整个功能区是集商业、商务办公、星级酒店为一体的欧式风格的高端中央商务区。总占地面积为20万平方米，其中约9.7万平方米为景观绿化。总建筑面积为23.5万平方米。其中，南块为办公区，由4幢新古典主义别墅式办公楼和4幢22层的公寓式办公楼和1幢120米高的5A甲级写字楼组成，已于2008年4月全部竣工交付使用；北块为酒店商务区，由一座五星级酒店和一个精品商厦组成。

昌硕科技（上海）有限公司

昌硕科技（上海）有限公司成立于2004年9月。注册资本3.08亿美元，投资总额6.19亿美元。占地34万平方米。主要从事笔记本电脑、平板电脑、手机等电子信息产品的生产。目前为和联集团华东区域生产的重要基地。随着业务的不断扩大，产值逐年上升，在全国200强出口企业中名列前茅。2012—2014年期间产值排名连续三年在全国排名第四；在浦东新区已稳居第一。2014全年产值达869亿元，出口额达到138亿美元。

2009年度获上海市外商投资双优企业称号；列2010年度上海制造业50强第七位；

2009—2010年连续两年列上海市进出口额百强前20位；

2012年列上海市进出口总额排行榜第二位，全市进出口增量第一位；2013—2014年，均进入上海市外商投资先进企业行列，列吸收就业人数和进出口总额百强前十位。

安利捷（中国）投资有限公司

安利捷集团(Abdul Latif Jameel Group)是一家总部在沙特阿拉伯的跨国企业，是日本丰田汽车和雷克萨斯汽车在沙特、阿尔及利亚，摩洛哥和土耳其等多个国家的总代理商，以及埃及、英国、德国、日本、中国等国家的经销商，经营网络遍布全球，年均销售丰田汽车近40万辆。如今，安利捷是一家专注于汽车业务、金融服务、媒体业务以及售后服务的综合集团。被盖洛普公司评为“从世界上最有归属感和最卓有成效的组织之一”的企业。

安利捷（中国）投资有限公司是安利捷集团的中国总部，目标是在全国范围内建立丰田和雷克萨斯汽车销售服务网络，目前已在成都、青岛、武汉、银川及乐山等多个城市设立9家全资子公司，年销售额约20亿。公司一直以顾客满意、员工满意、股东满意及社会责任为第一理念，服务于丰田在中国的事业。

格朗吉斯铝业（上海）有限公司

格朗吉斯铝业（上海）有限公司是瑞典格朗吉斯集团在华的独资企业，于1996年9月成立。公司生产和销售复合和非复合铝带、铝板，应用于汽车行业的散热器、空调系统以及其他热传输部件。公司产品销往国内和亚太地区市场。

格朗吉斯铝业（上海）有限公司自1999年投产以来，一直不断投资以提升产能和竞争力，从而满足不断发展的市场需求。2008年年产量达8万吨热传输用铝板带，2011年产量扩充到10万吨。公司的愿景：帮助客户创造更小、更轻和更定制化的热交换器，以提升经济效率并减少环境影响。

江铜国际贸易有限公司

2010年8月，江西铜业股份有限公司在上海成立江铜国际贸易有限公司（以下简称“江铜国际”）。2012年，江铜国际引入中国兵工物资集团和（香港）港丰投资两个战略投资者，注资10亿元。

江铜国际主营阴极铜、铅、锌以及稀散稀贵金属等有色金属产品及原料贸易业务，运用国内外市场平台，辅以金融资源和期货手段，开展有色金属及其他产品的国内外现货贸易、进出口贸易等多形式贸易。下设上海江铜国际物流有限公司、保弘有限公司(香港）、江铜供应链管理有限公司、江铜国际商业保理有限责任公司、江铜国际新加坡有限公司（新加坡）等5家全资子公司。

江铜国际2011—2013年累计实现销售收入1700亿元，2014年又实现年销售收入858亿元；2011—2014年实现利税总额约65亿元，年均净资产收益率10%以上。连续几年获得浦东新区外商投资百强前十位及税收总量奖的荣誉，并成为国内大型有色金属贸易企业前列。

上海华盛建设集团贸易有限公司

上海华盛建设集团贸易有限公司隶属上海华盛建设（集团）公司，是一家专门从事商业地产运作与管理的企业，目前主要负责上海华盛贸易商场（以下简称华盛街）的日常经营与管理工作。华盛街是一家大型的综合性地下购物商场，坐落于上海市中心南京路和西藏路交界处，地铁二号线人民广场站上层南京西路19-169号，东临西藏中路，南临九江路，西临黄陂北路，北临南京西路，全长368米，5个出入口直接通往南京路，地理位置十分优越，固有十里南京路，半里华盛街之称。华盛街建筑面积为24600平方米，分为南北两区商场，共有三大板块，商铺400余间。南区商场建筑面积18000平方米，主要经营女士休闲服装、箱包、皮革制品等；北区商场负二层建筑面积3300平方米，已形成总长约220米的婚纱一条街；北区负一层建筑面积3300平方米，主要经营时尚饰品、礼品以及各类淘宝小店。本着倡导时尚、互惠互利、完美服务、弘扬商业文化、追求全面发展的精神，创建秩序井然的经营环境的目的。商场设有招商部为各厂商提供良好的展示平台和经营环境，竭诚为各厂商入驻提供优质服务。

上海聚益信息技术有限公司

万特集团上海聚益信息技术有限公司是一家新加坡独资企业，是电子收银系统及工业器材原件设计与制造商。公司主要产品包括柜员现金循环机（TCR）、ATM机、电子电表 / 水表系列、音频产品和各类电源产品等产品的板卡。公司拥有独立的研发中心，有30多名研发人员，仍在进一步扩大研发队伍。

公司的主要产品——柜员现金循环机，提供简单、灵活、全面的集成解决方案，能满足客户与员工的实际需求。通过提供强大功能的独特组合来改善客户关系并推动分行营运实现盈利，代表了柜员自动化技术的一次重大创新。主要客户包括GLORY GLOBAL SOLUTIONS、DOVER、THERMOFISHER、ECOLAB、ELSTER 和NCR 等。

公司还为世界各大电子电表企业设计、生产电子电表，如驰名欧洲的ELSTER 电表系列。公司的电子电表类产品计量精度高、寿命长。公司产品99% 出口。外销市场中，欧美市场占80%，亚洲及其他市场占20%。

上海奥特莱斯品牌直销广场有限公司

上海奥特莱斯品牌直销广场有限公司是以销售国际、国内著名品牌折扣商品为主，集购物、休闲和旅游为一体，体现国际化、现代化、时尚化的大型购物广场，秉承“品牌是经营之魂，折扣是经营之道，服务是经营之本”的文化理念，吸引着广大消费者慕名而来。

广场坐落于沪青平公路2888 号（嘉松中路口），占地面积16 万平方米，总建筑面积约11 万平方米。广场内按经营功能分为三大板块，拥有350 余家商铺，400 多个品牌，主要经营国际一、二线服饰品牌、国际知名运动休闲品牌以及国内著名品牌的折扣商品，包括 Armani、Zegna、Burberry、Ralph Lauren Polo、COACH 等，广场内国际品牌汇聚度之高已跻身同行前列。

带着合作伙伴的期望，承载着广大消费者的厚爱，广场将全力打造现代时尚的休闲购物天堂，以一流的品牌、优质的服务、优雅的环境迎接世界各地的消费者。

长濑企业管理（上海）有限公司

长濑产业株式会社是拥有180 年历史的日本知名商社，在全球设有100 多家分支机构和关联企业，事业规模达80 亿美元 / 年。长濑是集研发、制造、贸易、市场于一体，业务遍布全球的化学品综合性商社，并不断在向高新科技领域进取发展中。长濑在大中华地区设有6 家直属生产企业，还有多家合资生产公司，并在上海、天津、广州、厦门等地设有20 多家销售公司和分公司。

长濑企业管理（上海）有限公司是隶属于长濑产业株式会社的全资子公司，是长濑会社在大中华地区的事业推进和运营管理的中心。公司致力于最大限度地发挥长濑会社的综合实力，更有效率地推进长濑在大中华地区的事业策略和新规项目，并强化内部管理。促进各据点展开与顾客以及市场紧密相连的事业活动，并努力协调据点之间的协作和全球展开。

佛吉亚（中国）投资有限公司

企业地址：上海市闵行区元江路3438 号

电话：021-60576666　传真：021-60576439　邮编：201109

上海临港奉贤经济发展有限公司

企业地址：上海市奉贤区四团镇新杨公路1800弄临港奉贤中心A楼
电话：021-38298300 传真：021-58078167 邮编：201413

三菱电机（上海）机电电梯有限公司

企业地址：上海市闵行区中春路1211号
电话：021-34093030 传真：021-34093057 邮编：201109

上海中远资讯科技有限公司

企业地址：上海市浦东福山路450号新天国际三楼
电话：021-61006100 传真：021-65458984 邮编：200122

联太非融资担保（上海）有限公司

企业地址：上海市南京西路1366号恒隆广场2座4501室
电话：021-62889272 传真：021-62889272 邮编：200040

第七编

区县商贸

2016

上海商贸年鉴

浦东新区商贸

一、概述

2015 年，面对严峻的经济形势，浦东商务系统以加快建设国际贸易中心核心功能区为主线，加快优化产业结构，着力保障社会民生，推进各项商务工作稳步前进，保障全区商务经济平稳健康发展。

（一）主要经济

2015 年，浦东新区全年完成国内生产总值 7898.35 亿元，比上年增长 9.1 %，占全市总量的 31.6 %。

2015 年，浦东新区新设外资项目 3722 个；合同外资 440.82 亿美元，比上年增长 208.11%，占全市总量的 74.79%；实际到位资金 64.6 亿美元，比上年增长 44.33%，占全市总量的 35%。

2015 年，浦东对外贸易进出口总额 2719.7 亿美元，占全市贸易额比重为 60.2%，比上年增长 1.5%。其中出口 969 亿美元，比上年下降 3.7%；进口 1750.7 亿美元，比上年增长 4.7%。

2015 年，浦东新区实现商品销售额 29838.38 亿元，比上年增长 8%；实现社会消费品零售额1883.8亿元，比上年增长8.3%。

（二）主要工作措施

投资促进方面。一是全力推动扩大开放措施落地。举行自贸试验区服务业开放措施推进大会，推出服务业创新案例集。已有26条开放措施落地，惠及1366家企业。其中，在保险经纪、专业健康保险、认证机构、游艇设计等领域有较大突破，并涌现出江泰、美安康等一批全国首创性项目，吸引了“见见面”、“苹果”技术服务等一批高端服务业企业在浦东集聚。二是投资监管创新更务实。推动政府管理由注重事前审批转为事中

佛罗伦萨小镇全面开业，GUCCI、Zegna、TOD’S、SalvatoreFerragamo 等顶级品牌悉数入驻

事后监管，加快完善“七证联办”系统设计和方案对接，推进企业“单一窗口”建设。三是总部经济提升全球资源配置力。充分发挥总部共享服务中心平台作用，第一时间向企业传递新出台政策，为企业争取更多市里的支持，促进一批企业区域总部的设立和升级。更加强调跨国公司地区总部质量能级提升。积极推进总部数据库建设，运用大数据手段，建立潜在目标总部发现机制。充分利用自贸试验区和浦东综改政策，集聚更多高能级总部，为其配置全球资源创造条件。

对外贸易方面。加快建设境外投资服务平台，成立上海自贸试验区境外投资推进暨服务联盟，打造境外投资全生命周期服务体系。境外投资备案项目 587 个，中方投资额 166 亿美元。贸易领域推出多项改革创新举措。检验检疫推出支持上海自贸区发展 24 项举措，支持金桥先进制造业发展检验监管 11 条便利化措施。海关方面推出了深化自贸区海关改革创新 8 项制度和支持科技创新中心建设 8 项措施。支持跨境电商平台发展。进一步完善“跨境通”试点。推动正大集团、中国移动等五方资源整合在一起组建“见见面”公司，打造基于移动互联网的跨境电商 O2O 平台。建设平台经济企业综合服务系统。推进跨境电子商务公共服务平台项目建设。推动张江上海跨境电商出口监管中心以及上海市跨境电商航空物流综合服务平台成立，促进跨境电子商务出口规范化发展。

商业发展方面。祝桥奥特莱斯项目后发优势明显，牵手国际一流开发商和运营商，为浦东东部地区商业布局填补空白，提升能级，为全区商业增添了亮点。开业第一年销售额预计可达 9 亿，相对国内其他奥特莱斯，业绩优势明显。协调服务陆家嘴迪士尼旗舰店开业运营，陆家嘴地区拥有了全球最大的迪士尼旗舰店，开创了创新型的服务及体验式的商业文化零售模式。协调八佰伴、正大广场、万达广场、金桥国际广场、森兰商都等实体商业进行业态调整，推进张家浜文化创意休闲街二次转型初见成效。协调太古、怡和、香港置地、Costco 好市多等高品质商业资源选址落户前滩、洋泾、康桥地区。协调沃尔玛收购一号店和建设航头物流中心项目。推进三林塘老街片区打造文化婚庆商业综合体。开展城市更新试点，研究世纪大道沿线城市更新的需求与可行性。全面开展智慧商圈建设，推进八佰伴智慧商城试点项目。积极推进两批 35 家商店开展境外旅客离境购物退税试点。积极争取小微企业创新创业扶持资金，加大对电商、跨境电商和连锁化的扶持力度。

二、利用外资

（一）外资企业增资

大项目增资占比上升。全年增加合同外资超过 1000 万美元的项目有 159 个，共增加合同外资 79.85 亿美元，占当年增加合同外资总额的 87.8%。

增资行业分布。全年第三产业共增加合同外资 80.97 亿美元，占增资总额的 89.05%。主要集中在金融租赁、投资管理、批发贸易、软件服务等行业。全年第二产业共增加合同外资 9.95 亿美元，占增资总额的 10.94%。

（二）跨国公司地区总部

全年浦东新区新获认定的跨国公司地区总部 17 家，占全市（45 家）的 37.78%。截至年底，浦东新区历年累计获认定的跨国公司地区总部达到 246 家，占全市（共 535 家）的 45.98%。全年浦东新区新认定亚太区总部共 5 家，占全市（15 家）的 33.33%。

（三）外资研发机构

全年浦东新区累计新批总投资超过 200 万美元的研发中心共 8 家。截至年底，浦东新区历年累计投资总额超过 200 万美元的研发中心达到 208 家。

（四）外资大项目

2015 年浦东新区新批合同外资总额超

过1000万美元以上的大项目有761个，占新设项目数的20.45%，合同外资399.43亿美元，占合同外资的90.61%。

全年浦东新区新设立的投资性公司8家。截至年底，累计设立投资性公司达到115家，占全市（共322家）的35.7%。

（五）外资来源地

截至2015年12月，来浦东投资的国家（地区）总数达145个。对浦东投资前五位国家/地区（以合同外资为依据）依次为：中国香港、美国、维尔京群岛、日本、开曼群岛，这5个国家（地区）投资占浦东新区利用合同外资总量的74.2%。

三、对外贸易

（一）贸易方式

浦东新区对外贸易的三大主要贸易方式均受出口拖累增长缓慢，尤以一般贸易出口下降最为显著，是导致全区出口下滑的主要贸易方式。其中，加工贸易进出口518.8亿美元，比上年下降1.3%。其中出口345.7亿美元，比上年下降1.9%；进口173.1亿美元，与上年基本持平。一般贸易进出口1138.9亿美元，比上年增长1.8%。其中出口366.2亿美元，比上年下降4.8%；进口772.7亿美元，比上年增长5.3%。海关特殊监管区物流货物进出口883.4亿美元，比上年下降0.3%。其中出口234.7亿美元，比上年下降2.8%；进口648.7亿美元，比上年增长0.7%。

（二）贸易主体

外资企业、民营企业进出口保持微增，国有企业出口下滑显著，进口快速增长。外资企业进出口1827.2亿美元，比上年增长1.6%，其中出口下降2.8%，进口增长3.1%。国有企业进出口497.6亿美元，比上年增长25%，其中出口下降7.8%，进口增长49%。民营企业进出口394.6亿美元，比上年增长1.6%，其中出口下降3%，进口增长5.8%。

（三）贸易伙伴

从出口看，对美国、欧盟、东盟出口有所下降，对中国香港出口有所增长；从进口看，从美国、东盟进口保持增长，从欧盟、日本进口下降。对美国、欧盟、中国香港和东盟合计出口占全区六成以上，增速分别为-9.6%、-1.6%、7%、-11.9%，其中对东盟市场下降最为显著。其他主要市场中，对韩国、印度出口保持增长。从进口看，从欧盟、美国、东盟和日本合计进口占全区近六成，增速分别为-10.8%、9.6%、4.8%、-5.9%，从欧盟、日本进口有所下滑。其他主要市场表现不一，从澳大利亚、俄罗斯进口增长较快。

（四）贸易产品

机电产品出口微降，高新技术产品出口保持增长；消费品进口总体有所下滑，大宗商品进口下降，集成电路、飞机进口增长较快。从出口看，机电产品出口682.8亿美元，比上年下降0.8%。其中电器及电子产品占一半以上，比上年增长13.4%，其他品类有所下滑。高新技术产品出口452.8亿美元，比上年增长4.5%。其中一半以上为计算机及通信技术产品，比上年增长0.3%。从进口看，消费品进口总体呈下降态势，汽车、钻石、手表、服装分别进口102.3亿美元、19.4亿美元、12.1美元、11.4亿美元，增速分别为-27.9%、-21.8%、-12.8%、0.6%。大宗商品进口258.3亿美元，比上年下降13.3%。其中油气产品、塑料制品降幅较大。集成电路、飞机分别进口264.6亿美元、58.2亿美元，比上年分别增长15%、6.7%。

（五）贸易园区

外高桥保税区、外高桥保税物流园区、洋山保税港区、机场综合保税区外贸均下降；康桥工业园区外贸快速增长。

外高桥保税区外贸进出口942.9亿美元，占全区外贸总额的三成以上，比上年下

世纪大道两侧，4 线交汇地铁上盖，集办公、商贸、购物、娱乐为一体的综合体项目：
世纪汇、百联世纪购物广场即将竣工开业

降 4.1%。外高桥物流园区、机场综合保税区、洋山保税港区合计进出口占全区外贸总额近 8%，比上年分别下降 12.7%、37%、9.3%。康桥工业园区进出口 246.5 亿美元，比上年增长 8.4%。

四、商业经济

（一）商业流通规模进一步扩大，但增速趋于平缓

从商品大类看，全年增速最快行业为通讯器材类，比上年增幅达 40.6%，全年对新区商品销售额增长拉动最大行业为金属类商品，增长贡献度为 45%。其中，金属类商品受大宗商品企业销售业绩稳定增长拉动，全年实现商品销售额 10408 亿元，占新区销售总额的 35%，比上年增长 10.6%；受燃料动力和黑色金属等类别购进价格较大幅度下跌影响，石油、煤炭等能源类商品销售明显下滑，全年分别实现商品销售额 2165.4 亿元、470.36 亿元，比上年分别下降 9.2%、16%；汽车类商品受保时捷、捷豹路虎两大豪车品牌商品销售同比下滑拖累，全年实现商品销售 4933.75 亿元，比上年下降 0.6%。

重点批发贸易企业中，新区前 10 家规模最大贸易企业销售额合计达 6565.38 亿元，占新区商品销售总额的 22%，比上年下降 4.8%。通用汽车全年实现商品销售比上年增长 4.5%，保时捷全年比上年下滑 3.2%，捷豹路虎年内由于国产车型的推出，其进口车商品销售受到压缩，全年实现销售额比上年下滑 45.7%；受四季度铜价下跌、经济环境低迷、国内国际市场需求不足等影响，江铜国贸、中铜矿业全年实现商品销售分别比上年下滑 14.2%、12.5%；受日趋激烈的品牌竞争、公司自身创新不足、大公司层级结构复杂、对市场反应缓慢等因素影响，宝洁（中国）全年实现销售额比上年下滑 10.6%。

（二）商业消费市场平稳增长

新兴零售业态保持较快增长。网络零售企业 1 号店自营部分全年实现零售额近 120

亿元，比上年增长16.56%，是浦东百亿零售企业龙头，对新区社零增长的贡献率为11.5%；特速乐（特斯拉）全年通过网络实现零售额超8亿元；天天鲜果全年实现零售额超6亿元，比上年增长2.4倍。受持续火热的境外旅游和境外消费等因素拉动，日上免税行继续保持平稳增长，全年实现零售额超50亿元，比上年增长9.8%。苹果（中国）受今年推出新款手机、手表、平板电脑热卖拉动，全年零售额超70亿元，比上年增长超一倍，增幅较上年上升83个百分点，对拉动新区社零增长的贡献度为26.5%，贡献度排零售企业之首。高端商业综合体国金中心全年实现零售额57.38亿元，超过日上免税行成为新区单体零售企业第三，仅次于1号店和苹果。佛罗伦萨小镇全年实现零售额超8亿元，月均近7000万元，出租率超九成，销售趋势良好。全球最大的迪士尼旗舰店于5月20日开业以来实现零售额超7000万，日均超33万元，总体销售情况良好。

传统实体零售业绩下滑明显。2015年实体商业受经济环境、电商分流消费、同质化竞争等因素影响，仍未走出低迷。百货、购物中心、大卖场、家居建材等业态业绩均出现进一步下滑。百货龙头第一八佰伴全年销售业绩比上年下降17.8%，浦东商场全年实现零售比上年下滑1.3%；购物中心中，周浦万达、正大广场、文峰广场全年实现零售仅比上年分别增长8.32%、4.59%、3.29%，增幅较上年出现大幅下滑；证大大拇指、金桥国际全年零售均比上年分别下滑16.92%、14.2%，仅联洋广场今年通过转型调整，增加了电影院等娱乐服务业态，全年销售比上年增长20.88%。大卖场超市成为今年下滑最严重的业态，仅沃尔玛、卜峰莲花、乐购全年实现零售额比上年增长，分别为4.6%、2.4%、1%，家乐福、农工商、麦德龙、大润发全年实现零售额比上年分别下滑10.6%、9.6%、6.6%、2%。家居建材方面，红星美凯龙全年实现销售比上年增长6.4%，宜家全年实现销售比上年下滑9.4%，百安居比上年下滑4%。

汽车类商品低位增长。2015年浦东新区汽车类商品零售实现零售额500.01亿元（占浦东社零总额26.5%），比上年增长2.5%，新能源车价格及沪牌补贴、1.6升及以下车型购置税减半政策和进口车市场回暖对2015年浦东汽车零售市场的走势起到了主要影响。在重点汽车销售企业来看，高档车品牌销售逐渐回暖，东昌凌志、东昌凯帝、宝城（宝马）、英菲尼迪等全年实现销售分别比上年增长23.1%、13.3%、12.6%、4.8%；受国家及新区购车价格补贴及上海沪牌免费使用等因素拉动，新能源汽车销售呈现井喷趋势，弘仁宝升（比亚迪）、永达威荣（荣威）全年实现零售分别比上年大涨212.1%、34.5%。二手车市场由于受上年年末新政实施直接影响零售额下降34%。

（三）住宿餐饮业增速稳定向好

2015年新区住宿餐饮企业在市场竞争激烈、公款消费大幅减少情况下，积极调整结构和网点布局，面向大众，贴近民生，经济效益指标明显提升，全年实现消费1697.21亿元，比上年增长9.8%。其中以大众化餐饮人气最高，业绩最好，成为拉动浦东餐饮业消费增长的主力，避风塘、望湘园、星巴克业绩分别比上年增长61.9%、37.3%、15.5%。另外住宿餐饮业在网络零售方面表现也十分突出，金茂全年通过网络零售实现消费超1.5亿元，香格里拉、盛高酒店全年通过网络零售实现消费超3000万元；拉亚餐饮（拉亚汉堡）全年通过网络零售消费近4000万元，大河餐饮、天水雅居全年通过网络零售实现消费超1000万元。

黄浦区商贸

黄浦区商务委员会主任
张　杰

一、概述

2015年，黄浦区商务委以“四新”引领，敢于担当，勇于创新，善于破题，推进各项工作深入开展，全面实现了全年工作目标。2015年，全区共实现社会消费品零售总额791.6亿元，比上年增长1.7%；实现商品销售总额5650.6亿元，比上年增长0.6%。两项指标均顺利完成“十二五”规划制定的既定目标。商贸流通业共实现区级税收28.8亿元，比上年增长0.5%，税收总额位居六大行业第二位，仅次于金融服务业。完成两街商业结构调整12万平方米，两街商业增速高于市级商圈平均增速1倍。

二、商业经济

（一）全力推进结构调整，促进商业转型升级

聚集重点项目，一是结构调整取得新成效。推动两街商业结构调整，强化北京路生产资料一条街转型升级调研方案及豫园黄金珠宝商贸功能区建设。二是顺应消费趋势，数字商圈建设取得新突破。实现两街WIFI全覆盖，打造黄浦数字商圈三大平台（大数据平台、服务号平台、新营销平台），淮海中路（南京路）商圈被市经信委、市商务委正式认定为上海首批智慧商圈创建活动试点区域。三是注重政策引导，自主创新能力取得新拓展。区内105家企业单位，179个项目获得品牌创新发展专项资金扶持，新认定区企业技术中心4家。

（二）大力发展时尚产业，打造“上海国际时尚之都示范区”

一是加强市区联合，时尚产业发展树立新标杆。进一步聚焦新技术应用、新服务拓展，创新扩展时尚产业链，把时尚产业发展作为传统产业转型升级的重要突破口和产业发展新动力。二是组合联动推进，时尚产业发展形成新机制。重点在发展规划、引导政策、产业指数、搭建平台、人才培养等“五个一”上下功夫，同步联动推进时尚产业发展。由于发展顺利，已被市商务委授予“上海国际时尚之都示范区”称号。

（三）积极转变管理服务方式，深化“双自联动”

一是推进依法行政，完成“四张清单”梳理。确立权力事项160项、责任事项1182项、服务事项4项、效能事项14项，并向社会进行公布。二是加快外商投资管理制度改革，实施绿色审批。审批时间从8个工作日缩短到4个工作日，提交的申报材料从10多项减至6项，今年做到绿色审批100%全覆盖。三是强化政府服务，探索贸易便利化。联合海关和检验检疫推进制度创新，使更多企业受益于“口岸延伸”、“直通式放行”等工作机制，积极推动在区内设立保税仓库提供更便利服务。加大招商安商力度，服务区域经济。主动开展“三链”招商，加强入驻企业日常服务，成功挽留了一批意

向外迁的企业。四是开展商务诚信建设，优化营商环境。形成了政府带头、行业推动、企业参与的发展态势，社会诚信体系建设初显成效。

（四）聚焦民生保障，探索监管创新

一是加强标准化菜场建设，确保副食品供应充足、价格稳定、食品安全。探索建立菜场日常管理远程监控机制，在全市率先实现了菜市场肉类食品安全追溯系统全覆盖，区内多家菜市场入选商务部公布的全国前50名。配合区域顽症整治，引导马路摊贩入室经营。探索社区智慧菜场新模式，合作开设网上菜市场，目前已有6家菜市场加盟，每天完成订单1000多个。食行生鲜在区内已完成8家社区直投站的建设。二是大力发展社区商业，探索社区型购物中心新模式。指导促进陆家浜路与西藏南路口商业项目成为整合潮流风尚、健康美容、甜品乐宠、时尚餐饮、亲子享乐等多元业态“新邻生活站”，深受社区居民的欢迎。三是加大监管力度，营造良好市场秩序。组建市场环境优化督导队伍，形成快速发现机制。联合区相关部门开展“七乱”问题专项整治，商圈形象得到改善。推进小商品集贸市场治理与调整工作，制定了《小商品集贸市场治理与调整工作推进方案》。探索打假工作新模式，从源头上杜绝制假、售假行为，得到市打假领导小组的肯定。

三、利用外资

2015年，黄浦区新批准的外商投资项目共200个，比上年下降9.5%；总投资额143822.6万美元，比上年下降21.9%；合同外资金额145045.7万美元，比上年增长13.7%，完成全年目标的120.8%。

2015年利用外资情况表

利用外资方式	批准外资企业			合同外资	
	项目数（个）	总投资额（万美元）	比上年（±%）	外资金额（万美元）	比上年（±%）
外商直接投资	200	143822.6	-21.9	145045.7	13.7
其中：合　资	9	764.5	-83.4	232.6	-86.4
合　作	—	-	—	—	—
独　资	191	143058.3	20.4	144813.1	15.1

2015年上海购物节“欢购乐游黄浦行”

2015 年合同外资引进总额、新引进项目数、新增跨国公司地区总部数等 3 项指标在全市中心城区均名列前茅。新增威能（中国）供热制冷环境技术有限公司、尼康映像仪器销售（中国）有限公司、佐敦（上海）投资管理有限公司等 3 家经认定的跨国公司地区总部，完成全年任务指标。截至年底，黄浦区的跨国公司地区总部（含投资性公司）累计达 41 家。总部型企业在整合产业链、联动行业发展、实现安商留商等方面的优势正逐步显现。

2015 年利用外资的主要领域是专业服务业、商贸流通业、金融服务业、投资性公司等，独资项目占绝大多数。新设项目投资国别和来源地继续保持多样化，以中国香港（81 个）、欧洲（39 个）为主。

2015 年外商投资行业（或产业）分布情况表

行业（或产业）	项目数		投资总额（万美元）		合同外资（万美元）	
	个数	占比（%）	金额	占比（%）	金额	占比（%）
合　计	200	100	143822.6	100	145045.7	100
生产型项目	200	100	143822.6	100	145045.7	100
非生产型项目	—	—	—	—	—	—

2015 年外商投资主要来源地情况表

国别（地区）	项目数（个）	投资总额（万美元）	合同外资（万美元）
中国香港	81	40930.7	33174.14
欧　洲	39	13739.6	5940.50

四、对外贸易

2015 年累计完成外贸进出口总额 97.1 亿美元，比上年下降 4.2%。其中出口完成 34.7 亿美元，比上年下降 0.9%；进口完成 62.3 亿美元，比上年下降 6%。进出口总额在全市中心城区继续保持领先，位居第三。

与 2014 年相比，黄浦区外贸进出口的主要国家地区和商品种类也有所调整，具体情况如下：

2015 年进口商品主要贸易伙伴情况表

国别（地区）	进口额（万美元）	占比（%）	比上年（±%）
马来西亚	127480	20.5	6.2
日　本	77859	12.5	-20.7
泰　国	49146	7.9	-3.2

2015 年出口商品主要贸易伙伴情况表

国别（地区）	进口额（万美元）	占比（%）	比上年（±%）
美　国	57919	16.7	-5.8
日　本	37538	10.8	-15.9
中国香港	59076	10.4	95.5

2015 年主要进口商品情况表

商品名称	进口额（万美元）	占比（%）	比上年（±%）
矿产品	122599	19.7	-6.1
机电、音像设备及零件	101151	16.2	-17.8
纺织原料及纺织制品	71069	11.4	16.8

2015 年主要出口商品情况表

商品名称	出口额（万美元）	占比（%）	比上年（±%）
纺织原料及纺织制品	85690	24.7	-0.6
车辆、航空器、船舶	72341	20.8	46.9
机电、音像设备及零件	51071	14.7	-4.0

五、对外经济合作

黄浦区企业积极贯彻“走出去”战略和政策，2015 年，老凤祥在不断拓展国内市场的基础上，积极做好国际市场的业务开拓，继老凤祥美国公司在第五大道开设珠宝旗舰店后，又继续布局北美市场，2015 年 9 月老凤祥加拿大珠宝有限公司和温哥华的银楼盛装开业，前期投资 180 万加元。2015 年老凤祥银楼继续拓展香港市场，尖沙咀和旺角专卖店正式营业，总投资 780 万港元。老凤祥规划在 3—5 年内，争取在国际市场上创造 50—100 亿元的销售收入。

静安区商贸

静安区商务委员会主任
诸　旖

一、概述

2015年，静安区商务委在区委、区政府的领导下，抓工作突破，抓产业能级提升，顺利完成各项经济指标，有序推进区域商业转型升级，吸引外资形势良好，对外贸易平稳增长，时尚静安影响力逐步提升，商贸运行质量稳步提升，商务系统对区域经济的贡献度稳中有升。2015 年，全区实现社会消费品零售总额 319.62 亿元，合同利用外资 10.76 亿美元。完成外贸进出口总额 27.81 亿美元。

二、商业经济

全区实现社会消费品零售总额 319.62 亿元，比上年增长 8.11%，完成商品销售总额 1910.51 亿元，比上年增长 9.02%。

（一）突出会商旅文体联动

积极推动静安南京路沿线商铺的调整，进一步完善静安南京路商业生态结构。富邦晶品 9 月 20 日全面开业，ports1961 开始试营业，南京西路 688 广场商铺全部开业。进一步完善“会商旅文体”联动工作机制，加强与各商场的互动联系，成功举办了“福满静安奔牛展”、“静安城市定向越野”、“静安国际咖啡文化节”、“静安国际购物嘉年华”等一批影响力大、人气足、广受好评的活动，作为 2015 年上海国际艺术节的重要节目之

流光溢彩的静安商业区夜景

一，BANDALOOP 空中芭蕾内地首演近期落户静安嘉里中心，结合高空绳索和现代舞蹈，起舞在高楼云间，颇受上海市民关注。静安国际购物嘉年华活动被评为上海市“会商旅文体”联动示范项目，初步形成全区商业商街功能规划和江宁路功能开发规划。

（二）创建智慧商圈

利用移动互联网和大数据技术，加快智慧商圈建设，促进线上线下良性互动，着力优化商圈消费的服务体验。根据《上海市经济信息化委、上海市商务委关于开展本市首批智慧商圈创建活动试点单位申报工作的通知》要求，区商务委与区科委建立联动机制，共同开展智慧商圈创建活动试点申报工作，拟定静安智慧商圈实施单位为上海数银科技有限公司，试点创建推荐单位为梅龙镇广场、雷允上药城、百乐门大酒店以及吴江路休闲街，静安智慧商圈项目通过市商务委、市经信委举办的专家评审会评审，静安成为上海首批智慧商圈建设试点单位。7 月 18 日，2015 上海国际信息消费节商圈秀开幕式暨静安建设智慧商圈示范启动仪式在吴江路休闲街举行。吴江路休闲街、梅龙镇广场和雷允上药城成为静安智慧商圈首批试点创建单位。区商务委、区统计局还与上海商务发展研究中心签署了商圈消费指数发布的合作协议，共同发布静安商圈信息消费指数。

（三）探索建立保税商品展示交易中心

为推动区域电子商务发展及平台经济发展，拓展应用领域、鼓励模式及业态创新，借鉴自贸区“森兰商都”模式，探索研究在静安区设立“保税—展示—销售”的保税商品展示交易中心的可行性。推动上海出国人员服务中心静安免税店在悦达 889 落地，双方已经正式签约，正在进行紧张装修中，力争在 2015 年底前正式开业。免税店营业总面积 3600 平方米，将充分宣传国家相关免税商品销售规定，积极扩大免税经营品类和利用“跨境通”平台扩大细分市场。

（四）对接上海科技创新中心建设

跟踪研究上海打造具有全球影响力的科技创新中心的最新进展，结合区域实际，明确自身定位，以互联网金融创新、电子商务新技术开发运用为先导，研究提出静安主动对接、主动服务上海科技创新中心建设的路径和举措。按照区发改委工作安排，区商务委积极参加市《大力实施创新驱动发展战略，加快建设具有全球影响力的科技创新中心》课题研究工作，为全区对接、服务上海科技创新中心建设积极出谋划策。

（五）探索培育“四新”企业

突出服务主体型企业和载体型企业并重：一方面，积极推动区域电子商务发展，拓展应用领域，培育 O2O（线上到线下）等新型商业模式。加强与知名电子商务企业的联系，引进有品牌、有知名度、有发展潜力、有规模的电子商务企业。已引进上海有浩信息科技公司有限公司（由蜘蛛网投资设立），开展电子商务，进一步推动静安区新业态、新模式的发展。鼓励企业运用新技术推动传统业务模式的改造升级，积极协助上汽销售公司建设电子商务平台、客户服务中心、汽车后市场服务平台，为消费者提供从购车到用车再到汽车生活的覆盖用车全生命周期的平台，促进传统产业能级提升。另一方面，积极推动区域“四新”经济园区载体建设，打造以科技、互联网金融和文化等为主题的各类创意园区。一是通过区校合作，以静安区威海路 777 号房屋为载体，合作打造“7 立方•静安科技文化创意产业园”项目，创建以工业设计、应用设计为特色，以科技与文化创意多学科协同为主题的科技与文化创意示范区。二是加快互联网金融园区建设，搭建互联网金融服务平台，引进信誉良好，实力互联网金融企业，促进“产业 + 互联网 + 金融”融合发展，引导金融服务实体经济，借助互联网平台为企业上下游、自身、员工及合作伙伴提供投资融资金融服务，助推企业产业化发展。三是启动“昌平路静安文化创意产业集聚带规划”，积极推进静安时尚创意产业集聚区建设，打造突显都市特色的文化创意产业。

（六）承办重要时尚活动

9 月 25—27 日，在上海展览中心举办“2015 年上海设计之都活动周”主场展示活动。活动以“大设计 新常态”为主题，体现设计跨界融合以及协同创新的成果和趋势。10 月 13—16 日，在上海展览中心举办“2015 年上海时装周”活动。活动周期间，有宝姿（Ports 1961）品牌主力店开幕及明星走秀、普拉巴•高隆（Prabal Gurung ）时装秀、李奥纳德 (Leonard) 时装秀三场活动，这三档品牌的发布时间与欧洲保持同步。世界城市（上海）文化论坛于 10 月 21 日在宏安瑞士举办，以“世界城市的设计创意战略”为主基调，从设计思考、公共艺术、城市设计、社会创新等角度，讨论城市是如何促进设计、激发创意活力，展示如何将设计解决方案广泛应用于经济、社会、文化等领域的最佳实践。举办主题为“奢侈品行业新格局”的 2015 中欧顶级品牌高峰论坛，并为“中欧•静安国际时尚产业研究中心”揭牌。举办主题为“互联网 +”时代商圈新发展的 2015 福布斯•静安南京路论坛。

（七）推进社区商业新模式创新

2015 年在区内东方海外大厦、凯迪克大厦等 8 个点位设置强丰无人售菜机；以政府购买社会组织服务承接直供管理方式，在全市率先推出社区商业为老直供服务工作联盟；多渠道推进区“菜篮子”体系建设，协调推进大沽菜场改造，组织 11 家菜场、10 余家超市和 20 余家社区菜店、60 余个菜点，开展“菜场惠民大联展”、“社区便民惠民服务”、“崇明生态农产品直供直销”等三大板块营销活动。

三、利用外资

在国际经济形势复杂多变的环境下，静安区 2015 年外资利用情况保持平稳，引进协议外资合计 20.01 亿美元，比上年增长 14.38%；外商直接投资合同金额为 10.76 亿美元，比上年增长 34.6%。

1. 实现合同外资方面。新设项目、增资项目均稳步提升：2015 年静安新设和增资项目分别实现合同外资 2.09 和 5.91 亿美元。

2. 项目数量方面。新设项目数量较 2014 年有所下降：2015 年静安新设项目共 129 个，较上年下降 13.95%。

3. 行业分布方面。房地产业共实现合同外资 3.98 亿美元，比上年增长 36.85%；商贸流通业实现合同外资 4.69 亿，比上年增长 76.77%；专业服务业实现合同外资 1.15 亿美元，比上年下降 40.14%；三大行业依旧是静安区吸收合同外资主体。

四、对外贸易

2015 年，静安完成外贸进出口总额 27.81 亿美元，比上年 26.28 亿美元，增长 5.8%。其中出口累计完成 12.83 亿美元，比上年增长 4.25%；进口累计完成 14.97 亿美元，比上年增长 7.16%。出口方面：一般贸易及加工贸易较去年均有小幅增长；进口方面：三资及非三资企业均保持较快增长。

闸北区商贸

闸北区商务委员会主任
任少南

一、概述

2015年，闸北区商务委紧紧围绕区委区政府“全面深化改革创新、全面推进依法治区”的总体要求，牢牢把握区委“两聚焦三确保”工作总基调，以优化商业布局，提升品牌定位，提高外资贡献，落实民生保障为目标，突出重点，狠抓落实，努力开创全区商业发展工作新局面。

全年完成商品销售总额2098.46亿元，比上年增长7.4%；社会消费品零售总额完成301.18亿元，比上年增长7.1%；苏河湾地区企业实现区级税收21.27亿元，比上年增长3.2%，占区税比重24.1%；合同利用外资10.66亿元，比上年增长6.48%。

二、商业经济

（一）优化商业布局，提升品牌定位

2015年，闸北商业熠熠生辉，引领上海时尚潮流新风向。南部大悦城二期、北部协信广场相继开业，引入知名商户600余家；现有商业中心大宁国际、太平洋、大悦城一期、五月花等商业企业品牌逐步调整，不断提升品牌定位；久光百货大宁店、星光耀广场、大宁中心广场、佳程广场等商业载体建

闸北区大悦城商业区夜景

设、招商稳步推进。

（二）成功引入进口商品直销超市

为促进新兴商业业态入驻闸北，提高闸北商业美誉度，积聚人气拉动消费，年内区商务委积极联系并促进“上海市外高桥国际贸易营运中心有限公司（D.I.G）”与区内企业对接，最终落户闸北区新客站北广场“新理想大厦”。该超市占地面积约 3500 平方米，汇集各类生鲜食品、水果、海鲜、预包装食品、乳制品、日用品及母婴用品等多种进口商品。

（三）建设商业信息网络

2015年，区商务委以构建商务沟通平台、形成商业发展信息互联互通机制为目标：一是构建“好渠道”和“好人家”网络，与部分市级各行业协会、连锁企业、知名社区商业企业形成沟通机制，积极推荐区内空置商业载体。二是组建由市、区级政府官员、专家学者、商业企业代表等组成的“好顾问”团，对区商业规划和布局进行研讨、出谋划策。三是整理汇总涉及商贸企业的各部门扶持政策的“好政策”目录，推进商贸企业健康发展。

（四）组织商业营促销活动

结合元旦、春节、“妇女节”、“五一”劳动节、购物节等重要节日，以加强商旅文体联动，提升消费体验为重点，区商务委组织区内各商家开展各项营促销活动，各类精彩纷呈的营促销活动收到较好效果。

（五）完善民生供应保障体系

以保障供应为重点，不断优化区内菜市场、生鲜超市、社区直供点布局。2015 年，全区新增社区副食品供应点 11 家（引进厨易时代智能微菜场项目 4 个，引进金山强丰生鲜供应点1个，引进无人售菜供应点6个），改造标准化菜市场 2 家（宝德路菜市场、洛平菜市场）。

（六）开展保供稳价工作

为落实民生保障工作，区商务委年内主要开展：一是实施保供稳价举措。在“两淡”（冬淡、夏淡）和“三节”（元旦春节、五一、中秋国庆）等菜价波动时段，启动财政专项补贴资金，组织区内各菜场设置供应专柜、在社区菜店、直供点等开展副食品惠民营销，让百姓得到真正的实惠；二是鼓励指导产销对接，举办“特价销售月”活动，鼓励和组织菜市场产销对接，保障供应。三是积极组织企业回馈社会。积极组织菜市场通过为敬老院、困难人群送菜上门、座谈联谊、发放买菜优惠券等形式扶弱帮困、回馈社会。

三、利用外资

2015 年，全区新增外资项目 165 个，合同利用外资 10.66 亿美元，比上年增长 6.48%。其中 100 万美元以上外资企业 44 家，注册资金 1000 万美元以上项目 12 家。

（一）5 家跨国公司地区总部落户闸北

全年新引进恩智浦（中国）管理有限公司、欧陆检测技术服务（上海）有限公司、晶科绿能（上海）有限公司、励讯（中国）投资有限公司、金茂投资管理（上海）有限公司 5 家跨国公司总部。截至年底全区累计有跨国公司地区总部 32 家。

（二）新增项目均为现代服务业

全年新增外资项目的行业聚焦软件信息、电子商务、科技研发、现代物流、检测认证、咨询服务及金融等现代服务业。如引进了如上海房多多信息科技有限公司、上海到喜啦信息技术有限公司等一批以移动终端为载体的互联网 + 企业。这些企业的引进对全区优化产业结构，提升产业能级起到了积极的推动与促进作用。

2015 年利用外资情况表

利用外资方式	批准外资企业			合同外资	
	项目数（个）	投资总额（万美元）	比上年（±%）	外资金额（万美元）	比上年（±%）
外方直接投资	165	279944.39	90.47	106600	6.50
其中：合资项目	16	249721.14	209.10	66901	持平
独资项目	149	30223.25	-77.70	18836	-0.10
增资项目（不计入合计）	35	153630.80	0.88	20863	-19.8

2015 年外商投资行业情况表

行业或产业	项目数		投资总额		合同外资		实到外资	
	个数	占比（%）	金额（万美元）	占比（%）	金额（万美元）	占比（%）	金额（万美元）	占比（%）
非生产性项目	165	100	279944.39	100	106600	100	—	—

2015 年外商投资主要来源地情况表

国别（地区）	项目数（个）	投资总额（万美元）	合同外资（万美元）
中国香港	83	267645.11	96235.99
中国台湾	17	698.05	594.35
中国澳门	1	28.00	20.00
美　国	12	770.76	611.48
日　本	11	1166.55	809.98
新加坡	5	585.59	314.6312
德　国	6	205.83	151.04
法　国	4	4300.00	3194.57
意大利	2	44.00	21.49
澳大利亚	5	101.97	67.59
塞舌尔	5	3900.00	2433.90
韩　国	7	594.3177	139.35
英　国	5	3800.00	1938.04
加拿大	2	100.00	67.59

四、对外贸易

（一）进出口贸易额下滑

2015 年全年实现外贸进出口总额 265942 万美元，比上年下降 12.96%。其中，进口额 157069 万美元，比上年下降 7.18%；出口额 108873 万美元，比上年下降 20.13%。

按照进出口企业类别分，民营企业进出口总额 64322 万美元，比上年下降 35.56%；国营企业进出口总额 95362 万美元，比上年增长 5.67%；三资企业进出口总额 106258 万美元，比上年下降 7.97%。

按照进出口贸易方式分：一般贸易进出口总额 261230 万美元，比上年下降 11.11%；加工贸易进出口总额 3373 万美元，比上年下降 25.09%；其他贸易进出口总额 1339 万美元，比上年下降 81.28%。

2015 年出口商品主要输往地情况表

国别（地区）	出口额（万美元）	占比（%）	比上年（±%）
美　　国	16420	15.12	-6.13
日　　本	9139	8.41	-16.31
中国香港	8607	7.92	76.10
澳大利亚	5529	5.09	-30.99
俄 罗 斯	3899	3.59	-39.17
印度尼西亚	3640	3.35	2.02
新 加 坡	3478	3.2	-1.65
马来西亚	3225	3.97	-35.72
土 耳 其	2944	2.71	-17.76
越　　南	2827	2.60	27.02

（二）产品出口结构发生变化

2015 年，机电及音响设备（出口总额第一）、贱金属及其制品（出口总额第二）、纺织原料及其纺织制品（出口总额第三）三大类产品占出口总额比重为 78.38%。其中，机电、音响设备 25022 万美元，比上年下降 49.67%；贱金属及其制品 20851 万美元，比上年下降 15.15%；纺织产品 11626 万美元，比上年下降 4.65%。

2015 年主要出口商品情况表

商品名称	出口额（万美元）	占比（%）	比上年（±%）
机电、音响设备	25022	34.11	-49.67
贱金属及其制品	20851	28.42	-15.15
纺织原料及其纺织制品	11626	15.85	-4.65
化学工业及其制品	3647	4.97	24.55
塑料及其制品	2561	3.49	-18.34
杂项制品	2101	2.86	-27.76
车辆、航空器、船舶	1931	2.63	0.42
鞋帽伞等	1119	1.53	-40.40

长宁区商贸

长宁区商务委员会主任
王玮华

一、概述

2015年是全面深化改革年，是推进实施"十二五"规划的收官之年。在市商务委、区委区政府的领导下，区商务委牢牢把握稳中求进的工作总基调，紧紧围绕"改革创新"，推动区域经济持续健康发展，各项经济指标和重点工作得到较好完成。2015年，全区实现消费品零售总额273.67亿元，比上年增长4.3%，引进外资企业165家，引进合同外资7.22亿美元，比上年增长3.03%。外贸进出口总额107.54亿美元，比上年增长12.55%。

二、商业经济

2015年，长宁区商业消费市场表现良好，累计实现商业税收18.93亿元，比上年增长8.9%。全区实现消费品零售总额273.67亿元，比上年增长4.3%。其中吃的商品零售额100.89亿元，占36.8 %；穿的商品零售额79.56亿元，占29.1%；用的商品零售额86.42亿元，占31.7%；烧的商品零售额6.8亿元，占2.4%。

长宁区2015年发展商业经济的主要做法：

2015年9月11日，上海购物节开幕式金虹桥主会场

（一）引导、推动重点商业企业优化升级

引导高岛屋百货进一步做强日本商品特色，开设日本进口商品保税展示区，增加家庭型商品的比重，开设母婴超市，完善咖啡厅、简餐等配套功能。推动巴黎春天天山店围绕“呼朋唤友聚会地”的定位，实施形象改造和品牌调整，先后引入弘毅国学、星密码、DUNKIN DONUTS 等知名品牌。推进兆丰广场的调整优化，引进日本尼达利家居旗舰店。引导天山百盛与韩国衣恋集团合作进行全面改造调整，打造全新百盛优客城市广场，定位城市型奥特莱斯。协助推动愚园路改造调整，一期引进香水调香室、艺术书店、艺术家交流空间、体验式玻璃艺术馆、生活创意品牌集成店等特色商户。支持玫瑰坊以逃牛岭餐厅为试点启动调整改造。

（二）策划、开展会商旅文体联动营销活动

围绕元旦、春节等传统节日，策划、开展了一系列主题活动，引导企业开展景观营销，推出圣诞树、金羊献瑞、群羊贺岁、紫金门等主题景观。积极与相关部门协作，推动各类商旅文活动进入商场。高岛屋百货“樱桃小丸子 25 周年”主题活动，带动销售额同比增长 22.5%，客流同比增长 70%。2015 上海购物节长宁活动中，区商务委牵线引入的《大美凉山》摄影展和青年艺术市集在虹桥南丰城都取得了成功。虹桥南丰城连续开展了“海绵宝宝玩转虹桥南丰城”和“蓝精灵反斗虹桥南丰城”活动。金虹桥商场作为主会场之一成功举办 2015 上海购物节启动活动，并携手迪士尼推出“迪士尼 POPUP STATION”活动；飞镖大赛、旱地龙舟等体育活动也引入金虹桥商场。高岛屋百货“探索意大利，感受欧洲风情”2 周年庆荣获 2015 上海购物节十佳活动优胜奖，仙霞路美食特色街和虹桥南丰城丰尚街被评为人气商业街。

（三）探索、启动新虹桥智慧商圈试点

举行新虹桥商业中心智慧商圈试点方案比选，推荐新虹桥商业中心参与上海市智慧商圈创建试点申报。经过专家评审和现场考察和市经信委、市商务委联合发文，新虹桥商业中心正式列入上海市首批智慧商圈创建试点名单。新虹桥智慧商圈一期已启动试运营，初步实现“全城逛街”手机 APP 新虹桥智慧商圈专区和微信公众号开通，汇聚商圈购、行、吃、乐、游、住等各方面的主要信息。

（四）筹备、搭建新虹桥商圈合作交流平台

联合区商联会，成立新虹桥商圈企业家沙龙，并举办了两次活动。来自虹桥友谊商城、天山百盛、汇金百货虹桥店、巴黎春天天山店、高岛屋百货和金虹桥商场等重点商业企业主要负责人汇聚一堂，就近期新虹桥商圈发展情况和市、区商业发展的新政策、新动向、新趋势进行了沟通、交流。

（五）推进离境退税商店申报

抓住上海即将启动境外旅客购物离境退税的契机，积极发动区内企业申报离境退税定点商店。高岛屋百货已纳入上海市境外旅客购物离境退税首批商店，离境退税交易额始终稳居全市首批 27 家定点商店的三甲行列。

（六）做好文明指数测评迎检工作

下发专门工作通知，全面落实区内重点商业企业的自查、整改，发放公益宣传易拉宝，加强氛围布置及营造。对龙之梦购物中心等开展迎检情况检查，对发现的问题督促企业立即整改，并进行复查。

（七）继续推进白领午餐工作

开展 2015 年新一批“白领午餐”点和星级评定的申报工作，对 14 家新增就餐点开展实地初审和复审，确定了本年度 7 家新增“白领午餐”挂牌餐饮企业（食堂）名单。组织第三方对申报星级评定的 28 家挂牌点开展问卷及暗访。组织区内优秀挂牌点以线上销售、点评结合实地用餐、展示的形式，开展购物节白领午餐展示评选活动。

（八）做好商业单用途预付卡和家电维修工作

全区已备案商业单用途预付卡企业27家，其中区内规模企业20家。耐心处理消费者投诉、退卡诉求，共答复处理上级批转、12345信访及消费者来电共164件。同时处理家电维修投诉5件。

（九）落实家政企业灵活就业窗口建设和家政服务业灵活就业证明工作

审核并完成窗口建设2家，完成企业备案5家，在系统中共导入家政从业人员226人，开具灵活就业证明121张。

（十）开展金山农副产品直供对接

联系百联西郊购物中心、玫瑰坊、黄金城道等，成功举办金山草莓节开幕式和金山草莓节、金山西甜瓜节销售活动。

三、利用外资

2015年，全区引进外资企业165家，比上年增长19.57%；投资总额11.35亿美元，比上年增长10.42%；注册资本7.25亿美元，比上年减少0.83%；合同利用外资7.22亿美元，比上年增长3.03%。

2015年利用外资的主要特点：

（一）现代商贸业企业占引进外资比重大

全年吸引商业企业91家，合同外资额1.43亿美元，其中包括了百盛纽可尔瑞特商贸（上海）有限公司、明基医疗器械（上海）有限公司等知名企业。另依托长宁大力发展总部经济的政策，2015年共认定斯必克（中国）投资有限公司、日立物流（中国）有限公司、不二富吉（上海）企业管理有限公司共3家地区总部，形成长宁总部集聚效应。

（二）存量企业增资情况活跃

全年审批增资项目119户，增加合同外资3.79亿美元，占引进合同外资数的52.49%。在2015年申请增加资本金投入的知名企业有：上海高岛屋百货有限公司、仲信国际租赁有限公司、纽洛克商业（上海）有限公司、优科豪马橡胶有限公司、汉海信息技术（上海）有限公司、统一企业（中国）投资有限公司等。

2015年利用外资情况表

利用外资方式	批准外资企业			合同利用	
	项目数（个）	总投资额（万美元）	比上年（±%）	外资金额（万美元）	比上年（±%）
合　计	165	102805.80	10.42	72198.07	3.03
外方直接投资	165	52028.29	16.96	34329.80	16.04
其中：合资企业	9	1040.6	183.54	503.20	103.17
独资企业	156	50987.69	15.57	33826.60	15.3
增　资	—	113517.8	5.43	37868.27	-6.48

2015年外商投资主要来源地情况表

国别（地区）	项目数（个）	投资总额（万美元）	合同外资（万美元）
总　计	165	52028.29	34329.80
中国香港	67	38544.86	24194.00
日　本	25	3448.00	2471.90

（续表）

国别（地区）	项目数（个）	投资总额（万美元）	合同外资（万美元）
中国台湾	12	613.50	453.00
新加坡	9	3196.20	3142.00
德　国	6	402.55	283.40
韩　国	5	178.50	155.20
萨摩亚	4	130.00	102.60
荷　兰	3	49.00	35.00
美　国	3	112.28	80.00
维尔京群岛	3	3081.00	2057.00
英　国	3	404.00	272.00
丹　麦	2	31.00	22.30
俄罗斯	2	47.00	40.00
加拿大	2	34.00	30.00

四、对外贸易

2015年，长宁区累计进出口总额107.54亿美元，比上年增长12.55%。其中进口额72.14亿美元，比上年上升29.56%；出口额为35.40亿元美元，比上年下降11.20%。

长宁区2015年累计进出口超过1亿美元的企业共有12家。贸易方式还是以一般贸易为主，其他贸易也呈上升趋势，而加工贸易则依旧呈下降趋势。

2015年贸易方式情况表

贸易方式	进出口额（万美元）	比上年（±%）
一般贸易	801732.50	17.97
其他贸易	229355.33	6.51
加工贸易	44324.94	-26.76

2015年，长宁区的对外贸易伙伴，主要以美国、法国、德国市场为主。

2015年主要对外贸易伙伴情况表

主要贸易伙伴	进出口额（万美元）	比上年（±%）
美　国	339756.29	30.55
法　国	113821.49	95.69
德　国	108135.78	30.24
日　本	107016.18	-8.91
越　南	42688.75	30.11

2015年，长宁区进出口商品主要以车辆、航空器、船舶，纺织原料及纺织制品，机电、音像设备及其零件，化学工业及其相关工业，塑料及其制品、橡胶及其制品为主。

2015年主要进出口商品情况表

商品名称	进出口总额（万美元）	比上年（±%）
车辆，航空器，船舶	418358.35	68.73
纺织原料及纺织制品	183215.41	-2.85
机电、音像设备及其零件	150405.55	-30.74
化学工业及其相关工业	66397.41	8.91
塑料及其制品、橡胶及其制品	61079.94	-5.88

在进口方面，东方航空进出口有限公司由于整机进出口业务市场开拓情况良好，订单数量较去年增长较多，进出口额增幅达到94.30%，推动了全区其他贸易以及进出口商品种类中车辆、航空器、船舶等的进出口数量上升；在出口方面，由于上海电气集团股份有限公司伊拉克火电站的境外承包工程在2015年年初结束，出口下降绝对值则达到3.78亿美元，导致全区出口总量下降。

五、发展趋向

2016年是全面实施“十三五”规划的开局之年，区商务委在市商务委、区委区政府领导下，立足长宁区位优势和产业优势，顺应产业发展新趋势、需求结构新变化，大力支持新技术、新业态、新模式、新产业经济的发展，不断增强区域核心竞争力，在加快区域经济结构转型中进一步提高经济发展的质量和效益，确保“十三五”发展实现良好开局。

2016年，推动商业调整升级，继续引导企业错位竞争、差异化经营；做实智慧商圈试点，在新虹桥智慧商圈一期已启动试运营，初步实现“全城逛街”手机APP新虹桥智慧商圈专区和微信公众号开通的基础上，继续从APP应用、微信公共号、无线WIFI网络、商圈整合数据云平台和线上线下活动联动等方面进行探索和尝试；加强商旅文体绿联动，在初步搭建区内“会商旅文体绿”联动平台的基础上，切实加强购物节、旅游节、艺术节“三节”融合，继续探索商业与旅游、文化、体育部门和专业公司合作，将更多文体活动和展览等引入商场举办；优化环境服务，推进商务诚信建设，提升商业服务软环境。

2016年，长宁区对外经济贸易工作目标为：实现合同外资6.5亿美元。主要工作重点是：深化贸易核心功能，提升贸易便利化水平，继续加强功能性平台建设，推动功能性平台有效发挥作用，以自贸区为标杆，加强制度创新。

徐汇区商贸

徐汇区商务委员会主任
华　欣

一、概况

2015 年是“十二五”工作的收官之年，徐汇区坚持全面深化改革和“创新驱动、转型发展”总方针，大力推动科技创新，着力改善民生，积极谋划“十三五”产业发展，为实现区域经济持续健康发展而不懈努力。

2015 年，全区商业实现社会消费品零售总额 599.85 亿元，比上年增长 3.97%。引进外商直接投资合同金额 10.67 亿美元，比上年增长 1.29%；实际利用外资 7.36 亿美元，比上年增长 0.59%。完成外贸进出口总额 103.39 亿美元，比上年下降 2.14%。

二、商业经济

2015 年，全年完成商品销售总额 4260.99 亿元，比上年增长 5.97%；实现社会消费品零售总额 599.85 亿元，比上年增长 3.97%；实现税收 73.48 亿元，比上年增长 4.05%，占全区税收总额 19.49%。

（一）推进徐家汇商圈转型发展

2015 年，徐家汇商圈 8 家主要商业零售企业实现销售 85.63 亿元，比上年下降 1.95%。商圈转型升级重点项目取得实质性进展，衡山坊项目于 11 月全面开业；太平

绿地全球商品直销中心徐汇店

洋数码二期重建项目地上建筑拆除工程接近尾声；美罗城“上剧场”项目竣工并于11月正式开演。调整和提升商圈品牌业态，美罗城完成6楼“上海弄堂大食代”整体业态调整；汇金百货8楼餐饮品牌调整；年内商圈8个主要商场调整和引进品牌634个。

（二）组织策划主题营销活动

开展节日营销及商业文化活动。元旦、“五一”、中秋和“十一”期间，分别开展“变•幻徐家汇”徐家汇倒计时迎新活动、“智绘徐家汇”五一劳动节暨消费促进月活动、“智享徐家汇”十一国庆暨上海购物节等主题营销活动等。“五一”期间，区商联会、区商务委、徐家汇商城集团联合主办的“智绘徐家汇”活动首次在商圈引入互联网购物体验。上海购物节期间，通过线上线下联动方式举办1个主题推进会（“未来徐家汇”商圈转型升级成果展示暨项目推进会）、2项整体营销活动（商圈微信支付日、“e享天开”体验）、3个主题展示推广活动（虚拟支付、机器人技术、虚拟现实恐龙展），各商场在购物节期间举办了24项商场营销活动，此外还包括节日氛围营造、主流媒体宣传等活动推广。

（三）推动智慧商圈建设

申报徐家汇商圈成为上海首批智慧商圈试点区域之一。推动“互联网+”商业应用项目落地。移动支付项目试点成功，腾讯微信支付及支付宝开展商圈推广。美罗城、太平洋百货、汇金百货完成商场移动支付覆盖。并成功开展了“微信支付日”、“口碑徐汇美食节”等两大移动支付营销活动。累计吸引互联网企业投入营销资金600万元。

（四）加大社区商业建设投入

2015年，徐汇区积极推进社区、园区商业能级提升，支持滨江重点区域项目建设，并着力推进街道（镇）社区商业业态调整工作。

两家进口商品直销中心开业。2015年2月，位于绿地中心地下一层“绿地进口商品直销中心”及钦州北路226号田尚坊的“D.I.G上海外高桥进口商品直销中心”分别开业，较好地满足了周边社区居民对于进口商品的购物需求。

衡复地区民生项目。位于嘉善路278号的上蔬永辉生鲜超市及岳阳路221号的汇金超市于2015年先后开业，通过优化生鲜市场及综合超市的布点和管理，提升了衡复地区的业态品质。

社区商业载体建设。积极跟进区域内特别是南部区域商业载体招商及经营情况，明确各层级商业的布局定位、规模结构、重点业态和个性特色。位于凌云辖区内的凌云壹街坊于2015年开业，填补了南部地区社区商业空白。新路达集团下属第二食品商店田林店、大木桥店及大生店年内先后完成升级改造装修。

园区白领就餐配套建设。徐汇区针对漕河泾开发地区白领就餐需求的矛盾，从政策和商业规划布局层面支持白领就餐和园区商业配套建设。2015年共引导布局相关商业配套设施7770平米。

街道（镇）社区商业业态调整。2015年根据区委、区政府的工作部署，区内13个街道（镇）开展33条道路的环境整治和业态调整工作，街镇道路取得了不同程度的改观，环境面貌得到较大提升。

三、利用外资

2015年，全区新批准外商投资企业189家，合同利用外资10.67亿美元，比上年增长1.29%；实际利用外资7.36亿美元，比上年增长0.59%。

2015 年利用外资情况表

吸引外资方式	批准外资企业		
	项目数（个）	合同外资金额（亿美元）	比上年（±%）
合　　计	189	10.67	1.29
外商直接投资	189	10.67	1.29
其中：合　资	15	0.05	-92.85
合　作	0	0	-
独　资	174	10.62	8.14

（一）投资行业

2015 年，区批准外商投资企业设立 189 家，批准外商投资企业增资 120 家。年内共吸引合同外资 10.67 亿美元。其中，以咨询、软件行业和总部经济为代表的现代服务业企业引进合同外资 8.92 亿美元，占全年吸引外资总额的 83.60%。

2015 年度利用外资分行业情况表

行　　业	新设合同外资（万美元）	增资合同外资（万美元）	合　计（万美元）	占比（%）
合　　计	19474	87231	106705	100.00
第一产业	—	—	—	—
第二产业	—	—	—	—
第三产业	19474	87231	106705	100.00
现代服务业	8351	80857	89208	83.60
其中：咨　询	1861	3730	5591	5.24
软　件	6474	50065	56539	52.99
总部经济	0	26605	26605	24.93
其他现代服务业	16	457	473	0.44
房　　产	0	0	0	0
商　　贸	10732	4998	15730	14.74
其　　他	391	1376	1767	1.66

（二）投资来源地

中国香港、维尔京群岛、毛里求斯是 2015 年徐汇区引进外资的主要来源地。其中，中国香港项目个数和合同外资均占首位，新批准项目共 133 个，占项目总数的 43.04%；共引资 5.96 亿美元（含增资），占全区引资的 55.81%，较上一年增长 4.42%。维尔京群岛新批准项目数 9 个，占项目总数的 2.91%；共引资 2.19 亿美元（含增资），占全区引资的 20.50%。毛里求斯新批准项目数 2 个，占项目总数的 0.65%；共引资 1.43 亿美元（含增资），占全区引资的 13.43%。

2015 年外商投资主要来源地情况表 （金额部分含增资）

国别（地区）	项目数（个）	合同外资（万美元）
合　　计	309	106705
中国香港	133	59553
维尔京群岛	9	21878
毛里求斯	2	14330
新 加 坡	11	1734
日　　本	24	1477
美　　国	28	1383
投资性公司投资	4	1364
西 班 牙	1	1207
萨 摩 亚	8	563
中国台湾	23	644
塞 舌 尔	3	432
伯 利 兹	1	300
荷　　兰	3	265
德　　国	9	243
丹　　麦	1	210
英　　国	10	207
韩　　国	9	206
意 大 利	3	142
法　　国	6	135
哈萨克斯坦	1	80
其　　他	20	352

（三）大项目投资

在 189 家新设立企业中，合同外资在 1000 万美元及以上项目 6 个，分别是雅韦安糖业（上海）有限公司、有量（上海）信息技术有限公司、码扬（上海）微电子科技有限公司、上海易恒健康科技有限公司、潘多拉珠宝（上海）有限公司、布克兄弟（上海）商贸有限公司。共吸引合同外资 1.18 亿美元，占全年新批企业合同外资总量的 60.36%。在 120 家增资企业中，合同外资增资 1000 万美元及以上项目 18 个，分别是：斯泽塔塞眼镜商贸（上海）有限公司、上海倾听信息技术有限公司、捷普投资（中国）有限公司、泰凌医药信息咨询（上海）有限公司、日清食品（中国）投资有限公司、火球（上海）信息技术有限公司（3 个项目）、奇心（上海）信息技术有限公司（2 个项目）、天合亚太有限公司、裕廊腾飞（上海）管理有限公司、牧美信息科技（上海）有限公司、共颖信息科技（上海）有限公司、汉诚信息技术（上海）有限公司、阿姆斯壮（中国）投资有限公司、友十（上海）网络科技有限公司、兆琪（上海）贸易有限公司。共增加合同外资 7.88 亿美元，占全年增资总量的 90.30%。

（四）总部经济发展势头良好

年内，区新增 2 家外资总部经济机构，其中 1 家管理型地区总部为上海维星企业管理有限公司，1 家投资性公司为太平洋邓禄普投资（中国）有限公司。外资总部经济机构新批和增资合同外资 1.46 亿美元，占引资总额的 13.7%。至年底，区累计有外资总部经济机构 107 家。外资总部经济在中心城区中位居第一。

（五）现代服务业集聚效应凸显

年内，现代服务业企业新批项目 87 个，新批和增资合同金额达 8.92 亿美元，较上年增加 10.81%，占吸引外资总额的 83.60%。在新批准和增资合同外资 1000 万美元及以上的 21 家企业中，有 16 家为现代服务业企业，合同外资达 8.12 亿美元，占全年现代服务业新批和增资总量的 91.04%，占全年吸引合同外资总额的 76.11%。其中奇心（上海）信息技术有限公司一家企业增资就达到 15000 万美元。

四、对外贸易

2015 年，全年完成外贸进出口总额 103.39 亿美元，比上年下降 2.14%。其中出口额 40.68 亿美元，比上年下降 9.57%；进口额 62.71 亿美元，比上年增长 3.37%。

在外贸进出口总额中，一般贸易出口额 31.38 亿美元，比上年下降 2.85%；加工贸易出口额 8.41 亿美元，比上年下降 32.06%。出口产品主要为机电和音像制品、贱金属产品、纺织原料及纺织制品。主要出口到美国、日本等国家。出口超百万美元企业有 323 家。

2015 年，徐汇区着力推进自贸区政策对接复制，与上海海关、上海出入境检验检疫局（以下简称国检）建立长期、深入的合作机制，完善对接平台，积极探索管理模式创新，促进重点区域、重点行业、重点企业贸易升级与发展。一是重点推进自贸区政策复制落地。分别在漕河泾开发区、滨江地区、徐家汇商务区选择重点企业纳入自贸区政策复制示范试点。瑞侃电子（上海）有限公司顺利完成“工单式核销”试点工作，成为自贸区外“工单式核销”第一家。“工单式”核销作为自贸试验区第一批复制推广到全关区符合条件企业的海关监管创新制度之一，能使企业在内控管理及生产经营各方面切实受益。二是寻求“全球维修”政策突破。捷普科技（上海）有限公司已完成海关及国检部门关于从事全球维修业务现场评估，有望成为自贸区外批准开展第三方“全球维修”业务试点企业之一，也将成为徐汇区复制自贸区政策又一范例，企业业务范围也将大大拓宽。三是切实落实企业走访调研机制。由区政府出面，会同漕河泾开发区综合协作办公室，对开发区内企业关于海关、国检的政策需求进行梳理，列出清单，力求结合企业需求积极探索政策突破。同时与海关、国检部门落实常态化走访调研机制，听取企业需求，对接政策，共同探讨相关调研课题，争取在第三方检测、再制造、生命科学、文化等重点行业政策创新，推动徐汇区重点企业、重点项目便利通关。

杨浦区商贸

杨浦区商务委员会主任
顾毓静

一、概述

2015年，杨浦区商务工作以党的十八届三中、四中全会精神为引领，继续贯彻落实科学发展观，牢牢把握稳中求进的发展主基调，落实杨浦加快建设科创中心重要承载区的相关要求，坚持改革创新，转变工作作风，着力提升发展的质量和效益，激发区域经济内在动力，推进产业转型，保障社会民生，确保年度各项指标任务顺利完成。全年，全区实现社会消费品零售额410.75亿元，比上年增长8.09%；合同利用外资5.25亿美元，比上年增长47.01%；引进、培育具有总部功能的外资企业4家；实现外贸进出口额19.05亿美元，比上年增长5.19%；

二、商业经济

2015年，杨浦区积极扩内需、促销费、惠民生，聚焦五角场商圈，组织商家精心策划各类节庆营销，加大特色营销力度。全区规模以上商业企业实现销售额333.05亿元，比上年增长3.53%。80余家企业的130余户门店参与上海购物节杨浦活动。新建、改建标准化菜市场（生鲜超市）15家，布设社区智能微菜点8家。继续优化全区商业布局，五角场商圈内，合生国际广场做好开业前准备，太平洋森活天地、五角场广场改造等项目积极推进；控江路、滨江等区级商业中心能级得到进一步提升，紫荆广场开业，君欣商业广场稳步建设，海际广场竣工，渔人码头项目招商有效拓展；社区商业更趋惠民，悠方、星汇广场、七巧国等社区商业项目，根据周边居民和企业需求，进行品牌的引进和布局，增加体验式消费业态。

主要特点是：

（一）五角场商圈和重点商业保持增长。 2015年五角场商圈重点商业企业累计实现销售134.91亿元，比上年增长1.54%，占

创智天地外景图

全区规模以上商业销售总额 40.51%。进一步完善“时尚五角场”APP 功能，引导苏宁易购五角场店进行全面优化升级，建设成为全市第二家苏宁云店；商圈累计调整、引进品牌单店（柜）460 多个，百联又一城、东方商厦、上海国际时尚中心获得离境退税定点商店资质；进一步优化调整大学路特色商业街业态布局，为周边商务人士和创业人群休闲娱乐、业务洽谈提供理想场所；年内，“大学路创智生活休闲街”被评为“上海市特色商业街区”。

（二）节庆营销促进消费。商家紧抓节日商机，各类节庆营销活动丰富多彩，有效刺激消费。元旦、春节、五一、国庆节庆期间，全区重点商业企业销售额同比分别增长 35.87%、10.77%、19.75%、8.17%，有 10 项活动入选上海购物节重点活动，其中“邂逅五角场 - 缤纷购物季”获得“2015 上海购物节十佳活动”的称号，区商务委获购物节优秀组织奖。

（三）电子商务较快发展。加大对京东到家、沪江网、众美联等重点互联网企业的引进和服务；以“京东到家”项目为核心，推动区跨境电子商务产业基地建设；组织企业（园区）参加国家级、市级电子商务示范企业（园区）的申报和评选，培育电商主题园区和龙头企业，带动产业链延伸；完成区电子商务协会组建，引导社会力量共同促进电商企业的合作、交流与发展；全年全区电子商务交易额 46.04 亿元，比上年增长近 90.8%。

（四）促销模式更趋多元。各大实体商家通过线上线下平台结合的新渠道开展个性化主题营销，再加上节庆期间的营销活动，拉动区域消费的方式更趋优化。

三、利用外资

2015 年，杨浦区聚焦重点区域、重点行业、重点企业以及总部型、龙头型、领军型项目，不断提高外资引资质量，同时提升外资企业服务水平，推进上海科创中心重要承载区的建设。全年，合同利用外资 5.25 亿美元，实到外资 1.85 亿美元；新引进项目 119 个，其中注册资金 1000 万美元以上的企业 4 家，均属高新科技类和现代服务类；外资增资企业 30 家，共增资 1.68 亿美元。

2015 年利用外资情况表

利用外资方式	新批准项目数（个）	合同利用外资（亿美元）	实到外资（亿美元）
合　计	119	5.25	1.85
其中：合　资	22	0.94	0.35
合　作	—	—	—
独　资	97	4.31	1.50

（一）外资结构逐步改善。新引进的 119 个项目中，知识型现代服务业项目 45 个、高新技术产业项目 40 个、商贸文体服务业项目 34 个，均为杨浦区重点推进的产业。

（二）知识型现代服务业和高新技术产业的引进占主导地位。在新引进的 119 个外资项目中，知识型现代服务业和高新技术产业的企业 85 家，合同利用外资 2.36 亿美元，占全年引进项目总数的 71.43%，合同利用外资总额的 66.11%。30 个增资项目中，知识型现代服务业和高新技术企业 22 家，合同利用外资 1.12 亿美元，占增资项目总数的 73.33%，占增资总额的 66.66%。年内，世界 500 强企业法国万喜集团旗下艾和（上海）自动化有限公司、上海京东到家元信信息技术有限公司、蓝格赛企业管理（上海）有限公司等重点企业入驻杨浦。

（三）加大地区总部培育力度。年内，引进和培育蓝格赛企业管理（上海）有限公司、班安欧企业管理（上海）有限公司等跨国公司地区总部；积极推进跨国公司地区总部能级提升，帮助汉高（中国）投资有限公司、蓝格赛企业管理（上海）有限公司、班安欧企业管理（上海）有限公司等3家跨国公司总部企业成为亚太区总部。

（四）大项目效应明显。新引进的外资项目中，注册资金1000万美元以上企业4家，合同利用外资2.73亿美元，占新引进项目合同利用外资的76.47%，占全年合同利用外资的52%。30个增资项目中，增资超过1000万美元的项目4个，共增资0.80亿美元，占增资总额的47.62%，占合同利用外资总额的15.24%。

（五）外资来源呈多元趋势。新引进的外资项目中，资金来源涉及亚洲、欧洲、美洲、大洋洲、非洲共24个国家和地区，其中，来自港澳台地区有59个，合同利用外资3.05亿美元（香港50个，合同利用外资3.04亿美元）；北美洲10个，合同利用外资0.02亿美元；欧洲20个，合同利用外资0.35亿美元；亚洲其他地区20个，合同利用外资0.08亿美元。港澳台地区及欧洲是杨浦区外商投资的主要来源地。

2015年新设外商投资企业主要来源地情况表

国别（地区）	项目数（个）	合同利用外资（万美元）	占比（%）
合　　计	119	35710.76	100.00
中国香港	50	30380.01	85.07
美　　国	10	190.49	0.53
新 加 坡	8	247.19	0.69
中国台湾	7	88.43	0.25
英　　国	3	3095.94	8.68
其他国家、地区	41	1708.70	4.78

截至2015年底，杨浦区累计批准三资企业1661家，合同利用外资67.9亿美元。其中，合资企业430家、合作企业111家、独资企业1120家。

四、对外贸易

2015年，杨浦区外贸进出口总额19.05亿美元，比上年增长5.19%。主要进出口商品产品结构不断调整，虽仍以劳动密集型加工类纺织制品为主，但科技含量较高的机电类产品比重稳步增加，比上年增长9.8%。

2015年主要出口商品情况表

商品名称	出口额（万美元）	占比（%）	比上年（±%）
合　　计	105468	100.00	3.59
纺织原料及纺织制品	38235	36.25	8.95
机电、音响制品及其零部件	30672	29.08	9.80
贱金属及其制品	6666	6.32	-24.30

（续表）

商品名称	出 口 额（万美元）	占比（%）	比上年（±%）
杂项制品	6237	5.91	8.61
化学工作及其相关工业	5373	5.09	-18.39
塑料及其制品；橡胶及其制品	2625	2.49	7.76
其　他	15660	14.85	—

杨浦区出口市场主要集中在亚洲、北美洲和欧洲等成熟市场。2015 年，对亚洲市场的出口小幅下降，出口额为 4.18 亿美元，比上年下降 4.37%，而向东盟市场的出口大幅上升，出口额 1.46 亿美元，比上年上升 28.61%；向日本市场的出口明显下降，出口额 0.8 亿美元，比上年下降 19.22%；向北美洲市场的出口略有提升，出口额 1.99 亿美元，比上年上升 0.92%，其中，向美国市场的出口稳中有升，出口额 1.89 亿美元，比上年上升 3.09%；向欧洲市场的出口小幅下降，出口额 1.92 亿美元，比上年下降 2.75%。

2015 年出口商品主要输往地情况表

国别（地区）	出口额（万美元）	占比（%）
合　计	105468	100.00
亚　洲	41792	39.63
其中：东　盟	14586	13.83
其中：日　本	7995	7.58
北美洲：	19931	18.90
其中：美　国	18879	17.90
欧　洲	19225	18.23
其　他	24520	23.25

虹口区商贸

一、概述

虹口区商务委员会主任
李　铭

2015年，虹口区商务委员会在区委、区政府的领导下，全面贯彻中共十八大以来中央的一系列决策精神和区委九届十次全会精神，围绕年度工作目标，有序、有力地推进产业经济、招商引资、民生保障和市场监管各项工作，助力虹口经济社会健康快速发展。

2015年，虹口区合同利用外资11.2亿美元，比上年减少19.27%。其中非房地产业实到外资5.12亿美元。海关进出口总额49.74亿美元，比上年下降15.73%。其中，进口30.93亿美元，出口18.81亿美元。商贸业平稳发展，现代商贸业实现三级税收36.60亿元，比上年增长3.05%，社会消费品零售总额实现287.58亿元，比上年增长5.2%。

二、商业经济

2015年虹口区现代商贸业直面电商崛起、市场竞争加剧、经营成本快速上涨等因素的冲击，主动适应经济发展新常态，不断进行自我调整、创新商业模式，通过发展特色餐饮、体验消费、电子商务等新兴业态，完善社区商业配套保障民生，保持全区现代

2015年11月11日，虹口区双十一购物节启动仪式

商贸业经济稳定的发展势头。2015 年全区实现社会消费品零售总额 287.58 亿元，比上年增长 5.2%。其中吃的商品 116.17 亿元，穿的商品 40.49 亿元，用的商品 119.80 亿元，烧的商品 11.13 亿元；社会商品销售总额 2019.67 亿元，比上年增长 7.7%。现代商贸业实现三级税收 36.60 亿元，比上年增长 3.05%。

（一）新载体新业态提升商业能级

2015 年，北外滩地区国航中心地下“星乐汇”商业街、主打进口商品体验的国客中心全洲超市上港店、首个以“亲子体验”为主题的瑞虹天地一期——“星星堂”等新载体新业态投入运营，四川北路沿线凯德龙之梦虹口、嘉杰国际广场等商业载体也纷纷引入优衣库、D.I.G 等时尚品牌和体验消费等，对业态进行优化调整，丰富消费选择。下半年，“星乐汇”商业街、“星星堂”、1933 老场坊、多伦路文化名人街还入选 2015 年度上海特色商业街区。新业态新商户的对外营业，吸引消费者参与，带动消费人气，提升商业能级。

（二）商业跨界联动繁荣消费市场

2015 年虹口区依托各传统节庆假日，借岁末迎新、消费促进月、上海购物节等契机，以市场为主体、企业为主角陆续举办上海酒节、上海进口商品博览会等品牌节庆活动及儿童节、圣诞节等商业营销活动，与上海旅游节·四川北路欢乐节联动，整合商业、旅游、文化资源，提升消费热情。购物节期间，2015 第十一届上海酒节、2015 上海进口商品博览会和 2015 上海购物节虹口系列活动暨 2015 上海旅游节四川北路欢乐节启动式获得了购物节活动“时尚奖”、“十佳活动优秀组织奖”等殊荣。

在会商旅文体多产业融合联动下，商业消费潜力获得进一步释放。通过区内商企的抽样统计显示，元旦、春节、“五一”和国庆四大节日销售收入同比分别增长 19.04%、11.98%、16.78% 和 14.84%，均保持两位数增长。

（三）电子商务企业保持快速发展

借“互联网 +”东风，虹口区电子商务企业数量、质量、经济贡献度都保持快速发展的良好态势。2015 全区电子商务企业共 403 家，比上年增加 29 家，完成三级税收 3.44 亿元，比上年上升 39.76%。区内商贸企业、商圈主动运用“互联网 +”思维促进传统商业转型提升，如凯德龙之梦虹口、瑞虹天地等依托微信公众号开发会员系统，推出涵盖吃喝玩乐各类商户或品牌参与的优惠活动，通过线上游戏互动、线下享购物优惠等融合带来更丰富的消费体验，深受消费者欢迎。

三、利用外资

（一）基本情况

2015 年，全区合同利用外资 11.2 亿美元，实到外资 6.77 亿美元，其中非房地产实到外资 5.12 亿美元。全区涉外三级税收累计 49.04 亿元，比上年增长 6.91%；区级税收累计 20.79 亿元，比上年增长 22.53%；非房地产开发经营业涉外三级税收 32.6 亿元，比上年增长 0.21%；非房地产开发经营业涉外区级税收 9.95 亿元，比上年下降 7.2%。

（二）基本特点

1. 重点连锁餐饮品牌落地。由香港 DomKing Holdings Limited 投资的上海东钦餐饮管理有限公司在虹口区设立，注册资金 1000 万美元。公司实际投资人为京东集团创始人刘强东以及原麦当劳中国首席运营官缪钦。公司主要从事茶饮品连锁餐饮以及相关衍生品的网络零售，全力将东钦的“因味茶”品牌打造成“中国的星巴克”。餐厅内除了现场售卖饮茶，还会摆放一些设计师独家设计的创意茶具、家具、饰品、工艺品等，餐厅所有的产品、摆设都是可利用扫二维码等手段进行线上交易，实现线上线下的互动营销。公司计划2016年在全国达到40家门店，2017年达到100家。

2. 金融服务业爆发性增长。2015年，区内引进金融服务业新设项目7个，增资项目1个，合同外资3.62亿美元，占全区合同外资的32.28%。其中，引进6家融资租赁公司，分别为诺斯（上海）融资租赁有限公司、上海辰茂融资租赁有限公司、上海瑞讯融资租赁有限公司、上海佳成融资租赁有限公司、上海宏易融资租赁有限公司、加金融资租赁（上海）有限公司，合计合同外资1.23亿美元。老企业浩科融资租赁（上海）有限公司增资2.37亿美元。此外，新引进一家股权投资管理公司“上海楹谷股权投资管理基金有限公司”，合同外资200万美元。

3. 外资商业地产项目助推虹口中部地区发展。（香港）启明有限公司成功拍得虹口区嘉兴路街道HK354B-01号地块。启明有限公司的母公司崇邦集团是一家以城市高端综合商业地产为主的地产投资发展企业，以科学的价值体系和专业化的运营团队，致力服务于成长中的中国资本和城市建设，崇邦集团已经在上海成功开发了大宁国际商业广场、金桥国际商业广场等项目。崇邦集团将在周家嘴路打造一个集商业与办公功能为一体的综合性项目，满足周边中高端客群的消费需求，填补区域商业空白。同时，作为北外滩板块办公集群的重要部分，吸引航运、金融等行业的企业入驻办公，从整体上提升周家嘴路区域的商业及商务层次。

2015年利用外资情况表

利用外资方式	批准外资企业			合同外资		实到外资	
	项目数（个）	投资总额（万美元）	比上年（±%）	外资金额（万美元）	比上年（±%）	金额（万美元）	比上年（±%）
合　计	—	90281.47	-33.9	112069.02	-19.3	67678.3	-43.3
外方直接投资	91	55259	-48.4	44140.32	-55.4	—	—
合资企业	15	9401.1	-87.9	7658.68	-74.5	—	—
独资企业	76	45857.9	55.1	36481.64	-47.2	—	—
外方其他投资	—	35022.47	18.5	67928.7	70.9	—	—

2015年外资直接投资来源地情况表

国别（地区）	项目数（个）	投资总额（万美元）	合同外资（万美元）
澳大利亚	3	98.81	37.73
德　国	2	25.84	18.18
俄罗斯	1	114.24	80.00
韩　国	1	7.00	5.00
加拿大	1	96.73	96.73
库克群岛	1	14.00	14.00
马来西亚	1	37.50	26.25
马绍尔群岛共和国	1	28.00	20.00
美　国	7	387.67	302.67
孟加拉国	1	80.56	80.56

（续表）

国别（地区）	项目数（个）	投资总额（万美元）	合同外资（万美元）
日　　本	4	6838.94	2152.53
瑞　　典	1	46.50	32.60
萨 摩 亚	1	42.00	30.00
塞浦路斯	1	142.00	100.00
中国台湾	9	997.09	874.75
中国香港	49	46046.25	40070.05
新 加 坡	4	51.62	37.66
意 大 利	1	2.25	1.61
英　　国	1	142.00	100.00
维尔京群岛	1	60.00	60.00

截至2015年，虹口区已批准设立的中外合资企业、中外合作企业、外商独资企业共计1915家，其中合资企业469家，合作企业109家，独资企业1337家。

四、对外贸易

2015年虹口区对外贸易进出口总额49.74亿美元，比上年下降15.73%。其中，出口18.81亿美元，比上年下降12.66%；进口30.93亿美元，比上年下降17.49%。累计逆差12.12亿美元，较上年同期缩减23.96%。

（一）贸易商品

矿产品、贱金属等大宗商品进出口趋冷。石油和铜产品出口比上年分别下降34.85%和21.93%，进口比上年分别下降76.13%和37.5%。高新技术产品进出口好于整体，比上年增长2.92%，高于进出口均值18.65%。进出口前三位商品分别是贱金属、矿产品和机电产品，进出口额分别是10.87亿美元、8.86亿美元和7.62亿美元，比上年分别下降19.78%、28.07%和2.59%。

（二）贸易方式

保税贸易进口大幅下降。进出口总额13.23亿美元，比上年下降33.67%。其中出口下降28.51%，进口下降35.35%。加工贸易基本持平，进出口总额1.79亿美元，比上年下降0.73%。一般贸易保持低位运行，进出口总额34.43亿美元，比上年下降7.16%。

（三）贸易伙伴

传统市场持续疲软。2015年，对美洲、欧洲和日本等传统市场的进出口总额分别为10.65亿美元、10.19亿美元和4.04亿美元，比上年分别下降22.56%、5.49%和25.77%。主要新兴市场亦现下降趋势。对东盟、印度和非洲等主要新兴市场的进出口总额分别为5.16亿美元、4.12和3.02亿美元，分别比上年下降6.34%、21.27%和4.96%。

（四）贸易企业

国有企业成进出口下行重灾区。进出口总额14.84亿美元，比上年下降36.90%。上海中燃船舶燃料有限公司、上海市工艺品珠宝首饰进出口有限公司、上海晋能国际贸易有限公司和上海外轮供应有限公司这4家主要国有企业领跌，分别比上年下降53.38%、41.04%、47.47%和31.69%，下降总额7.02亿美元，占进出口总体降值75.64%。外资企业逆势增长，进出口总额

4.29亿美元，比上年增长4.32%，增幅高于　　民营企业6.64%。

2015年主要出口商品情况表

商品名称	出口额（万美元）	占比（%）	比上年（±%）
机电、音像设备及其零售	43771	23.26	0.57
矿产品	29128	15.48	-30.58
纺织原料及纺织制品	24321	12.93	-10.30
化学工业及相关产业	19544	10.39	-0.14

2015年出口商品主要输往地情况表

国别（地区）	出口额（万美元）	占比（%）	比上年（±%）
日　本	16276	8.65	-27.11
欧　洲	26987	14.34	-17.76
美　洲	49239	26.17	-13.01

普陀区商贸

普陀区商务委员会主任
李　锐

一、概述

2015 年普陀区全年实现现代服务业区级税收累计 15.49 亿元，比上年增长 13.26%；实现商贸业区级税收 12.67 亿元，比上年增长 5.56%；商品销售总额累计 9634.85 亿元，比上年增长 8.16%；区域社会消费品零售总额累计 566.47 亿元，比上年增长 3.04%。合同外资 15.34 亿美元，比上年上升 30.69%；实际到位金额 7.09 亿美元，比上年增长 15.33%。外贸进出口总额 35.54 亿美元，比上年下降 6.56%，累计贸易顺差 3.58 亿美元。

二、商业经济

（一）推动商贸业转型发展

一是做好商贸业规划引导。推动市商务委与区政府签署“互联网 +”商务创新实践区合作协议，着力在“互联网 +”基地、服务、平台、社区、跨境 5 方面推动 47 项重点项目；编制完成《普陀区商贸业发展“十三五”规划》，梳理了“十二五”规划完成情况，确定了“十三五”期间的指标任务。

二是推进中环商贸区建设。指导中环商贸区成功创建第二批国家级电子商务示范基地，推进麦德龙等传统商业企业创新电商发展模式；推动中环商圈被确定为全市首批 7 个试点智慧商圈之一，完善曹杨智慧社区市民卡功能；推动友谊商店成为第一批离境退税试点并完成上海市首单销售，指导 5 家企业成为第二批试点单位。

三是推动商旅文体会联动发展。围绕亲子教育、生活体验，错位推进长风、长寿、武宁等商圈的业态调整，推进大渡河路 1550 弄创业特色街建设，推进梅川路特色街商业结构调整；推动上海环球港获评上海市会商旅文体示范项目；2015 购物节期间组织策划“2015 普陀购物大挑战”活动，32 家商业企业此期间实现销售 12.84 亿元，同比增长 10.77%；建立电商统计监测网络，组织“电商进社区（进商圈）活动”。

（二）加快平台经济发展

一是制定并落实《上海市普陀区平台经济园区发展指标体系》，督促区内各大宗商品交易平台的自查工作，加强风险防控意识。

二是正式命名 5 个平台经济园区，推动有色金属交易平台和陆上货运交易平台列入市商务委十大平台示范企业（园区），推动普陀区争取列入市平台经济示范城区。

三是推进陆上货运交易平台探索智慧供应链管理服务创新。

四是推进中山化工交易平台打造全国首家以化工为主题的创业咖啡——“化工创业咖啡”，搭建创新创业孵化平台。

（三）做好民生保障工作

一是提升菜市场软硬件环境。推动标准化菜市场二次改造的政府实事项目建设，全年完成 8 家改造工作，启动 15 家改造计划；以“普陀区标准化菜市场规范化建设和能级提升”为目标，着力推进市场信息系统、食

普陀区引进外资培育总部专题培训会会场

品追溯系统、菜价监测系统、制度管理系统等平台建设；推动高陵路菜场推出“永昌在线”网上购菜平台，提供市场周边3公里送菜上门服务。

二是服务好“菜篮子”工作。做好平抑菜价工作，全年四次启动保障绿叶菜供应应急程序，使得区内市场菜价在恶劣天气或节假日时处于全市相对较低水平；开展菜篮子工程车进社区活动，已在长征、长寿等街镇开设了14个蔬菜直销点；试点“无人售菜机”模式，在3个小区和部分地区设置专柜，解决附近居民买菜难问题。

三是做好其他保障工作。形成首批30家白领午餐推荐网点，印制发放网点地图；拟定家政从业人员灵活就业证明属地化工作推进方案，制定了相关窗口管理办法、办理流程等，4家备案企业全年共开具证明255份；组织“爱粮节粮进万家”2015爱粮节粮宣传周活动，普及科学节粮知识；做好舆情监督，全年及时答复12345市民热线来信来电138件。

三、利用外资

（一）引进外资再创新高，老企业增资态势良好

2015年普陀区狠抓招商、优化服务，全区合同利用外资再创新高，首次突破15亿美元大关，达到15.34亿美元，比上年增长30.69%。全年共批准新设项目130个，合同外资5.9亿美元，比上年增长5.45%；增资项目43个，合同外资9.44亿美元，比上年增长53.7%。

2015年利用外资情况表

利用外资方式	批准外资企业		
	项目数（个）	合同外资（万美元）	比上年（±%）
总　　计	173	153355.71	30.69
1. 新项目投资	130	59016.66	5.45

（续表）

利用外资方式		批准外资企业		
		项目数（个）	合同外资（万美元）	比上年（±%）
其中	独　资	118	55019.03	197.5
	合　资	12	3997.63	-89.33
2. 老企业增资		43	94339.05	53.7

（二）外资规模持续扩大，引资质量提高明显

2015 年，合同外资（含增资）1000 万美元以上外资项目共 17 个，比上年增长 70%，金额达 13.47 亿美元，比上年增长 34.88%，占合同外资总额 87.86%。其中，1 亿美元以上的项目 5 个，占合同外资总额 69.93%；1000 万美元到 1 亿美元的项目 12 个，占合同外资总额的 17.94%。

（三）投资来源分布广泛，国家地区日益增多

2015 年，从新设项目投资国别看，来普陀区投资的国家和地区增加至 24 个。中国香港仍居首位，合同外资 5.13 亿美元，占新设项目合同外资总额 86.85%。中国台湾、美国、萨摩亚、日本分列第二至第五位。从增速上来看，美国投资呈现井喷式增长，合同外资达 1287.22 万美元，比上年增长 18.76 倍，项目数 6 个，比上年增长 20%。

2015 年新设项目外资主要来源地情况表

国别（地区）	项目数（个）	合同外资（万美元）	占比（%）
中国香港	52	51255.71	86.85
中国台湾	21	1316.42	2.23
美　国	6	1287.22	2.18
日　本	11	975.45	1.65
韩　国	5	629.96	1.07
新加坡	6	556.56	0.94
荷　兰	1	500.00	0.85
英　国	1	461.11	0.78
维尔京群岛	6	375.22	0.64
塞舌尔	1	100.00	0.17

2015 年新设项目外资主要来源地示意图

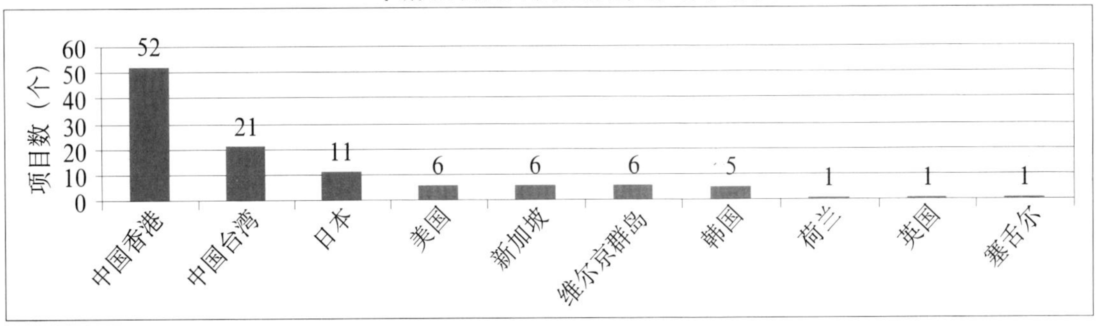

（四）产业结构继续优化，投资领域不断拓宽

2015年共批准的173个项目（含增资）中，第三产业项目169个，占比97.69%；合同外资15亿美元，占比97.83%，比上年增长28.57%。其中：租赁和商务服务业4.83亿美元，房地产业4.62亿美元，信息传输、计算机服务和软件业3.87亿美元，批发和零售业1.42亿美元。

随着上海市“四新”经济的发展，以互联网、物联网等驱动 的新技术、新产业、新模式频繁涌现，一些工厂领域的外资企业加快增资步伐，如：拉扎斯、千闻云等，带动普陀信息传输、计算机服务和软件业利用外资快速增长，全年该行业合同外资比上年增长29.7%；项目数达21个，比上年增长25.53%。

同时，随着外商投资领域限制的放宽、区投资环境的不断优化，文化、体育和娱乐等领域的外商投资项目日趋活跃，默林室内儿童乐园（上海）有限公司项目成为全国首家乐高探索中心，对普陀区经济、文化的发展将起到积极促进作用。

2015年外资项目行业分类情况表

行业类别		合同外资（万美元）	占比（%）	项目数（个）	占比（%）
合计		153355.71	100.00	173	100.00
第二产业		3327.33	2.17	4	2.31
第三产业	租赁和商务服务业	48348.85	31.53	32	18.50
	房产业	46230.24	30.15	5	2.89
	信息传输、计算机服务和软件业	38652.11	25.20	21	12.14
	批发和零售业	14243.52	9.29	93	53.76
	文化、体育和娱乐业	793.45	0.52	5	2.89
	其他	1760.21	1.14	13	7.51
	小计	150028.38	97.83	169	97.69

2015年外资项目行业分类示意图

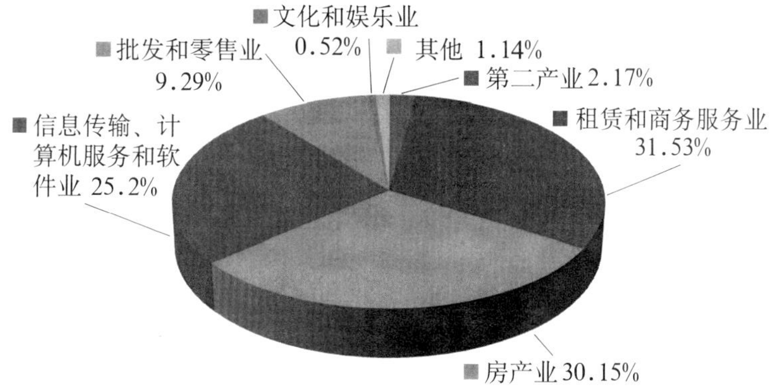

（五）总部经济集聚发展，数量能级同步提升

2015年，普陀区适应经济全球化的新形势，通过招、引、促、培等多种方式加大推进力度，总部经济实现较快发展。当年4家外资地区总部获市商务委认定。截至2015年年底，认定外资地区总部达9家。

（六）外企运营态势向好

根据2015年外资企业联合年报，2015年参加联合年报企业数共952家，企业存量率47.89%、运营率47.79%。外资企业运营情况良好，在扩大规模的同时，投资质量和效益稳步提高。外资企业主体稳定，投资方式以独资为主（81.93%）。投资来源多元化分布。2015年年报企业涉及的国家和地区共有48个，排名前列的分别是中国香港、新加坡、西班牙、维尔京群岛、中国（投资性公司）。总投资1000万美元以上的外商投资企业95家，累计投资总额为98.94亿美元，占比91.13%；外方注册资本累计43.68亿美元，占比87.81%。

四、对外贸易

2015年普陀区外贸进出口总额达35.54亿美元，比上年下降6.56%。其中，进口15.98亿美元，比上年下降13.85%，占进出口总额的44.96%；出口19.56亿美元，比上年增长0.37%，占进出口总额的55.04%。累计贸易顺差达35811.8万美元。

2015年1—12月进出口额趋势图

单位：万美元

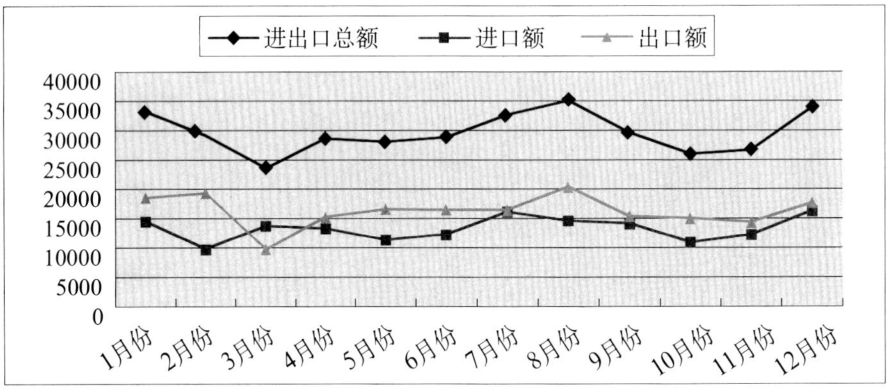

（一）全区出口稳定增长、进口呈现下降趋势

全区经营进出口业务的国有企业有24家。进出口总额87389.9万美元，比上年下降10.94%，占全区进出口总额的24.59%。其中，出口58970.8万美元，比上年下降2.24%；进口28419.1万美元，比上年下降24.82%。

全区经营进出口业务的外资企业企业有288家。进出口总额80459.7万美元，比上年下降3.99%，占全区进出口总额的22.64%。其中，出口38919.5万美元，比上年增长0.83%；进口41540.2万美元，比上年下降8.11%。

全区经营进出口业务的内资企业有779家。进出口总额187547.6万美元，比上年下降5.49%，占全区进出口总额的52.77%。其中，出口97714.2万美元，比上年增长1.83%；进口89833.4万美元，比上年下降12.34%。

（二）一般贸易进出口占比持续上升

普陀区外贸进出口货物的贸易方式分为一般贸易、加工贸易和其他贸易三大类，其中一般贸易为主要的贸易方式。2015年，一般贸易的进出口总额276731.7万美元，占全区外贸进出口总额的77.87%，比上年增长0.11%。加工贸易的进出口总额13827.4万美元，占全区外贸进出口总额的3.89%，比上年下降7.95%。其他贸易的进出口总额64838.1万美元，占全区外贸进出口总额的18.24%，比上年下降27.08%。

（三）机电产品等主要商品带动作用明显

2015年全区进出口商品共涉及20项大

类、91 项小类、899 项具体产品。其中高新技术产品进出口总额达 29944.8 万美元，比上年增长 13.15%。

2015 年前五位主要进口商品情况表

商品名称	进口额（万美元）	比上年（±%）	占比（%）
机电、音像设备	32274.1	19.95	20.20
化学工业及其制品	25138.8	-37.41	15.73
食品、饮料等	22396.5	9.38	14.02
动物产品	20605.3	-32.22	12.90
塑料、橡胶及其制品	13235.3	-16.64	8.28

2015 年前五位主要出口商品情况表

出口商品名称	出口额（万美元）	比上年（±%）	占比（%）
纺织原料及其制品	54674.0	17.89	27.95
机电、音像设备	52675.2	10.96	26.93
化学工业及其制品	22104.1	-21.95	11.30
杂项制品	14297.7	1.09	7.31
贱金属及其制品	13671.8	-9.50	6.99

（四）进出口贸易往来国别（地区）分布广泛

全年外贸企业进出口所涉及的国家及地区共有 189 个。其中，进口排名前五位的分别是：德国、美国、韩国、日本和中国台湾，累计进口额 63992.9 万美元，占进口总额的 40.05%。出口排名前五位的分别是：美国、日本、中国香港、阿尔及利亚和英国，累计出口额 83114.3 万美元，占出口总额的 42.49%。

宝山区商贸

宝山区商务委员会主任
叶 强

一、概述

2015年，宝山区商务工作围绕年初确定的目标任务，突出工作重点，狠抓任务落实，全区商务运行呈现良性发展的总体态势。完成增加值1000.58亿元，比上年增长4.1%；区地方财政收入127.07亿元，比上年增长10.1%；商品销售额3304.54亿元，比上年增长10.1%；社会消费品零售总额594.46亿元，比上年增长6.0%；合同利用外资2.71亿美元，比上年减少48.4%；实到外资2.07亿美元，比上年减少39.9%。外贸进出口总额90.59亿美元，其中出口额40.36亿美元，进口额50.23亿美元。

二、商业经济

（一）主要商业经济指标

1. 完成商品销售额3304.54亿元，比上年增长10.1%。其中金属及金属矿批发完成销售额2095.43亿元，比上年增长12.5%；限额以上企业完成商品销售额1838.31亿元，比上年增长14.2%。

2. 完成社会消费品零售额594.46亿元，比上年增长6.0%，总量规模和增速分列全市第五位和第十位（不含浦东新区）。

3. 批发和零售业完成增加值136.79亿元，比上年增长9.2%，高于全区5.1个百

2015年12月18日，宝龙城市广场开业

分点，分别占全区总增加值和第三产业增加值的13.7%和21.2%。

4. 批发和零售业完成税收总收入35.60亿元，比上年增长7.3%，分别占全区税收总收入和第三产业税收总收入的10.2%和20.3%。

（二）商业主要项目及招商项目

1. 商业主要项目。正大乐城（宝山店）：位于宝山区陆翔路111号，紧邻地铁7号线顾村公园站。7月13日开业，建筑面积4.8万平方米，由正大集团和绿地集团共同投资18亿元打造的集休闲、娱乐、餐饮、购物等于一体的大型购物中心。年底前，上蔬永辉、耶里夏丽新疆餐厅、zoo coffee、小辉歌火锅、华士达影城等知名品牌已入驻。

沃尔玛综合超市顾村店：位于宝山区沪太路4935号，建筑面积1.32万平方米，11月15日开业。

罗店宝龙城市广场：位于沪太路、杨南路交汇处，占地面积1.4万平方米，建筑面积2.8万平方米，由宝龙地产投资2.5亿开发建设。12月18日开业，是集休闲、娱乐、购物、餐饮为一体的智能化体验式商业中心。年底前，凤凰影视、屈臣氏、星巴克、必胜客、小鬼当家、中粮红酒会、美食广场等113家知名品牌已入驻。

2. 商业招商项目。宝龙双庆路城市综合体：位于宝山中心城区，东靠双庆路、南邻海江路、西抵同济路、北依宝杨路，紧邻轨道交通3号线宝杨路站及逸仙路高架快速干道。11月17日，宝龙地产旗下全资子公司上海瑞龙投资管理有限公司以12.22亿元竞得该地块，这是宝龙地产在宝山的第二幅地块，预计投资22亿元。按初步规划，该地块将被建设成集交通枢纽、邮轮配套服务、商务办公、综合商业为一体的交通枢纽型城市综合体。项目占地约5.67万平方米，总建筑面积27.3万平方米，计划于2016年11月开工建设。

（三）商业经济运行特点

1. 住餐行业增长高于批零业。2015年，批发零售业实现零售额553.00亿元，比上年增长5.0%，占全区社零额的93.0%。住宿餐饮类行业在知名品牌餐饮落户、连锁品牌加快布点等因素的影响下，消费快速升温。仅肯德基、麦当劳、必胜客和星巴克这4家知名连锁门店实现零售额4.65亿元，比上年增长18.6%。

2. 大型超市新店拉动较快。随着区内多个大居社区的日益完善，人口导入逐年增加，大型的超市也抓住时机，纷纷入驻，2015年，全区新增大型超市2家：上蔬永辉正大乐城店（2月1日开业）、永辉超市殷高西路店（4月24日开业）；2015年全区纳入统计的30家大型超市实现零售额44.68亿元，比上年增长6.3%。其中，世纪联华宝山店销售增长最快，九百购物中心（大润发）销售规模最大。

3. 政策因素和新能源汽车带动汽车零售增速提升。2015年实现汽车零售额125.35亿元，比上年增长11.1%。全区车市一反上年低迷态势，全年除9月份以外，均保持两位数的增长，其中增幅以3月份的14.6%为最高，当月零售额以11月的12.66亿元为最高。车市的高位增长主要依靠两方面：一是受政策影响，2015年10月起，2005年前环保标志为国二标准及以下的车辆将不能在外环及以内区域行驶，促使一大批车主购置新车；二是受惠于“新能源汽车以及客货两用车可赠送沪牌”等政策，以新能源汽车为首的荣威和大通客货两用车销售形势火爆，热销车型甚至需要提前预定2—3月，拉动了区内汽车市场的销售。

4. 节庆营销促进消费增长。组织区内商业企业开展节庆主题营销活动，营造欢乐消费、繁荣和谐的节日氛围，促进了消费增长。据对区内重点商业企业元旦、春节、“五一”、“十一”等重大节日的销售情况统计，四大节日销售分别同比增长22.68%、8.34%、7.94%和8.37%。

三、利用外资

2015 年，宝山区批准外商投资项目 171 个（其中新批 128 个，增资 43 个），比上年下降 7.6%；合同利用外资 27112 万美元，比上年下降 48.4%；实到外资 20747 万美元，比上年下降 39.9%。

2015 年利用外资情况表

利用外资方式	合同外资		实到外资	
	外资金额（万美元）	比上年（±%）	外资金额（万美元）	比上年（±%）
合　计	27112	-48.4	20747	-39.9
其中：合　资	3937	-12.7	2315	-72.2
合　作	0	-100	0	-100
独　资	23175	-51.5	18432	-24.9

吸引外资主要领域及特点。2015 年，外商投资生产型项目 23 个，合同外资 12401 万美元，占合同外资总量的 45.7%。项目主要涉及化学原料及化学制品制造业、专用设备制造业、交通运输设备制造业。非生产型项目 148 个，合同外资 14711 万美元，占合同外资总量的 54.3%。项目主要涉及软件业、房地产业、商务服务业、批发业。

2015 年外商投资行业（或产业）分布情况表

行业（或产业）	项目数		合同外资		实到外资	
	个数	占比（%）	金额（万美元）	占比（%）	金额（万美元）	占比（%）
合　计	171	100.0	27112	100.0	20747	100.0
生产型项目	23	13.5	12401	45.7	3445	16.6
非生产型项目	148	86.5	14711	54.3	17302	83.4

特点：一是行业结构进一步优化。外商投资服务业项目成为宝山区利用外资的主力军，占全部项目数的 86.5%，投资领域涉及批发零售、专业服务、软件信息、餐饮管理、现代物流等。

二是积极协调企业增资扩股。通过实地走访、电话沟通、座谈交流等方式，及时跟踪解决企业发展过程中的困难和问题，积极协调推进重点企业增资扩股。年内增资的企业有：正大食品企业（上海）有限公司，增资额达 1.5 亿美元；上海坤亿精密金属成形制品有限公司，增资额达 2450 万美元；上海申和热磁电子有限公司，增资额达 2025 万美元；科洛尼金属（上海）有限公司，增资额达2050万美元；亨得昂信息科技(上海）有限公司和爱优特空气技术（上海）有限公司，分别完成增资1500万美元和423万美元。

三是有序推进企业战略重组。重点推进上海宝钢普莱克斯实用气体有限公司股权转让事宜，通过股权变更，进一步优化资源配置，增强企业国际竞争力。

四是进一步强化服务力度。充分发挥外商投资项目协调工作职能，加大协调服务企业力度。其中，通过多次与市商务委沟通协调，配合国家商务部完成对房地产企业——上海恺诚房地产开发有限公司的备案工作。

五是鼓励发展金融服务企业。鼓励和引导融资租赁等新型金融服务企业的设立和发展，进一步拓宽民间资本的投资渠道。年底前，首家融资租赁公司——可易融资租赁(上海）有限公司在宝山注册成立，为宝山区企业“走出去”提供了新的融资渠道。

2015 年，外商直接投资主要来自中国港澳地区、美国、欧洲等国家和地区。其中中国港澳地区项目 52 个，合同外资 14207 万美元；美国项目 15 个，合同外资 3366 万美元；欧洲项目 33 个，合同外资 1781 万美元。

2015 年外商投资主要来源地情况表

国别（地区）	项目数（个）		合同外资（万美元）
	新批	增资	
中国港澳	32	20	14207
中国台湾	15	2	350
日　韩	16	3	1006
东　盟	9	0	1357
欧　洲	28	5	1781
美　国	12	3	3366
其　他	16	10	5046

四、出口贸易

2015 年，宝山区完成进出口总额 90.59 亿美元，比上年下降 22.93 %。其中出口额 40.36 亿美元，比上年下降 16.09%，主要是由于国际市场需求持续低迷。进口额 50.23 亿美元，比上年下降 27.66%，主要是由于国内钢铁产能过剩造成铁矿砂和煤炭等进口锐减。

2015 年，宝山区主要出口商品钢材、集装箱比上年分别下降 12.55%、45.75%，钢结构件、制冷设备和机械提升搬运装卸设备出口逆势增长，比上年增幅分别为 10.52%、7.22% 和 31.91%。高新技术产品出口小幅增长，出口额为 1.73 亿美元，比上年增长 4.69%。

2015 年主要出口商品情况表

商品名称	出口额（万美元）	占比（%）	比上年（±%）
钢　　材	154358	38.24	-12.55
集 装 箱	26981	6.68	-45.75
钢铁或铝制结构体及其部件	24354	6.03	10.52
冷冻机和制冷设备	7469	1.85	7.22
机械提升搬运装卸设备及零件	6846	1.70	31.91
通断保护电路装置及零件	6398	1.59	-4.57
服装及衣着附件	5721	1.42	-19.59
纺织纱线、织物及制品	5556	1.38	-13.20
家具及其零件	4987	1.24	19.47
电线和电缆	4982	1.23	94.47

2015 年，宝山区出口商品销往 162 个国家和地区，与上年相比增长 4.52%。其中，对东盟出口额为 7.53 亿美元，占出口总额 18.66%，继续保持第一大出口市场，其次分别为美国、韩国、欧盟，出口额分别为 6.31 亿美元、4.40 亿美元和 3.72 亿美元，占比分别为 15.64%、10.91% 和 9.22%。

2015 年出口商品主要输往地情况表

国别（地区）	出口额（万美元）	占出口总额（%）	比上年（±%）
东　盟	75319	18.66	-5.53
美　国	63134	15.64	-17.21
韩　国	44048	10.91	-22.58
欧　盟	37229	9.22	-24.19
日　本	25248	6.26	-27.91
印　度	18220	4.51	-29.89
中国香港	15106	3.74	-36.52
加 拿 大	13617	3.37	17.36
土 耳 其	12485	3.09	331.17

五、对外经济合作

2015 年，宝山区企业经核准赴境外新设立企业 33 家，增资 4 家，投资总额 4.90 亿美元，投资主体主要为民营企业，投向地主要为中国香港、美国、新加坡、澳大利亚等。

2015 年宝山区对外投资呈现能级不断提升的态势，互联网、电子商务等服务业企业不断增多，如新分析技术有限公司从事大数据分析的研究，应用和实践；光诺源科技（香港）有限公司从事智能软硬件的技术开发；微盟电子商务有限公司从事全球优品进出口社交化移动营销平台，整合保税备货和海外直送模式，基于 SDP、O2O、SCRM、打造移动互联网电商信息服务平台。此外宝山区企业对“一带一路”沿线国家的投资规模显著提升，投资额达 1.12 亿美元，占全区境外投资额的 22.86%。其中：上海彩耀新能源投资发展有限公司投资 6325 万美元在哈萨克斯坦设立年产 50 万吨钢厂，不仅可以带动区内钢铁等相关产品出口，还解决当地和国内上千人就业问题；上海豫信实业发展有限公司投资 4700 万美元在新加坡设立企业，开展矿石、棕榈的贸易和深加工业务。

2015 年境外投资企业情况表

境外企业名称	设立方式	境内投资主体	国别（地区）	投资总额（万美元）	经营范围
凯恩（欧洲）有限公司	新　设	上海辰凯金属有限公司	法　国	65.77	金属、木材、汽车、食品
耀宇科技有限公司	新　设	上海耀宇文化传媒有限公司	中国香港	38.67	设计、广告、商务咨询等
太湖国际邮轮有限公司	新　设	太湖游轮管理（上海）有限公司	中国香港	60.00	邮轮资产管理、旅游信息咨询等。
老挝凰木轩红木家具股份有限公司	新　设	上海凰木轩红木家具股份有限公司	老　挝	100.00	木材加工和木、竹、藤、棕、草制品业

（续表一）

境外企业名称	设立方式	境内投资主体	国别（地区）	投资总额（万美元）	经营范围
大华集团墨尔本投资公司	新　设	大华（集团）有限公司	澳大利亚	4200.00	房地产、旅游信息、实业投资及管理
豫信实业发展（新加坡）有限公司	新　设	上海豫信实业发展有限公司	新 加 坡	4700.00	矿产品贸易、棕榈园深加工项目等
香港际动网络科技有限公司	新　设	上海际动网络科技有限公司	中国香港	0.129	网络科技、计算机服务、软件及辅助设备
芯奥微科技有限公司	新　设	上海芯奥微传感设备有限公司	中国香港	0.129	电子元器件、电子产品的技术服务、销售等
东鼎投资公司	新　设	上海东鼎投资集团有限公司	美　国	30.00	房地产，资产管理
洋萌国际有限公司	新　设	洋萌（上海）国际贸易有限公司	中国香港	0.13	货物及技术的进出口业务
大华集团（澳洲）有限公司	新　设	大华（集团）有限公司	澳大利亚	6181.60	房地产投资
大华钢铁有限公司	新　设	上海彩耀新能源投资发展有限公司	哈萨克斯坦	6325.12	钢铁的冶炼、生产、加工，实业投资
新分析技术有限公司	新　设	华院数据技术（上海）有限公司	美　国	100.00	大数据分析的研究，应用和实践。
光诺源科技（香港）有限公司	新　设	上海光诺源创业投资合伙企业	中国香港	300.00	智能软硬件的技术开发、转让及服务
伟士钢铁国际贸易有限公司	新　设	上海赢信贸易有限公司	中国香港	77.55	建筑材料，建筑五金配件批兼零
尼尔钢铁贸易有限公司	新　设	上海煜来实业有限公司	中国香港	104.77	钢材销售及提供相关技术咨询
香港猫诚国际有限公司	新　设	上海猫诚电子商务股份有限公司	中国香港	0.13	批发兼零售、货物及技术进出口
飞碟传媒有限公司	新　设	飞碟视界传媒科技（上海）有限公司	美　国	30.00	传媒科技、动漫科技的技术开发、转让和服务
香港拓畅信息技术有限公司	新　设	上海拓畅信息技术有限公司	中国香港	1.00	信息技术开发、转让和服务
懿行国际贸易（香港）有限公司	新　设	上海懿行资产管理有限公司	中国香港	387.00	批发业
飞凯香港有限公司	新　设	上海飞凯光电材料股份有限公司	中国香港	20.00	化工产品的批发和进出口
宝钢工程建设（马来西亚）有限公司	新　设	宝钢工程建设有限公司	马来西亚	46.44	房屋建筑工程、有色金属销售、机械设备租赁等
大华集团澳洲投资有限公司	新　设	大华（集团）有限公司	澳大利亚	14148.00	房地产业
新加坡点钢电子商务有限公司	新　设	上海点钢电子商务有限公司	新 加 坡	35.06	数据中心、互联网接入业务
丽欧娜糖果巧克力有限公司	新　设	上海富座贸易有限公司	美　国	50.00	零售业

（续表二）

境外企业名称	设立方式	境内投资主体	国别（地区）	投资总额（万美元）	经营范围
圆景投资咨询有限公司	新　设	上海贵景投资中心	中国香港	38.70	管理咨询、投资咨询及策划
欧几里德生物科学股份有限公司	新　设	百世嘉（上海）医疗技术有限公司	美　国	5.00	科技推广和应用服务业
恒申实业有限公司	新　设	上海添庆网络科技股份有限公司	中国香港	0.128	零售业
可九公司	新　设	上海恩酷信息科技有限公司	开曼群岛	2.42	手机游戏境外发行和移动互联网数字营销等
人人互娱香港有限公司	新　设	上海人人游戏科技发展有限公司	中国香港	750	游戏研发、游戏发行以及新娱乐的拓展等
富驰高科技（香港）有限公司	新　设	上海富驰高科技有限公司	中国香港	282.189	高精度小型金属零部件的贸易
斯博兹 珀罗有限公司	新　设	令望实业发展（上海）有限公司	新加坡	3.9389	批发运动休闲产品
微盟电子商务有限公司	新　设	上海微盟企业发展有限公司	中国香港	1.29	全球优品进出口社交化移动营销平台，整合保税备货和海外直送模式，基于SDP、O2O、SCRM、打造移动互联网电商信息服务平台。
均和海外（香港）有限公司	增　资	上海均和集团国际贸易有限公司	中国香港	2700	货物及技术进出口贸易
香港建信集团有限公司	增　资	中建信控股集团有限公司	中国香港	7000	建筑建材行业信息技术服务及咨询。
东鼎投资公司	增　资	上海东鼎投资集团有限公司	美　国	970	房地产，资产管理
香港拓畅信息技术有限公司	增　资	上海拓畅信息技术有限公司	中国香港	199	信息技术开发、转让和服务等

闵行区商贸

闵行区商务委员会主任
林　艺

一、概述

2015年，闵行区贯彻“大招商、强服务、求创新、促转型”方针，聚焦商业发展、对外经济贸易、利用外资等方面，促进全区经济质量效益提升，总体保持平稳发展。商业领域，聚焦增强消费对经济增长的拉动力，关注大众化活力型消费需求，积极推广新模式、新业态、新产业和新技术，推动商业重大项目建设，培育消费新增长点。利用外资方面，加强外资招商工作，以虹桥商务区、紫竹国家高新区、莘庄工业区等重点区域为载体，加强重点招商项目对接，建立并有效落实区招商引资和企业服务联席会议制度，政策扶持、产业项目准入、企业服务三大平台有效运转。同时，进一步推进外资审批制度改革，借鉴自贸区负面清单管理模式，全面实行外商投资企业设立、变更“告知承诺＋格式审批”改革，进一步简化审批流程，缩短审批时间。

2015年，闵行区第三产业增加值948.9亿元，比上年增长14.0%，占全区生产总值比重48.3%，比上年提高3.2个百分点，对经济增长的贡献率达到96.6%，拉动全区经济增长6.3个百分点。第三产业实现税收323.03亿元，比上年增长16.5%，其中批发零售业税收为78.64亿元，比上年增长7.4%。全区全年实现社会消费品零售总

2015年闵行商业旅游产业发展论坛开幕式

额 823.71 亿元，比上年增长 5.1%。其中，批发零售业实现零售额 734.19 亿元，增长 4.7%；住宿和餐饮业实现零售额 89.53 亿元，增长 8.5%。全年实现商品销售总额 3065.54 亿元，比上年增长 8.9%。

2015 年，闵行区外贸进出口额为 282.23 亿美元，比上年下降 12.00%。其中，进口额 130.25 亿美元，比上年下降 3.88%，出口额 151.98 亿美元，比上年下降 17.94%。2015 年全区境外投资合同项目共计 54 个，投资总额 71186.28 万美元。

2015 年，闵行区合同利用外资 21.70 亿美元，比上年下降 17.3%。其中投资总额超过 1000 万美元以上项目的有 56 个，合同利用外资 16.8 亿美元，占合同外资总数的 77.4%。服务业合同利用外资占合同外资总数的 94.0%。虹桥商务区核心区完成合同外资 3.45 亿美元，比上年下降 68.6%。全年实际到位外资 14.39 亿美元，比上年增长 6.9%。全年新增内资注册资金 367 亿元。年末跨国公司地区总部累计达 31 家，独立的外资研发机构 27 家，外资公司内部研发中心 14 家。

二、商业经济

2015 年，全区商业经济情况运行整体良好，物价总体保持平稳。1—12 月，商业消费增长基本稳定，受公务、商务宴请回落、禽流感爆发以及居民购买力下降等因素的影响，消费增速趋缓，但汽车销售和餐饮行业依旧增长较快。全区社会消费品零售总额实现 823.71 亿元，比上年增长 5.1%。其中，批发零售业实现社会消费品零售额 734.19 亿元，比上年增长 4.7%。按限额以上主要行业零售额完成情况来看，增长较快的为汽车业和餐饮业，比上年增长分别为 12.9% 和 12.4%，比上年增长的还有日用家电业，零售额比上年增长 3%；石油及制品业同比下降较快，降幅为 15%，同比下降的还有连锁超市业、百货业和服装业，零售额分别比上年下降 5%、4.4% 和 4.2%。商品销售总额实现 3065.54 亿元，比上年增长 8.9%。2015 年闵行区批发零售业税收保持稳定，全区第三产业实现税收 323.03 亿元，比上年增长 16.5%，其中批发零售业税收为 78.64 亿元，比上年增长 7.4%。这均与整个上海商业经济运行趋势相同。2015 年元旦、春节、五一和国庆 4 个节庆点，全区监测商品销售同比增长平均在 10% 左右，节日消费对拉动商业经济发展具有一定积极作用。

2015 年，闵行商业发展按照上海新一轮城市总体规划，已初步形成了虹桥、七宝、莘庄和南方 4 个体量超过 20 万平方米的商圈，并配有梅陇麦多广场、莘庄东苑新天地等新型社区商业中心。区商业经济运行开展了以下几方面工作：一是推进建设龙盛国际商业广场、城开中心、万科广场、华润万象城等项目，着力推广宣传江川碧江生活广场、虹桥亲水花街、虹泉路韩国街、颛桥好爱广场、华漕丰尚国际广场等特色商业项目。二是推进落实上海市智慧商圈试点创建工作，举办闵行区智慧商圈建设研讨会，探讨应用信息化手段、O2O 模式来促进传统商业转型升级，培育区品质高端化、体验便利化、服务集成化的特色智慧商圈。三是加强商业企业联动，搭建合作交流平台，安排商家积极参与设计之都、上海购物中心发展论坛等各类活动。四是以商旅文联动扩大消费，按照“上海消费总动员”主题活动的要求，做好 2015 年全国（上海）消费促进月、2015 年上海购物节、闵行购物节等重要节点的消费促进工作，在购物节期间安排 20 余项节庆系列活动，涵盖了购物、美食、休闲和娱乐等多个方面，并与“丁丁网”合作，以“优活闵行”微信公众号为媒介，开展多渠道、全方位宣传推广，形成商旅文联动发展的新氛围。五是开展离境退税定点商店申报工作，区内莘庄百盛、添宝百货、彩姿百货、琉璃工坊、友谊南方、友谊商城分公司等 6 家企业已成为上海市第二批离境退税定点商店，可为境外旅客提供开具退税申请单服务。六是积极组织虹泉路商业街申报并入选上海特色商业街区。

三、利用外资

2015 年全区合同利用外资 21.7 亿美元，比上年下降 17.3%。新批外商投资企业 584 家，其中合资企业 37 家，独资企业 547 家，共合同利用外资 10.5 亿美元；另有外商投资企业 177 家实现增资，其中合资企业 8 家，合作企业 2 家，独资企业 167 家，共合同利用外资 11.2 亿美元。2015 年全区共实到外资 14.4 亿美元，比上年增长 6.9%。

2015 年利用外资情况表

利用外资方式	批准外资企业			合同外资		实到外资	
	企业数（个）	总投资额（万美元）	比上年（±%）	外资金额（万美元）	比上年（±%）	外资金额（万美元）	比上年（±%）
合　　计	584	368575	-32.9	217003	-17.3	143883	6.9
外商直接投资							
其中：合　资	37	86149	-61.0	20252	-71.3		
合　作		41081	51.5 倍	20944	142 倍		
独　资	547	241345	-26.0	175807	-8.1		
外方其他投资							

2015 年外商投资行业（或产业）分布情况表

行业（或产业）	项目数		投资总额		合同外资		实到外资	
	个数	占比（%）	金额（万美元）	占比（%）	金额（万美元）	占比（%）	金额（万美元）	占比（%）
合　　计	584	100.0	368575	100.0	217003	100.0	143883	100.0
生产型项目	12	2.1	30800	8.4	12930	6.0		
非生产型项目	572	97.9	337775	91.6	204073	94.0		

2015 年外商投资来源地情况表

国别（地区）	项目数（个）	投资总额（万美元）	合同金额（万美元）
韩　　国	186	16010	8835
中国香港	118	197185	117736
中国台湾	96	11504	10497
新 加 坡	20	52701	23016
萨 摩 亚	18	11741	6995
美　　国	16	2176	1358
日　　本	15	5817	6339
德　　国	14	13067	3937

（续表一）

国别（地区）	项目数（个）	投资总额（万美元）	合同金额（万美元）
塞舌尔	14	3810	2028
英国	11	3266	2568
法国	10	619	587
加拿大	9	277	245
意大利	6	641	446
维尔京群岛	4	4832	3269
澳大利亚	4	678	580
西班牙	4	69	54
巴基斯坦	3	1515	1515
瑞士	3	382	267
荷兰	2	10056	10056
投资公司	2	13048	5757
开曼群岛	2	8188	2567
埃及	2	316	316
印度	2	92	68
新西兰	2	58	50
伯利兹	2	40	28
尼日利亚	2	36	26
马耳他	1	5494	5494
卢森堡	1	2500	1000
伊拉克	1	500	500
马来西亚	1	1210	390
毛里求斯	1	181	164
芬兰	1	81	81
吉尔吉斯	1	45	31
斯洛文尼亚	1	118	28
丹麦	1	22	16
墨西哥	1	16	16
俄罗斯	1	12	12
挪威	1	22	12
印度尼西亚	1	10	10

（续表二）

国别（地区）	项目数（个）	投资总额（万美元）	合同金额（万美元）
科特迪瓦	1	8	8
罗马尼亚	1	11	8
土 耳 其	1	2	2
委内瑞拉	1	2	2
文　　莱	0	210	84
乌 克 兰	0	7	5

2015年利用外资主要呈现以下特点：一是大项目是吸收合同外资的主体，涉及行业主要为房地产及投资性公司。2015年投资总额超过1000万美元以上有56家，其中，新批投资总额1000万美元以上的大项目31个，合同利用外资7.6亿美元；增资1000万美元以上的项目25个，合同利用外资9.2亿美元。其中，克莱斯勒亚太投资有限公司增资28800万美元，上海西郊庄园房地产开发有限公司增资20138万美元。1000万美元以上项目合同利用外资共计16.8亿美元，占全区合同利用外资总数的77.4%。二是外商投资聚焦服务业，商贸服务业发展迅速。2015年闵行区二、三产业合同利用外资占比分别为5.96%和94.04%，其中商贸服务业合同利用外资占三产56.85%，比上年增长42.5%；区内商业服务业数量增幅较快，二产尤其是低端制造业随着提前终止或迁出逐渐减少。三是随着外商投资产业指导目录的不断调整，外资审批权限的不断下放，闵行区外商投资领域也在不断拓宽。2015年全区新增融资租赁企业2家（买付通国际融资租赁有限公司、上海闵商联融资租赁有限公司）、医院1家（上海百汇医院有限责任公司）、投资性公司3家（中兴投资（中国）有限公司、飞利浦照明（中国）投资有限公司、科施博格（中国）投资有限公司），地区总部能级和功能不断提升。四是韩国、中国香港、中国台湾、新加坡、萨摩亚、美国、日本仍为闵行区主要外资来源地。2015年，韩国来闵行区投资项目数为186个，合同利用外资8835万美元；中国香港来闵行区投资项目数为118个，合同利用外资117736万美元。五是外商投资企业效益总体良好，含金量不断提升。

四、对外贸易

2015年闵行区外贸进出口额为282.23亿美元，比上年下降12.00%。其中，进口额130.25亿美元，比上年下降3.88%，出口额151.98亿美元，比上年下降17.94%。本年度，闵行区对外贸易主要表现：

一是内资企业进口降幅大，外资企业出口降幅大。国有企业外贸出口2.41亿美元，比上年下降2.67%，进口5.88亿美元，比上年下降44.65%；外商投资企业出口123.21亿美元，比上年下降20.90%，进口108.05亿美元，比上年上升1.65%；民营企业出口26.34亿美元，比上年下降2.23%，进口16.31亿美元，比上年下降12.20%；其他企业出口0.02亿美元，比上年下降23.83%，进口0.004亿美元，比上年下降44.60%。

二是一般贸易与加工贸易出口双双下降。闵行区一般贸易出口64.96亿美元，比上年下降4.63%，进口70.28亿美元，比上年下降8.96%；加工贸易出口85.31亿美元，比上年下降26.45%，进口53.51亿美元，比上年上升3.44%。其中：来料加工出口2.64亿美元，比上年上升31.56%，进口0.87亿美元，比上年下降38.59%；进料加工出口82.67亿美元，比上年下降27.48%，进口52.64亿美元，比上年上升4.63%。其他贸易出口1.71亿美元，比上年上升55.51%，进口6.13亿美元，比上年下降1.13%。

三是对发达国家与地区出口下降明显，对新兴市场呈稳中有升。闵行区对欧盟出口25.27亿美元，比上年下降22.28%，进口26.03亿美元，比上年下降11.20%；对美国市场出口34.27亿美元，比上年下降31.88%，进口8.94亿美元，比上年下降20.32%；对日本市场出口16.91亿美元，比上年下降20.52%，进口35.50亿美元，比上年上升7.79%；对中国香港市场出口12.74亿美元，比上年上升12.05%；进口0.21亿美元，比上年下降9.99%；对东盟市场出口17.69亿美元，比上年上升11.19%，进口12.86亿美元，比上年下降0.38%；对非洲市场出口2.48亿美元，比上年下降14.10%，进口0.90亿美元，比上年下降17.58%。

2015年出口商品主要输往地情况表

国别（地区）	出口额（万美元）	占比（%）
美　国	342674.9	22.55
日　本	169079.9	11.13
中国香港	127353.5	8.4

2015年主要出口商品情况表

商品名称	出口额（万美元）	占比（%）	比上年（±%）
电机、电气、音像设备电机	539243.06	35.48	0.13
核反应堆、锅炉、机械器	444270.34	29.23	-40.68

嘉定区商贸

2015年，面对错综复杂的宏观经济形势，嘉定区在市委市政府的领导下，在市商务委的关心支持下，牢牢把握“稳中求进，进中求变，变中领先”的发展思路，坚持稳增长、促改革、调结构、惠民生、防风险，全区经济社会实现了健康、平稳、有序的发展态势。全年共实现增加值1756.1亿元，可比增长7.0%，实现财政总收入797.1亿元，比上年增长6.4%。其中，地方财政收入191.4亿元，比上年增长14.1%。

一、商业经济

2015年，在电子商务企业的有力支撑及新型商业综合体的快速崛起下，嘉定区商业克服经济下行压力，保持平稳较快发展。全年实现属地商业增加值155.7亿元，比上年增长18.5%；商品销售总额4613亿元，比上年增长7.8%。其中，属地实现2156.6亿元，比上年增长26.9%。

（一）消费品市场运行稳定

从行业类别上看，批发零售贸易业共实现社会消费品零售额841.7亿元，比上年增长22.2%；网络消费带动大众餐饮受捧，住宿餐饮业增速迅猛，共实现社零额31.2亿元，比上年增长24%。从商品用途来看，吃、穿、用、烧四类商品呈三升一降，分别实现社零额114.8亿元，32.7亿元，697.1亿元和28.3亿元。其中，烧类商品因油价下跌因素比上年下降10.7%，其余三类均呈两位数增长。

2015年社会消费品零售情况表

分　类	金额（亿元）	比上年（±%）
吃的商品	114.8	11.3
穿的商品	32.7	75.0
用的商品	697.1	24.4
烧的商品	28.3	-10.7

（二）十亿元以上企业数增速放缓

2015年，区内年产值分别达千、百、十亿元的企业共34家，较上年增加11家，共实现商品销售额3967.3亿元，比上年增长3%，增速较前两年有所放缓。十亿元以上的商业企业共24家，共实现销售额3912.1亿元，比上年增长3.1%，占全区商品销售总额的84.8%。

（三）电子商务企业增幅超五成

随着人们消费习惯不断改变，网络消费已深入千家万户，电子商务行业发展迅速。2015年，区内纳入统计的11家电子商务企业共实现商品销售额732.7亿元，比上年增长50.9%，拉动全区商品销售额增长14.5个百分点。一方面是龙头企业的拉动作用明显，如圆迈贸易（即“京东商城”）当年销售超400亿元，比上年增长47.5%。另一方面是优质项目的助推作用，如当年新增企业“找钢网”销售超180亿元。

（四）大型商业综合体发展良好

2015年，区内商业综合体规模进一步扩大，且发展势头良好。数据显示，已纳入

嘉定区江桥万达广场外景

统计的7家大型商业综合体当年共实现营业收入31.7亿元，比上年增长10.8%。其中，永润星辰经业态调整后，依托麦德龙、美亚影城等品牌门店，结合餐饮、亲子互动体验等业态经营良好，比上年增长51.5%；中冶祥腾和嘉亭荟依托地铁周边优势，分别实现增长10.2%和6.1%；疁城新天地形成街区式商业，华润五彩城则满足了周边社区需求。另外，由原飞联纺织厂改造而成的现厂也已逐步开放，餐饮企业陆续开业。

二、利用外资

2015年，全区实现合同外资15.4亿美元，比上年增长31.6%，创年度引资新高；实际利用外资6.14亿美元，比上年增长29.5%，均超额完成年度目标。其中，新批准外商直接投资项目140个，比上年下降14.6%，合同利用外资5.4亿美元，占总额的35.1%；增资项目110个，比上年增长6.8%，合同利用外资10.09亿美元，占总额的65.5%。纵观全年吸引外资总体呈现以下几个特点：

（一）汽车产业持续巩固，智能创新助推新发展

2015年，嘉定区外资汽车产业在汽车制造、设计研发、销售贸易领域继续保持稳定发展。新引进法雷奥汽车内部控制（上海）有限公司，合同外资520万美元，从事汽车内部相关系统的开发生产；新引进上海麦拉汽车服务有限公司，并在年内两度增资，共引资500万美元，从事二手车经纪；汽车商贸业新引进新奇特车业服务股份有限公司，股本总额9000万股，从事汽车配件、轮胎等商贸批发。

同时，围绕汽车智能化产业集群的发展和推动，从事新能源汽车整车及零部件研发与销售的“蔚来汽车”成功落户，从事电动汽车动力系统、高级驾驶辅助系统和汽车自动驾驶系统等技术研发的智能车企“东软睿驰”顺利引进。这些企业的落地进一步完善了嘉定区汽车产业链的智能化、互联网化，将有效助推区内汽车产业转型升级。

（二）引资结构优化提质，加速引领产业新突破

2015年，嘉定区服务业吸引外资继续

保持高速增长，加速推进产业经济结构的优化提升。以融资租赁为主的金融服务业，继续增势发展，全年累计引资 3.35 亿美元，占服务业引资总额的 23.3%。新引进融资租赁企业数达 5 家，至此，累计外资融资租赁企业数达 16 家，引进合同外资 8.6 亿美元。

高性能医疗设备研发产业持续发展，伽玛星医疗科技发展（上海）有限公司增资迁入嘉定区，推动肿瘤医疗设备技术领域的技术研发；兆马电子商务增资 9500 万美元，带动外资电商有效竞争；外资房地产全年引进合同外资 0.46 亿美元，比上年下降 57.5%；同时，软件开发、网络科技研发、新材料新科技领域产业发展逐步推新，不断激发科技新活力。

（三）增资规模日趋扩大，郊区引资排名继续名列前茅

2015 年，全区合同外资净增 1000 万美元及以上的项目 15 个，共引进 8.27 亿美元，比上年增长 141%；二产增资 0.82 亿美元，三产增资 9.27 亿美元。其中，易鑫融资租赁增资 2.7 亿美元、沃尔沃汽车（中国）投资有限公司增资 1.92 亿美元、天合汽车零部件（上海）有限公司增资 3300 万美元。企业增资迅猛、规模持续扩大，实现经济发展稳步向前。

从区县比较来看，2015 年，嘉定区引进合同外资总量位列全市各郊区县第二，仅次于闵行。其中，全年增资引资额占比位列各郊区县首位。

（四）总部经济引资引优，拉动区域经济高发展

2015 年，嘉定区外资总部经济效应持续提升。全年新引进市级地区总部安通林（中国）投资有限公司，被认定为亚太区总部，注册资本 6500 万美元；“东软睿驰”被认定为研发中心。截至 2015 年底，全区共有外资总部型企业 45 家，总投资 15 亿美元，引进合同外资 10.81 亿美元。其中，管理性公司 13 家、投资性公司 8 家，研发中心 17 家，亚太区总部 1 家，股权投资管理企业 3 家，销售中心 3 家。此外，沃尔沃汽车（中国）、三樱（中国）总部相继增资。外资总部积极整合提升、持续推进，不断拓展总部功能，拉动了区域聚集发展。

（五）关停淘汰劣企，实际利用外资稳增长

2015 年全年，嘉定区批准提前终止的外资企业数达 44 家，企业提前解散的原因主要集中在连年亏损、动迁等因素，主要为传统制造、小型商贸、咨询类企业；此外，批准外资转内资企业 32 家。

同时，全年实际利用外资继续稳步增长，实现到位资金超 6 亿美元，比上年增长近三成。其中，第三产业实际到资 5.39 亿美元，占比 87.7%，房地产业实际到位达 2.24 亿

2015 年利用外资情况示意图

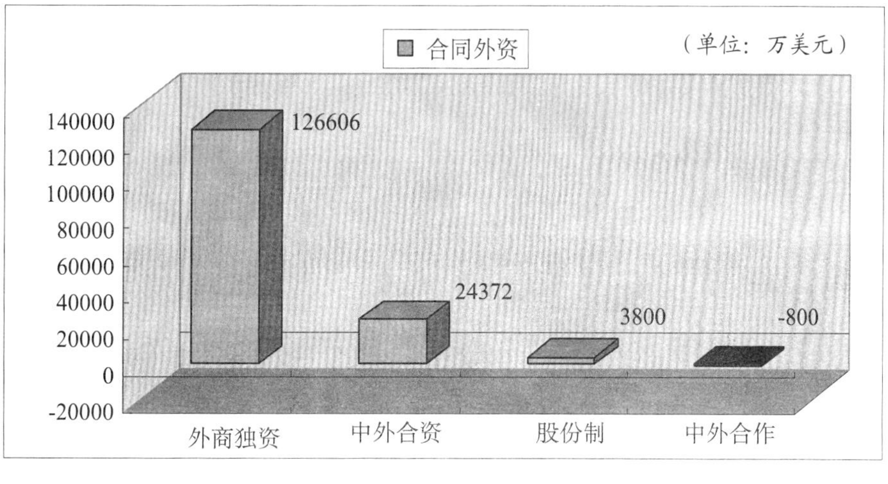

美元。

（六）跨境人民币发展稳定，直投额速攀升

2015年，嘉定区累计批准跨境人民币直接投资项目达12例，跨境人民币累计投资额2.71亿美元，比上年增长84.4%。由于跨境人民币直投程序的简化推动，投资者选择跨境直投方式出资趋于便利化，直接投资项目数日趋增加。

三、对外贸易

2015年，面对复杂严峻的内外环境，在全区外向型企业的共同努力下，嘉定区全年外贸出口虽然基本完成了年初确定的目标任务，但进出口总额同比降幅超两位数，发展形势不容乐观。从全年走势来看，总体呈现以下特点：

（一）外贸总量大幅下降，进出口总体形势不乐观

由于沃尔沃汽车销售（上海）有限公司及上海大众汽车有限公司的进口均出现较大幅度下降，2015年，嘉定区进出口减速趋势较为明显。全年进出口额188.32亿美元，位列全市各区县排名第4，比上年下降12.85%。其中，出口额94.55亿美元，比上年下降4.95%；进口额93.77亿美元，比上年下降19.59%。

（二）贸易方式持续改善，贸易主体格局更趋合理

贸易方式方面，一般贸易比重继续提高。2015年，全区一般贸易进出口额136.83亿美元，占全区进出口额的72.66%，较上年度微涨0.53个百分点。加工贸易进出口增速进一步减慢，全年进出口额44.49亿美元，下降13.12%，低于全区外贸总体增速0.3个百分点，占进出口总额23.63%。贸易主体格局方面，外资企业继续占据主导地位，民营企业占比继续上升，国有企业增速最快，比上年增长62.72%。

（三）服务贸易提速势头初显，内部结构持续优化

2015年，全区共有4家企业上报5个服务外包专项资金项目，新增服务外包企业2家，新增从业人员238人。服务外包接包合同签约金额4509.47万美元，比上年增长14.52%；接包合同执行金额2465.76万美元，比上年增长5.88%。依托嘉定汽车产业的深厚基础和汽车研发设计服务外包专业园区平台，全区服务贸易提速势头已经初显，内部结构持续优化，空间布局逐渐成型。

（四）新兴市场增速上涨明显，传统市场出口占比下滑

2015年，嘉定区对欧盟、美国、日本三大传统市场的双边贸易分别为51.06亿美元、27.16亿美元和34.27亿美元，分别下降28.35%、1.38%和18.75%。但区内企业开拓新兴市场的积极性和主动性明显增强，与新兴市场的经贸合作不断加深，贸易往来活跃，出口市场继续保持多元化发展。其中对东盟、印度、拉美、非洲等新兴市场出口分别增长6.60%、13.12%、4.07%和12.90%，出口值合计占全区出口总值的22.34%，较上年提升了0.82个百分点。此外，对孟加拉国、巴基斯坦、沙特阿拉伯和埃及等“一带一路”沿线国家出口均有上涨。

（五）重点行业出口略有回落，重点企业进出口下滑

机电产品一直是嘉定区主要出口产品，出口增长势头较去年有所回落，全年累计出口63.15亿美元，比上年下降6.28%，出口占比略降；汽车及零部件产品出口呈现负增长态势，全年共出口19.74亿美元，比上年下降10.25%，出口占比从上年同期的22.11%下跌至20.88%。百家重点出口企业累计出口56.06亿美元，下降5.92%，占全区出口总值59.29%，比上年下降0.61个百分点。其中，近三成重点企业出口保持增长，4家企业出口比上年保持了50%以上的增长。70%的重点企业出口比上年出现不同程度下滑。

金山区商贸

一、概述

2015年，在区委、区政府的领导下，金山区以建设“创业金山、宜居金山、和谐金山”为奋斗目标，主动适应新常态、努力把握新趋势，有利地推动了商务发展，商务经济呈现“稳中有进，转型提升”的发展态势。

2015年，金山区社会消费品零售额实现372.1亿元，比上年增长12.3%；第三产业增加值实现250.8亿元，比上年增长12.2%；新批外商投资项目85个，增资项目42个，投资总额（含增资）5.05亿美元；合同利用外资（含增资）3.7亿美元；外贸进出口总值81.48亿美元，比上年减少11.6%。

二、生产性服务业

（一）载体作用进一步发挥

1. 市级园区进一步增加。金山区获得市级称号的园区（功能区）达到4家。分别是上海枫泾现代服务业集聚区、金石湾国际化工生产性服务业功能区、杭州湾电子商务产业园、二工区物流产业园。

2. 产业功能区的功能定位及能级不断提升。2015年上半年，上海金石湾化工生产性服务业功能区危化品集中交易区建设顺利推进，由金石湾、上海化交、区安监局、区电信等五个部门共同合作的项目上海化工交易中心正式运营。上海杭州湾北岸电子商务

2015年11月19日，市商务副主任刘敏带领市商务委、有关处室来金山就上海开展国内贸易流通体制改革发展综合试点宣讲及调研

产业园引进国际贸易众包服务、土著游等20个产业互联网平台，园区的功能不断完善，集聚效应不断加强。

3. 现代服务业集聚区注入新的元素。上海枫泾现代服务业集聚区为顺应“互联网+”的发展趋势，加深与科技园区、科研单位、高校的紧密合作。2015年6月16日，上海临港·枫泾科创小镇揭牌并开始运营。科创小镇提出了以信息化与科技化、工业化深度融合为主线，以“四新”经济为主要内容，以创业服务、孵化空间、创业投资为主要服务内容，建设各类科研孵化设施，利用相关财政扶持政策，吸引各类天使投资基金等各类创投资本在小镇设立自由的孵化设施和办公场所。

（二）公共服务平台进一步发挥服务功能

2015年初，金山第二工业区签约引进国家化学品安全研究中心，此后有6个国家级实验室、7个地区级实验中心进驻；蓝滨国家石油钻采炼化设备质量检测中心年内完成验收、完成相关证照资质从甘肃向上海公司的转移；中检集团华东检测基地也已注册在金石湾。这些国家级的检测检验和研发服务机构的落户，和金山其他的化工专业物流、设计施工、排污治理等领域服务企业一起，共同构筑和完善金山化工生产性服务业产业链条。金山国家绿色创意印刷示范园区文化传媒综合服务平台通过为企业搭建各类公共服务平台和展示交易中心为主，实现绿色印刷产业链整合、成长型印刷企业孵化、印刷数字化技术创新、印刷高端人才培育、印刷业务国际交流等五大服务功能，从而实现印刷产业从传统印刷向现代服务业和先进制造业的跨越。

（三）加强规划指引，推进重点项目建设

一是委托绿促会根据金山区生产性服务业发展现状，形成了“十三五”规划思路研究；二是积极推进“金山区现代服务业发展十三五规划”撰写工作，已进入最后修订；三是积极参与上海市国内贸易流通体制改革发展综合试点，加快推进“互联网+产业服务业”创新实践区建设，制定了金山区创建“互联网+产业服务业”创新实践区实施方案；四是结合金山区生产性服务业发展研究，做好枫泾、金山卫、张堰、朱泾等重点街镇、工业区规划的修编指导工作。

三、商贸服务业

（一）商贸业发展总体情况

1. 服务业运行整体平稳。强化安全管理，服务业运行全年平稳有序，未发生安全事故。生活必需品商品供应充足，除部分商品受节庆、季节天气等因素影响在短期内有一定波动外，主要商品价格基本稳定。

2. 商业总量进一步增加。2015年，随着大型购物中心、办公楼宇的持续建设，全区商业总量进一步增加，达302.9万平方米（不含大型交易市场）。金山新城商业发展优势进一步显现，新城商业面积达175.1万平米，占全区总量的57.8%，新城人均商业面积达6.0平方米。

3. 社区服务水平进一步提高。随着老年服务中心、标准化菜市场等的建设和运营，金山区社区服务水平进一步提高，居民在养老、买菜等方面享受的服务进一步加大。在2014年设置全市首台无人售菜智慧终端后，2015年全区继续推广社区微菜场项目，已布点12台终端设备。在该项目建设下，区内居民可在小区门口买到更为新鲜、放心的主副食品，终端设备所支持的便民缴费及银联支付功能使居民的生活便捷程度进一步提高。

（二）提高服务水平，强化应急保障

1. 推进商业保理试点。为支持金山中小企业发展，健全商贸信用服务和融资体系，在考察、学习商业保理工作开展经验的基础上，区商务委会同区金融办、市场监管、公安等相关部门召开座谈会，讨论细化并完善金山区商业保理试点方案。试点方案已由区政府发文向市商务委、市工商局提出申请。

2. 制定生活必需品应急预案。根据《金山区突发公共事件总体应急预案》，结合金山实际，制定《金山区生活必需品市场供应应急预案》，进一步落实区属商业企业应急供应主体责任，形成以社区服务中心、学校、农村便民店及社区商业相结合的应急投放网络。

四、利用外资

（一）利用外资概况

2015 年，金山区全年新批外商投资项目 85 个，增资项目 42 个。投资总额（含增资）5.1 亿美元；合同外资（含增资）3.7 亿美元；在新批外商投资企业中，中外合资企业 18 家，合同外资 10430 元；外商独资企业 67 家，合同外资 9235.7 美元。

2015 年利用外资情况表

利用外资方式	批准外资企业			合同外资	
	新批项目（个数）	总投资（万美元）		金额（万美元）	
		新　批	增　资	新　批	增　资
合　计	85	14154.68	36305.65	19665.60	17639.70
合　资	18	5127.60	2035.19	10429.95	388.32
合　作	—	—	—	—	—
独　资	67	9027.08	34267.46	9235.65	17251.38
其　他	—	—	—	—	—

2015 年，金山区吸引第二产业项目 9 个，占新批项目总数的 10.6%；投资总额 6911.8 美元，占新批项目投资总额的 48.8%；合同外资 2209.7 美元，占新批项目合同外资总额的 11.2%；第三产业外资项目 76 个，占新批项目的 89.4%；投资总额 7242.9 万美元，占新批项目投资总额的 51.2%；合同外资 17456 美元，占新批项目合同外资总额的 88.8%。

2015 年外商投资行业（或产业）分布情况表（新批项目）

产　　业	项目数（个数）	投资总额（万美元）	合同外资金额（万美元）
合　　计	85	14154.68	19665.60
第一产业	—	—	—
第二产业	9	6911.78	2209.65
第三产业	76	7242.90	17455.95

（二）合同利用外资主要特点

1. 产业结构持续优化，服务业吸收外资效应显现。新批项目中，制造业比重下降、服务业比重提升的趋势较为明显，两者合同外资金额和占新批总量比重分别为 2209.7 万美元、11.2% 和 17456 万美元、88.8%，相较于上年发生了重大变化。服务业项目涉及领域主要有融资租赁、投资、商务服务、批发零售、餐饮服务和科技推广服务等，呈现以下亮点：一是融资租赁项目支撑作用明显。新批融资租赁项目 5 个，合同外资金额 9624 万美元，占新批总量的 48.9%。二是总部经济（机构）引资实现历史性突破。全区第一家投资性公司英威达（中国）投资有限公司获批落户，合同外资金额 4812 万美元，总部经济引资实现历史性突破，标志着金山区利用外资的质量和水平进一步提升。

制造业重点领域项目集聚度提升。新批区重点产业和战略性新兴产业等先进制造业项目 9 个，合同外资 2009 万美元，领域涉及智能制造、新一代信息技术、生命健康和新材料等，符合区的产业定位。其中，引入国际著名巧克力制造商巴洛美，为金山区“十二五”制造业引资收好官。

2. 增资项目作用持续体现。2015 年，全区增资项目 42 个，合同外资金额 17639.7 万美元，占总量的 47.3%，占比与上年 59.8% 略有下降。其中，外商投资千万美元及以上的增资项目 9 个，合同外资 13322 万美元，占增资总量的 75.5%。安朗杰安防技术、福达食品、优月仓储、圣莱科特精细化工和竹本油脂等企业成为增资主力。

3. 规模项目支撑引领作用明显。全区规模项目（外商投资千万美元以上项目）19 个，包括 10 个新批和 9 个增资项目，合同外资 30602.4 万美元，占比 82%。其中新批现代服务业项目成为外资新增长点。

4. 中国香港、新加坡、中国台湾等国家（地区）领跑区外资主要来源地。新批外商投资项目来源地排名中，中国香港、新加坡、中国台湾位列前三，项目数分别为 28 个、3 个和 18 个，合计 49 个；合同外资金额分别为 12490.5 万、4824 万和 749.5 万美元，合计 18064 万美元，占新批总量的 91.9%，其他主要投资来源地有日本、中国澳门、欧美和韩国等。

2015 年外商投资主要来源地情况表（新批项目）

国别（地区）	项目数（个）	投资总额（万美元）	合同外资（万美元）
中国香港	28	6844.33	12490.49
新 加 坡	3	12.00	4824.00
中国台湾	18	989.52	749.50

五、外资企业生产经营

在经济转型升级的换档期，面对错综复杂的国内外形势，全区外资企业攻坚克难，努力探寻新的增长点，难中求进，各类指标止滑回升态势建立。2015 年全区外资企业销售（营业）收入 372.9 亿元，比上年减少 2.4%；外资到位 2.6 亿美元，比上年减少 6.2%，完成目标计划 2.2 亿美元的 118.2%。税金总额 38.2 亿元，比上年增长 32.5%；利润总额 24.5 亿元，比上年减少 4.9%；外资企业出口商品总额 25.9 亿美元，比上年减少 3.8%。

2015 年外资企业主要指标完成情况表

项 目	单位	全年累计	比上年（±%）
销售收入	万 元	3728723.00	-2.4
利润总额	万 元	245421.00	-4.9
出口总额	万美元	258956.00	-3.8
外方到位	万美元	26013.30	-6.2
纳税总额	万 元	381698.00	32.5

2015 年，经济运行中仍存在一些问题和矛盾，主要是出口和外方到位经济指标一直处于下降，经济向好的状态。纳税保持稳定，受调库数的调整影响增长明显。国际市

场需求的持续低迷基础还有待稳固，全区外商投资企业经济运行仍旧面临诸多挑战和考验。区域经济筑底回暖迹象增多，企业对当前环境的适应能力、抗压能力正在不断增强，外资企业运行情况进入一个新常态，指标保持在合理区间，已呈现出稳中有进的基本态势。

六、对外贸易

2015 年，金山区外贸进出口额 81.5 亿美元，比上年减少 11.6%。其中，出口额 42.9 亿美元，比上年减少 5.6%；进口额 38.6 亿美元，比上年减少 17.4%；贸易顺差 4.4 亿美元。

对外贸易的主要特点：

1. 一般贸易居主导地位。2015 年全区一般贸易进出口 57.6 亿美元，比上年减少 8.9%，占全区进出口总值的 70.7%，一般贸易项下的逆差为 2 亿美元。全区加工贸易进出口 21.4 亿美元，比上年减少 17.6%；加工贸易项下的顺差为 8.6 亿美元。

2. 外资企业出口占比高。从企业性质来看，2015 年区内外资企业充当全区贸易出口的领头羊，出口 25.9 亿美元，比上年下降 3.8%，占全区总额的比重 60.3%；民营企业出口 15.7 亿美元，比上年下降 4.9%，占比 36.6%。

3. 主要贸易伙伴保持稳定。2015 年金山区主要贸易伙伴稳定，与日本、美国、韩国等传统市场的双边贸易发展保持相对稳定。对日本出口仍列首位，为 8.4 亿美元，比上年下降 8.3%，对美国出口 5.5 亿美元，比上年下降 14.4%；对韩国出口 2.5 亿美元，比上年下降 3.7%。分别占全区出口总额的 19.7%，12.8% 和 5.9%。

4. 化学制品和纺织服装是主要进出口商品。化学制品和纺织服装是区两大出口商品，出口额分别为 9 亿美元和 8.5 亿美元，比上年分别下降 12.2%；两者占全区出口总额的 40.8%。机电设备出口增长明显，全年出口 7 亿美元，比上年增长 4.8%。

七、主要工作内容和措施

（一）加强指导与宣传

贯彻落实《市政府办公厅关于印发本市支持外贸稳定增长实施意见的通知》精神，落实“稳增长”政策措施，推进产业结构调整升级，指导企业转型发展。召开对外贸易专题知识讲座，利用“金山外贸”公众微信号宣讲政策等。第四季度贯彻落实市商务委外贸工作专题会议精神，召开外贸联络员和 50 家外贸重点企业负责人参加的外贸稳增长专题工作会议，动员全区上下主动作为，打好第四季度外贸工作的“攻坚战”。

（二）深化与中信保的合作

联合对中小企业进行有针对性的宣传推广活动，重点是信用保险保单融资业务，信用保险保单融资。区外商投资企业协会和贸促会上海金山支会与中信保上海分公司签订《战略合作框架协议》，合作开发了《金山地区小微企业投保平台》。

（三）学习借鉴自贸试验区经验

贯彻落实《市商务委、上海海关关于复制推广中国（上海）自由贸易试验区海关监管服务创新制度的实施意见》，在金山区复制推广自贸试验区海关监管服务创新制度，结合金山企业的实际情况，广泛开展调研活动，在不同层面进行交流和沟通，形成可复制推广项目有企业自律管理，企业协调员制度。

松江区商贸

松江区商务委员会主任
刘福升

一、概述

2015年，松江区作为上海市郊率先进入转型发展阶段的地区，面对错综复杂的经济形势，全力稳增长、调结构、促转型，着力保障社会民生，积极推进二次开发，努力挖掘内部潜力，培育新经济，谋划新蓝图，有效保持经济实现持续、健康、稳定增长，实现了经济总量规模保持平稳增长，经济结构持续优化，商业经济、利用外资、对外贸易等各方面保持良好发展势头。

（一）主要经济指标

2015年，松江区全年完成工业总产值3718.5亿元，实现增加值995.36亿元，比上年增长3.7%；地方财政收入123.1亿元，比上年增长8.0%。其中第三产业实现增加值439.04亿元，比上年增长8.3%，第三产业税收168.61亿元，比上年增长13.75%。全年社会商品销售总额达1496.2亿元，比上年增长8.3%；社会消费品零售总额达496.3亿元，比上年增长8.6%，商业税收45.86亿元（全区总税收317.8亿元），比上年增长4.37%。合同利用外资4.74亿美元，比上年上升2.7%，实到外资2.68亿美元。外贸进出口总额471.8亿美元，比上年下降7.68%。其中，出口347.07亿美元，比上年下降6.17%；进口124.73亿美元，比上年下降11.63%。

（二）主要工作措施

1. 制定规划与政策促发展。拟定《松江区生活性服务业（商贸业）“十三五”发展

2015年9月29日，上海临港松江科技城南部新兴产业综合体奠基仪式

规划》。制定《关于推动创新创业促进松江经济转型升级的若干意见》及其实施细则，推动全区产业转型发展。编制《松江区电子商务产业发展报告》，修改、完善推进全区产业结构调整和二次开发的政策意见，形成《关于加快松江区产业结构调整推进园区二次开发的若干规定》，通过修订完善政策规定，进一步盘活存量用地，集约节约利用土地。草拟《松江区关于鼓励金融服务实体经济发展的若干意见》，为宽松投融资环境提供了政策引导。

2. 搭建招商服务新平台。成立投资促进服务中心，加强区级招商统筹，进行专业化、标准化运作，围绕沟通协调、工作例会、考核激励、跟踪服务、资源共享、教育培训六大工作机制，研究制订各类制度、规定和管理办法；加强对企业的服务的指导，积极协调谋划企业调研工作，对区域内的产业特征进行分析研究，强化投资促进服务工作。

3. 大力推进商贸项目建设。2015 年，松江区大力推进商贸项目建设，重点商旅项目推进有力。万达广场运营势头良好，月均营业额过亿。富悦酒店、深坑酒店、麦德龙、东鼎购物广场等大型商业项目均已开工建设，新理想商业广场 10 月开业，入驻的家乐福荣乐店开业当天营业额超过 200 万元。物美超市已经入驻永航商业广场，预计 2016 年初开业。沪松公路沿线改造提升成效初显，沿线动迁拆违、环境整治工作推进有力，旭辉商业广场项目竣工招商，鼓励沿线市场转型升级。

4. 加强节庆活动拉动消费。举办上海松江第七届青岛啤酒节，累计接待市民 7.6 万余人次，消耗啤酒 51.7 吨，活动反响热烈。积极开展“欢乐购、迎新禧——岁末迎新营销系列活动”、“春游茸城、乐享生活，let’s 购”松江区 2015 年消费促进月等主题营销活动。2015 上海松江购物节活动顺利开展，共有 22 项主题活动，其中重点活动 15 项、其他活动 7 项，进一步丰富和创新了“品味”、“畅购”、“乐活”、“风采”四大篇章的内容，活动涵盖了购物、美食、休闲、娱乐等各个方面，参与商业企业、行业协会 80 余家，门店上千家，促进和扩大了居民消费。

5. 深化民生服务。完成原有《松江区标准化菜市场新建和二次改造的工作方案》修编工作，加大对新建和改造标准化菜市场的支持力度，鼓励市场推进标准化菜市场的二次改造工作。重点抓好“育新农贸市场、江秋农贸市场、玉昆农贸市场、九亭农贸市场”的市场改造，建立健全菜市场管理制度和考核细则。积极探索菜市场 2.0 版新模式，引进食行生鲜项目，在中山街道、方松街道、永丰街道、九亭镇等社区内建设生鲜直投站，截至年底已完成 13 家社区直投站的建设。强化食品流通追溯体系建设，进一步强化肉类蔬菜流通追溯日常运行管理，采取新考核办法细化追溯运行监管。

6. 推进市场体系建设。为促进区内商品交易市场的改造提升，优化市场结构和区域环境，制订《商品交易市场调整改造提升行动计划（2015—2017 年）》。协调推进市场整治工作，今年共拆除违章违法建筑约 116362 平方米，关闭九亭虬泾农贸市场、泗泾铝材市场、新桥尊博建材市场、新培建材市场、九新北法农贸市场，中山街道的君览市场等 5 家“变相市场”，清退经营户 883 户，整治“三合一”109 户。围绕“繁荣商业、诚信松江”的目标，通过政府、行业协会和企业积极参与，齐抓共管，持续推进商务诚信，合力加强商务诚信的监督和管理，进一步规范市场秩序。继续开展松江区商贸“企业诚信创建”活动，鼓励更多的企业加入商务诚信创建队伍，巩固商务诚信建设成果。组织举办松江区商贸服务业管理人员、菜场管理人员等培训，并通过各类商业技能比赛提高整体服务水平。建设商旅行风监督员队伍，开展服务文明测评专项检查，健全以顾客满意度为核心的服务质量监督机制。加强酒类商品流通市场的日常监管和巡查的力度，全年开展执法 128 次、联合执法 3 次、专项整治行动 5 次，出动人员 330 人次，检查酒类经营户 328 户，取缔制假售价窝点 2 个，查处假冒伪劣酒 4800 余瓶。

二、商业经济

全年社会商品销售总额达 1496.2 亿元，比上年增长 8.3%；社会消费品零售总额达 496.3 亿元，比上年增长 8.6%；全年商业增加值 157.75 亿元，可比增长 7.73%，商业税收 45.86 亿元（全区总税收 317.8 亿元），比上年增长 4.37%，商业增加值占第三产业增加值比重稳定在 35. 93%，占全区 GDP（995.36 亿元，3.7%）的比重 15.85%，三次产业增加值构成为 0.9 ：55.0 ：44.1，第三产业占比达近年新高。全区商业在促进产业结构调整、推动区域经济发展中的基础性作用持续增强。

（一）消费结构进一步优化

全年消费总额中，吃的商品 159.63 亿元，占比 32%；用的商品 251.80 亿元，占比 51%；烧的商品 48.04 亿元，占比 10%；穿的商品 36.84 亿元，占比 7%。其中通讯器材和文化体育类销售实现了较大增幅。

（二）传统商业业态调整提升明显

百货、购物中心业态在万达广场、开元地中海及鹿都商业广场的带动下累计实现销售额 28.5 亿元，比上年增长 16.0%。其中，万达逐步调整百货业态，开元地中海商业广场与“飞凡网”签订合作协议，首次尝试“互联网＋ MALL”模式探索，逐步开启智慧商圈建设。

（三）商品交易市场持续下滑。

由于受投资下降、产能过剩的影响，松江区钢贸市场销售成交额持续萎缩，导致商品交易市场跌幅较大，全年全区商品交易市场成交额累计 219.9 亿元，比上年下降 24.5%。其中，专业市场成交额 201.6 亿元，比上年下降 26.4%，较上年扩大增幅 10.1 个百分点，专业市场特别是钢贸市场亟需顺应形势谋求转型发展。

三、利用外资

2015 年，全区实现外商投资总额 8.4 亿美元，合同利用外资 4.74 亿美元，比上年上升 2.7%，超额完成 4 亿美元的年度计划。其中：新设项目 95 个，引进投资总额 4.84 亿美元，合同利用外资 2.68 亿美元；增资项目 63 个，投资总额 3.57 亿美元，合同利用外资 2.06 亿美元。

2015 年利用外资情况表

利用外资方式	批准外资企业			合同外资		合同外资	
	企业数（个）	金额（万美元）	比上年（±%）	金额（万美元）	比上年（±%）	金额（万美元）	比上年（±%）
合　计	95	84047.90	-38.70	47374.80	2.70	26764.60	-37.30
其中：合　资	19	2224.40	-96.50	981.00	-77.30		
合　作	1	3081.00	-	3000.00	-		
独　资	75	78742.50	6.2	43393.80	3.80		

利用外资的主要领域和特点：

与往年以批发、零售、餐饮为主导的现代服务业不同，2015 年外商在科技研发领域的投资明显增多。全年新设科技企业 20 家，占比为 21.1%，比上年上升 81.8%，引进合同外资 4169.5 万美元，比上年上涨 82.1%。

产业结构逐步优化，第三产业投资总额

5.28 亿美元，合同利用外资 2.64 亿美元，占全区合同外资的比重高达 55.7%。现代服务业在全区合同外资中的比例为 56.8%，首次超过制造业在全区中的份额，且发展势头良好，标志着区内产业结构优化效应正在逐步显现。

2015 年外商投资行业（或产业）分布情况表

行业（或产业）	项目数		投资总额		合同外资		实到外资	
	个数	占比	金额（万美元）	占比（%）	金额（万美元）	占比（%）	金额（万美元）	占比（%）
合　计								
生产型项目	22	23.2	31285.5	37.2	20930.3	44.2	26764.6	
非生产型项目	73	76.8	52762.4	62.8	26444.5	55.8		

2015 年外商投资来源地情况表

国别（地区）	项目数（个）		投资总额（万美元）	合同金额（万美元）
	新批	增资		
中国香港	25	19	61980.20	32699.00
泰　国	1	0	32.00	14.00
日　本	7	8	5236.30	2274.00
新 加 坡	4	1	247.00	162.00
美　国	6	4	3492.00	1743.00
加 拿 大	1	1	45.00	10.00
中国台湾	17	4	1197.90	727.50
澳大利亚	2	0	345.00	208.00
韩　国	10	3	1155.00	719.50
德　国	6	3	2981.50	1305.50
英　国	3	1	103.50	81.50
开曼群岛	1	1	810.00	450.00
塞 舌 尔	0	1	630.00	300.00
文　莱	0	1	70.00	50.00
意 大 利	2	1	60.00	30.00
法　国	2	1	206.00	85.00
印度尼西亚	1	0	28.00	20.00
荷　兰	3	2	488.00	258.00
奥 地 利	1	1	51.00	25.50
毛里求斯	0	1	621.50	0.00
维尔京群岛	1	4	3444.00	5581.00
百 慕 大	0	2	280.00	206.80

（续表）

国别（地区）	项目数（个）		投资总额（万美元）	合同金额（万美元）
	新批	增资		
萨摩亚	1	3	522.00	406.00
瑞　典	0	1	8.00	4.50
印　度	1	0	14.00	14.00

截至2015年底，已批准建立的三资企业总数为4268家，总投资额307.64亿元，合同利用外资总额176.70亿元。

四、对外贸易

2015年，松江区累计实现进出口总额471.8亿美元，比上年下降7.68%。其中，出口额347.07亿美元，比上年下降6.17%，进口额124.73亿美元，比上年下降11.63%。在出口份额中，三资企业出口额322.4亿美元，比上年下降6.51%，占全区出口额的92.89%；自营企业完成246.68亿美元，比上年下降1.53%，占全区出口额的7.11%。加工区完成255.69亿美元，比上年下降6.51%，广达集团完成221.05亿美元，比上年下降7.68%，占全区出口额的63.69%。与全市外贸进出口数值相比，松江区出口降幅（-6.17%）略好于全市平均降幅（-6.33%），占全市17.62%，基本与上年持平，进口降幅（-11.63%）与全市平均降幅（-0.62%）差距较大，占全市4.90%。全区全年出口完成当年计划数的99.16%。

2015年，松江区的主要贸易伙伴的经济表现多不尽人意，这样就无法支撑区内外贸出口继续保持高速增长。

2015年出口商品主要输往地情况表

国别（地区）	出口额（万美元）	比上年（±%）	占比（%）
美　国	1425340	-2.70	41.07
欧　盟	670961	-8.10	19.33
日　本	265952	-8.16	7.66
中国香港	300218	-13.05	8.65
东　盟	214059	-1.30	6.17

从产品分类来看，机电产品始终在松江区的出口产品中居于主导地位，主要是达丰、国基、台积电等几大电子生产厂商的带动作用。但由于此类劳动密集型企业劳动力等经营成本持续上升，低成本比较优势不断削弱，出口进一步受抑制。

2015年主要出口商品情况表

商品名称	出口额（万美元）	比上年（±%）	占比（%）
机电产品	2944782	-6.42	84.85
光学医疗	116389	-1.11	3.35
塑胶化工	103035	-0.68	2.97
贱金属及其制品	89349	-5.70	2.57
纺织服装	74841	-13.03	2.16

青浦区商贸

青浦区经济委员会主任
顾啸流

一、概述

2015年，面对错综复杂的国际形势和不断加大的经济下行压力，青浦区牢牢把握稳中求进的工作总基调，主动适应引领新常态，紧紧围绕年初确定的目标任务，稳中求进、迎难而上。全年实现生产总值878.2亿元，比上年增长6.1%。其中，第三产业增加值426.1亿元，比上年增长13.5%。三次产业比为1∶50.5∶48.5，第三产业与上年相比上升3.1个百分点。全区实现公共财政收入365.2亿元，比上年增长18.4%。其中，区级公共财政收入125.3亿元，比上年增长20.3%。

二、商业经济

（一）主要指标

2015年，全区实现商品销售总额1165.5亿元，比上年增长9.1%。其中，限额以上商品销售总额268.2亿元，比上年增长11.2%。全区实现社会消费品零售总额489.7亿元，比上年增长10.2%。其中，限额以上社会消费品零售总额182.2亿元，比上年增长11%。

2015年，全区实现商业增加值152.6亿元，比上年增长10.1%，占全区生产总值和第三产业增加值比重分别为17.4%、35.8%，对地区生产总值和第三产业增加值增长的贡献率分别为27.6%、27.7%。其中，批发和零售业继续保持第三产业行业增加值

青浦区米格天地商业区夜景

规模第一，实现增加值132.5亿元，比上年增长9.2%；住宿和餐饮业增加值完成20.1亿元，比上年增长16.7%。

2015年，全区商业税收总额完成73.9亿元，比上年增长11.9%。规模保持增长，高于上年7.9亿元；商业税收占全区和第三产业税收收入比重分别为21.9%、35.5%，对全区和第三产业税收增长的贡献率分别为18.6%、23.4%，商业税收在地方经济中贡献率保持稳定。

（二）商贸项目

为适应商贸事业的发展，2015年青浦区加强产业项目的跟踪、服务与管理，截至年底，全区处于在批、在建、竣工状态的商贸产业项目共计309个，总投资约1221亿元，总用地约826.8万平方米。其中，服务业项目46个，投资846亿元，用地面积约424.3万平方米：新供地项目44个，改扩建项目2个；在办基建手续项目10个，在建项目26个，竣工项目10个。

（三）招商引资

一是组织招商推介活动。宣传青浦区投资发展环境，修订完成《青浦投资指南》，编辑完成《2015上海投资服务指南（青浦）》，参加第四届国家城市发展市长论坛，青浦区荣获“2015中国营商价值城区”称号。“走出去”赴新加坡、香港和韩国以及北京、广东、杭州和宁波等地招商；“请进来”举办北京央企总部对接交流、长江流域园区和企业青浦分会场对接、北大光华管理学院走进青浦、百所高校创新创业人才走进青浦等系列招商活动。

二是加强土地源头招商。全年推出六类经营性用地13幅、53.12万平方米，其中包括轨交17号线青浦站地块绿地集团168米高青浦地标项目。推进大项目落地，青浦区与中国核工业建设集团公司签署战略合作意向协议，新引进跨国公司地区总部1家，即奎克化学投资管理（上海）有限公司（亚太区管理型总部），加快推动大型实体功能性项目落户青浦。

三是严格产业项目准入。严格执行《青浦区产业项目评审准入办法》，全年召开产业项目评审会议37次。其中商业评估协调项目8个，涉及投资总额248.4亿元（含房地产投资），包括2个投资超过15亿元的大型商业综合体，分别是轨交17号线蟠龙路站上盖设施和青浦站上盖设施，2个投资超过50亿元项目，分别是徐盈路站上盖设施和西虹桥联美地块项目。

四是培育发展楼宇经济。开展楼宇资源深入开发利用调研，纳入统计分析现状楼宇55幢、建筑面积约298万平方米，增量楼宇77幢、建筑面积约788万平方米，形成《青浦区推动楼宇经济发展行动计划》和《青浦区楼宇资源深入开发利用实施意见》。楼宇经济发展取得点上突破，该楼宇现入驻落户企业543户，全年实现税收3.83亿元。

五是加强招商队伍建设。申请调整青浦区促进民营经济发展领导小组，拟订《青浦区关于加强经济小区招商服务管理工作考核的实施办法》（征求意见稿）。组织开展2014年度招商引资工作先进集体及招商标兵评选与表彰。成功举办“2015年青浦区招商引资业务暨产业发展政策解读培训班”专题培训活动。

（四）商业发展及特点

1. 加速推进会展业健康发展。2015年国家会展中心举办了包括上海车展、工博会等在内的37场展览，总展出面积近400万平方米，总人流量达到412万人次。超过全国22个省份的办展面积，约占上海市展览总面积的1/3，10万平方米以上超大型展会比例达82%，为上海带来展览增量200余万平方米。青浦区牵线搭桥积极支持“会展人大会·朱家角2015”和“2015展会运营总结会”的举办工作。会展产业的拉动效应还体现在对青浦区旅游业的贡献上。根据区统计局数据显示，2015年休闲旅游业实现营业收入21.9亿元，比上年增长31.8%，远远高于2014年增长率19.3%。其中旅行社和主要宾馆饭店的营业收入分别比上年增长61.1%和7%。

2. 有效推动快递业转型发展。3月25—27日，2015中国快递论坛在青浦区举办，论坛聚焦“全面开放下的中国快递业转型升级”，首次发布中国快递发展指数，揭晓2014年中国快递业十件大事，启动《2015中国快递业蓝皮书》项目。2015年青浦区快递业快递服务企业业务量累计完成3.69亿件，比上年增长22.9%；业务收入累计完成278.02亿元，比上年增长29.2%。全区快递业务收入占全市的61.07%，占全国的10.04%，已超越全国第二位的深圳，在全国快递产业版图中占据了重要的位置，也反映了区内总部集聚效应的不断体现。2015年全区快递企业大型在建地块和项目用地面积合计34.676万平方米，总投资46.89亿元，投资强度达到901.49万元/亩，建设用途包括总部基地、大型分拨中心、信息处理中心、云服务平台等。

3. 奥特莱斯拉动消费明显。百联奥特莱斯品牌直销广场和米格天地不仅满足了上海居民消费需求，还吸引了周边省市、全国乃至境外消费者前往购物，外来消费人群已占到顾客总量的六成。2015年，这两家企业共实现销售近50亿元，比上年增长11%，其中，奥特莱斯全年实现销售41.75亿元，蝉联全国奥特莱斯行业榜首。上半年，这两家企业双双入选为上海市首批离境退税试点商店。据统计，截至12月底，百联奥特莱斯品牌直销广场离境退税共计749笔，销售金额349万元，米格天地共计退税259笔，销售金额117万元。其中，奥特莱斯离境退税销售额在全市首批27家离境退税试点商店中位列第一。

4. 会商旅文体联动融合带动消费增长。商业与旅游、文化艺术的结合逐渐成为增强消费体验和集客能力的新途径。2015年，经青浦区推荐，练塘茭白节获评首批“上海市会商旅文体联动示范项目”，赵巷商业商务区、朱家角北大街、尚都里获评“2015上海特色商业街”。2015上海淀山湖旅游购物节荣获上海市购物节“十佳活动”优胜奖，共吸引了区内近30家商业企业、近2000个门店广泛参与，共实现销售14.1亿元，同比增长12%，客流总量约350万人次。

5. 传统零售业转型加速增亮点。2015年，一些新运营的商业项目如麦德龙青浦商场，西郊国际进口商品直销中心相继亮相。麦德龙青浦商场是麦德龙在上海开设的第八家商场，有1.6万多种商品可供消费者选择，自开业以来销售额近1800万元。西郊国际进口商品直销中心隶属光明食品（集团）有限公司，主要经营商品包括进口食品、海鲜、母婴用品、生活用品等上万个品种，2015年销售额近400万元。

6. 电子商务进一步发展。近年来，青浦区电子商务企业数量不断壮大、门类逐渐齐全，并呈现与传统产业逐步融合发展的态势。其中，上海元祖电子商务有限公司2015年实现销售2.2亿元，比上年增长43%；上海一诺康品电子商务有限公司（销售“荣泰”品牌产品）连续5年销售保持70%以上的增幅，2015年实现销售额9700万元，比上年增长73%，“双十一”单日销售额突破1000万元；以专营地方特产为主的自营电商平台雅旅网，实现销售150万元。另外，一些依托原有制造业基础建立的电子商务平台运行情况也较好。如安诺其集团旗下的上海七彩云电子商务有限公司建立以染料及化工产品的B2B电子商务平台，2015年下半年正式上线，实现交易额约3000万元。

7. 跨境电商取得实质性突破。5月27日，上海海关批准青浦出口加工区开展跨境电子商务业务试点。12月17日，举行促进跨境电商产业发展推进会并举行跨境电商签约揭牌仪式，青浦区与中欧国际工商学院签署战略框架协议，成立“中欧·上海跨境电子商务研究中心青浦分中心”，洋码头、跨境通、厚持投资等跨境电商行业中的代表性企业分别与区内相关单位签署战略框架协议。12 月 25 日，青浦区跨境电子商务“第一单”交易顺利完成，实现跨境电子商务产业发展的实质性突破。

三、利用外资

2015 年，全区实现合同利用外资 6.35 亿美元，完成全年考核目标的 115.5%。其中，合同利用外资在 1000 万美元以上大项目有 15 个，合计 5.2 亿美元，占比 83.1%。按照产业分类，服务业完成合同利用外资 4.5 亿美元，占比 70.6%。全区实到外资 4.1 亿美元，完成确保目标的 102.8%，其中，到位资金 1000 万美元以上大项目有 12 个，到位资金为 3.3 亿美元，占比 80.5%。按照产业分类，服务业企业到位外资 2.3 亿美元，占比 54.9%。

2015 年利用外资情况表

利用外资方式	批准外资企业			合同外资		实到外资	
	项目数（个）	总投资额（万美元）	比上年（±%）	外资金额（万美元）	比上年（±%）	外资金额（万美元）	比上年（±%）
合计外商直接投资	124	41148.6	24.5	63539.9	26.5	41124.5	-20.1
其中：合　资	9	795.5	21.3	7468.3	9.6	2384.9	-73.8
合　作	0	0		0		0	
独　资	57	40353.1	25.4	29573.9	22.4	38739.6	11.4
外方其他投资	58	68993.2		26497.7	21.7	0	

2015 年外商投资行业（或）产业分布情况表

产业（或行业）	项目数		投资总额		合同外资		实到外资	
	个数	占比（%）	金额（万美元）	占比（%）	金额（万美元）	占比（%）	金额（万美元）	占比（%）
合　计	124	100.0	99925.8	100.0	63539.9	100.0	41124.5	100.0
生产型项目	40	32.2	36700.6	36.7	18655.9	29.4	18428.3	44.8
非生产型项目	84	67.8	63225.2	63.3	44884.0	70.6	22696.2	55.2

2015 年外商投资主要来源地情况表

国别（地区）	项目数（个）	投资总额（万美元）	合同金额（万美元）
中国港、台	62	53256.2	27803.6
日　本	16	16721.1	10043.2
欧　美	12	27369.0	13275.1
韩　国	13	17854.8	10847.1
其　他	19	7980.9	3570.9

四、对外贸易

受到整体外贸环境疲软影响，2015 年，全区外贸进出口总额 128.22 亿美元，比上年下降 4.5%。其中出口额 75.97 亿美元，比上年下降 0.2%；进口额 52.25 亿美元，比上年下降 10.3%。

2015年全区继续呈现加工贸易进出口占比上升的态势，一般贸易进出口占比也略有回升，反映了贸易结构优化方面仍处于瓶颈期。全区从事一般贸易的企业1861家，比上年增加115家，进出口总额67.54亿美元，比上年下降4.4%，占比较上年微增0.1个百分点，为52.8%。

2015年进出口贸易方式情况表

分　类	出　口		进　口		进出口			企业数（家）
	累计（万美元）	比上年（±%）	累计（万美元）	比上年（±%）	累计（万美元）	比上年（±%）	占比（%）	
合　计	759688	-0.2	519214	-10.5	1278902	-4.6	100	1922
一般贸易	401795	-3.8	273571	-5.2	675366	-4.4	52.8	1861
加工贸易	349755	4.9	230103	-11.0	579858	-2.0	45.3	232
其他贸易	8138	-16.4	15540	-52.8	23678	-44.5	1.9	566

2015年，青浦区进出口贸易涉及182个国家和地区，其中出口市场涉及179个国家和地区，进口市场涉及121个国家和地区。美国、日本、欧盟、东盟是青浦区传统贸易市场，进出口总额位列前四，进出口额比上年下降6.1%，占全区外贸市场比重超过60%。相较传统市场，青浦区与新兴市场贸易发展迅速，其中，对印度进出口额为2.03亿美元，比上年增长6.5%；对越南进出口额为1.90亿美元，比上年增长53.8%；对菲律宾进出口额为1.76亿美元，比上年增长6.8%。

2015年进出口主要贸易伙伴情况表

分　类	出　口		进　口		进出口		
	累计（万美元）	比上年（±%）	累计（万美元）	比上年（±%）	累计（万美元）	比上年（±%）	占比（%）
总　计	471474	-3.2	316275	-10.2	787749	-6.1	61.4
美　国	129806	-0.4	66611	2.6	196417	0.6	15.3
日　本	88712	-12.6	77379	-6.1	166091	-9.7	13.0
欧　盟	107297	-5.1	112598	-17.4	219895	-11.8	17.2
东　盟	145659	2.6	59687	-13.2	205346	-2.5	16.0

五、对外经济合作

受到境外投资由审批制改为备案制的推动，2015年青浦区迎来了境外投资的飞速发展期。全年有33家企业的35个项目赴外投资，项目数比上年增长169.2%。投资总额31734.90万美元，比上年增幅达到946.0%，其中中方投资总额30396.57万美元，占比95.8%。

2015年，青浦区共签发原产地证明书6797份，比上年增长5.7%，涉及出口金额44817.96万美元。其中一般原产地证书为6560份，优惠原产地证书237份。完成代办国际商事证明书470份，代办使领馆认证174份。其中签证量最大的上海现代电梯制造有限公司，全年共申请661份原产地证明书。

奉贤区商贸

奉贤区经济委员会主任
徐建龙

一、概述

2015年，全区上下在区委、区政府的领导下，牢牢把握稳中求进的工作总基调，紧紧围绕创新驱动、转型发展的总方针，着力稳增长、调结构、促改革、惠民生，想方设法稳外需，千方百计扩内需，全区商务工作总体进展顺利，外贸进出口、利用外资等工作平稳发展，顺利完成全年目标任务。未来全区将进一步聚焦服务业重点领域，重点打造“现代商贸”、“电子商务与平台经济”、“金融服务”、“专业服务”、“文创休闲”等五大服务业。

2015年全区实现增加值685.8亿元，可比增长5.1%；实现商业销售额1368.23亿元，比上年增长10.1%；实现社会消费品零售总额445.74亿元，比上年增长12%；实现第三产业税收106.98亿元，比上年增长13%；外贸进出口总额107.22亿美元，比上年下降6.18%；吸引合同外资6.12亿美元，比上年增长0.1%；实际利用外资3.2亿美元，比上年下降11.52%。

二、商业经济

2015年，全区大力优化商业发展结构，加快社区商业建设步伐，快速提高商业发展水平，继续保持全区商业快速增长势头。全年实现商业销售额1368.2亿元，比上年增长10.1%；实现社会消费品零售总额445.7亿元，比上年增长12%。吃、穿、用、烧

2015年9月18—27日，奉贤百联南桥购物中心举办首届婚庆商品展

各类商品消费零售额除烧类商品外均快速增长，其中吃类商品零售额96.6亿元，比上年增长12.8%；穿类商品零售额55.2亿元，比上年增长10.4%；用类商品零售额184.6亿元，比上年增长16.8%；烧类商品零售额63亿元，比上年减少0.4%。城乡集市贸易成交额46.3亿元，比上年增长12.9%。

现代服务业总体呈加速增长的态势，第三产业在全区经济结构中的比重创出新高，现代服务业引领全区经济转型发展和能级提升的作用正在逐步体现。全年共完成第三产业增加值282.7亿元，比上年增长9.8%，占全区比重41.2%，比上年提高3.3个百分点。其中，批发零售业实现增加值75.2亿元，可比增长9.2%，住宿餐饮业实现增加值11.8亿元，可比下降2.9%，信息、计算机服务和软件业实现增加值31.5亿元，可比增长12.5%，金融保险业实现增加值36.4亿元，可比增长16.1%，房地产业实现增加值32.2亿元，可比增长9.8%。实现第三产业税收107亿元，比上年增长13%。

年内，浦商百货、宝龙城市广场、苏宁生活广场先后开业，以往主要依托百联南桥购物中心及两条市级商业街（人民南路服饰一条街、奉浦餐饮一条街）为载体的商业格局被打破，与奉贤城市发展相适应的多中心、多层级、网络化的社区商业网点发展格局正在逐步形成。

三、利用外资

2015年，全区新设外资项目288个，比上年增长31.5%；增资外资企业81家，比上年增长7%；利用外资总额11.65亿美元，比上年增长65.7%，其中增资部分为6.34亿美元，占投资总额的54%。合同利用外资6.11亿美元，比上年增长0.1%。实际利用外资3.2亿美元，比上年下降11.5%。

从项目数量分析，2015年新增项目288个，比上年增长32%。其中第三产业项目275个，占比95.5%，制造业项目仅13个。

从产业分析， 2015年制造业新设项目13个，增资项目31个，共计合同外资2.1亿美元，占全区合同外资的34%。制造业合同外资中新设占比31%；增资占比69%。2015年三产服务业新设项目275个，增资50个，共计合同外资4.01亿美元，占全区合同外资的66%。三产项目主要集中在商贸服务业、专业服务业等传统行业领域。

从增资分析，2015年全区增资外资企业81家，共计新增合同外资3.19亿美元，比上年增长38%，占全区合同外资的52%。增资中二产占比45%，三产占比55%，几乎各占一半。合同外资中增资占比接近一半的势头延续了近五年，是奉贤区盘活存量资源吸引外资的重要途径。

从投资来源地来看，投资前五位的国家/地区合同利用外资总额4.88亿美元，占合同外资总额的80%。分别是中国香港、维尔京群岛、德国、日本、荷兰。其中中国香港合同利用外资3.16亿美元，占比达到52%，依旧排名第一。维尔京群岛合同利用外资0.51亿美元，排名第二。欧盟国家合同利用外资占比约17%。

2015年利用外资情况表

利用外资方式	批准外资企业			合同利用	
	项目（个）	总投资额（万美元）	比上年（±%）	外资金额（万美元）	比上年（±%）
外方直接投资合计	288	53103.2	98.51	29288.87	-22.78
合资企业	31	12472.25	248.7	2978.97	-74.90
独资企业	257	40630.95	75.33	26309.9	0.97
增资企业	81（不计入合计）	63388.43	45.55	31865.17	37.53

（续表）

利用外资方式	批准外资企业			合同利用	
	项目（个）	总投资额（万美元）	比上年（±%）	外资金额（万美元）	比上年（±%）
合　　计	288	116491.63	65.71	61154.04	0.09

2015年外商投资行业（或产业）分布情况表

	项目类型	产业分类	项目数		投资总额		合同外资	
			个数	占比（%）	金额（万美元）	占比（%）	金额（万美元）	占比（%）
新批项目	生产型	第一产业	0	0	0	0	0	0
		第二产业	13	4.5	18743.19	35.3	6566.72	22.42
	非生产型	第三产业	275	95.5	34360.01	64.7	22722.15	77.58
	合　　计		288	100	53103.2	100	29288.87	100
增资项目	生产型	第一产业	0	0	0	0	0	0
		第二产业	31	38.27	44253.06	69.81	14470.85	45.41
	非生产型	第三产业	50	61.73	19135.37	30.19	17394.32	54.59
	合　　计		81	100	63388.43	100	31865.17	100

2015年外商投资来源地情况表

	国别（地区）	项目数	投资总额（万美元）	合同外资（万美元）
新批项目	新项目合计数	288	53103.2	29288.87
	中国香港	71	30204.15	15018.97
	中国台湾	48	1715.38	1401.66
	韩　国	31	1505.57	792.22
	美　国	21	1213.94	1050.66
	德　国	12	2969.58	1268.24
	日　本	9	1007.13	714.08
	新加坡	9	185.39	162.81
	加拿大	8	5035.68	1423.29
	澳大利亚	8	369.79	197.5
	意大利	8	114.49	85.58
	法　国	7	85.17	70.6
	马来西亚	5	328.91	240.07

（续表一）

	国别（地区）	项目数	投资总额（万美元）	合同外资（万美元）
新批项目	土耳其	5	213	188
	英国	5	26.2	25.55
	维尔京群岛	3	5200	5140
	以色列	3	32.04	31.38
	尼日利亚	3	12.17	12.17
	萨摩亚	2	113	80
	丹麦	2	44	44
	荷兰	2	17.75	17.75
	印度	2	14.72	14.72
	巴基斯坦	2	9.87	9.87
	加纳	2	6.72	6.72
	卢森堡	1	2100	840
	爱沙尼亚	1	200	200
	阿拉伯联合酋长国	1	116.79	61.34
	比利时	1	58.07	5.81
	刚果	1	50	50
	牙买加	1	22.88	16.34
	瑞典	1	16.36	16.36
	叙利亚	1	16.36	16.36
	新西兰	1	16	14
	几内亚	1	15.72	15.72
	伊朗	1	15.72	15.72
	保加利亚	1	14	10
	哈萨克斯坦	1	11.45	8.18
	瑞士	1	7	5
	泰国	1	5	5
	巴西	1	5	5
	马绍尔群岛共和国	1	2.93	2.93
	印度尼西亚	1	2	2
	墨西哥	1	1.64	1.64
	立陶宛	1	1.63	1.63

（续表二）

	国别（地区）	项目数	投资总额（万美元）	合同外资（万美元）
增资项目	增资项目合计数	81	63388.43	31865.17
	中国香港	32	17088.17	16602.84
	日　　本	12	15516.86	3291.47
	美　　国	5	3683.5	1934.94
	韩　　国	5	360	327.2
	德　　国	4	8235.65	2909.84
	萨 摩 亚	4	535	376
	中国台湾	3	265	216.5
	新 加 坡	3	80	80
	意 大 利	3	57.54	51.5
	荷　　兰	2	13350	3880
	瑞　　典	1	2419	1290
	圣其茨－尼维斯	1	810	112.5
	巴勒斯坦	1	729	450
	印　　度	1	126	90
	比 利 时	1	92.72	65.07
	澳大利亚	1	40	40
	百 慕 大	1	0	89.32
	毛里求斯	1	0	58

四、对外贸易

2015年，全区外贸进出口总额107.22亿美元，比上年下降6.18%。其中进口额40.74亿美元，比上年下降1.26%；出口额66.47亿美元，比上年下降8.95%。截至2015年底，全区共有进出口企业1719家。出口企业中外商投资企业631家，全年出口43.14亿美元，比上年下降8.47%；各类有进出口经营权的内资企业1342家，出口额为22.46亿美元，比上年下降10.23%。出口额1亿美元以上的有9家企业，5000万美元以上的有7家，1000万美元以上的有114家。区主要出口产品为机电产品、机械产品、塑料制品等产品。出口产品主要销往美国、日本等100个多个国家和地区。

2015年实现一般贸易出口额36.41亿美元，比上年下降5.50%；加工贸易出口额为27.10亿美元，比上年下降15.06%。

2015年主要进出口商品情况表

HS商品分类	出口额（万美元）				进口额（万美元）			
	当月	同比(%)	累计	比上年(±%)	当月	同比(%)	累计	比上年(±%)
第一类 活动物；动物产品	133.76	-19.72	1508.44	-7.57	248.96	-38.57	3528.24	-48.94
第二类 植物产品	421.96	-13.63	5643.48	-5.00	514.42	-63.54	9807.45	37.15
第三类 动、植物油、脂、蜡；精制油脂	0.00	-100.00	4.42	-37.55	52.16	17.79	496.90	-21.38
第四类 食品；饮料、酒及醋；烟草及烟草代用品的制品	354.89	10.92	5450.73	7.85	1143.10	97.61	7691.54	21.88
第五类 矿产品	23.82	183.10	394.66	-16.99	1526.58	440.01	9920.21	38.85
第六类 化学工业及其相关工业的产品	3676.78	-8.37	45616.36	1.12	4279.75	-2.94	50706.23	-0.01
第七类 塑料及其制品；橡胶及其制品	5001.70	-9.20	62903.38	-16.46	5281.47	-9.79	78498.07	2.25
第八类 革、毛皮及制品；箱包；动物肠线制品	945.56	-9.82	11658.44	-14.81	655.33	-12.56	8014.35	-8.61
第九类 木及制品；木炭；软木；编制品	236.00	-37.85	4514.23	7.34	787.67	18.80	8200.29	-43.87
第十类 木浆等；废纸；纸、纸板及其制品	562.11	-33.49	7527.58	-20.81	860.09	-19.20	9627.46	36.37
第十一类 纺织原料及纺织制品	4843.93	-26.11	65563.58	-9.67	1070.86	-23.36	13433.27	-16.94
第十二类 鞋帽伞等；羽毛品；人造、人发制品	525.61	-30.53	7192.17	-11.11	14.24	-19.66	203.73	18.51
第十三类 矿物材料制品；陶瓷品；玻璃及其制品	1312.79	-4.67	16498.90	2.45	685.95	34.00	7611.85	17.78
第十四类 珠宝、贵金属及制品；仿首饰；硬币	53.02	-62.82	1510.48	-12.73	27.61	-30.06	377.46	-7.72
第十五类 贱金属及其制品	4541.46	-35.74	62652.75	-20.81	4543.19	-15.46	56982.53	7.34
第十六类 机电、音像设备及其零件	19928.38	-7.25	247759.83	-8.63	7878.94	-1.18	96932.57	-9.40
第十七类 车辆、航空器、船舶及运输设备	1826.11	-26.37	27713.17	-8.97	874.13	22.18	12497.30	35.17
第十八类 光学、医疗等仪器；钟表；乐器	1672.26	16.37	17709.45	9.49	1968.92	61.16	16746.84	-1.62

（续表）

HS 商品分类	出口额（万美元）				进口额（万美元）			
	当　月	同比(%)	累　计	比上年（±%）	当　月	同比(%)	累　计	比上年（±%）
第十九类　武器、弹药及其零件、附件	19.97	-78.86	784.02	-42.33	0.00		2.71	
第二十类　杂项制品	5946.07	-9.04	71930.24	-0.59	1236.33	-38.05	16043.64	-5.76
第二十一类　艺术品、收藏品及古物	0.01	-98.94	35.76	-43.77	0.00		1.09	-67.19

崇明县商贸

崇明县商务委员会主任
沈 忠

一、概述

2015年，崇明商业工作按照县委、县政府和市商务委的部署要求，紧紧围绕推进生态岛建设这一总目标，一手抓促进消费扩大销售，一手抓行业规范保障供应，基本实现年初确定的目标任务。实现商业增加值23.2亿元，比上年增长11.2%。商业税收12.4亿元，比上年增长7.9%。商品销售总额404.4亿元，比上年增长25.6%。社会消费品零售总额97.2亿元，比上年增长12.1%。截至年底，私营个体商业27469户，比上年增长12.7%，从业人员64941人，比上年增长15.5%。

二、商业经济

（一）吃、穿、用、烧商品销售保持增长，零售业比重继续扩大

2015年，全县吃、穿、用、烧商品销售保持稳健增长，分别实现零售额39.72亿元、11.36亿元、40.20亿元和5.96亿元，比上年分别增长13.0%、13.2%、10.6%和14.5%。吃、用类商品对零售总额贡献率分

2015年8月6日，崇明县委常委、副县长吴召忠实地调研庙镇集贸市场整治情况

别达到 40.8% 和 41.3%。其中：集市贸易成交额 24.88 亿元，比上年增长 13.4%。

2015 年，全县零售业实现零售额 83.74 亿元，比上年增长 12.1%，占社零总额的 86.1%；批发、住宿、餐饮行业分别实现零售额 4.36 亿元、3.65 亿元和 5.49 亿元，比上年分别增长 11.9%、12.0% 和 12.2%。

2015 年各节日期间，各大商家广泛开展节日营销系列活动，满足了广大居民和来崇游客的消费需求。据对 14 家主要商业企业抽样统计，元旦实现营业额 1720 万元，同比增长 9.2%；春节实现营业额 3466 万元，同比增长 16.0%；五一实现营业额 2038 万元，同比增长 4.0%；国庆实现营业额 3774 万元，同比增长 3.5%。

（二）开展集贸市场专项整治

完成《崇明县集贸市场规划建设和区域专项整治行动调研报告》和全县 55 家集贸市场（临时疏导点）基本情况汇总。完成关于集贸市场规划建设和区域专项整治行动工作方案，并与各乡镇签订整治目标责任书。对各乡镇集贸市场开展全面督查，向 18 个乡镇下发督查整改告知单 28 份，整改反馈率 98%。实地指导长兴、新村、城桥等地集贸市场的改造整治，并协调城桥镇落实追溯系统运维公司，保障系统平稳运行。开展农贸市场以环境卫生整治为重点的各项创建活动。

（三）以全国县级文明城市创建为契机，提升窗口行业服务水平

完成《崇明县推进商业领域全民低碳行动的调研报告》和《崇明加快现代服务业发展调研报告》。制订关于推进“文明餐桌”行动和商业领域全民低碳行动工作方案。在县内主要区域电子屏幕播放商业领域低碳行动、文明餐饮、商务诚信等文明城市创建活动宣传视频。督促乡镇制作“文明餐桌行动”宣传品并发放至各餐饮服务网点，做到“一店一桌一台卡”。落实市级文明进步指数迎评工作，对相关测评点位进行暗访督查。

成立县服务环境指挥部办公室，并协调 29 个窗口行业成员单位，建立联系沟通机制。完成《崇明县窗口行业文明提升行动调研报告》。制定窗口服务行业创建全国县级文明城市三年行动计划和 2015 年工作安排。排摸窗口行业服务网点基本情况，向各乡镇、窗口行业印发创建宣传品 1 万多份。开展窗口单位“优质服务示范员”评选活动。开展窗口行业网点“地毯式”集中督查，抽查城区窗口 24 个、乡镇窗口 148 个和餐饮网点 22 个，城区窗口基本达到测评标准，并将整改意见及时反馈至各窗口单位。

（四）加强商业市场管理

推进商业领域“促销费、保增长”、“自行车嘉年华”被评为市会商旅文体联动示范项目，“芦穄节”、“鱼鲜节”被列为市购物节重点活动，发放购物节宣传品 8000 份。全县 18 个定点活禽零售交易点全部落实并及时做好暂停和恢复交易等工作。设置来沪家政灵活就业证明办理窗口，网上备案家政企业 2 家，办理证明 67 份。分别协调 4 家单位申报市农产品流通创新示范企业和菜场改造项目。20 个电子废弃物交投箱回收 6097 件。着手研究废塑料回收转运工作意见。打击侵犯知识产权和制售假冒伪劣商品的力度不断加大。

（五）规范处置废弃农药包装物

2015 年，全县设置废弃农药包装物回收点 27 个，回收废弃农药瓶 326 万只、袋 1736 万只，共计 143 吨。调整镇村二级工作网络，落实 247 个有回收任务村的 365 名专兼职回收员。会同县供销社，对全县 12 家废弃农药包装物回收点进行监督检查。向化和合作 2 个临时存放点完成建设并投入使用。

三、利用外资

（一）外资企业

截至 2015 年末，全县外商投资企业共有 373 家，总投资额 10.53 亿美元，合同外

资4.68亿美元。其中：合资企业75家，总投资额5.33亿美元，合同外资1.36亿美元；合作企业8家，总投资3528万美元，合同外资3234万美元；独资企业289家，总投资4.77亿美元，合同外资2.98亿美元。股份制企业1家，总投资757万美元，合同外资192万美元。

（二）利用外资完成情况

2015年，全县外商投资企业实际到位外资2050.6万美元，比上年下降14.5%。全年审核批准外资项目89个，其中新设立35个，投资总额6.67亿美元，注册资本9127.1万美元，合同利用外资8705.1万美元；增资6个，投资总额1040.3万美元，注册资本575万美元，合同利用外资398万美元；变更、减资、终止、迁入项目48个。

2015年利用外资情况表

利用外资方式	批准外资企业			合同外资		实到外资	
	企业数（个）	总投资额（万美元）	比上年（±%）	外资金额（万美元）	比上年（±%）	外资金额（万美元）	比上年（±%）
合　计	35	13893.63	98.4	7292.63	54.3	2050.6	-14.0
外商直接投资	35	13893.63	98.4	7292.63	54.3	2050.6	-14.0
其中：合　资	1	16.00	-91.3	16.00	-84.0	—	—
合　作	0	0	0	0	0	—	—
独　资	34	13877.63	200.5	7276.63	200.0	—	—

（三）外商投资行业（产业）的分布与来源地

2015年，新批的35个外商直接投资项目全部为非生产型项目。

2015年外商投资行业（产业）分布情况表

行业或产业	项目数		投资总额		合同外资		实到外资	
	个数	占比（%）	金额（万美元）	占比（%）	金额（万美元）	占比（%）	金额（万美元）	占比（%）
合　计	35	100	13893.63	100	7292.63	100	2050.6	100
生产型项目	—	—	—	—	—	—	—	—
非生产型项目	35	100	13893.63	100	7292.63	100	2050.6	100

2015年，来崇明县投资的国家和地区共有13个，以中国香港、新加坡、中国台湾的投资者居多，3地共有21个项目，占新批项目总数的60%。

2015年外商投资主要来源地情况表

国别（地区）	项目数（个）	投资总额（万美元）	合同金额（万美元）
中国香港	11	9479.3	3461.3
新加坡	5	791	301
中国台湾	5	235.63	231.63

四、对外贸易

（一）进出口贸易额

2015年，据海关数据显示，崇明县共有190多家外贸企业开展对外贸易活动，实现进出口总额6.5亿美元，比上年下降28.8%。其中，出口额3.6亿美元，比上年下降 5.1%，进口额 2.9 亿美元，比上年下降 45.7%。

（二）对外贸易主体

2015 年，按外贸出口企业性质分，外资企业出口额 1.8 亿美元，比上年增长 3.6%，占出口总额的 50.9%；民营企业出口额 1.7 亿美元，比上年减少 13%，占出口总额的 47.4%。全年有 9 家企业出口额达 1000 万美元以上，其中上海华润大东船务工程有限公司出口额 0.49 亿美元，比上年增加 32.5%，占全县出口总额的 13.6%，出口额居全县首位。上海冠华不锈钢制品有限公司出口额 0.41 亿美元，比上年减少 43.7%，占全县出口总额的 11.5%，名列全县第二。

2015 年，按外贸进口企业性质分，国有企业进口额 1.4 亿美元，比上年减少 54.2%，占进口总额的 48%；外资企业进口额 0.3 亿美元，比上年减少 35%，占进口总额的 9.6%；民营企业进口额 1.2 亿美元，比上年减少 33.8%，占进口总额的 42.4%。中建材能源上海有限公司进口额 1.38 亿美元，比上年减少 54.6%，占全县进口总额的 47.5%，进口额居全县首位。

（三）出口商品结构

2015 年，崇明县出口商品中，贱金属及其制品出口额 16819 万美元，占比由上年的 45.9% 上升到 46.6%；机电、音像设备及其零部件出口额 5310 万美元，占比由上年的 16.6% 下降到 14.7%；车辆、航空器、船舶及其零部件出口额 3887 万美元，占比由上年的 12.7% 下降到 10.8%；纺织原料及纺织制品出口额 3794 万美元，占比由上年的 11.8% 下降到 10.5%。

2015 年主要出口商品情况表

商品名称	出口额（万美元）	占比（%）	比上年（±%）
总　　额	36056	100.0	-5.1
贱金属及其制品	16819	46.6	-3.6
机电、音像设备及其零部件	5310	14.7	-16.0
车辆、航空器、船舶及其零部件	3887	10.8	-19.3
纺织原料及纺织制品	3794	10.5	-15.7

（四）出口商品输往地

2015 年，崇明县出口商品主要涉及欧盟、美国、日本、利比里亚等 84 个国家和地区。

2015 年出口商品主要输往地情况表

国别（地区）	出口额（万美元）	占比（%）
总　　值	36056	100.0
欧　　盟	8910	24.7
美　　国	7067	19.6
日　　本	3579	9.9
利比里亚	1888	5.2

五、对外经济合作

2015 年，崇明县共有 14 家企业申请对外投资项目，比上年增加 2 个，投资总额 1.09 亿美元，比上年减少 67.2%。境外投资主要投向地是中国香港（9 家）、日本（2 家）、乌干达（1 家）、英国（1 家）、美国（1 家）。

第八编

统 计

2016

上海商贸年鉴

一、对外贸易往来的国家和地区

2015年，世界经济受前几年经济危机的延续影响，复苏缓慢，需求不旺。国内由于调整转型带来的阵痛，经济下行压力增大。面对种种不利环境和条件，上海认真执行“创新驱动，转型发展”国家战略方针，继续坚持调结构、促转型、优化对外贸易结构，充分利用上海建设“中国（上海）自由贸易实验区”已呈现的强大生命力和加快推进上海国际贸易中心建设，全市对外贸易保持平稳发展态势。2015年全市货物贸易进出口总额28060.88亿元，比上年下降2.1%，降幅比全国小4.9个百分点，在全国的占比从上年的10.8%提高到11.4%，规模再次跃居全国各城市首位。其中，进口15832.33亿元，增长0.5%；出口12228.56亿元，下降5.3%。按市场分，对欧盟进口3514.07亿元，下降11.9%；出口2250.06亿元，下降5.8%。对美国进口1772.70亿元，增长8.7%；出口2829.60亿元，下降7.6%。对东盟进口1948.45亿元，增长4.4%；出口1366.73亿元，下降5.0%。对日本进口1772.65亿元，下降7.6%；出口1325.00亿元，下降7.5%。

2015年，全市服务贸易进出口总额（按国际收支口径）1966.72亿美元，比上年增长12.2%，占全国服务贸易进出口总额的27.58%，在全市对外贸易总额中的比重首次突破三成，达30.3%，比2010年提高8.3个百分点。全市新设外商直接投资项目6007个，比上年增长27.9%；合同利用外资589.43亿美元，比上年增长86.5%；实到外资184.59亿美元，比上年增长1.6%（连续16年实现增长）。备案和核准对外投资项目1338个，是上年的1.3倍；对外直接投资总额573亿美元（其中中方直接投资额398.97亿美元），是上年的3.7倍；规模均居全国之首，分别是2010年的3.8倍和23.7倍。新签对外承包工程合同额111.0亿美元，比上年增长1.9%，已连续8年超过百亿美元；实际完成营业额74.55亿美元，比上年增长0.7%。

2015年上海对外贸易往来国家（地区）一览表

金额单位：万美元

国别（地区）			进出口额		出口额		进口额	
			金额	比上年（±%）	金额	比上年（±%）	金额	比上年（±%）
亚洲	中国	香港	2146910	11.5	1934340	4.76	212578	169.16

（续表）

国别（地区）			进出口额		出口额		进口额	
			金额	比上年（±%）	金额	比上年（±%）	金额	比上年（±%）
亚洲	中国	澳门	14237	82.04	13600	88.68	636	3.83
		台湾	2168750	-6.35	612301	-8.37	1556450	-5.53
	东亚	日本	4986090	-8.49	2132220	-8.54	2853870	-8.46
		韩国	2868290	9.28	847982	18.39	2020310	5.87
	东盟		5339950	-0.74	2202980	-5.92	3136970	3.26
	中东		—	—	—	—	—	—
非洲			772632	-11.69	417953	-6.82	354679	-16.80
欧洲	欧盟		9276670	-10.61	3622310	-6.83	5654360	-12.87
	俄罗斯		452097	-8.92	170823	-43.38	281275	44.52
美洲	美国		7141020	-3.00	4557890	-8.56	2853140	7.45
	加拿大		498837	-7.76	209919	-25.63	288918	11.76
	拉丁美洲		2143030	-11.00	831160	-16.68	1311870	-6.97
大洋洲	澳大利亚		1634740	-0.71	501821	-13.88	1132920	6.51
	新西兰		164900	-27.40	46803	-14.10	118096	-31.60

2012—2015 年上海与中国香港贸易情况表

金额单位：万美元

年份	进出口		出口		进口	
	金额	比上年（±%）	金额	比上年（±%）	金额	比上年（±%）
2012	1682321	-2.15	1596921	-1.09	85400	-18.41
2013	1749382	3.99	1676986	5.01	72397	-15.23
2014	1925436	10.06	1846457	10.11	78979	9.09
2015	2146910	11.50	1934340	4.76	212578	169.16

2012—2015 年上海与中国澳门贸易情况表

金额单位：万美元

年份	进出口		出口		进口	
	金额	比上年（±%）	金额	比上年（±%）	金额	比上年（±%）
2012	8379	75.11	7507	81.15	872	36.09
2013	5038	-39.87	4237	-43.56	801	-8.14
2014	7821	55.24	7208	70.12	613	-23.48
2015	14237	82.04	13600	88.68	636	3.83

2012—2015 年上海与中国台湾贸易情况表

金额单位：万美元

年份	进出口		出口		进口	
	金额	比上年（±%）	金额	比上年（±%）	金额	比上年（±%）
2012	2022702	-4.58	570095	-7.90	1452607	-3.22
2013	2201649	8.85	579084	1.58	1622565	11.70
2014	2315757	5.18	668217	15.39	1647540	1.54
2015	2168750	-6.35	612301	-8.37	1556450	-5.53

2012—2015 年上海与日本贸易情况表

金额单位：万美元

年份	进出口		出口		进口	
	金额	比上年（±%）	金额	比上年（±%）	金额	比上年（±%）
2012	5731083	-2.25	2496183	4.12	3234900	-6.65
2013	5508159	-3.89	2490852	-0.21	3017307	-6.73
2014	5448775	-1.08	2331280	-6.41	3117495	3.32
2015	4986090	-8.49	2132220	-8.54	2853870	-8.46

2012—2015 年上海与韩国贸易情况表

金额单位：万美元

年份	进出口		出口		进口	
	金额	比上年（±%）	金额	比上年（±%）	金额	比上年（±%）
2012	2445331	-5.65	694548	-6.37	1750783	-5.37
2013	2390184	-2.26	621203	-10.56	1768982	1.04
2014	2624618	9.81	716236	15.30	1908382	7.88
2015	2868290	9.28	847982	18.39	2020310	5.87

2012—2015 年上海与东盟贸易情况表

金额单位：万美元

年份	进出口		出口		进口	
	金额	比上年（±%）	金额	比上年（±%）	金额	比上年（±%）
2012	5702581	6.02	2091703	2.70	3610878	8.04
2013	5392717	-5.43	2140240	2.32	3252477	-9.93
2014	5379677	-0.24	2341681	9.41	3037996	-6.59
2015	5339950	-0.74	2202980	-5.92	3136970	3.26

2012—2015 年上海与中东贸易情况表

金额单位：万美元

年份	进出口		出口		进口	
	金额	比上年（±%）	金额	比上年（±%）	金额	比上年（±%）
2012	1146777	4.04	730753	7.07	416024	-0.88
2013	1194701	4.18	754926	3.31	439775	5.71
2014	1159711	1.38	728183	2.35	431528	-0.23
2015	—	—	—	—	—	—

2012—2015 年上海与非洲贸易情况表

金额单位：万美元

年份	进出口		出口		进口	
	金额	比上年（±%）	金额	比上年（±%）	金额	比上年（±%）
2012	746601	-8.10	437588	-11.20	309014	-3.31
2013	854201	14.41	498268	13.87	355933	15.18
2014	874773	2.42	448466	-9.98	426307	19.77
2015	772632	-11.69	417953	-6.82	354679	-16.80

2012—2015 年上海与欧盟（28 国）贸易情况表

金额单位：万美元

年份	进出口		出口		进口	
	金额	比上年（±%）	金额	比上年（±%）	金额	比上年（±%）
2012	9018685	（持平）	3910743	-10.25	5107942	9.58
2013	9158193	1.55	3619396	-7.45	5538797	8.44
2014	10370735	13.24	3884079	7.31	6486656	17.11
2015	9276670	-10.61	3622310	-6.83	5654360	-12.87

2012—2015 年上海与俄罗斯贸易情况表

金额单位：万美元

年份	进出口		出口		进口	
	金额	比上年（±%）	金额	比上年（±%）	金额	比上年（±%）
2012	526779	8.28	326291	27.84	200488	-13.30
2013	458104	-13.04	298966	-8.37	159138	-20.62
2014	496350	8.35	301718	0.92	194632	22.30
2015	452097	-8.92	170823	-43.38	281275	44.52

2012—2015 年上海与美国贸易情况表

金额单位：万美元

年份	进出口		出口		进口	
	金额	比上年（±%）	金额	比上年（±%）	金额	比上年（±%）
2012	7017804	0.75	5015901	3.65	2001903	-5.84
2013	7339830	4.59	5064995	0.98	2274835	13.63
2014	7639797	4.09	4984520	-1.59	2655277	16.72
2015	7411020	-3.00	4557890	-8.56	2853140	7.45

2012—2015 年上海与加拿大贸易情况表

金额单位：万美元

年份	进出口		出口		进口	
	金额	比上年（±%）	金额	比上年（±%）	金额	比上年（±%）
2012	543095	2.86	307133	9.15	235962	-4.32
2013	569189	4.80	297254	-3.22	271935	15.25
2014	540785	-4.99	282270	-5.04	258516	-4.93
2015	498837	-7.76	209919	-25.63	288918	11.76

2012—2015 年上海与拉丁美洲贸易情况表

金额单位：万美元

年份	进出口		出口		进口	
	金额	比上年（±%）	金额	比上年（±%）	金额	比上年（±%）
2012	2564888	-0.22	1065466	-6.38	1499422	4.68
2013	2277017	-11.22	1009836	-5.22	1267182	-15.49
2014	2407811	5.74	997587	-1.21	1410225	11.29
2015	2143030	-11.00	831160	-16.68	1311870	-6.97

2012—2015 年上海与澳大利亚贸易情况表

金额单位：万美元

年份	进出口		出口		进口	
	金额	比上年（±%）	金额	比上年（±%）	金额	比上年（±%）
2012	1294798	-3.42	579843	2.39	714955	-7.67
2013	1425327	10.08	582237	0.41	843090	17.92
2014	1646343	15.51	582694	0.08	1063650	26.16
2015	1634740	-0.71	501821	-13.88	1132920	6.51

2012—2015 年上海与新西兰贸易情况表

金额单位：万美元

年份	进出口		出口		进口	
	金额	比上年（±%）	金额	比上年（±%）	金额	比上年（±%）
2012	162468	18.87	47191	7.87	115277	24.05
2013	211837	30.39	48746	3.30	163091	41.48
2014	227140	7.22	54487	11.78	172653	5.86
2015	164900	-27.40	46803	-14.10	118096	-31.60

二、内外贸统计表

（一）国内贸易

2015年上海限额以上批发贸易业产业活动单位和从业人员情况表

类　别	法人企业（个）	产业活动单位数（个）	从业人员（人）
总　计	3853	7333	450960
按登记注册类型分			
内　资	2467	4102	164475
国　有	54	94	3573
集　体	11	22	396
股份合作	4	4	76
联　营	4	4	739
有限责任公司	758	1461	68798
股份有限公司	75	645	20410
私　营	1556	1866	70248
其　他	5	6	235
港澳台商投资	465	1121	115769
外商投资	921	2110	170716
按行业分			
农、林、牧产品批发	46	60	2078
食品、饮料及烟草制品批发	289	1219	54336
#米、面制品及食用油批发	54	110	9319
烟草制品批发	24	415	6329

（续表）

类　　别	法人企业（个）	产业活动单位数（个）	从业人员（人）
纺织、服装及日用品批发	559	1385	142781
#服装批发	194	598	55533
文化、体育用品及器材批发	122	190	15009
医药及医疗器材批发	179	360	49689
矿产品、建材及化工产品批发	1492	2279	60677
#煤炭及制品批发	58	61	1659
石油及制品批发	150	636	12564
金属及金属矿批发	633	720	15841
建材批发	101	131	3595
机械设备、五金交电及电子产品批发	870	1415	103236
#汽车批发	38	58	10022
汽车零配件批发	92	124	9027
电气设备批发	59	86	8165
计算机、软件及辅助设备批发	75	95	8307
贸易经纪与代理	134	177	8564
其他批发	162	248	14590

2015 年上海限额以上零售贸易业产业活动单位和从业人员情况表

类　　别	法人企业（个）	产业活动单位数（个）	从业人员（人）
总　　计	1943	12279	367084
按登记注册类型分			
内　　资	1662	8882	205741
国　　有	59	144	3942
集　　体	32	102	1434
股份合作	12	62	232
联　　营	25	27	360
有限责任公司	667	5253	109030
股份有限公司	42	692	18110
私　　营	816	2569	71948
其　　他	9	33	685
港澳台商投资	158	1187	67621

（续表）

类　别	法人企业（个）	产业活动单位数（个）	从业人员（人）
外商投资	123	2210	93722
按行业分			
综合零售	267	5162	123297
#百货零售	123	274	26459
超级市场零售	105	1303	75013
食品、饮料及烟草制品专门零售	130	1840	22167
纺织、服装及日用品专门零售	279	2201	114660
#服装零售	165	1516	93268
文化、体育用品及器材专门零售	132	384	11194
#体育用品及器材零售	9	24	1993
图书、报刊零售	18	129	3224
医药及医疗器材专门零售	108	1138	12484
#药品零售	93	1047	11489
汽车、摩托车、燃料及零配件专门零售	718	846	42034
#汽车零售	499	530	36404
家用电器及电子产品专门零售	107	376	13853
#家用视听设备零售	7	39	1919
日用家电设备零售	30	148	4526
计算机、软件及辅助设备零售	38	58	1636
通信设备零售	14	44	2829
五金、家具及室内装修材料专门零售	98	135	7368
货摊、无店铺及其他零售业	104	197	20027
#互联网零售	48	58	15581
邮购及电视、电话零售	6	6	494

2012—2015年上海批发零售贸易业、住宿和餐饮业从业人员情况表

年份	从业人员（万人）	其　中				
		批发零售贸易业	其　中		餐饮业	住宿业
			批发业	零售业		
2012	226.70	194.28	104.33	89.95	32.42	—
2013	230.18	194.91	106.98	87.93	35.27	—

（续表）

年份	从业人员（万人）	其　　中				
		批发零售贸易业	其　　中		餐饮业	住宿业
			批发业	零售业		
2014	286.99	235.52	—	—	51.47	
2015	290.22	238.31	—	—	51.91	

说明：本表从业人员是指本行业的全部从业人员，包含个体户及非正规就业等。由于统计制度方法调整，2014 年起本表从业人员由批发零售业、住宿餐饮业两部分组成。

2012—2015 年上海批发零售贸易业商品销售、库存总额情况表

单位：亿元

指　　标	2012 年	2013 年	2014 年	2015 年
商品销售总额	70021.87	78744.10	87829.31	93406.57
零　　售	6953.82	7623.82	8305.94	9045.17
批　　发	63068.05	71120.28	79523.37	84361.40
年末库存总额	2805.57	3927.55	5071.99	4367.59

说明： 本表为国内批发零售贸易业、物资供销业、对外贸易业统计口径。

2015 年上海批发零售贸易业商品销售、库存总额情况表

单位：亿元

类　　别	商品销售总额	商品库存总额
总　　计	93406.57	4367.59
限额以上单位	70322.22	4090.57
限额以下单位	23084.35	277.02

2015 年上海限额以上零售贸易业商品购、销、存总额情况表

单位：亿元

类　　别	商品购进总额	商品销售总额	商品库存总额
总　　计	5153.07	6287.13	808.85
按登记注册类型分			
内　　资	3546.92	4119.16	442.71
国　　有	32.38	55.14	5.65
集　　体	9.93	10.88	1.09
股份合作	3.42	3.76	0.19

（续表）

类　　别	商品购进总额	商品销售总额	商品库存总额
联　　营	14.09	15.63	0.22
有限责任公司	1895.80	2277.37	181.66
股份有限公司	361.64	391.89	65.52
私　　营	1220.80	1352.86	187.16
其　　他	8.86	11.63	1.22
港澳台商投资	759.45	972.14	219.64
外商投资	846.70	1195.83	146.50
按行业分			
# 综合零售	1247.96	1585.99	156.24
食品、饮料及烟草制品专门零售	103.78	132.06	8.64
纺织、服装及日用品专门零售	625.08	1039.11	308.54
文化、体育用品及器材专门零售	149.94	184.52	62.20
医药及医疗器材专门零售	191.93	225.28	17.90
汽车、摩托车、燃料及零配件专门零售	1636.44	1745.53	178.02
家用电器及电子产品专门零售	336.06	398.46	37.15
五金、家具及室内装修材料专门零售	52.04	85.57	12.30

2014—2015 年上海限额以上批发零售贸易业主要生产资料销售量情况表

单位：万吨

生产资料名称	2014 年	2015 年
钢　　材	7522.92	10086.20
铜	1691.33	1682.39
铝	862.54	1489.29
煤　　炭	25303.46	—
汽　　油	1872.21	—
煤　　油	931.42	—
柴　　油	2386.81	—
水　　泥	807.38	789.88

2015 年上海限额以上批发贸易业商品购、销、存总额情况表

单位：亿元

类　　别	商品购进总额	商品销售总额	商品库存总额
总　　计	57528.34	64035.09	3281.72
按登记注册类型分			
内　　资	34442.80	36419.38	1295.09
国　　有	2593.89	2703.32	52.62
集　　体	16.11	16.68	3.05
股份合作	116.27	116.26	0.16
联　　营	24.30	19.96	6.82
有限责任公司	16327.30	16908.31	694.61
股份有限公司	2099.60	2204.66	110.45
私　　营	13197.82	14378.77	425.37
其　　他	67.51	71.42	2.01
港澳台商投资	6111.77	7622.95	690.96
外商投资	16973.77	19992.76	1295.67
按行业分			
农、林、牧产品批发	394.70	412.21	31.51
食品、饮料及烟草制品批发	3142.77	3699.70	254.38
# 米、面制品及食用油批发	1132.21	1305.77	55.20
烟草制品批发	498.71	568.57	15.51
纺织、服装及家庭用品批发	3072.1	4442.93	560.16
# 服装批发	848.5	1341.02	242.82
文化、体育用品及器材批发	1064.65	1160.41	130.16
医药及医疗器材批发	1910.36	2355.07	311.98
矿产品、建材及化工产品批发	31483.86	32971.72	828.48
# 煤炭及制品批发	1271.9	1307.37	36.60
石油及制品批发	5813.47	6006.83	104.82
金属及金属矿批发	19585.65	20470.63	386.64
建材批发	610.51	635.16	63.9
化肥批发	36.99	40.21	2.72
机械设备、五金交电及电子产品批发	14 473.84	16 615.58	982.04
# 汽车批发	5 768.79	6 750.54	393.04

（续表）

类　别	商品购进总额	商品销售总额	商品库存总额
汽车零配件批发	719.49	942.09	55.08
电气设备批发	286.14	333.59	37.48
计算机、软件及辅助设备批发	1 037.29	1 085.7	86.99
贸易经纪与代理	991.94	1 112.	86.07
其他批发	994.12	1 265.47	96.94

2012—2015 年上海社会消费品零售总额情况表

单位：亿元

年份	社会消费品零售总额	按商品用途分			
		食品类	衣着类	用品类	燃料类
2012	7840.40	1844.96	1060.76	4261.50	673.18
2013	8556.96	1962.39	1147.71	4752.34	694.52
2014	9303.49	2065.56	1313.05	5210.09	714.79
2015	10131.50	2248.70	1531.97	5769.28	581.55

说明：1.2005 年起社会消费品零售总额及分组依相应年份经普数据，按国家统计局规定进行了修订。

2. 以上国内贸易资料来源均来自上海市统计局。

（二）对外贸易

2012—2015 年按国别（地区）分的上海关区出口总额情况表

单位：亿美元

国别（地区）	2012 年	2013 年	2014 年	2015 年
总　计	4911.56	4991.29	5232.12	5005.80
亚　洲	2023.25	2089.82	2196.84	2145.10
#中国香港	239.09	240.90	259.82	260.67
中国台湾	125.52	135.55	150.85	137.00
日　本	551.98	542.65	526.67	474.49
韩　国	168.69	172.68	191.83	212.30
新 加 坡	113.29	122.39	119.58	117.74
马来西亚	83.86	87.60	91.68	78.47

（续表）

国别（地区）	2012 年	2013 年	2014 年	2015 年
泰　国	91.27	90.77	93.13	99.26
菲律宾	30.09	38.10	47.19	49.70
巴基斯坦	20.95	23.18	28.69	32.55
科威特	3.48	4.07	5.73	5.48
沙特阿拉伯	33.76	31.42	32.94	34.23
阿拉伯联合酋长国	54.77	53.60	54.21	49.20
非　洲	161.27	175.01	178.39	168.00
#埃　及	13.79	13.02	15.08	16.43
苏　丹	2.85	3.17	3.04	3.20
欧　洲	1068.67	1047.00	1134.42	1033.36
#德　国	204.99	180.43	197.06	186.34
法　国	77.25	76.41	81.86	75.35
意大利	85.39	83.42	91.32	84.83
荷　兰	162.35	160.62	173.80	167.30
英　国	123.49	128.49	141.10	142.14
瑞　典	19.72	19.66	21.28	19.52
俄罗斯	88.38	89.73	88.47	55.68
美　洲	1513.00	1535.00	1574.53	1510.83
#美　国	1087.47	1117.97	1152.02	1127.24
加拿大	83.86	83.71	84.63	75.11
巴　西	99.17	101.10	96.42	76.11
智　利	26.79	29.82	27.78	25.89
大洋洲及太平洋岛屿	145.37	144.47	147.94	148.52
#澳大利亚	126.57	124.90	126.26	118.27
新西兰	12.03	13.20	14.58	13.51
其　他	—	—	—	—

说明：1.“其他”为无国别数（以下同）。

2. 关区资料来源：上海海关（以下同）。

2012—2015年按国别（地区）分的上海关区进口总额情况表

单位：亿美元

国别（地区）	2012年	2013年	2014年	2015年
总　计	3101.54	3130.08	3402.43	3182.06
亚　洲	1662.77	1602.67	1691.70	1599.12
#中国香港	11.38	9.48	14.88	8.97
中国台湾	209.29	230.89	245.69	225.94
日　本	493.03	434.49	447.71	293.87
韩　国	263.45	277.95	336.61	346.03
新加坡	65.87	67.32	69.77	73.92
马来西亚	169.17	147.31	124.64	120.27
泰　国	66.35	62.35	64.28	62.99
菲律宾	48.04	36.50	37.84	33.81
巴基斯坦	5.64	6.35	4.85	3.81
科威特	1.06	1.11	0.71	0.47
沙特阿拉伯	12.62	15.76	16.21	14.08
阿拉伯联合酋长国	5.19	5.57	5.32	5.38
非　洲	44.04	50.08	53.62	37.10
#埃　及	1.63	1.11	0.96	0.94
南　非	16.11	22.06	19.17	14.04
欧　洲	807.58	860.23	994.57	924.89
#德　国	297.20	302.30	347.93	297.18
法　国	85.68	86.60	89.53	80.22
意大利	61.58	70.53	79.69	70.69
荷　兰	19.64	19.60	22.80	24.85
英　国	57.64	67.43	86.32	70.31
瑞　典	37.94	38.18	36.14	34.62
俄罗斯	28.28	20.19	26.07	34.56
美　洲	506.52	518.36	545.25	508.98
#美　国	289.65	318.86	341.86	344.59
加拿大	31.99	31.94	27.82	25.09

（续表）

国别（地区）	2012年	2013年	2014年	2015年
巴　西	32.16	25.15	23.52	21.62
智　利	86.96	73.13	78.95	57.45
大洋洲及太平洋岛屿	80.18	98.26	116.23	110.72
# 澳大利亚	66.46	79.39	97.03	96.07
新西兰	13.34	18.51	18.94	14.40
其　他	0.44	0.49	1.06	0.74

2012—2015年上海关区出口总额分类情况表

单位：亿美元

年份	关区出口总额	其中				
		#一般贸易	#来料加工装配贸易	#进料加工贸易	#对外承包工程货物	#出料加工贸易
2012	4911.60	2722.60	137.52	1718.10	72.50	0.12
2013	4991.29	2857.73	130.46	1642.18	80.16	0.11
2014	5232.12	3112.37	126.18	1601.78	85.04	0.05
2015	5005.80	3016.20	133.26	1497.66	67.43	0.04

2012—2015年上海关区进口总额分类情况表

单位：亿美元

年份	关区出口总额	其中				
		#一般贸易	#来料加工装配贸易	#进料加工贸易	#对外商投资企业进口设备	#租赁贸易
2012	3101.50	1517.00	123.06	676.40	33.00	10.80
2013	3130.08	1628.68	135.19	524.14	23.58	23.68
2014	3402.43	1777.08	164.31	568.61	26.63	40.52
2015	3182.06	1616.79	155.92	502.04	13.89	23.12

2012—2015年上海市进出口总额情况表

单位：亿美元

年份	进出口总额	进口总额	出口总额	进出口差额	进出口总额相当于生产总值的比例（%）	出口总额相当于生产总值的比例（%）
2012	4367.58	2299.51	2068.07	-231.44	135.8	64.3
2013	4414.33	2371.89	2042.44	-329.45	—	—

（续表）

年　份	进出口总额	进口总额	出口总额	进出口差额	进出口总额相当于生产总值的比例（%）	出口总额相当于生产总值的比例（%）
2014	4666.22	2563.45	2102.78	-460.67	—	—
2015	4517.33	2547.64	1969.69	-577.95	—	—

资料来源：上海市统计局。

2014—2015 年国际会展情况表

指　　标	2014 年	2015 年
举办国际会展次数（次）	258	292
国际会展展出总面积（万平方米）	930.2	1124

资料来源：上海市统计局。

2012—2015 年上海外贸进出口贸易额及其增长速度情况表

年　份	进出口总额		出口额		进口额	
	金　额（亿美元）	比上年（±%）	金　额（亿美元）	比上年（±%）	金　额（亿美元）	比上年（±%）
2012	4367.58	-0.15	2068.07	-1.42	2299.50	1.00
2013	4414.33	1.07	2042.44	-1.24	2371.89	3.15
2014	4666.22	5.71	2102.78	2.95	2563.45	8.08
2015	4517.33	-3.19	1969.69	-6.33	2547.64	-6.17

资料来源：上海市统计局。

2014—2015 年上海与世界各地贸易往来情况表

单位：万美元

国别（地区）	2014 年				2015 年			
	进出口	进　口	出　口	进出口差额	进出口	进　口	出　口	进出口差额
总　值	46662226	25634468	21027758	-4606710	45173300	25476400	19696900	-5779500
亚　洲	21312840	11967576	9345263	-2622313	20964600	11851400	9113280	-2738120
中国香港	1925436	78979	1846457	1767478	2146910	212578	1934340	1721762
印　度	813923	338795	475128	136333	788010	284926	503084	-218158
日　本	5448775	3117495	2331280	-786215	4986090	2853870	2132220	-721650
韩　国	2624618	1908382	716236	-1192146	2868290	2020310	847982	-1172328
中　国	1236021	1236021	0	-1236021	1313510	1313510	0	-1313510

（续表）

国别（地区）	2014年				2015年			
	进出口	进　口	出　口	进出口差额	进出口	进　口	出　口	进出口差额
中国台湾	2315757	1647540	668217	-979323	2168750	1556450	612301	-944149
东　盟	5379677	3037996	2341681	-696315	5339950	3136970	2202980	-933990
马来西亚	1562028	1119330	442698	-676632	1471590	1113790	357797	-755993
新加坡	1278528	492103	786425	294322	1281210	579542	701671	122129
泰　国	794684	462258	332427	-129831	796350	447097	349253	-97844
非　洲	874873	426310	448563	22253	772632	344679	417953	63274
欧　洲	11952685	7666056	4286628	-3379428	11427400	7551280	3876090	-3675190
英　国	1463731	945679	518052	-427627	1208380	643841	564534	-79307
德　国	3233253	2493945	739308	-1754637	2942380	2247210	695176	-1552034
法　国	1027482	749384	278098	-471286	938492	692095	246397	-445698
意大利	902164	603495	298669	-304826	825336	551350	273986	-277364
荷　兰	1094033	169139	924894	755755	1111960	205021	906938	701917
拉丁美洲	2407811	1410225	997587	-412638	2143030	1311870	831160	-480710
巴　西	615320	359416	255904	-103512	622912	433113	189798	-243315
智　利	553990	484143	69847	-414296	478258	415567	62691	-352876
北美洲	8183448	2914402	5269046	2354644	7911020	3142480	4768540	1626060
美　国	7639797	2655277	4984520	2329243	7411020	2853140	4557890	1704750
大洋洲	1922363	1241693	680671	-561022	1948980	1259110	689871	-569239
澳大利亚	1646343	1063650	582694	-480956	1634740	1132920	501821	-631099

2012—2015年上海外贸出口贸易方式情况表

单位：万美元

贸易方式	2012年		2013年		2014年		2015年	
	出口额	占比（%）	出口额	占比（%）	出口额	占比（%）	出口额	占比（%）
总　值	20680720	100.00	20424351	100.00	21027758	100.00	19696900	100.00
一般贸易	7892900	38.17	8172465	40.01	8797282	41.84	8389790	42.60
国家间、国际组织无偿援助和赠送的物资	595	—	1343	0.01	2660	0.01	1760	0.1
华侨、港澳台同胞、外籍华人捐赠物资	—	—	94	—	—	—	16	—

（续表）

贸易方式	2012 年		2013 年		2014 年		2015 年	
	出口额	占比（%）	出口额	占比（%）	出口额	占比（%）	出口额	占比（%）
补偿贸易	—	—	—	—	—	—	—	—
来料加工装配贸易	395917	1.91	378416	1.85	376298	1.79	371939	1.9
进料加工贸易	9756969	47.18	9059560	44.36	8822530	41.96	8053980	40.89
寄售代销贸易	183	—	—	—	—	—	—	—
边境小额贸易（边民互市贸易除外）	8	—	—	—	2	—	—	—
来料加工装配进口的设备	—	—	—	—	—	—	—	—
对外承包工程货物	173440	0.84	142364	0.70	90311	0.43	63601	0.32
租赁贸易	35	—	51	—	430	—	3657	0.19
外商投资企业作为投资进口的设备、物品	—	—	—	—	—	—	—	—
出料加工贸易	1252	0.01	1104	0.01	524	—	409	—
易货贸易	—	—	—	—	7	—	0	0
保税监管场所进出境货物	415988	2.01	385261	1.89	376054	1.79	326886	1.66
海关特殊监管区域物流货物	2041584	9.87	2281455	11.17	2558778	12.17	2482200	12.60
其　　它	1849	0.01	2237	0.01	2883	0.01	2659	0.14

2012—2015 年上海外贸出口市场构成情况表

单位：万美元

国别（地区）	2012 年		2013 年		2014 年		2015 年	
	出口额	占比（%）	出口额	占比（%）	出口额	占比（%）	出口额	占比（%）
总　　值	20680720	100.00	20424351	100.00	21027758	100.00	19696900	100.00
亚　　洲	8822648	42.66	8829650	43.23	9345263	44.44	9113280	46.27
中国香港	1596921	7.72	1676986	8.21	1846457	8.78	1934340	9.82
印　　度	492559	2.38	411091	2.01	475128	2.26	503084	2.55
日　　本	32496183	12.07	2490852	12.20	2331280	11.09	2132220	10.83
韩　　国	694548	3.36	621203	3.04	716236	3.41	847982	4.30

（续表）

国别（地区）	2012 年		2013 年		2014 年		2015 年	
	出口额	占比（%）	出口额	占比（%）	出口额	占比（%）	出口额	占比（%）
中　国	0	—	0	—	0	—	0	—
中国台湾	570095	2.76	579084	2.84	668217	3.18	612301	3.11
东　盟	2091703	10.11	2140240	10.48	2341681	11.14	2202980	11.18
马来西亚	364735	1.76	419411	2.05	442698	2.11	357797	1.82
新加坡	686349	3.32	704542	3.45	786425	3.74	701671	3.56
泰　国	360640	1.74	315505	1.54	332427	1.58	349253	1.77
非　洲	437588	2.12	498268	2.44	448563	2.13	417953	2.12
欧　洲	4359423	21.08	4068336	19.92	4286628	20.39	3876090	19.68
英　国	500110	2.42	521196	2.55	518052	2.46	564534	2.87
德　国	943400	4.56	670884	3.28	739308	3.52	695176	3.53
法　国	285531	1.38	264381	1.29	278098	1.32	246397	1.25
意大利	294741	1.43	287022	1.41	298669	1.42	273986	1.39
荷　兰	804881	3.89	849481	4.16	924894	4.40	906938	4.60
拉丁美洲	1065466	5.15	1009836	4.94	997587	4.74	831160	4.22
巴　西	278244	1.35	290669	1.42	255904	1.22	189798	0.96
智　利	64843	0.31	70711	0.35	69847	0.33	62691	0.32
北美洲	5325224	25.75	5363423	26.26	5269046	25.06	4768540	24.21
美　国	5015901	24.25	5064995	24.80	4984520	23.70	4557890	23.14
大洋洲	670370	3.24	654839	3.21	680671	3.24	689871	3.50
澳大利亚	579843	2.80	582237	2.85	582694	2.77	501821	2.55

2012—2015 年上海外贸进口市场构成情况表

单位：万美元

国别（地区）	2012 年		2013 年		2014 年		2015 年	
	出口额	占比（%）	出口额	占比（%）	出口额	占比（%）	出口额	占比（%）
总　值	22995083	100.00	23718923	100.00	25634468	100.00	25476400	100.00
亚　洲	12279253	53.40	11820765	49.84	11967576	46.69	11851400	46.52

（续表）

国别（地区）	2012年		2013年		2014年		2015年	
	出口额	占比（%）	出口额	占比（%）	出口额	占比（%）	出口额	占比（%）
中国香港	85400	0.37	72397	0.31	78979	0.31	212578	0.83
印　　度	331405	1.44	316102	1.33	338795	1.32	284926	1.12
日　　本	3234900	14.07	3017307	12.72	3117495	12.16	2853870	11.20
韩　　国	1750783	7.61	1768982	7.46	1908382	7.44	2020310	7.93
中　　国	1282908	5.58	1185040	5.00	1236021	4.82	1313510	5.16
中国台湾	1452607	6.32	1622565	6.84	1647540	6.43	1556450	6.11
东　　盟	3610878	15.70	3252477	13.71	3037996	11.85	3136970	12.31
马来西亚	1586972	6.90	1376719	5.80	1119330	4.37	1113790	4.37
新 加 坡	478898	2.08	506393	2.13	492103	1.92	579542	2.28
泰　　国	512363	2.23	474291	2.00	462258	1.80	447097	1.76
非　　洲	309014	1.34	355933	1.50	426310	1.66	344679	1.35
欧　　洲	5828605	25.35	6713049	28.30	7666056	29.91	7551280	29.64
英　　国	574555	2.50	695728	2.93	945679	3.69	643841	2.53
德　　国	1922547	8.36	2086131	8.80	2493945	9.73	2247210	8.82
法　　国	691956	3.01	695319	2.93	749384	2.92	692095	2.72
意 大 利	455600	1.98	522124	2.20	603495	2.35	551350	2.16
荷　　兰	170040	0.74	168396	0.71	169139	0.66	205021	0.81
拉丁美洲	1499422	6.52	1267182	5.34	1410225	5.50	1311870	5.15
巴　　西	431900	1.88	323664	1.36	359416	1.40	433113	1.70
智　　利	546059	2.37	396687	1.67	484143	1.89	415567	1.63
北 美 洲	2239172	9.74	2548534	10.74	2914402	11.37	3142480	12.34
美　　国	2001903	8.71	2274835	9.59	2655277	10.36	2853140	11.20
大 洋 洲	836676	3.64	1009832	4.26	1241693	4.84	1259110	4.94
澳大利亚	714955	3.11	843090	3.55	1063650	4.15	1132920	4.45

说明：1. 根据2006年3月1日起施行的《中华人民共和国海关统计条例》中第九条，如果货物的原产国是中国，那么进口该货物的原产国统计就列名为中国，也就是国货复进口。

2. 以上进出口资料来源除已注明来自上海市统计局外，余均来自上海海关。

第九编

商贸便览

2016
上海商贸年鉴

一、上海商贸资料

2015年中国·上海商贸情况对照表

类别	项目	单位	中国		上海	
			数量	比上年（±%）	数量	比上年（±%）
国内生产总值	国内生产总值	亿　元	676708.0	6.9	24964.99	6.9
	其中：第一产业增加值	亿　元	60863.0	3.9	109.79	-13.2
	第二产业增加值	亿　元	274278.0	6.0	7940.69	1.2
	第三产业增加值	亿　元	341567.0	8.3	16914.52	10.6
	其中：商业增加值	亿　元	—	—	—	—
国内贸易	商品销售总额	万亿元	26.9	10.6	9.34	6.4
	社会消费品零售总额	亿　元	300931.0	10.7	10055.76	8.1
	电子商务消费额	亿　元	—	—	16452.00	21.4
	其中：B2B	亿　元	—	—	—	—
	网上购物	亿　元	—	—	—	—
货物贸易	进出口总额	亿　元	245741.0	-7.0	28060.88	-2.1
	其中：出口额	亿　元	141255.0	-1.8	12228.56	-5.3
	进口额	亿　元	104485.0	-13.2	15832.33	0.5
服务贸易	进出口总额	亿美元	7130.0	14.6	1966.72	12.2
	其中：出口额	亿美元	2882.0	9.2	525.31	6.4
	进口额	亿美元	4248.0	18.6	1441.41	14.5
利用外资	新批外资项目	个	26575	11.8	6007	27.9
	合同利用外资	亿美元	—	—	589.43	86.5
	实际利用外资	亿美元	1263.0	6.4	184.59	1.6
	累计实际利用外资	亿美元	—	—	—	—

（续表）

类别	项目	单位	中国		上海	
			数量	比上年（±%）	数量	比上年（±%）
总部经济	累计：在沪跨国公司地区总部	家	—	—	535	—
	投资性公司	家	—	—	312	—
	研发中心	家	—	—	396	—
对外投资	新批对外投资项目	个	—	—	1338	1.3 倍
	投资总额	亿美元	1180	14.7	573.00	3.7 倍
	其中中方投资总额	亿美元	—	—	398.97	3.8 倍
对外经济合作	新签对外承包工程合同额	亿美元	1541.0	8.2	111.00	1.9
	完成营业额	亿美元	—	—	74.55	0.7
	派出劳务人员	万人次	53.0	-5.7	1.43	-20.9
	年末在外人员	万　人	—	—	—	—

2015 年上海市进出口贸易往来前 20 位国家（地区）一览表

排序	国别（地区）	进出口额（亿美元）	比上年（±%）	排序	国别（地区）	进出口额（亿美元）	比上年（±%）
1	美　国	741.10	-3.00	11	新加坡	128.12	0.21
2	日　本	498.61	-8.49	12	英　国	120.84	-17.45
3	德　国	294.24	-9.00	13	荷　兰	111.20	1.64
4	韩　国	286.83	9.28	14	法　国	93.85	-8.66
5	中国台湾	216.88	-6.35	15	意大利	82.53	-8.52
6	中国香港	214.69	11.50	16	泰　国	79.64	0.21
7	澳大利亚	163.47	-0.71	17	印　度	78.80	-3.18
8	瑞　士	149.83	75.07	18	越　南	72.34	14.97
9	马来西亚	147.16	-5.79	19	巴　西	62.29	1.23
10	中　国	131.35	6.27	20	智　利	47.83	-13.67

2015 年上海百强企业名单

排序序号	企业名称
001	上海汽车集团股份有限公司
002	交通银行股份有限公司
003	宝钢集团有限公司
004	绿地控股集团有限公司

（续表一）

排序序号	企业名称
005	上海浦东发展银行
006	中国太平洋保险（集团）股份有限公司
007	上海华信国际集团有限公司
008	百联集团有限公司
009	上海烟草集团有限责任公司
010	益海嘉里投资有限公司
011	光明食品（集团）有限公司
012	中国建筑第八工程局有限公司
013	上海建工集团股份有限公司
014	上海东浩兰生国际服务贸易（集团）有限公司
015	中国石化上海石油化工股份有限公司
016	上海电气（集团）总公司
017	中国东方航空集团公司
018	上海医药集团股份有限公司
019	中国海运（集团）总公司
020	上海市对外服务有限公司
021	国网上海市电力公司
022	太平人寿保险有限公司
023	上海华谊(集团)公司
024	上海城建（集团）公司
025	上海复星高科技（集团）有限公司
026	上海纺织（集团）有限公司
027	上海永达控股（集团）有限公司
028	上海均和集团有限公司
029	老凤祥股份有限公司
030	中智上海经济技术合作公司
031	申能（集团）有限公司
032	上海国际港务（集团）股份有限公司
033	上海振华重工(集团)股份有限公司
034	上海良友（集团）有限公司
035	中国二十冶集团有限公司
036	东方国际（集团）有限公司

（续表二）

排序序号	企业名称
037	上海宝冶集团有限公司
038	上海市城投（集团）有限公司
039	上海久事公司
040	海通证券股份有限公司
041	上海外高桥造船有限公司
042	上海均瑶（集团）有限公司
043	沪东中华造船（集团）有限公司
044	上海胜华电缆（集团）有限公司
045	中国万向控股有限公司
046	上海际大投资控股集团有限公司
047	大华（集团）有限公司
048	月星集团有限公司
049	中芯国际集成电路制造有限公司
050	上海春秋国际旅行社（集团）有限公司
051	上海机场（集团）有限公司
052	上海奥盛投资控股（集团）有限公司
053	致达控股集团有限公司
054	上海展志实业集团有限责任公司
055	上海华拓控股集团有限公司
056	上海斐讯数据通信技术有限公司
057	上海交运集团股份有限公司
058	天喔食品（集团）有限公司
059	上海紫江企业集团股份有限公司
060	上海新世界（集团）有限公司
061	国基电子（上海）有限公司
062	上海十三冶建设有限公司
063	上海申通地铁集团有限公司
064	上海钢联电子商务股份有限公司
065	上海闽路润贸易有限公司
066	五冶集团上海有限公司
067	上海苏宁云商销售有限公司
068	上海东方电视购物有限公司

（续表三）

排序序号	企业名称
069	上海美特斯邦威服饰股份有限公司
070	光大证券股份有限公司
071	上海申华控股股份有限公司
072	上海临港经济发展（集团）有限公司
073	上海科大重工集团有限公司
074	中国铁路物资华东集团有限公司
075	上海尚友实业集团有限公司
076	远纺工业（上海）有限公司
077	中国海诚工程科技股份有限公司
078	新大洲本田摩托有限公司
079	上海家化联合股份有限公司
080	上海龙宇燃油股份有限公司
081	长江经济联合发展（集团）有限公司
082	正泰电气股份有限公司
083	上海鑫冶铜业有限公司
084	上海现代建筑设计（集团）有限公司
085	上海强生控股股份有限公司
086	上海嘉里食品工业有限公司
087	上海亚泰财富企业集团有限公司
088	上海国盛（集团）有限公司
089	上海金开利集团有限公司
090	上海丝绸集团股份有限公司
091	科世达（上海）管理有限公司
092	上海星宇建设集团有限公司
093	上海浦原对外经贸公司
094	上海太太乐食品有限公司
095	亚东石化（上海）有限公司
096	上海大众公用事业（集团）股份有限公司
097	龙盛集团控股（上海）有限公司
098	庄信万丰（上海）化工有限公司
099	上海嘉里粮油工业有限公司
100	中冶宝钢技术服务有限公司

2015 年上海服务业企业 50 强

排序序号	企业名称	排序序号	企业名称
001	交通银行股份有限公司	026	大华（集团）有限公司
002	绿地控股集团有限公司	027	月星集团有限公司
003	上海浦东发展银行	028	上海春秋国际旅行社（集团）有限公司
004	中国太平洋保险（集团）股份有限公司	029	上海机场（集团）有限公司
005	上海华信国际集团有限公司	030	上海展志实业集团有限责任公司
006	百联集团有限公司	031	上海华拓控股集团有限公司
007	上海东浩兰生国际服务贸易（集团）有限公司	032	上海交运集团股份有限公司
008	中国东方航空集团公司	033	上海新世界（集团）有限公司
009	中国海运（集团）总公司	034	上海申通地铁集团有限公司
010	上海市对外服务有限公司	035	上海钢联电子商务股份有限公司
011	国网上海市电力公司	036	上海闽路润贸易有限公司
012	太平人寿保险有限公司	037	上海苏宁云商销售有限公司
013	上海纺织（集团）有限公司	038	上海东方电视购物有限公司
014	上海永达控股（集团）有限公司	039	光大证券股份有限公司
015	上海均和集团有限公司	040	上海临港经济发展（集团）有限公司
016	中智上海经济技术合作公司	041	中国铁路物资华东集团有限公司
017	申能（集团）有限公司	042	上海尚友实业集团有限公司
018	上海国际港务（集团）股份有限公司	043	中国海诚工程科技股份有限公司
019	东方国际（集团）有限公司	044	上海龙宇燃油股份有限公司
020	上海市城投（集团）有限公司	045	长江经济联合发展（集团）有限公司
021	上海久事公司	046	上海现代建筑设计（集团）有限公司
022	海通证券股份有限公司	047	上海强生控股股份有限公司
023	上海均瑶（集团）有限公司	048	上海金开利集团有限公司
024	中国万向控股有限公司	049	上海丝绸集团股份有限公司
025	上海际大投资控股集团有限公司	050	上海浦原对外经贸公司

2015 年上海民营企业 100 强

排序序号	企业名称	排序序号	企业名称
001	上海华信国际集团有限公司	005	上海均瑶（集团）有限公司
002	上海复星高科技（集团）有限公司	006	上海胜华电缆（集团）有限公司
003	上海永达控股（集团）有限公司	007	中国万向控股有限公司
004	上海均和集团有限公司	008	上海际大投资控股集团有限公司

（续表）

排序序号	企业名称	排序序号	企业名称
009	大华（集团）有限公司	041	上海新朋实业股份有限公司
010	月星集团有限公司	042	富春控股集团有限公司
011	上海春秋国际旅行社（集团）有限公司	043	上海界龙集团有限公司
012	上海奥盛投资控股（集团）有限公司	044	上海加冷松芝汽车空调股份有限公司
013	致达控股集团有限公司	045	福耀集团（上海）汽车玻璃有限公司
014	上海展志实业集团有限责任公司	046	上海飞科电器股份有限公司
015	上海华拓控股集团有限公司	047	上海上科电器（集团）有限公司
016	上海斐讯数据通信技术有限公司	048	红阳建工集团有限公司
017	上海紫江企业集团股份有限公司	049	金安国纪科技股份有限公司
018	上海钢联电子商务股份有限公司	050	上海百润企业发展有限公司
019	上海苏宁云商销售有限公司	051	劲霸男装（上海）有限公司
020	上海美特斯邦威服饰股份有限公司	052	伽蓝（集团）股份有限公司
021	上海科大重工集团有限公司	053	上海明凯投资（集团）有限公司
022	上海尚友实业集团有限公司	054	上海普利特复合材料股份有限公司
023	上海龙宇燃油股份有限公司	055	上海岱美汽车内饰件股份有限公司
024	正泰电气股份有限公司	056	上海吉电电子技术有限公司
025	上海鑫冶铜业有限公司	057	上海佳吉快运有限公司
026	上海亚泰财富企业集团有限公司	058	上海绿新包装材料科技股份有限公司
027	上海金开利集团有限公司	059	网宿科技股份有限公司
028	上海星宇建设集团有限公司	060	上海嘉实（集团）有限公司
029	上海大众公用事业（集团）股份有限公司	061	上海高桥电缆集团有限公司
030	龙盛集团控股（上海）有限公司	062	上海森信建设工程有限公司
031	思源电气股份有限公司	063	爱普香料集团股份有限公司
032	上海恒升企业（集团）有限公司	064	上海申龙客车有限公司
033	上海宝华企业集团有限公司	065	上海南大集团有限公司
034	上海福然德部件加工有限公司	066	上海海得控制系统股份有限公司
035	上海晨光文具股份有限公司	067	万达信息股份有限公司
036	上海埃圣玛金属科技集团有限公司	068	上海双鹿上菱企业集团有限公司
037	上海百营钢铁集团有限公司	069	上海凯宝药业股份有限公司
038	上海钢宇实业集团有限公司	070	上海泰胜风能装备股份有限公司
039	上海起帆电线电缆有限公司	071	上海创力集团股份有限公司
040	大众交通（集团）股份有限公司	072	上海联明投资集团有限公司

（续表一）

排序序号	企业名称	排序序号	企业名称
073	上海新时达电气股份有限公司	087	上海华峰超纤材料股份有限公司
074	上海新马建设（集团）有限公司	088	五星铜业（上海）有限公司
075	上海鼎立科技发展（集团）股份有限公司	089	上海裕生企业发展有限公司
076	上海东富龙科技股份有限公司	090	上海朝府城餐饮有限公司
077	上海延华智能科技（集团）股份有限公司	091	中电电气（上海）太阳能科技有限公司
078	上海保隆汽车科技股份有限公司	092	上海美柚新能源科技有限公司
079	上海科华生物工程股份有限公司	093	上海杨行铜材有限公司
080	上海江杰荣泰置业（集团）有限公司	094	上海良信电器股份有限公司
081	上海连成（集团）有限公司	095	上海福尔欣线缆有限公司
082	上海三湘（集团）有限公司	096	仰帆投资（上海）有限公司
083	鼎捷软件股份有限公司	097	上海晨兴希姆通电子科技有限公司
084	上海嘉乐股份有限公司	098	上海南亚覆铜箔板有限公司
085	上海绿谷制药有限公司	099	新杰物流集团股份有限公司
086	上海康德莱企业发展集团股份有限公司	100	上海坦达轨道车辆座椅系统有限公司

历届中国华东进出口商品交易会一览表

届次	年份	展馆（万平方米）	摊位（个）	参展省市（个）	参展企业（家）	到会外商（人次）	国别（地区）（个）	总成交额（万美元）
1	1991	22.10	1050	7	607	6018	71	102261
2	1992	2.90	1450	7	700	6341	78	133247
3	1993	3.50	1750	15	1000	6741	84	164784
4	1994	3.60	1800	20	1000	7788	90	180508
5	1995	5.10	2500	36	1400	7906	100	214100
6	1996	4.90	2500	37	1500	7543	104	223600
7	1997	6.42	2537	35	1500	7738	125	223144
8	1998	6.38	2625	33	2000	6518	150	195500
9	1999	5.18	2216	32	2000	6108	130	120600
10	2000	4.40	1926	32	1926	7277	120	129500
11	2001	6.12	2807	37	340	10562	126	153200
12	2002	5.76	2850	35	3000	13646	154	168900

（续表）

届次	年份	展馆（万平方米）	摊位（个）	参展省市（个）	参展企业（家）	到会外商（人次）	国别（地区）（个）	总成交额（万美元）
13	2003	5.75	2966	35	3000	15749	175	204000
14	2004	8.05	4158	14	3100	18915	—	255900
15	2005	8.05	4158	39	3300	20558	151	297372
16	2006	10.35	5346	39	3540	23660	—	332119
17	2007	10.35	5346	39	3522	18557	117	355300
18	2008	10.35	5346	39	3592	19263	145	367800
19	2009	10.35	5312	39	3500	18229	140	224000
20	2010	10.35	5310	39	3376	19029	123	273300
21	2011	10.35	5310	39	3326	20105	133	283900
22	2012	11.50	5880	39	3420	21124	128	312200
23	2013	11.50	5880	39	3607	20016	115	275900
24	2014	11.50	5780	13	3441	21433	117	275900
25	2015	11.50	5780	13	3378	21200	114	256600

二、中国经贸资料

2006—2015年中国进出口贸易额情况表

单位：亿美元

年份	进出口总额	比上年（±%）	占世贸总额的比重（%）	位次	出口额	比上年（±%）	进口额	比上年（±%）	顺逆差额
2006	17606.9	23.8	7.20	3	9690.8	27.2	7916.1	19.9	1018.8
2007	21738.0	23.5	8.00	3	12180.0	25.7	9558.0	20.8	2622.0
2008	25616.3	17.8	—	3	14285.5	17.2	11330.8	18.5	2954.7
2009	22072.7	-13.9	—	—	12016.7	-16.0	10056.0	-11.2	1960.7
2010	29728.0	34.7	10.00	2	15779.0	31.3	13948.0	38.7	1831.0
2011	36420.6	22.5	—	2	18986.0	20.3	17434.6	24.9	1551.4
2012	38668.0	6.2	10.50	2	20489.0	7.9	18178.0	4.3	2311.0
2013	41600.0	7.6	10.75	1	22096.0	7.9	19504.0	7.3	2592.0
2014	43030.0	3.4	—	1	23427.0	6.0	19603.0	0.5	3824.0
2015	39569.0	-8.0	—	1	22749.5	-2.9	16819.5	-14.2	5930.0

1996—2015年中国利用外资情况表

单位：亿美元

年份	总计		年份	总计	
	项目数（个）	实际利用额		项目数（个）	实际利用额
1996	24673	548.00	2001	26139	468.46
1997	21046	519.33	2002	34171	527.43
1998	19846	455.82	2003	48081	535.05
1999	17022	526.60	2004	43664	606.30
2000	22347	493.56	2005	44011	603.25

（续表）

年份	总计		年份	总计	
	项目数（个）	实际利用额		项目数（个）	实际利用额
2006	41473	630.21	2011	27712	1160.10
2007	37872	747.00	2012	24925	1117.00
2008	27514	923.95	2013	22773	1175.86
2009	23435	900.30	2014	23778	1195.60
2010	27406	1057.00	2015	26575	1263.00

2015 年中国对外贸易往来前 5 位国别（地区）情况表

排序	国别（地区）	贸易额（亿美元）	比上年（±%）
1	欧　　盟	5648.5	-8.2
2	美　　国	5583.9	0.6
3	东　　盟	4721.6	-1.7
4	中国香港	3443.3	-8.3
5	日　　本	2786.6	-10.8

2015 年中国对主要国家和地区货物进、出口额及其增长速度表

国家和地区	出口额（亿元）	比上年增长（%）	进口额（亿元）	比上年增长（%）
欧　　盟	22096	-3.0	12985	-13.6
美　　国	25425	4.5	9238	-5.4
东　　盟	17221	3.1	12097	-5.4
中国香港	20589	-7.7	797	2.8
日　　本	8424	-8.3	8881	-11.4
韩　　国	6291	2.1	10847	-7.1
中国台湾	2785	-2.0	8904	-4.6
印　　度	3612	8.5	831	-17.2
俄 罗 斯	2161	-34.5	2066	-19.1

2015 年上海对主要国家和地区货物进、出口额及其增长速度表

国家和地区	出口额（亿元）	比上年增长（%）	进口额（亿元）	比上年增长（%）
美　　国	2829.60	-7.6	1772.70	8.7
欧　　盟	2250.06	-5.8	3514.07	-11.9

（续表）

国家和地区	出口额（亿元）	比上年增长（%）	进口额（亿元）	比上年增长（%）
东　　盟	1366.73	-5.0	1948.45	4.4
日　　本	1325.00	-7.5	1772.65	-7.6
中国香港	1201.50	5.9	133.21	174.4
韩　　国	528.04	20.0	1256.30	7.2
中国台湾	379.76	-7.5	966.36	-4.5
俄 罗 斯	105.91	-42.8	174.58	46.0

2004—2015 年中国出口商品交易会一览表

年份	届次		到会客商（人）		来自国别（个）		成交额（百万美元）		全年成交额（百万美元）	比上年（±%）
	春季	秋季	春季	秋季	春季	秋季	春季	秋季		
2004	96	96	159717	167926	203	203	24510	27200	51710	107.59
2005	97	98	195464	177000	210	210	29230	29430	56935	10.10
2006	99	100	190011	192691	210	212	32220	34060	66280	16.41
2007	101	102	206749	189500	211	213	36390	37450	73840	11.41
2008	103	104	192013	174562	210	213	38230	31550	75680	2.49
2009	105	106	165436	188170	209	212	26230	34070	60300	-20.32
2010	107	108	203996	200612	212	208	34300	34833	69133	14.65
2011	109	110	207103	209175	209	210	36860	37900	74760	8.14
2012	111	112	210000	188145	213	211	36030	32680	68710	-8.09
2013	113	114	202766	189646	211	212	35540	31690	67230	-2.15
2014	115	116	188119	186104	214	211	31051	29160	60211	-10.44
2015	117	118	184801	177544	216	213	28056	27010	55066	-8.5

港汇恒隆广场

Grand Gateway 66 港汇恒隆广场

国际化购物中心、双塔写字楼、涉外服务式公寓

港汇恒隆广场（Grand Gateway 66），坐落于上海最繁华的商业中心——徐家汇商圈，统合大型购物中心，甲级写字楼，及高档涉外酒店式公寓。自1999年开幕至今，历经15年的发展与积累，港汇恒隆广场现已成为上海滩无可取代的时尚地标之一。

港汇恒隆广场汇聚各大品类的知名品牌，近年更是相继引进GUCCI、LOEWE、CHAUMET、Tiffany & Co.、BOTTEGA VENETA、Jimmy Choo等一线品牌，不断致力于打造更奢华的购物殿堂。5楼、6楼及1楼汇聚了极食、美心、翠园、天泰、金牛苑、苏浙汇、鼎泰丰等十余家特色餐厅，满足了消费者对不同美食的喜爱与追求。

经典的建筑设计及人性化的服务设施，也令港汇恒隆广场当之无愧地成为上海滩Shopping Mall中的典范。中庭挑高35米的玻璃穹顶，加之两翼跨越整个商场的玻璃采光顶，使得整个商场空间均可利用天然光源，顾客可于通透明亮的环境下尽享购物休闲意趣。商场服务台，近百部升降梯和手扶梯，提供母婴哺乳室的盥洗室，及逾千个泊位的大型地下停车场等服务设施，令顾客尽享贴心舒适的至尊购物体验。

上海百联集团股份有限公司

SHANGHAI BAILIAN GROUP CO.,LTD.

第一八佰伴

第一百货

东方商厦旗舰店

百联南方购物中心

百联西郊购物中心

百联奥特莱斯广场（上海•青浦）

百联世博源商业广场

上海百联集团股份有限公司（简称“百联股份”）是百联集团有限公司辖下的核心企业。2011年7月，上海友谊集团股份有限公司吸收合并原百联股份（证券A股代码为600631），重组后的友谊股份于2014年8月更名为百联股份。

百联股份是国内一流的大型综合性商业股份制上市公司，资产规模、销售规模等关键性指标始终名列A股商业类上市公司前列，拥有总商业建筑面积超过500万平方米，年销售规模超过1000亿元，经营网点遍布全国20多个省市超过5000家，几乎涵盖了零售业现有的各种业态，如百货、标准超市、大卖场、便利店、购物中心、品牌折扣店、专业专卖店等。

百联股份以百货商店、连锁超市、购物中心、奥特莱斯为核心业务，控股香港上市的联华超市股份有限公司。公司总部位于上海，证券A股代码为600827，证券B股代码为900923，分别最早于1994年2月4日和1994年1月5日上市，大股东是百联集团有限公司。

百联股份（综合百货）是上海百联集团股份有限公司的核心业务板块之一，主营百联股份旗下百货商店、购物中心、奥特莱斯三大零售业态，发展以“百联”为统一商号的购物中心连锁店、以“百联”为统一商号的奥特莱斯广场连锁店、以“东方商厦”为统一商号的百货连锁店，旗下拥有一批享誉国内外的知名企业，如第一百货商店、永安百货、东方商厦、第一八佰伴等25家百货商店；百联南方、百联西郊、百联中环、百联又一城等16家购物中心；并在上海青浦、杭州下沙、武汉盘龙、江苏无锡、江苏南京拥有5家百联奥特莱斯广场。

2015年，百联股份（综合百货）实现规模销售365亿元，利润总额20亿元，拥有门店44家，持有商业建筑面积超过250万平方米。

96广场

96广场坐落于东方路796号，毗邻浦东最大的轨道交通枢纽站—世纪大道站，东至东方路，南至众城大厦，北邻裕安大厦，西至宝安大厦、江苏大厦，总建筑面积6.6万平方米，地上3层，地下2层。

96广场是集零售、餐饮、童玩、健身等休闲娱乐为一体的开放式休闲广场，拥有400多个停车位。整个建筑极具海派特色，红砖灰瓦的外立面、主题化的广场、饶有情趣的空间设计和宜人尺度的低容量建筑，营造亲切、温暖、人性化的商业休闲氛围，更传承着上海滩的时尚与隽永。96广场不仅与新上海商业城形成了经营错位和互补，为浦东的居民和上班族提供了更多休闲娱乐选择，也成为陆家嘴金融城配套服务功能的重要组成部分。

娱乐休闲

购物休闲在96

商业广场，离不开购物。宝大祥青少年购物中心、H&M、阿迪达斯三叶草、屈臣氏、LILY，知名零售品牌专卖驻扎96广场。

除了购物，96广场也有配套休闲娱乐场所，如B1上海歌城开、威尔士等。顾客逛累后也可选择咖啡馆、甜品店，甚至下沉式广场的大台阶，作为休息、闲聊的地方。

针对家有宝贝的消费群体，96广场引进了拥有30年育儿网经验的金宝贝幼儿早教中心，还有橙爱玩国、亚马逊探险乐园，不仅关爱儿童成长也提高亲子互动。

吃美食

饕餮美食在96

96广场是颇有名气的美食聚集地。川菜、湘菜、本帮菜、粤菜、湖北菜，中国传统美宴；美式快餐、现煮咖啡、吃不胖的甜品，韩国烧烤、日本料理、东南亚的咖喱，异国风情菜肴，都可在这里找到。

小辉哥、望湘园、广州蕉叶、上海会馆、老克勒，潮流中的南北美食，汉拿山、合点寿司、蓝蛙、汉堡王、哈根达斯、COSTA，想得到的中西佳肴，这里都能尝到。

看演出

活动演出在96

要说96广场还有什么特色，那不得不提中央开阔的下沉式广场。得天独厚的露天大舞台，每逢节庆假日，热辣拉丁、流行摇滚、经典爵士、摩登走秀、民俗游乐会……各类演出活动好戏连连。没有节目的假日，来96广场逛一圈，准没错！

美高适是中国汽车美容养护产品的先驱，品牌隶属于上海志豪纺织服饰有限公司，美高适以丰富的产品研发能力，技术创新能力以及与国际高端大型汽车养护品牌的合作经验立足于中国市场。本着让中国消费者使用到世界级品质的汽车养护产品而不断努力进取。

品牌

品牌成立之初的理念就是要带给每一位爱车人士能够享受到美好，高端，舒适的汽车养护清洁毛巾；我们从产品的研发，原料的选择到包装设计都是为了能给到使用美高适毛巾的每一个人感觉到我们的用心，感觉到产品的舒适。要使得每一位消费者了解到汽车养护的专业知识，其实不同种类的清洁毛巾，使用方法，使用的途径都是不一样的，为了能更加事半功倍的护理汽车，我们应该用对我们选择的养护毛巾。经过多年的努力，我们已经研发出一整套养护毛巾系列，产品涵盖从外部清洁，去污，到内饰的清洁；从大面积水渍处理，到细节的处理。

历史

2002年初上海志豪纺织服饰有限公司正式成立，一位48岁初到上海的外地女士怀揣着对事业的执着追求，为了能让中国消费者使用到能和世界顶级清洁毛巾媲美的产品，用“志豪”两个字命名，（志豪谐音“自豪”），开始了她的创业梦想，她是中国第一位研发超细纤维毛巾的人，凭着3年的坚持不懈，终于在开发出一款当时只能是德国制造，日本制造的产品能在中国制造。可以说现在市面上能看到的超细纤维的毛巾都有着这位女士的印记，这位女士就是志豪和美高适品牌创始人覃云辉女士。

创业是艰难的，为了与世界接轨，志豪不断的寻求突破，从广交会到世界各地的大型行业展会，都留下过她那瘦弱的身影；通过多年不懈的努力；志豪的产品已经遍布世界各地，我们合作过的都是世界知名品牌：美国的龟牌，美光，3M，都代表着世界水准；全球知名零售巨头WAL-MART, COSTCO, TARGET, 电视购物巨头QVC里都有我们的产品的身影。

为了给中国的消费者同样的世界级质量品质体验，2009年，志豪创立了“美高适”品牌，美高适的意义不只是一个名字，一个商品，它承载着这位女士对于中国消费者的爱：“为什么我们中国人用的产品质量就是和国外消费者不一样呢，为什么我们的清洁毛巾，不是不吸水，就是会掉毛呢，为什么我们不能为中国的消费者提供质量品质更好的毛巾呢？尽管这些毛巾都是中国制造的。” “美高适”这三个字同样意义重大：让我们每一个人使用后感觉：产品美好！质量的高端!使用的舒适! 这是美高适永远的宗旨。

上海志豪纺织服饰有限公司

经过几年的努力，品牌知名度日渐提升，目前正在进入京东，淘宝等各大电商平台；还会和实体店，加油站合作。

核心

从事超细纤维家庭及汽车清洁用品20年来，美高适积累了大量的产品研发、生产、以及针对消费者的产品优化经验；不管您是用的是从顶级到廉价的汽车及家用护理剂，您都需要一款高品质的清洁毛巾去配合使用，这就是美高适的价值核心。我们的存在不单单为了汽车清洁用户，还是为千千万万汽车及家庭护理剂的品牌服务。没有好的清洁毛巾，再昂贵的护理剂、清洁剂也无法实现它本该有的效果。

美高适为什么专业，因为它将所有的清洁毛巾赋予生命，它们拥有各自不同的特性、功能；从普通清洗到去污，除蜡，抛光；美高适研发出一系列能适应各种需求的清洁毛巾。颠覆传统意义上一条清洁毛巾处理全车清洁的概念。

美高适为什么专业，它集合20年同国内外知名品牌的合作经验，在品质上赶超国外同类品牌的同类产品，同时正在开发能超越国际同类品牌的产品。我们的使命就是让每一位使用美高适产品的人，爱上美高适，爱上汽车护理。

德国邮政敦豪

Deutsche Post DHL

Deutsche Post	DHL		
邮递/电子商务 -包裹	**快递**	**全球货运、空运**	**供应链**
• 在德国，每个工作日都需寄送约 6400 万封信件，拥有 29000 个包裹寄送点 • DHL 占整个德国的包裹市场份额的 43%	• 跨越国界的快递服务 • 业务遍布220多个国家和地区，服务于 250多万位客户 • 4,500 个网点 • 350 架飞机 • 36 个枢纽中心	• 航空和海运货物服务市场领军者 • 专注于工业项目和首尾相连的供应链解决方案 • 欧洲主要道路货运转运公司之一 • 强大的客户基础(福布斯 500 强中 50% 以上的公司)	• 合同物流 • 仓库面积 2500万平方米 • 2,700 个网点 • 企业信息解决方案全球主要供应商 • 业务遍布全球 50 多个国家
153 亿 欧元	125 亿 欧元	149 亿 欧元	147 亿 欧元

德国邮政敦豪是世界最大的物流公司，2014年全球营业额达到566亿欧元，
在全球范围内有约48.9万雇员

敦豪供应链全球规模&覆盖面

敦豪供应链 DHL SUPPLY CHAIN

- 全球排名第一的合同物流服务商
- 在50多个国家拥有事业规模
- 全球大约有14.7万名员工
- 2,700 个物流中心、仓库和中转中心
- 全球拥有大约2500万平方米的仓储面积
- 专精于多种关键产业，其中包括零售，快消，科技，医药&健康，汽车，制造业等

DHL supply Chain在中国被认可的专业性

利用30多个城市，80多个站点的分拨网络，来服务全国200多个客户。

5,500+
员工

80
站点遍布30多城市

+900,000
平方米

200
辆自有车辆
3,000+
代理车辆

行业专家
❖汽车 ❖能源
❖零售 ❖医疗
❖消费品 ❖工业制造业
❖科技

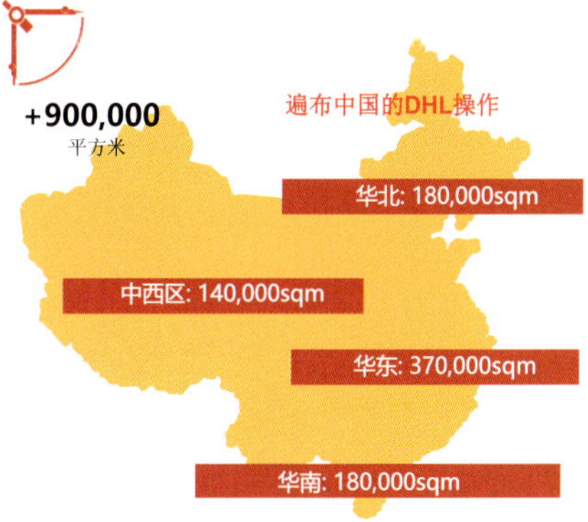

多式供应链解决方案

DHL EXPRESS

上海大唐融资租赁有限公司

上海大唐融资租赁有限公司（简称“上海大唐租赁”）是中国大唐集团公司旗下中外合资的融资租赁公司，于2015年3月31日在中国（上海）自由贸易试验区注册成立，注册资本金达10亿元人民币。公司通过融资租赁和商业保理等主营业务，为中国大唐集团公司战略发展服务。

上海大唐租赁坚持 “根植上海、服务集团，发挥优势、创造价值”的经营理念，大力实践“务实、奉献、创新、奋进”的大唐精神，充分发挥上海金融中心的独特优势，充分利用自贸区各项政策，构建与上海各大金融机构的融资体系，建立和创新集“融资”、“融物”、“财务”服务为一体的经营模式，引进和锻造高素质的金融专业人才队伍。公司成立以来，在上海各大金融机构支持下，在中国大唐集团公司的部署下，取得了健康快速发展。公司广泛加强与上海市及自贸区政府、人民银行、融资租赁同业交流，在业界树立了较高的知名度和影响力。

上海大唐租赁将以专业化的服务，务实创新的精神，为客户提供富有竞争力和特色化的综合金融服务，努力争创国内一流融资租赁企业，为国家融资租赁行业发展贡献力量。

思华科技 SHTECH 上海思华科技股份有限公司

上海思华科技股份有限公司于2000年在上海成立，是一家长期专注于互动媒体平台解决方案的设计、开发、实施和技术服务的高新技术企业。公司现有员工300多人，总部位于上海张江，并在北京、杭州、广州、成都、西安、南京、济南、沈阳设有营销和技术服务中心。

思华科技是上海市高新技术企业和软件企业，是国家发展和改革委员会、工业和信息化部、商务部、国家税务总局联合审核认定的2010年国家规划布局内重点软件企业。

思华科技汇聚了来自海内外和全球知名企业的技术及管理精英，构建了一支结构合理、专业能力强、具有团队协作精神的产品研发和技术服务队伍。公司目前拥有200多人的技术团队，78.9%为本科以上学历。核心研发和技术人员有着雄厚的技术实力，具有良好的知识背景、创新的方案整合能力、扎实的研发和技术服务技能以及丰富的内容运营产品研发经验。

思华科技始终以行业技术发展趋势和客户需求为导向，持续不断推出新技术和新产品，经过十几年的不断技术研发和积累，在互动媒体平台领域，已经拥有68项软件著作权、22项经登记的软件产品，以及6项技术发明专利。

思华科技是国内少数能够提供跨广电和通信运营商互动媒体平台解决方案的供应商之一，公司的互动媒体平台解决方案是广电运营商、通信运营商和其他行业用户开展以互动电视、互联网电视、IPTV、手机电视为主的互动媒体业务所必需的业务运营平台软件，在国内众多通信运营商和广电运营商得到应用，获得广泛好评。

思华科技凭借持续专注的行业经验积累，持续创新的软件产品和全面的平台解决方案，已与华数集团、东方有线、陕西广电网络、重庆广电、河北广电、广东有线、天威视讯、中国电信、中国联通、中国移动等众多行业领先的广电运营商和大型通信运营商建立了长期稳定的合作关系，并建立了良好的品牌知名度。公司亦多次受邀参与国家新闻出版广电总局以及核心客户的技术规范和标准制订，公司产品的技术水平和研发能力得到了业界的充分认可。

中国烟草 CHINA TOBACCO 上海海烟物流发展有限公司

上海海烟物流发展有限公司成立于2002年，是一家集现代物流、商品流通、品牌营销、信息服务于一体的大型国有企业。经历十余年的建设与发展，已形成了以物流分拣配送为主，集卷烟营销、非烟经营在内的三项业务，对上海烟草零售终端实行统一配送，同时对卷烟、酒类、食品等上千种商品开展批发经营。

物流配送方面，海烟物流中心在建立之初就运用了国际先进物流技术，将WMS(仓库管理系统)与ERP(企业资源计划)高度集成，实现了信息处理及时、配送流程优化、存储选拣准确、物流管理智能，让物流流程的各个时间节点达到精确衔接。同时，公司从服务于整个卷烟供应链的角度，开展“科技物流、精益物流、人本物流”建设，持续提升现代物流运营管理水平，打造“海烟服务”品牌，树立了负责任企业的良好社会形象。

集约经营方面，公司按照上海烟草集团精品网络建设的要求，为全市连锁型集团客户在上海地区所有零售(加盟）门店提供卷烟供应服务和客户服务。在酒类食品经营上，作为供应链服务商，公司经营商品主要涉及酒类、食品，共代理、经销60多个品牌，900多种规格，保持长期良好合作的供应商达到50余家，商品销往市内外大型卖场、超市、便利店等多种现代连锁业态。

海烟物流全面落实国家对烟草行业的基本方针和战略任务，坚持“服务创造价值”的企业理念，坚持规范管理、转变作风，推动改革，努力实现企业可持续发展新局面。

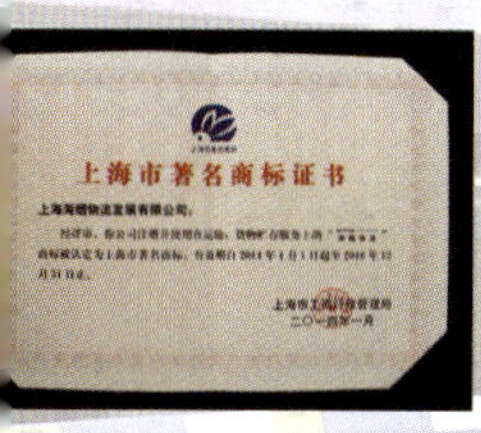

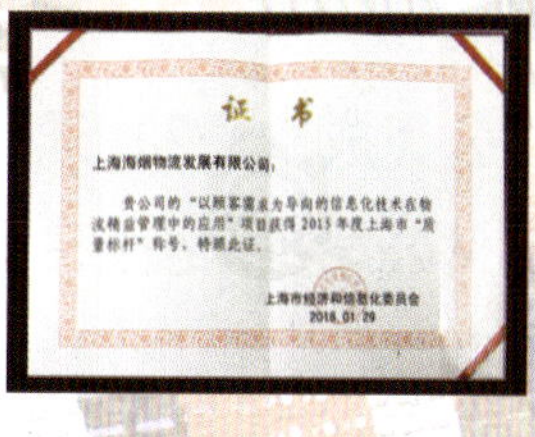

味我所爱
我要来伊份

网上订购：www.laiyifen.com　　服务热线：400-8819-777

作为中国休闲零食的领导品牌，来伊份从1999年第一家门店发展到今天的2280家门店，产品涉及休闲食品九大系列近千种商品，美味源头分布中国22个省市区，全球15个国家。企业自建现代物流中心，搬运当季鲜味，建设新型的信息化营销服务体系，全渠道布局线下门店/PC端/APP/微信销售服务平台，提供快速便捷的个性化购物体验平台。全国8家子公司为消费者提供线上线下服务，近10000名美味工匠贴心服务市场，1400万注册会员集结吃货联盟。

牌理念
RAND CONCEPT

业于“味”，17年匠心成就美味

开发全球食材，采集当季天然好味，食材源头分布超过中国22个省市全球15个国家。每一份味，都经历数十次口味打磨，从近百种口味里而出抢在最鲜的季节上市销售。

业于“爱”，17年初心守护安心

领鲜品质，缔造果农、合作伙伴、企业员工、消费者之间的爱心生态，17年守护健康食材工艺，24道透明供应链品质保障，从种植采摘到上市，每一份安心都饱含了品牌爱的初心。

心价值链
RE VALUE CHAIN

合作伙伴、消费者、员工、社会共赢

份秉承“共赢”的核心价值观，以“与合作伙伴、消费者、员工、社赢”为核心的企业文化为基础，打造“良心价值链”和“良性价值链”多年的品牌经营、营销网络建设，公司积累了丰富、优质、稳定的合应商，同时，通过严格的供应商甄选、考核和淘汰制度，科学的管理、共赢的机制，建立起与公司自身经营模式相适应的能更好的服务好消的供应链体系。

心价值链

良心价值链 — 产品品质链	
品质	来伊份标准、国际化标准
品质	积极心态、道德、操守 技能、学习力、与时俱进
品质	理念积累、理念疏导

良性价值链

良性价值链 — 企业经营链	
4. 种植户	原生态资源开发合理利用
5. 加工商	安全、环保、优质、美味、科技
6. 零售业者	服务、效率、管控、引导
7. 消费者	好味、健康、时令、亲切可爱、悠闲、价值体验

会责任
RPORATE SOCLAL RESPONSIBILITY

及履行社会责任，聚小爱，筑大爱

核心产品
CORE PRODUCT

图片仅供参考，以实物为准。

明星产品

炒货类：阳光优生果实，搬运当季鲜味
肉制品：健康高品肉质，匠心成就美味
果干类：天然营养果干，锁住鲜果营养

伊仔衍生品

我叫“伊仔”。一个活泼可爱的小精灵，不断为大家带来休闲快乐的时光是我的使命。各种卡通可爱的涂装公仔、小杯子、小罐子都是我发明的哟，希望给大家增添更多的趣味与欢乐。

企业荣誉
ENTERPRISE HONOR

连续10年获“上海市著名商标”
获“全国产品和服务质量诚信示范企业”称号
获“全国质量信得过产品”称号
获“2015年度全国坚果炒货行业10大诚信营销企业”称号
获“2015年度全国坚果炒货行业10大创新企业称号（实体+互联网）”称号
获2015年中国连锁百强榜单
获2015年中国网络零售百强榜单
获食品届健康七星奖——供应链管理奖
连续多年获得上海市商业联合会和连锁经营协会等授予的十大畅销金品大奖

上海鑫方迅通信科技有限公司

上海鑫方迅通信科技有限公司（方迅医生集团）成立于2009年，作为智慧医疗行业的引领者和开拓者，拥有顶级医疗资源，专注并致力于打造智慧医疗+智慧健康+智慧养老的一站式整体解决方案的服务平台，公司核心团队均是来自通信领域和医疗领域拥有20年以上丰富经验的资深专业人士，现已在北京，河北，湖北，浙江，安徽，河南，宁夏等多处设立分公司。

2012年，公司与解放军总医院（301医院）战略合作共建国家科技支撑项目《面向军地协同的跨区域医疗服务应用示范》，之后成功完成成果转化为军地协同远程医学平台、与301健康管理、社区智慧养老三大平台，上海鑫方迅作为唯一独立运营方。

2013年公司成为中国老年保健医学研究会理事与信息化健康服务促进会副会长单位、中国老年医学会医养结合促进会副会长单位，与中国老年医学会战略合作并推广居家养老慢病与健康管理业务。2014年与杭州市江干区卫生局合作建设智慧医疗医养护一体化服务平台，形成了医养结合，分级诊疗与远程监测样板点，获得国务院有关领导的肯定与好评。

同时与优秀医疗器械公司合作推出搭载云医疗服务平台的智能穿戴式系列设备，如健康一体机，宝心通，掌上血糖仪、掌上自检仪等，相关产品获得多项设计奖项和专利，建立直接面向医疗服务和社区及养老机构等的终端定制和专业服务渠道。

2016年，公司倾力打造的首个线下健康管理中心将落地北京并正式运营，通过与健康物联网、健康云平台和海量顶级专家资源有效结合，形成O2O互联网医疗健康的闭环服务。

能率
NORITZ

www.noritz.com.cn

在转型升级中寻求可持续发展空间

——能率中国集团在2015

“十二五”收官之年，能率中国集团所属各公司再次为包括 母体在内的瞩目。尽管新常态下，国内销售出现的一定波动，但 团经营层依然顺势做出变革，在相对困难的局势中走出一盘精 棋。面向终端消费者，集团公司2015年完成产值6.6亿元人民币， 现国内销售额12.7亿元人民币，税收贡献过亿元人民币，营业利 长了6%；同时，员工收入、社会责任等方面也均有一定幅度的提

回顾这一点，我们看到：创新驱动发展，外资企业在中国市场的发展，一定要牢牢把握住转型升级的主旋律，才能 身的可持续发展带入一个较大的空间。

实体经济不走红的时下，我们依然紧紧抓住技术升级，在技术原来就领先行业的基础上，响应国家“资源节约集 用”号召，以“高效节能”为引导，持续加大研发投入，把提高核心竞争力看作是在激烈竞争中突围的手段，每年坚持 新产品，并促使新产品的市场普及率得以提升。技术转型升级给企业带来了丰厚的经营回报，同时也给消费者带来了愉 消费体验，获得了突出的成效。

技术、质量、消费者体验。将是今年集团经营的主打方向。加大技术研发的同时，强调质量是集团公司的生命线， “品质保证部”，协调各方资源和集中内外智慧，全面提高产品与服务质量。

在消费者体验方面，除了原有的传统销售模式外，今年还加大了网络销售的力度。关注消费主流群体的意识、习惯、 式、喜好的变化。将商品的诉求与消费群体密切联系起来，着力于提升网络销售的质量。

能率三期新建电子厂房项目将在2017年中竣工并投入使用，与此相配套的是大规模的固定资产和设备投入，项目规 将超过1亿元人民币，旨在继续加大在国内的事业规模。

我们将始终如一地贯彻经营宗旨，为包括上海市广大消费者在内的全中国消费者提供日益完备的商品系列和完善的 服务。持续不断地在转型升级中寻求自身的发展。

能率（中国）投资有限公司
地址：上海市奉贤区大叶公路7318号
电话：86-21-3718-6666

能率（上海）住宅设备有限公司
邮编：201405
传真：021-67580412

24小时免费服务热线：400-988-1998
手机用户和上海以外地区用户
请拨打：021-58348159

Acrel®

安科瑞电气股份有限公司

安科瑞电气股份有限公司[股票代码:300286.SZ]是一家为智能电网用户端提供智能电力监控、电能管理、电气安全等系统性解决方案的国内少数几家领先企业之一。

公司自2003年6月成立以来，专注于用户端智能电力仪表的研发应用、生产和销售，致力于为用户提供35（10）/0.4kV变电所自动化系统、建筑光伏发电系统、电能质量治理系统、电能分项计量系统、电气火灾监控系统、医疗IT配电系统、消防设备电源监控系统以及智能照明系统等产品和服务，提高客户用电效率和用电安全。

公司是国家火炬计划重点高新技术企业和软件企业。先后参与GB/T22264-2008《安装式数字电测量仪表》、JB/T10736-2007《低压电动机保护器》、GB/T15576-2008《低压成套无功补偿装置》、GB/T22387-2008《剩余电流动作继电器》等多项电力仪表国标和行标的起草或编制。截至2015年12月，公司拥有5项商标，170项专利，95项计算机软件著作权。ACR网络电力仪表列为国家重点新产品，公司被上海经信委列为智能电网产业重点企业之一。

公司设在江阴的生产基地——江苏安科瑞电器制造有限公司，在智能电力仪表行业中首家采用无铅生产工艺，生产检测设备达到国内领先水平；采用先进的信息化管理系统，是江苏省两化融合试点企业；拥有功能完善的产品试验中心，可开展环境、电磁兼容、安全性、可靠性等多种试验；制造过程中严格执行ISO9001管理标准，为公司产品产业化、规模化实施提供了保障。

安科瑞商标和产品先后被评为上海市著名商标和名牌产品，产品广泛应用于上海世博工程、广州亚运会工程、援哥斯达黎加国家体育场工程、京津高铁电力监控、敦煌10MW光伏示范电站、中国银行浦东数据中心、印度50万吨焦化等国内外重大项目中，赢得了较好的市场声誉。

领先的技术
卓越的质量
安全的承诺

上海密特印制有限公司

SHANGHAI MITE SPECIALITY & PRECISION PRINTING CO.,LTD

上海密特印制有限公司由上海印钞有限公司与德国联邦印制公司合资建立，主要从事各类护照、精密防伪印刷品以及其它印刷新品种的开发与印制。至今密特公司已为国家公安部、外交部、国务院港澳办、全国人大等机关部门研制生产了公民因私护照、公务护照、因公普通护照、外交护照、因公往来港澳通行证、人大代表证等几十种证件。

密特公司已通过由英国BSI公司认证的ISO9001：2008质量管理体系、ISO14001：2004环境管理体系、OHSAS18001：2007职业健康安全管理体系和ISO27001：2013信息安全管理体系。同时，密特公司荣获国家保密局颁发的《国家秘密载体复制许可证》。

密特公司拥有印制特种防伪印刷品所需的精准凹印机、胶印机、多色异型印码机等专业设备、技术和专用电脑及设计软件，并有多位担纲人民币设计的高级工艺美术师，实力雄厚，设计独到。

密特公司具有较强的研发能力，在护照证件产品及其相关技术研究领域不断推陈出新。密特公司拥有电子护照用电子元件层、高级防伪本式证件用装订线以及电子护照用芯片操作系统等多项具有自主知识产权的研发成果。

密特公司在采用货币生产的管理方法，环环相扣的工艺纪律的基础上，建立符合国际民航组织标准的电子护照检测实验室，可以对电子护照元件层和护照本进行电子、机械等性能的测试，对产品实行严格质量把关。

目前，密特公司已经全面进入到外交部电子护照和公安部电子护照的大规模生产阶段。公司引进了新型装订流水线、激光打孔机、大张检测机等一系列生产设备，确保了电子护照的产量，为国家护照的更新换代作出贡献。

密特公司坚持以“友好协作、稳定发展”为经营方针，以安全、质量、服务、效益为宗旨，时刻追踪着国际护照印制的发展轨迹，以领先的技术，卓越的质量，安全的承诺，竭诚为国内外各界提供优质的服务。

地址：上海市绥德路887号
邮编：200331
电话：86-21-69113541 69119566
传真：69113316
邮箱：shanghaimite@mite.com.cn
网址：www.mite.com.cn

Shanghai Mite Speciality & Precision Printing Co., LTD

密特印制

成长·无限
中银信贷工厂
中小企业全面金融服务
担保更灵活｜服务更专业｜审批更高效｜产品更丰富

松江工业区洞泾企业服务中心

Industrial Park Introduce

松江工业区洞泾分区主要分为以下几个区域。即洞泾工业区一区（一期），于1999年4月开发，总面积166.67公顷；洞泾工业区二区（二期，市级开发区），位于工业一区的西侧，于2001年批准开发，规划面积185.13公顷；洞泾工业区三区（三期），于2005年规划扩建，规划面积135.41公顷，位于工业区北侧，以上三个区域属于104产业区块范围，加上贸易城，园区总用地面积为591.79公顷，建设用地面积为544.42公顷。

根据园区的发展现状及政策引导，确定产业定位:

一、巩固提升优势传统产业，重点扶持现有的新兴都市工业和机械装备制造业；

二、培育发展战略性新兴产业和“四新”经济，重点是新材料、智慧照明和节能环保;

三、着力发展生产性服务业、互联网+、文化创意产业。

AUTO
INNOVATION PARK
汽车·创新港

国内首个专注汽车产业的创新园区
——汽车·创新港

概况

上海国际汽车城科技创新港（简称：汽车•创新港）地处上海市嘉定区安拓路56弄，位于安亭•上海国际汽车城核心区内，紧邻上汽集团乘用车公司、舍弗勒大中华总部。

汽车•创新港占地面积12万平方米，总建筑面积20万平方米，总投资15亿元人民币，是由上海国际汽车城发展有限公司统一规划、开发、运营的国内首个专注汽车产业的创新园区，旨在打造富有创新精神、影响汽车产业未来的服务平台。

地理位置

汽车•创新港位于安亭，地处上海西大门。安亭作为整个长三角地区的重要链接点，周边拥有京沪高速、沪嘉高速、沈海高速、上海环城高速、312国道等高速路网围绕，京沪高铁安亭北站，轨道交通11号线，虹桥枢纽距离安亭22公里，车程30分钟，综合立体的交通出行方式方便上海市区及周边地区人员来到安亭。

建设发展

汽车•创新港于2012年5月9日正式开工建设，由上海市经信委和联合国教科文组织"创意城市"推进办公室联合授牌"上海汽车设计产业基地"，汽车•创新港在2015年10月26日正式开园，并由上海市经信委授牌"上海新型工业化（智能网联汽车）产业示范基地"。

物理空间

汽车•创新港分为4大功能区与1个中心服务带，满足不同企业的办公研发需求及日常工作生活的完善配套。

A区：院落式组团空间，内部分割出若干庭院，拥有自由空间的同时，保证每家公司的私密性。错落的平台使每个组团布满如梯田般高低起伏的绿化，形成立体庭院的景观办公空间；

B区：为企业提供个性化定制建设；

C区：江南地域文化特色的现代汽车产业研发空间，给工程师提供一个充分诱发想象力的空间；

D区：人性化的研发场所，建筑结构上，主要针对大型试制试验车间的用户，兼具超大办公空间，试制试验空间，以及户外休憩场所，营造了一个专业而舒适的办公氛围；

E区：中心服务带，通过系列的庭院和内街，将商务配套功能空间合理组织成商务、展示、餐饮、休憩混合的新江南生活空间，打造具有中国江南园林韵味的现代景观空间。

产业导向

作为嘉定区政府重点推进的项目，汽车•创新港以智能网联汽车为产业导向，目前有斑马信息科技（上汽集团与阿里巴巴集团共同组建的互联网汽车项目公司）、蔚来汽车、上海哈弗汽车、上海翼锐汽车电子、保时捷工程、宾尼法利纳、易思奇汽车电子、凯史乐汽车工程、上海浙亚汽车技术等国内外知名企业入驻。中国汽车工程学会、中国汽车工业协会、中国汽车技术研究中心、美国自动机工程师学会（SAE）、中国汽车人才研究会等行业组织也都将上海工作部设立在汽车•创新港内。

平台建设

汽车•创新港着重4个发展方向，致力于为企业打造专业的服务平台：

产业信息平台，作为国家智能网联汽车（上海）试点示范区的承载基地，由"中国汽车工业协会"与"中国汽车工程学会"两大行业协会联手，与上海国际汽车城共同成立的智能网联汽车产业技术联合创新中心（下称：联合创新中心）已挂牌落户汽车•创新港，联合创新中心重点关注汽车智能化和网联化技术，为智能网联汽车产业技术创新战略联盟 提供技术研发、交流、展示的平台，也将成为国家智能网联汽车（上海）试点示范区 的执行机构，集合示范区的规划、建设、实施和管理功能。汽车•创新港作为联合创新中心的载体将承担更多的产业责任，从而推动中国智能网联汽车产业升级，打造世界级的产业高地。

公共试验检测平台，汽车•创新港联合中国汽车研究中心（天津中心）、上海机动车检测中心、上海地面交通工具风洞中心以及同济大学相关实验检测机构等共同建立公共实验检测平台，并与上海超级计算机中心和国内顶尖信息安全企业共同建立信息安全实验室，为园区内企业乃至其他区域企业提供专业高效的实验检测服务。

创新创业孵化平台，汽车•创新港将开辟出近8000平方米的办公空间建立汽车超级孵化器，整合专业垂直孵化器、导师团队、投融资机构等资源为创业者提供全程服务。目前，Auto space车创星空已经率先落户，并导入一大批专注于ADAS、传感器、汽车多媒体等不同领域的创业团队。

产业培训及人才储备平台，汽车•创新港与同济大学建立战略合作关系，为跨学院的学生和导师提供实践基地，也为企业提供人才储备；与此同时，园区对接汽车城海外高层次人才创新创业服务中心，为优质人才提供政策扶持；依靠汽车城人才培训学院，为区域内的专门技能人才培养提供有效支撑。

配套服务

汽车•创新港秉持服务企业的一贯理念，为企业提供注册开业指导、财务税务法务咨询、专利和知识产权服务、政府企业协调、进出口协调等服务，帮助企业能够顺利开展经营活动，助力企业健康发展。

同时，汽车•创新港还提供丰富的综合配套服务，如：园区至地铁站的短驳巴士、安亭核心区域至虹桥枢纽的穿梭巴士、多功能会议中心、"万科驿"人才公寓、健身中心、餐饮中心。

目前，园区内还设立了张江国家自主创新示范区嘉定园出入境办证服务点，为来自世界各地的外籍行业人才、技术专家提供方便的出入境办证服务。

结语

嘉定区作为上海市郊唯一的建设具有全球影响力的科技创新中心重要承载区，汽车产业是其核心支柱产业，安亭•上海国际汽车城经过10多年的发展，已然基本实现了以汽车研发为重点的产业综合功能开发。汽车•创新港的综合优势将促使嘉定更好把握汽车新能源和智能化的未来发展趋势，孕育中国汽车产业"弯道超车"的新机遇。

上海安吉星信息服务有限公司

Shanghai OnStar Telematics Co., Ltd.

安吉星 OnStar

吉星呵护 一路随行

上海安吉星信息服务有限公司成立于2009年10月28日，由通用汽车、上汽集团和上汽通用共同出资组建。安吉星为上汽通用在华制造、生产和销售的系列车型提供全方位车载信息服务。目前，OnStar安吉星在中国地区活跃用户数量近100万，6年多已经累计为用户提供了约2亿次客户交互服务，获得了消费者的广泛好评。

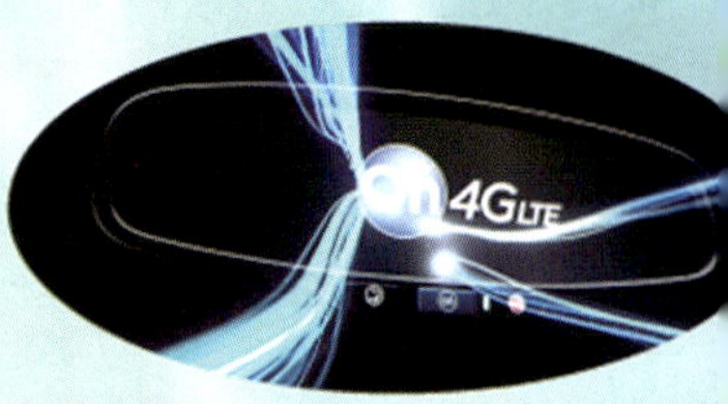

安吉星小O手机应用

安吉星用户可直接通过自助语音系统进行目的地查询、违章查询、安吉星服务查询和远程遥控操作，还可以跟小O互动吐槽，为服务提供意见反馈。

安吉星车载4G LTE

安吉星车载4G LTE首创车载Wi-Fi热点（Car-Fi），可支持多达7台设备同时接入，网络覆盖面积达700平方米，为车主提供高速、稳定、安全、便捷的无线网络环境。

安吉星凯迪拉克专席管家服务

安吉星专席管家服务提供滴滴代驾、高尔夫预订、机票酒店预订、商旅租车、异地酒店租车，以及当地特色商旅路线等服务项目，更为凯迪拉克车主推出季节限定特惠礼遇，畅享经典度假线路。

专席服务再度升级

商旅度假尊崇相伴

商旅租车服务 • 专业度假服务 • 季节限定度假产品礼遇

安吉星 OnStar　Cadillac

安吉星微信服务号二维码　安吉星手机应用二维码　安吉星微信订阅号二维码

欲了解更多安吉星服务，敬请登录www.onstar.com.cn，请关注安吉星官方微信订阅号和微信服务号描安吉星手机应用二维码进行服务体验

上海东方有线数据服务有限公司

OCN 东方有线

“视尚生活”数字电视平台

平台性质

“视尚生活”数字电视平台为B2B2C的高清互动服务平台，致力于打造企业行业形象展示及信息发布的专业平台，同时为广大申城居民提供高品质的时尚生活服务。

业务特点

“视尚生活”是面向公司NGB区域内，已具备有线电缆接入条件的定制产品，以“企业信息发布+高清大片”为内容，以“用户体验为中心”为理念，为企事业客户提供专业的企业形象及内容展示位，并致力于打造企业专属的信息发布专区。

商业模式

“视尚生活”数字电视平台包括二级页面，首页包括1个焦点展示区域及6个上部推荐广告位、6个下部广告位。其中，每个广告位均可点击进入第二级页面，二级页面有4种展示形式：全屏视频展示、全屏图片展示、专题展示（可做多个热点展示）、菜单式展示。客户可根据自身实际需求DIY合适的方式进行信息发布展示。

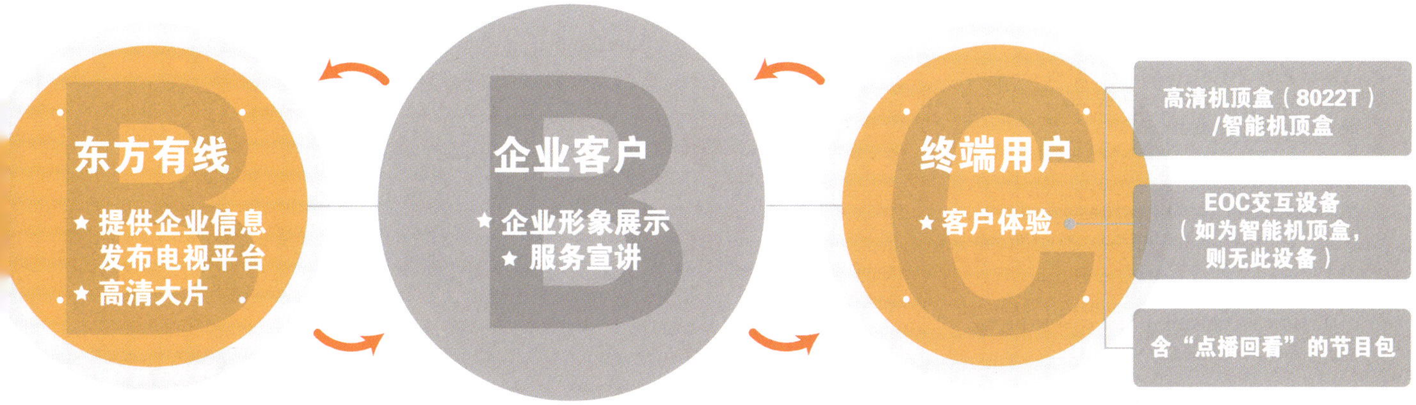

上海东方有线数据服务有限公司
浦东世纪大道1168号东方金融广场A座1104室
企业客服电话：962877
企业网站：www.ocn.net.cn

安迪苏

冯氏集团简介

冯氏集团是一家跨国企业，其核心业务包括贸易、物流、分销及零售，主要股东是总部设于中国香港的私人企业冯氏控股(1937)有限公司。集团旗下的上市公司包括利丰有限公司(香港联交所股份代号：00494)、利标品牌有限公司(香港联交所股份代号：00787)、利亚零售有限公司(香港联交所股份代号：00831)，以及利邦控股有限公司(香港联交所股份代号：00891)。

利丰有限公司（香港联交所股份代号：00494）是专为世界知名的零售商和品牌致力提供消费品设计、开发、采购及物流服务的领先企业，擅长为付货期短且大量生产的消费品提供供应链管理，以及策划先进的一站式解决方案，以满足客户的特定需求；其点对点的物流解决方案涵盖由产品出厂以至到达最终消费者手上的整个流程。

利标品牌有限公司（香港联交所股份代号：00787）为全球领先的品牌服装、鞋类、时装配饰及相关时尚产品公司，业务包括设计、开发、推广及销售一系列自有品牌、授权品牌及多元化产品种类，其客户主要为来自美洲、欧洲及亚洲地区的零售商，包括百货公司、专卖零售商及电子商务渠道。

集团的第四项核心业务为零售，包括冯氏零售集团有限公司旗下两家上市公司：利亚零售有限公司（香港联交所股份代号：00831）经营便利店与饼屋和利邦控股有限公司（香港联交所股份代号：00891）经营高级至奢华男士服装；及其他私营零售业务包括于亚洲区经营时尚休闲服饰之零售业务的利时控股有限公司、专营童装、鞋履及配饰的利童（控股）有限公司、合资经营玩具及儿童用品连锁专门店玩具"反"斗城的亚洲业务、韩国知名婴儿及儿童服装零售业务Suhyang Networks，以及于中国大陆专营国际知名时尚品牌的时装配饰零售业务Fung Fashion。

冯氏集团在全球逾40个国家雇用45,000名员工，截至2015年12月的总营业额超过248亿美元。

冯氏集团于2016年迈进110周年

冯氏集团的百年商贸承传，始于1906年广州，当时冯栢燎先生和业务伙伴合作创办利丰公司，专营传统出口贸易业务。其后在冯氏家族第三代冯国经及冯国纶之掌舵下，引进专业人才，发展成一现代化企业。以供应链管理概念，拓展覆盖全球的采购、制造、物流及分销网络，建立环球供应链管理跨国企业的规模。

业务遍及全球的冯氏集团，植根中国，单于国内就设有百多家办事处及近1,000个零售点；为迎接数字新世纪，除了推出多个电子商贸的试验项目外，更在上海开设了大型实验场地「利程坊」，让业界实地观察和探索中国消费者在真实环境里，如何与新科技、新产品、新环境作出互动，走在电子商贸的最前线。

冯氏集团于2016年迈进110周年，秉承集团始创人冯栢燎先生的宏远愿景和经营理念，继续拓展集团业务，透过不断寻找新的商机，勇于灵活创新应变，悉心关顾雇员，忠诚服务客户，致力支援合作夥伴和业务所在的不同社区，为集团业务的可持续发展奠下成功的基石。

上海东浩工艺品股份有限公司

SHANGHAI EAST BEST ARTS & CRAFTS CO.,LTD

上海东浩工艺品股份有限公司成立于2002年2月9日，由原上海市工艺品进出口有限公司7个主要业务部改制而成。目前注册资金3000万元，是一家以进出口业务为主的贸易公司，2011年荣获海关A类管理企业。公司是轻工商会箱包分会的理事单位、中国轻工工艺品进出口商会会员、玩具分会理事单位。回顾10年历程，可谓风风雨雨，既有成功的喜悦，也经历了逆境和坎坷，但坚强的东浩工艺人克服了种种困难，收获了丰硕的果实。自公司成立之初的年进出口额8000万美元，至如今的2.75亿美元；业务从单纯的出口贸易到如今的进出口并重，转口贸易、经贸咨询、内贸为辅的综合贸易；商品从单一传统商品到品牌合作经营商品；项目从埋头出口业务到积极参加大项目（如：世博会等）。回首10年历程是东浩工艺人共同奋进的历程，是再创辉煌的开始！

10年荣誉：

2002年度“东浩突出贡献奖”

2005年度“上海外贸出口百强企业”银奖（由上海市对外经济贸易委员会颁发

2005-2006年度上海市人民政府颁发的“上海市文明单位”称号

2009-2010年度商务部等颁发的“国家文化出口重点企业”称号

2010年上海世博会园区“青年文明号”称号

2011年度获中国纺织品进出口评为AAA级商会会员

2012年通过ISO 9001：2008认证

我们创造
化学新作用
让珍稀耕地
爱上好胃口
着人口的不断攀升，对食物的需求也日益增长。为了确保所有
都能享用均衡的饮食，我们携手各方力量推出解决方案，以应
食物生产和供应链所面临的各种挑战。
更多食物能被物尽其用，因为在巴斯夫，我们创造化学新作用。
享我们的愿景，敬请访问
createchemistry.com
BASF
We create chemistry

欧尚

欧尚集团是世界主要商业集团之一。集团创立于1961年，创始人杰拉尔.米里曳先生首次在法国北部城市开设并经营一家把自选、廉价和服务放在同一建筑物的商场--超市。欧尚集团主力业态为购物中心、大型超级市场、超级市场、便利店，同时涉足加工生产和金融业。欧尚集团2015年集团营业额达542亿欧元,在世界500强排名第129位，为法国排名第二的商业集团，是极富竞争力的集团。欧尚集团近年来及时实施拓展海外市场的战略，除了在西欧、南欧外，在中国、波兰、匈牙利、俄罗斯、摩洛哥、印度等国投资，成为迅速崛起的国际商业集团。

欧尚于1996年进入中国市场，1997年设立上海欧尚超市有限公司。1999年第一家超市在上海杨浦区开业，杨浦中原店的建筑面积为15000平方米，经营商品品种达2万多种。杨浦中原店经过2003年的扩建，建筑面积已达到25000平米，超市经营面积达到11000多平方米，使购物环境更加优美。

欧尚（中国）投资有限公司的前身¬—上海欧尚配送服务有限公司成立于2002年，2006年更名为欧尚（中国）投资有限公司。公司的主营业务为投资和经营购物中心及大型超市。欧尚超市销售的商品60%为食品，食品当中50%为生鲜冷冻产品，他们提供价廉物美的商品和优质的服务，以改善消费者的购买能力和生活水平为目标。公司除了为超市进行统一采购和配送商品外，还开展市场调研，对商品实行优胜劣汰，满足市场的需求，提高公司的经济效益；促进和提高供应商的生产工艺和商品质量。欧尚的宗旨是与合作伙伴共同发展，实现双赢。同时，欧尚（中国）投资有限公司还负责法国欧尚集团在中国境内全部的投资和经营业务活动。

2011年，欧尚中国首次将法国本土成功的“网上下单，到店提货”商业模式引进到国内，在苏州开出了中国第一家Auchan Drive店。至今，欧尚在中国共有两家Auchan Drive，分别位于上海和苏州。

至2015年底，欧尚已在中国开出七十四家购物中心和大型超市，除了上海的十家和北京五家店外，其余分布在南京、苏州、无锡、常州、扬州、镇江、杭州、宁波、嘉兴、台州、绍兴、芜湖、马鞍山、蚌埠、成都、沈阳、大连、青岛、烟台、南昌、广州、东莞、武汉等城市。

先尼科化工（上海）有限公司

先尼科化工是一家专业从事高性能有机颜料研发、生产、销售的外商独资企业。公司始建于2003年， 产品广泛应用于涂料、塑料、油墨和液晶等工业。公司总部位于上海市青浦工业园区，在欧洲、美洲等地设有分公司。先尼科化工拥有两座现代化的生产工厂，分别位于上海市青浦工业园区和江苏省泰兴市经济开发区，并于2005年通过ISO 9001: 2008质量管理体系认证;先尼科化工青浦工厂于2010年2月通过ISO 14001: 2004环境管理体系认证。先尼科化工依靠其**先丽**® **Cinilex**® 品牌，迅速成为世界高性能有机颜料主要供应商，在国际市场上拥有很高的知名度。

自2007年以来连续每年荣获“上海市外商投资先进技术企业”的荣誉称号；2009年被授予技术创新示范企业称号； 高性能有机颜料P.R.254产品被列入上海市重点新产品计划项目；高性能橙色颜料P.O.73被列为专利新产品计划项目；2012年被评为：上海市优秀高新技术企业和上海市创新型企业；2013年被评为上海市技术中心。

公司坚持可持续性发展战略，致力于以市场为导向的前瞻性开发创新。自主研发的高科技领域液晶新产品，是最新一代光控液晶定向技术的材料，可以满足国内外光控液晶定向技术在军工、航天、电子工业上的应用。

发展的同时，公司还先后捐助成立了十一所先尼科希望小学，多次获得上海市红十字会“人道助，爱心关怀”荣誉证书。

公司发展生命力的源泉在于拥有一支强大的研发团队，配备了世界一流的设备、仪器、软件和实验装置。研发部主要从事高性能有机颜料及颜料中间体的合成工艺研究、液晶及液晶中间体的合成工艺研究、无机效果颜料的合成工艺研究，致力于以市场为导向的前瞻性开发创新。通过实行项目管理制、绩效考核奖励等科学化和人性化的管理制度，充分调动了研发人员的积极性，科研工作硕果累累。自公司成立以来，相继自主开发了二酮吡咯并吡咯（DPP）、蒽醌杂环、异吲哚琳酮等系列高性能有机颜料的先进合成工艺，并全部成功地实现了产业化，且关键核心技术获得了自主知识产权。期间培养和造就了一大批骨干人才，他们在事业有成的同时，也获得了相应的荣誉和奖励。

先尼科是一个温暖的大家庭。坦诚协作的团队精神，求知创新的进取精神蔚然成风。公司信奉“以人为本”的核心价值观，力求让合适的人工作在合适的岗位上，实现员工的“价值感”、“公正感”、“信任感”，为每一个员工提供良好的发展空间和职业平台。先尼科公司的历史使命是：创世界颜色化学优秀品牌，树中国文明企业卓越典范！先尼科人追求的最终目标是：使大家感到快乐，让社会更加美好！

欢迎加入先尼科大家庭!

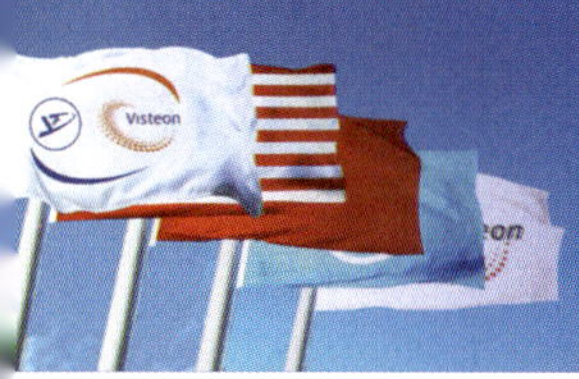

延锋伟世通投资有限公司

卓 越 来 自 全 方 位 的 满 意

延锋伟世通投资有限公司由延锋汽车饰件系统有限公司和伟世通国际有限责任公司共同投资建立。公司成立于2013年，前身为延锋伟世通汽车电子有限公司总部，位于上海漕河泾新兴技术开发区。

公司主要从事汽车电子领域的研发、生产制造及产品验证。公司目前在全国拥有研发中心及多家制造基地。通过这些制造基地和研发中心，公司为国内外各主要汽车制造商提供超越期望的产品与服务。

公司2014年汇总销售额约55亿元。整个集团共拥有近5000名员工，其中本科以上学历占总人数近三分之一。

公司下属子公司有多家拥有高新技术企业称号，一家知识产权示范企业。。

公司拥有为专业前装汽车电子产品开发、设计、工程验证于一体的集成开发和制造能力，具有丰富的前装汽车电子产品设计和开发经验，以及完整的测试和验证能力，完全具备自主研发和试验验证的条件。我们为全球知名汽车制造商提供超越期望的汽车电子产品与服务，公司客户遍布全球，国内外知名整车厂基本都是我们的客户，主要客户有：长安福特、上汽、上汽通用、上海大众、尼桑、福特、通用、大众、奔驰、路虎、丰田、本田、长安、马自达、铃木、吉利、奇瑞、江铃等等。

未来，公司将在立足国内市场，不断拓展新老客户业务的同时，积极拓展国际市场，持续扩大国际市场业务的销售收入，向更多国际高端客户的业务方向拓展。公司致力于成为全球领先的汽车电子系统集成供应商，立足国内，面向国际；以技术领先占领市场，赢得客户和业务；争取五年内集团国内外市场销售收入目标达百亿，主要产品线国内市场占有率长期保持前三。

太平洋百货

太平洋百货

上海品星防爆电机有限公司

“创造完美品质　满意天下用户”

上海品星防爆电机有限公司是一家专业从事电机及电机控制产品的设计、研发、制造、服务的大型高新技术企业，总部位于上海奉贤青港工业园区品星路，占地面积达70000平方米，年生产能力500万千瓦，公司现有员工约500人，拥有专业技术人员20多人，中、高级职称者10人，其中高级工程师5名，享受国务院津贴、荣获国家突出贡献专家称号的有2名。经过十多年的发展，现拥有2个全资子公司，生产基地分布于上海奉贤、浙江台州。

上海品星先后参与国家标准和行业标准的制修订工作，与南阳防爆电气研究所，佳木斯电机研究所等国内著名科研院所建立了长期合作关系并保持广泛地技术交流。并与同济大学、浙江大学和西安交通大学等国内知名高等院校进行了联合研发和项目孵化。目前公司拥有专利14个，专有技术60余项。公司每年将销售收入的5%以上投入到技术研发。公司目前新开发的高速电机达到国内领先水平。

本公司始终贯彻“创造完美品质　满意天下用户”，特别注重市场调研、产品开发，根据不断更新的市场需求，以严谨快捷的生产经营作风，以特殊专用的产品来满足用户。

上海品星是中国电机设备AAA级制造企业。专业生产：大中型高压隔爆型、增安型防爆电机，大中型高压交流电动机（含异步、同步、变频、绕线），各类中小型低压防爆电机，各类中小型低压交流电机等1000多个品种，产品广泛应用于煤矿、冶金、水泥、造纸、环保、石油、化工、纺织、轨道交通、水利、电力、船舶等厂矿企业领域，品星产品远销海外四十多个国家和地区。我公司产品正在向节能、高效、环保、集成型自动化、国际化方向前进。上海品星电机旨在为全球工业企业及各种应用领域提供最优的电机产品和电机技术解决方案，使“品星”电机成为全球电机行业的电机技术解决方案提供商和电机制造商。

远纺工业（上海）有限公司

Far Eastern Industries (Shanghai) CO, LTD.

远纺公司是中国台湾远东新世纪股份有限公司在上海的子公司，创建于1996年，现在总投资为5.26亿美元。公司位于上海浦东陆家嘴金融贸易区，下属工厂坐落在奉贤区、星火开发区。工厂占地面积643，600平方米。

制造、加工聚酯瓶级切片、高功能聚酯薄（胶）片、涤纶差别化短纤维、涤纶差别化长丝、弹力丝，并销售公司自产产品；同时从事自产产品上下游产品（如PTA、MEG等）的进出口业务。

2000年被评为上海市外商投资先进技术企业。2001~2004先后通过DNV（挪威船级社）ISO 9001：2000国际质量管理体系认证，ISO-14000环境管理体系认证，ISO-CHSAS-18000职业健康安全管理体系认证。2001-2008年多次被评为上海市外商投资企业50强、100强，上海市企业100强，上海市进出口企业100强。全国外商投资双优企业、对外贸易企业500强、制造业企业500强。

产品、产能

产品名称	产能（吨／年）
聚酯瓶级切片	520，000
聚酯薄（胶）片	40，000
涤纶短纤维	120，000
涤纶长丝	55，000

立业精神

诚、勤、朴、慎、创新

公司地址：上海市浦东东方路800号宝安大厦31-33，21楼　电话：021-68751888　传真：021-68764775　邮编：200122

工厂地址：上海市浦东星火开发区白沙路198号　电话：021-57501888　传真：021-57503241　邮编：201419

图书在版编目（CIP）数据

2016上海商贸年鉴 / 《上海商贸年鉴》编纂委员会编.
-- 上海 ：上海锦绣文章出版社，2016.9
ISBN 978-7-5452-1810-7

Ⅰ. ①2… Ⅱ. ①上… Ⅲ. ①地区贸易经济-上海-2016-年鉴 Ⅳ. ①F727.51-54

中国版本图书馆CIP数据核字(2016)第209822号

责任编辑：邓　卫　胡　捷
美术编辑：姚　毅

书　名	2016上海商贸年鉴
编　者	《上海商贸年鉴》编纂委员会
出　版	上海世纪出版集团　上海锦绣文章出版社
地　址	上海市长乐路672弄33号　(邮编200040)
印　刷	上海展强印刷有限公司
规　格	889×1194　1/16
印　张	21.5
插　页	60
字　数	880千字
版　次	2016年9月第1版
印　次	2016年9月第1次印刷
书　号	ISBN 978-7-5452-1810-7/J.1119
定　价	350.00元

如有印装质量问题　请与印装单位联系　021-66510725

跨界休旅车　为别样生活出发

“跨”出动感时尚　从Cross Santana看Cross UV的别样魅力

在这个崇尚个性和自由的时代，汽车已从代步工具逐渐演变为展现自我、追求品质生活的载体。伴随年轻消费群体的崛起，具备时尚个性与实用属性的跨界车也日益受到青睐。如果你向往自由、大胆无畏、执着梦想，怎能错过“Cross UV”的魅力？

由上汽大众 Cross Santana 领衔，与 Cross Polo、Cross Lavida 组成的 Cross Family，为消费者带来多款别样精彩的Cross UV 跨界休旅车，获得众多时尚生活达人的认可和关注。

何谓 Cross UV 跨界休旅车?

相信国内消费者对 SUV 不陌生，SUV 是“Sport Utility Vehicle”的简称，即运动型多功能车。而 Cross UV 跨界休旅车，不仅拥有 SUV 的部分外形特征，还拥有轿车的低油耗，以及更实用便利的空间等特点，兼顾时尚与旅行范儿，开创了跨界休旅车这一全新车型类别。

作为 Cross UV 跨界休旅车中的领衔新星，Cross Santana 同样是桑塔纳家族的全新成员。桑塔纳可谓传承了一个时代的经典，而这样一个有故事、有品质的车型品牌玩起跨界也是毫不含糊。

Cross Santana 在延续桑塔纳家族简约大气设计理念的同时，融入全新独具个性的跨界元素，更动感的外观设计、更时尚的内饰搭配，为城市行车增添一袭不羁活力。

型于外 跨出动感与活力

Cross Santana 的跨界元素体现在精心设计的每一个细节。前脸部分，水平设计的格栅巧妙的与两侧前大灯融为一体，富有变化的格栅饰条配以上方黑色三维蜂窝状的格栅造型设计，不同材质的搭配尽显跨界气息。同样采用蜂窝状造型的下格栅处，造型锋利的车身色饰条贯通其中并巧妙的将雾灯包裹，搭配银色护板，将跨界的锋芒动感犀利展现。

Cross Santana 侧面力量感十足的单腰线从前大灯流畅延续至尾灯，一气呵成，简约却不失活力。B柱高光黑处理增加了车窗的视觉整体性，更显大气。此外，轮眉、侧裙边与前后保险杠裙边的黑色护件共同组成Cross风格大包围，让车身更显硬派气质。

其尾部造型同样看点十足，下保险杠处黑色部件造型与前脸车身色饰件交相呼应。黑色蜂窝状造型与银色护板形成鲜明对比，散发着跨界气息的同时也增强了运动感。LED分体式尾灯硬朗大气，分体式设计拥有更大的发光面积，辨识度高。

Cross Santana 不仅整车设计颇具跨界时尚，还在多处细节采用跨界设计，更添动感活力。炫银车顶行李架不仅彰显跨界气质，还延展了外部行李储物空间，实用时尚；银色外后视镜和16吋双色精车轮毂体现浓郁跨界动感之风；而车身侧面 CROSS SANTANA 的标识更是其跨界身份的直接表达。

秀于内 跨出时尚与实用

拉开 Cross Santana 的车门，首先印入眼中的是 Cross 风格的迎宾踏板，金属材质颇具品质感和运动范儿。Cross Santana 内饰采用黑色色调设计，搭配具有科技感纹理的饰条，营造酷炫的跨界风格。造型时尚的三幅多功能方向盘，功能齐全实用性强，下端扁平设计更显运动风格。值得一提的是，Cross Santana 专属座椅搭配棕色缝线，与座椅上的条纹色彩交相呼应，呈现了强烈的跨界气息。

如今，国内消费者生活观念和方式逐渐发生改变，各大车企也不断推出新车型来满足更加细分的消费需求。随着 Cross Santana 的上市，与 Cross Polo、Cross Lavida共同组成Cross Family，以家族阵容征战跨界休旅车这一细分市场，相信将为越来越多向往自由、大胆不羁、重视体验的年轻人带来别样精彩的用车生活。